KB194672

교육학개론

한국교원대학교 교육학과

고영준·김갑성·김경용·김도기·김영석
김한별·김현진·김희정·선혜연·손준종
유진은·유형근·이승은·이영주·이우걸
정동영·정여주·최성욱·최하영

박영story

교육학을 전공하는 사람이라면 누구나 한 번쯤은 교육학개론서를 보았을 것입니다. 시중에 많은 종류의 교육학개론서들이 출간되었다는 것은 교육학을 공부하는 데 교육학개론이 그만큼 중요하고 필요하다는 것을 의미하는 것이겠지요. 교육학개론서는 교육학에 입문하는 사람들에게 일종의 좌표와도 같습니다. 교육학에 관한 다양한 학문적 관점을 소개하고 유의미한 정보를 제공해주는 길잡이의 역할을 하기 때문입니다. 좋은 개론서를 만나는 것은 길을 찾아 나설 때 옳은 방향으로 나아가도록 안내해주는 좋은 길잡이를 만나는 것과 같기에, 교육학 입문자에게는 좋은 교육학개론서를 만나는 것이 매우 중요합니다.

이 책은 한국교원대학교 교육학과 교수들이 협력하여 함께 만든 교육학개론서입니다. 적지 않은 교육학개론서가 이미 여러 출판사를 통해 출간되어 있음에도 불구하고, 우리들은 다음과 같은 이유로 이 책을 세상에 내놓게 되었습니다.

먼저 우리 교육학과의 많은 교수들이 함께 해왔던 그간의 팀티칭에 관한 강의 노트를 정리하고 체계화할 필요가 있었기 때문입니다. 그동안 교육학을 전공하는 학생들을 위해 많은 교수들이 전공기초인 교육학개론에 대한 팀티칭을 진행해왔습니다. 그러나 시간이 지날수록 교육학개론에 관한 강의 교재의 필요성이 점차 증가했고, 이에 따라 우리 교육학과 교수들을 중심으로 한 교육학개론서를 집필하자는 의견을 모으게 되었습니다.

다음으로 교직과정 교육학개론을 공부하는 학생들에게도 그 내용을 공유할 필요성을 느꼈기 때문입니다. 교육학과 학생들 외에 교육학을 배우고 있는 교직과정 학생들 역시 교육학에 입문하는 학생들로서, 장래에 우수한 교원이 되기 위해서는 교육학에 관한 깊고 올바른 이해가 필요합니다. 따라서 교직과정 학생들에게도 우리가 함께 공부해왔던 내용을 공유하는 것이 필요하다고 생각했습니다.

끝으로 교육학과 교수들의 학문적 지향과 최근 관심사를 서로 공유하고,

학과 개설 이후 최대 규모의 팀 프로젝트를 통해 교육학과 교수들의 팀워크를 다지기 위함입니다. 그동안 교육학이라는 학문을 함께 공부해왔지만 세부 학문 분야가 많이 달랐기 때문에 서로의 분야에 대한 관심과 이해가 부족했습니다. 이번 공동 집필을 계기로 향후 교육학과 교수들의 지속적인 협력과 그 결과물이 더 나올 것이라고 확신합니다.

이 책은 교육학에 관한 개론서로서 교육학의 하위 학문 분야를 모두 담으려고 했습니다. 교육철학, 교육사, 교육원리, 교육심리학, 교육사회학, 교육과정, 교육평가, 교육행정, 교육방법과 교육공학, 상담심리, 평생교육, 특수교육 등 교육학으로 분류되는 대부분의 하위 학문이 포함되어 있습니다. 각 학문 분야마다 1-3인의 저자가 역할을 분담하고 협력하여 공동집필하였습니다. 결과적으로 우리 교육학과의 교수 대부분이 이 책의 집필에 참여하였습니다.

그렇지만 집필 과정에서 교수들이 서로의 학문 분야에 대해 충분히 의논하고 토론하는 데에는 한계가 있었습니다. 모든 구성과 내용에 대하여 집필에 참여한 모든 교수들이 함께 논의하고 작성하기보다는 주제별로 특색을 최대한 살리기 위한 방법으로 집필자의 재량에 따라 원고가 작성되었습니다. 그러다 보니 각 장의 하위 구조나 서술 방식 등이 다소 달라 집필 후반부에 원고의 형식을 맞추려고 노력했으나 한계가 있었습니다. 형식에서는 다소의 아쉬움이 있을지라도, 내용 면에서는 교육학의 하위 분야를 안내하는 데 매우 충실하다고 자평합니다. 향후 이 책의 개정판을 낸다면 교육학개론의 성격, 구조, 내용 등에 대해 충분히 의논하고 공감한 결과를 집필에 반영하기를 기대합니다.

이 책은 크게 교육학의 이해와 교육학의 실천으로 구성되어 있습니다. 교육학의 기초에는 교육철학, 교육사, 교육원리, 교육심리학, 교육사회학, 교육과정, 교육평가가 포함되어 있습니다. 교육학의 실천에는 교육행정학, 교육공학, 상담심리, 평생교육, 특수교육이 포함되어 있습니다. 각 장은 분과 학문 내용 외에 요약, 더 생각해 볼 문제, 읽을 만한 기초 도서, 연습문제 등으로 구성되어 있습니다. 그리고 이 책은 총 13개의 장으로 구성되어 있습니다. 대학 강의가 통상 15－16주로 편성되어 있는 만큼 한 학기 강의용으로 적합하다고 생각합니다.

　　이 책이 나오기까지 많은 분들이 도움을 주셨습니다. 집필자들의 노고는 두말 할 필요 없이 컸습니다. 대학교수들의 공동집필은 단독집필보다 더 어려울 수 있는데 이 어려움을 이겨내고 원고를 완성해주신 모든 교수들께 감사드립니다. 그리고 이 책의 출간이 중단될 위기가 있었는데 끝까지 기다려주시고, 지원해주신 박영사의 안상준 대표님, 이선경 차장님, 배근하 과장님의 노고에 진심으로 감사드립니다. 마지막으로 이 책이 나오는 과정에서 보이지 않는 헌신을 해준 교육학과 김미경, 윤두호, 송주환 조교선생님들께 감사를 표합니다.

2019년 8월
저자 대표 김도기

PART

1 교육과 교육학의 이해

01장 교육철학: 학문으로서의 교육철학과 교육철학자의 사명 ·············· 5

Ⅰ. 학문으로서의 교육철학 ··· 6

Ⅱ. 교육철학의 의미와 방법 ··· 10

1. 기본적인 의미: 교육에 관한 자기지식의 추구 ····························· 10

2. 기본적인 방법: 개념적 사고 또는 논리적 사고 ·························· 16

Ⅲ. 교육철학의 관점에서 본 교육학과 교육 ······························ 23

1. 교육학: 교육에 관한 자기지식의 추구 ·································· 23

2. 교육: 나를 되비추는 마음의 거울 ····································· 24

Ⅳ. 결론: 교육철학자의 사명 ··· 30

02장 교육사: 교육사 탐색의 의의 ··· 37

Ⅰ. 서론 ··· 38

Ⅱ. 불가피한 교육사 탐색 ··· 39

Ⅲ. 나의 행복과 교육사 탐색 ··· 40

Ⅳ. 교육사에 대한 오해와 이해 ·· 42

Ⅴ. 조선교육사 사례로 본 교육사 연구방법 ······························ 53

Ⅵ. 맺음말 ··· 61

차례

03장 교육원리: 교육학 패러다임 혁명과 교육의 재발견 ················· 67

Ⅰ. 교육학의 패러다임 혁명 ······································· 68
　1. 분과학문의 성립요건 ·· 68
　2. 교육학의 학문적 위상 ··· 69
　3. 현존하는 제1기 교육학의 불우한 전통 ················· 70
　4. 제2기 교육학의 새 출발 ···································· 72

Ⅱ. 교육의 재발견 ··· 76
　1. 교육관의 미로 ·· 76
　2. 교육의 재개념화 ··· 88
　3. 제2기 교육학과 교육본위론 ······························ 91

04장 교육심리학: 인간의 마음에 대한 탐구 ···························· 105

Ⅰ. 패러다임에 따른 연구 흐름의 변화 ····················· 108

Ⅱ. 교육심리학의 연구 방법론 ································· 109
　1. 자기보고식 연구법 ··· 110
　2. 실험 연구법 ··· 111
　3. 질적 연구법 ··· 113
　4. 신경생리학적 연구법 ······································ 114

Ⅲ. 교육심리학의 연구 주제 ··································· 118
　1. 발달 ··· 118
　2. 개인차 ·· 121
　3. 동기 및 정서 ··· 123

Ⅳ. 결론 ··· 126

05장 **교육사회학: 교육과 사회의 관계 탐구** ································· **133**

Ⅰ. 교육사회학의 쓸모 ··· 134

Ⅱ. 교육사회학의 탐구 주제 ··· 137

1. 우리는 '왜' 학교에 다니는가? ··· 137

2. 학교는 무엇을 하는 곳인가? ·· 142

3. 학교교육은 의무적이어야 하는가? ··· 145

4. 교육은 사회적 성공의 지름길인가? ·· 148

Ⅲ. 교육사회학의 탐구거리 ··· 151

06장 **교육과정: 교육목적, 내용, 방법의 구조적 이해** ····················· **157**

Ⅰ. 교육과정의 이론 ··· 158

1. 교육과정의 개념과 정의 ·· 158

2. 교육과정의 성격과 구성 요소 ·· 160

3. 교육과정의 유형 ··· 163

4. 교육과정의 주요 문제 ·· 165

Ⅱ. 교육과정의 실제 ··· 169

1. 교육과정 개발 이론: 타일러 모형 ··· 169

2. 교육과정 구성의 원리 ·· 175

3. 우리나라 교육과정의 성격과 변천 과정 ··································· 178

Ⅲ. 현대 교육과정의 주요 문제 ··· 187

1. 교육과정 재구성 ··· 187

2. 다문화 교육과정 ··· 189

3. 역량기반 교육과정 ·· 192

07장 교육평가: 규준참조평가와 준거참조평가 ······························· 203

Ⅰ. 규준참조평가와 준거참조평가의 개요 ······························· 204

Ⅱ. 규준과 규준참조평가 ······························· 205
  1. 기술통계 ······························· 206
  2. 규준점수 ······························· 212

Ⅲ. 준거와 준거참조평가 ······························· 215
  1. 기준설정 절차 ······························· 216

PART
2   교육과 교육학의 실천

08장 교육행정: 교육활동의 효과적 실현을 위한 조율 ······················ 227

Ⅰ. 교육행정의 개념과 중요성 ······························· 228
  1. 내게는 너무 먼 교육행정 ······························· 228
  2. 교육행정의 개념 ······························· 229
  3. 교육행정을 보는 관점 ······························· 231

Ⅱ. 교육행정의 이론 발달 ······························· 232

　　　1. 교육행정의 태동 ··· 232

　　　2. 교육행정 이론의 발달 ··· 234

　　Ⅲ. 교육행정의 영역과 세부 분야 ································· 241

　　　1. 교육행정의 영역 ··· 241

　　　2. 교육행정의 관심 분야 ·· 243

　　Ⅳ. 교육행정이 나아가야 할 미래 ································· 244

09장　교육공학: 수업과 교육방법의 체제적 설계 ················ 249

　　Ⅰ. 교육학과 교육공학의 관계 ····································· 250

　　Ⅱ. 교육공학의 정의와 영역 ·· 252

　　Ⅲ. 교육공학과 수업설계 ·· 254

　　Ⅳ. 교육방법과 교육공학 ·· 257

　　　1. 교육방법의 의미와 교육공학과의 관계 ················· 257

　　　2. 교육방법의 유형 ··· 258

　　　3. 교수방법의 선정 ··· 260

　　Ⅴ. 교수-학습 매체와 테크놀로지의 활용 ····················· 266

　　　1. 교수-학습 매체의 의미와 역할 ·························· 266

　　　2. 테크놀로지의 유의미한 통합 ····························· 268

　　　3. 유의미 학습의 인지적 도구로서의 테크놀로지 ········· 269

10장 상담심리학: 인간의 변화를 돕는 기술 ································· 273

Ⅰ. 상담심리 이론 개관 ·· 274

Ⅱ. 정신역동적 접근 ··· 277

　1. 정신분석적 상담 ·· 277

　2. 개인심리학적 상담 ·· 281

　3. 분석심리학적 상담 ·· 284

Ⅲ. 인본주의적 접근 ··· 287

　1. 대표자 ·· 287

　2. 인간관 ·· 288

　3. 주요 개념 ··· 288

　4. 상담 목표 ··· 289

　5. 상담자의 태도 ··· 290

Ⅳ. 행동주의적 접근 ··· 291

　1. 대표 학자와 인간관 ·· 291

　2. 주요 개념 ··· 292

　3. 상담 과정 및 기법 ··· 293

Ⅴ. 인지주의적 접근 ··· 295

　1. 대표 학자와 인간관 ·· 295

　2. 주요 개념 ··· 296

　3. 상담 과정 및 기법 ··· 297

Ⅵ. 상담의 과정과 기법 ··· 299

　1. 상담 구조화 및 라포형성 ··································· 299

2. 상담 목표 설정 ·· 300

3. 진정한 자신의 소망 확인 ······························· 301

4. 인지, 정서, 행동적 패턴 파악 ························· 301

5. 선택 ·· 302

6. 기술 연습 ··· 303

7. 종결하기 ·· 303

11장 상담심리학: 학교상담의 이해 ························· 307

Ⅰ. 학교상담의 개념 ·· 308

Ⅱ. 학교상담의 전문성 ······································ 309

1. 일반상담 전문성 ······································ 309

2. 학교상담 특유의 전문성 ······························ 310

Ⅲ. 일반교사의 상담역량 강화 ······························ 312

1. 양성교육 측면 ·· 313

2. 교사선발 측면 ·· 314

3. 현직연수 측면 ·· 315

Ⅳ. 전문상담교사의 역량강화 ······························· 316

1. 양성교육 측면 ·· 316

2. 교사선발 측면 ·· 318

3. 현직연수 측면 ·· 320

12장 평생교육의 이해: 개념과 실제 ······················· 327

Ⅰ. 평생학습, 그리고 평생교육 ···························· 328

1. 평생학습과 평생교육의 개념적 관계 ·· 328

2. 교육현상을 이해하는 관점으로서 평생교육 ·································· 330

Ⅱ. 평생교육의 형식 ·· 332

1. 프로그램 ··· 333

2. 학습공동체 ·· 336

Ⅲ. 장소의 평생교육: 학교평생교육과 지역사회평생교육 ·············· 340

1. 학교평생교육 ·· 341

2. 지역사회평생교육 ·· 344

Ⅳ. 대상의 평생교육: 장애인평생교육, 이주민평생교육 ················ 348

1. 장애인평생교육 ··· 348

2. 이주민평생교육 ··· 351

13장 특수교육: 학습자의 다양성과 교육의 형평성 ························ 359

Ⅰ. 학습자의 다양성과 특별한 요구 ······································· 361

Ⅱ. 모두를 위한 교육과 형평성 ·· 367

Ⅲ. 교육의 형평성 실현을 위한 통합교육의 실행 방법 ················ 374

1. 보편적 학습설계 ·· 374

2. 긍정적 행동지원 ·· 377

3. 사회정서학습 ·· 378

색인 386

PART

1

교육과 교육학의 이해

CHAPTER 01   교육철학: 학문으로서의 교육철학과 교육철학자의 사명
CHAPTER 02   교육사: 교육사 탐색의 의의
CHAPTER 03   교육원리: 교육학 패러다임 혁명과 교육의 재발견
CHAPTER 04   교육심리학: 인간의 마음에 대한 탐구
CHAPTER 05   교육사회학: 교육과 사회의 관계 탐구
CHAPTER 06   교육과정: 교육목적, 내용, 방법의 구조적 이해
CHAPTER 07   교육평가: 규준참조평가와 준거참조평가

CHAPTER

01 교육철학: 학문으로서의 교육철학과 교육철학자의 사명*

고영준

요약 제1장은 철학의 기본적인 의미와 방법이 무엇인지를 소크라테스(Socrates)와 플라톤(Platon)의 모범 속에서 살펴봄으로써 그에 따라 교육철학의 의미와 방법을 이해하고 이로부터 교육철학자의 사명에 관한 시사점을 제시하기 위한 것이다. 필자가 보기에, 그들이 보여 주는 철학은 개념적 사고 또는 논리적 사고라는 기본적인 방법을 사용함으로써 대상과 그 대상에 관한 나 자신의 의견이 공유하는 '공통의 안쪽으로서의 자기', '개념으로서의 자기'에 관한 탐구라는 점에서 대상의 본질을 탐구하는 활동이자 자기지식을 추구하는 활동이다. 따라서 교육철학은 개념적 사고라는 방법을 사용함으로써 이루어지는 교육의 본질에 관한 탐구 활동이자, 교육을 거울삼아 자기를 인식하는 자기지식 추구의 활동이다. 또한 그렇게 해서 알려지는 자기는 교육의 본질과 맞닿아 있는 '공통의 안쪽으로서의 자기', 이를테면 '교육의 정신'이다. 그리하여 교육철학자는 교육에 관한 자기지식의 추구자여야 한다. 그는 교육의 구체적인 사례들에 깃들어 있는 '교육의 정신'을 해명함으로써 그 각각의 사례가 전부 그 정신의 개별적인 자기표현이라는 점을 인식해야 한다. 그리고 그는 교육적 대화의 안내자여야 한다. 그는 우리의 통상적인 사고 속 교육의 개념, 나아가서 교육의 정신을 드러낼 수 있는 화제를 제시함으로써, 이 화제를 중심으로 하여 일상생활에서건 교육학의 하위 영역들에서건 간에 사람들이 교육에 관한 자신의 사고를 되돌아보고 그 안쪽의 정신을 자신 특유의 방식으로 인식해서 저마다 개성 있는 목소리로 참여할 수 있는, 그래서 함께 학문적 성장을 도모할 수 있는 교육적 대화의 장을 여는 일을 해야 한다.

주제어: 철학, 교육철학, 개념적 사고, 논리적 사고, 자기지식, 교육의 정신

---

* 이 글은 필자의 다음 논문을 수정·보완하여 전재(轉載)한 것이다.
  고영준(2017). 교육철학의 이해를 위한 예비적 고찰. **교육과학연구**, 22, 1-19.

I 학문으로서의 교육철학

모든 철학적 질문이 그렇듯이, 교육철학의 의미를 묻는 질문, 즉 '교육철학은 무엇인가'에 대해서도 어떤 완결된 대답이라는 것은 있을 수 없을지 모른다. 더욱이 이 질문에 대한 교육철학자들의 대답도 각자의 입장에 따라 다양하고 때로는 반대되는 경우 ─ 이 점은 철학 일반의 경우에 더 심하다 ─도 있는 것을 보면, 질문의 대상인 교육철학 자체, 나아가서 철학 자체가 무의미한 것이 아닌가 하는 의심까지 들지도 모른다.

그러나 이러한 사태와 관련하여 우리가 철학사에서 얻게 되는 분명한 교훈이 있다. '철학은 무엇인가'에 대한 대답들 사이에 혼란이 극심할수록 의심의 눈으로 보아야 할 것은 철학 자체가 아니라 철학에 대한 질문자 자신의 선입견이라는 점, 철학에 대한 질문자의 선입견을 검사하고 극복하기 위해서는 무엇보다도 소크라테스와 그의 제자 플라톤이 모범적으로 보여 주었던 철학 활동의 '기본'으로 돌아가야 한다는 점이다. 특히, 모든 철학적 탐구 활동에 적용되는 말이지만, 질문자가 자신의 선입견을 극복하고 철학의 의미를 발견하는 과정이 어떻게 이루어지는가 하는 것을 우리는 소크라테스와 같은 선대의 위대한 철학자들의 모범에서 배울 수 있다. 이 점에서 우리는 그들이 보여 주는 철학 활동의 기본으로 돌아갈 필요가 있다. 그리하여 '철학은 무엇인가' 하는 질문에 대답하려는 노력이 적어도 그 기본에 충실하게 경주되는 한 비록 그 표현은 다를지언정 공통의 대답, 비록 완결된 대답은 아닐지언정 점점 더 나아지는 발전적 대답을 얻게 된다.

교육철학의 경우에도 이 점은 마찬가지이다. 그렇다면 교육철학은 무엇인가? 이 질문은 다음 절에서 본격적으로 다루기로 하고, 이번 절에서는 일종의 예비적 고찰로서 '교육철학'이라는 용어가 일상생활에서 사용될 경우에 가지곤 하는 통상적인 의미들로부터 구분해서 '학문으로서의 교육철학'이 가지고 있는 의미와 그것이 '철학 일반'과 맺는 관계를 명료화해 보겠다.

'철학'이라는 용어가 통상적인 경우에 다양한 의미로 사용되는 만큼, '교육철학'도 통상적으로는 다양한 의미로 사용된다. 즉, 통상적인 의미의 철학은 세계관, 인간관, 가치관, 사회관 등과 같이 대상을 전체적으로 보는 어떤 '관점'(또는 견해, viewpoint)을 뜻할 수도 있고, 그런 관점들 중 뚜렷한 문제의식과 제 나름의 해결책을 제시하는 일정한 신념으로서의 어떤 '사상'(thought)을 뜻할 수도 있다.[1] 이 두 용어의 공통점은 대상을 보되 감각지각의 경험이 아니라 '사고'(또는 사유, thinking)를 통하여 본다는 뜻을 가진다는 점이다. 학문으로서의 철학도 사고를 통하여 대상을 보는 일이라는 점에서는 차이가 없다. 그러나 앞으로 검토하겠지만, 학문으로서의 철학은 그 기본을 두고 볼 때 그냥 사고가 아니라 '개념적 사고' 또는 '논리적 사고'라는 특유의 방법을 사용함으로써 이른바 '실재'(實在, reality), '본질'(本質, essence), '실체'(實體, substance), '이념'(理念, Idea) 등으로 표현되는 대상의 안쪽, 대상 그 자체를 탐구하는 일이라는 점, 그리고 그 안쪽에 비추어 나의 통상적인 사고를 검사하고 재조명함으로써 자기를 인식하는 일이라는 점에서 뚜렷한 차이가 있다.

　'교육철학'이라는 용어도 통상적인 경우에는 교육에 관한 전체적인 관점이나 견해라는 뜻의 '교육관'이나 교육에 관한 일정한 신념체계라는 뜻의 '교육사상'과 혼용되어 사용되곤 한다(이돈희, 1983: 11-15 참조).[2] 그러나 교육철학이 학문의 자격을 부여받는 경우에는 그 이상의 의미, 즉 '개념적 사고 또는 논리적 사고를 통한 탐구 활동'이라는 의미와 '자기검사를 통한 자기인식 활동'이라는 의미를 함께 갖추지 않으면 안 된다. 교육관이나 교육사상과는 달리, 학문으로서

1　문자 그대로의 의미만 놓고 보면, '사상'(思想, thought)은 대상에 관한 온갖 생각이라는 뜻이며, 이 경우에 그것은 '관념'(觀念, idea)이라는 용어와 바꾸어 사용될 수 있다. 그리고 그 생각의 범위에 따라, '사상'이나 '관념'은 개인적 신념으로부터 시작해서 한 사회나 시대의 지배적인 신념체계까지 망라하는 의미를 나타낸다. 또한 그 생각의 수준에 따라, 이 용어들은 단순한 상상으로부터 시작해서 '개념'(槪念, concept)을 거쳐 '이념'(理念, Idea)까지 망라하는 의미를 나타낸다.

2　말하자면 통상적인 의미의 교육철학은 교육에 관심을 두는 사람은 누구든지 가질 수 있고 또 적어도 교육자라면 누구든지 가져야 할 제 나름의 관점을 가리킬 수도 있고, 누구든지 곰곰이 숙고해 보아야 할 어떤 신념을 가리킬 수도 있다. 여러 가지 신념들이 상호관련 속에서 제 나름의 정합성을 갖추고 있는 어떤 신념체계—예컨대 플라톤의 교육사상, 루소(J. J. Rousseau)의 교육사상, 듀이(J. Dewey)의 교육사상 등—를 가리킬 수도 있다.

의 교육철학은 개념적 사고 또는 논리적 사고라는 방법을 사용함으로써 이루어지는 교육의 안쪽에 관한 탐구 활동이자 그렇게 해서 드러나는 교육의 안쪽에 비추어 교육에 관한 나의 통상적인 관점이나 신념을 검사하고 재조명하는 자기인식 활동인 것이다.

그런가 하면, 학문으로서의 교육철학은 그것이 철학 일반과 맺는 관계에 주목해서 세부적으로 규정되곤 한다. 특히, 그 관계의 거점을 '내용'과 '방법' 중 어느 쪽에 두는가에 따라 크게 두 가지로 분류되곤 한다. 교육철학을 기성의 철학적 지식을 교육에 적용하는 일로 보는 경우와 기성의 철학적 탐구 방법을 사용하여 교육을 탐구하는 일로 보는 경우가 그것이다(이돈희, 1983: 13-14 참조). 즉, 전자의 경우에 교육철학은 어떤 위대한 철학자나 어떤 우세한 철학 학파의 확립된 입장을 교육의 분야에 적용함으로써 교육적 시사를 찾는 일로 간주된다. 해당 입장에서 교육목적을 조명하거나 교육받은 인간상을 설정하는 것, 교육내용과 교육방법에 관한 어떤 이론적이거나 실천적인 원리를 찾아내는 것이 그 사례이다. 후자의 경우에 교육철학은 위에서 언급한 개념적 사고라는 기본적인 탐구 방법, 그리고 철학자나 철학 학파 저마다의 입장—이를테면 '분석철학', '현상학', '실용주의', '비판이론', '해석학' 등—에서 축소되거나 확장되거나 변형되거나 추가된 탐구 방법을 사용함으로써 교육을 탐구하는 일로 간주된다.

그러나 내용과 방법의 관계가 이미 그렇듯이, 철학적 지식의 적용과 철학적 방법의 사용은 거점의 차이를 나타낼 뿐 동일한 철학적 탐구 활동의 양면을 이룬다고 보아야 한다. 즉, 그것이 철학적 성격을 띠는 한 교육에 적용되는 철학적 지식은 그것에 철학적 지식의 자격을 부여해 주는 철학적 방법을 동반하지 않으면 안 되고, 반대로 철학적 방법이 객관성을 갖추고 있는 한 그 방법을 사용하는 이가 누구인가와는 상관없이 철학적 지식의 자격을 얻게 되는 것은 동일한 내용이라고 보아야 한다. 칸트(I. Kant)의 유명한 표현을 원용하자면, '내용 없는 방법은 공허하고 방법 없는 내용은 맹목'이라는 말이다.3

더욱이 철학이라는 학문이 대상의 '안쪽', 또는 현 논의의 맥락에 보다 적절

---

3 "내용 없는 사고는 공허하고 개념 없는 직관은 맹목이다"(Kant, CPR: B75).

한 표현으로 말하자면 '본질'에 관한 탐구라는 뜻을 가지는 한, 철학적 지식과 방법은 그것을 적용하고 사용하는 대상인 교육의 '본질'에 적합한 것일 때 비로소 '철학적 성격'을 갖추게 된다. 교육에 대한 철학적 지식의 적용과 철학적 방법의 사용은 사전에 확립된 철학 일반의 지식과 방법을 교육의 분야에 일방적으로 투사하는 일, 반대로 교육의 분야를 철학 일반의 지식과 방법에 맞게 표준화하는 일일 수 없다는 말이다. 교육과의 관계를 두고 보면, 사전에 확립된 철학 일반의 지식과 방법은 보편적이지만 지극히 추상적인 성격의 것이어서 오히려 그것의 적용과 사용 속에서 비로소 철학적 지식과 방법으로서의 자격과 구체성을 획득하게 된다. 이 점에서 보면, 교육철학은 철학 일반의 지식과 방법을 적용하고 사용함으로써 교육의 본질을 탐구하는 일임과 동시에, 철학 일반의 지식과 방법이 교육에 적용되고 사용되는 과정에서 교육의 본질에 적합하게 번역되거나 조정됨으로써 '교육철학적 성격'을 부여받는 일이라고 볼 수 있다.[4]

교육철학이 철학 일반과 맺고 있는 관계에 관한 이상의 논의는 비록 방향은 반대이지만 교육학의 다른 하위 영역들과의 관계에서도 마찬가지로 성립한다. 교육학에는 교육철학 이외에 교육사, 교육과정학 및 교과교육학, 교육평가학 및 교육통계학, 교육심리학, 교육사회학, 교육공학, 교육행정학, 교육상담학, 평생교육학, 특수교육학, 직업교육학 등과 같은 여러 가지 하위 영역들이 있고, 이 영역들은 경우에 따라 통합되거나 반대로 세분화되어서 그 경계가 모호해질 때도 있고 재설정될 때도 있다. 어쨌든, 이 하위 영역들에서 전개되는 교육에 관한 사고에 대해서도 교육철학은 교육의 본질에 비추어 검사하고 재조명하는 자기 인식의 활동을 한다. 그리고 그런 활동을 함으로써 교육철학은 원칙상 그 모든 하위 영역들이 '단일한 교육학'의 일반적 영역 안으로 수렴되어서 조화로운 관계를 맺을 수 있도록 연결고리의 역할을 한다.

이하에서는 교육철학에 관하여 이상에서 제시된 주요 주장을 좀 더 자세히

---

4 이 점은 교육뿐만 아니라 사회, 역사, 정치, 도덕, 예술 등과 같은 인간 활동의 구체적인 분야들에 철학 일반의 지식과 방법이 적용되거나 사용될 경우에도 성립한다. 철학 일반의 지식과 방법은 그것의 적용과 사용의 과정에서 사회철학, 역사철학, 정치철학, 도덕철학, 예술철학 등의 성격을 부여받는다는 것이다.

살펴보겠다. 먼저 소크라테스와 플라톤의 모범 속에서 철학의 기본적인 의미와 방법을 살펴봄으로써 그에 따라 교육철학의 기본적인 의미와 방법을 검토하겠다. 그런 다음, 교육철학의 관점에서 교육학은 어떤 학문이고 교육은 무엇인지, 마지막으로 교육철학자의 사명은 무엇인지를 제시하겠다.

Ⅱ 교육철학의 의미와 방법

1 기본적인 의미: 교육에 관한 자기지식의 추구

앞에서 언급했듯이, 철학이 어떤 학문적 탐구인가에 대해서는 다양한 관점과 견해가 있어 왔고 또 앞으로도 그럴 것이다. 교육철학도 마찬가지일 것이다. 그러나 철학에는 그것에 철학의 자격을 부여하는 기본적인 의미가 있으며, 그런 만큼 철학의 지식과 방법을 교육에 적용하고 사용함으로써 교육을 탐구하는 교육철학에도 기본적인 의미가 있다. 이제 이 점을 검토해 보자.

철학의 영어단어 'philosophy'가 고대 그리스어 '필레인'(philein, 사랑하다)과 '소피아'(sophia, 지혜)의 합성어인 '필로소피아'(philosophia)에서 유래했다는 점에서 '지혜의 사랑'의 뜻을 가진다는 것은 비교적 잘 알려져 있는 편이다. 또한 소크라테스와 플라톤이 '지혜의 사랑'이라는 뜻의 철학이야말로 인간 본성에 따른 활동임을 밝힘으로써 종래에 바깥의 일상생활이나 바깥의 사물을 향했던 사람들의 시선을 그들 자신에게로 향하도록 돌려놓은 위대한 철학자요 스승이라는 점도 잘 알려져 있다. 주지하다시피, '너 자신을 알라'(gnothi seauton, know yourself)라는 소크라테스의 격률은 그가 한평생 모범을 보여 준 철학이 어떤 의미인지를 짐작하게 한다. 그러나 그의 격률에 따라 나 자신을 아는 일, 즉 '자기지식(self-knowledge)의 추구'—또는 '자기인식'—가 지혜의 사랑으로서의 철학이 본래 가지고 있는 기본적인 의미라는 점은 그리 잘 알려져 있는 편이 아니다. 그렇다면 이

둘은 어떻게 연결되는가? 『변론』, 『향연』, 『메논』, 『테아에테토스』, 『국가』 등 등, 플라톤의 여러 대화편에서 공통적으로 제시되는 바를 놓고 보면, 우리는 '자기지식의 추구'가 어떤 점에서 지혜의 사랑으로서의 철학이 본래 가지고 있는 기본적인 의미인지, 그리고 철학을 통하여 알게 되는 '자기'는 어떤 존재인지를 비교적 분명히 확인해 볼 수 있다.

대화편 『향연』에서 소크라테스는 자신이 젊었을 적에 무녀(巫女) 디오티마(Diotima)와 나누었던 문답 형식의 대화와 그 와중에 그녀가 들려주었던 에로스(Eros) 신화를 다시 들려준다. 이 이야기 속에서 지혜의 사랑으로서의 철학이 가진 기본적인 의미가 확인된다. 그 의미인즉, 지혜의 사랑으로서의 철학은 인간의 지적 오만과 불가지론을 동시에 경계하면서 이루어지는 자기지식 추구의 활동이라는 것이다. 한편으로, 그것은 현재 자신이 소유한 의견이나 지식을 그야말로 완전한 지식, 이른바 '신적 지식'으로 착각하는 지적 오만의 태도를 경계하면서 자신의 무지를 일깨우는 자기성찰의 활동이다.5 다른 한편으로, 이때까지 인간이 성취한 모든 지식과 지혜를 하찮고 덧없는 것으로 간주하는 불가지론의 태도를 경계하면서, 마치 갑자기 나타난 아름다운 이가 온통 나의 마음을 사로잡듯이, 끊임없이 자기를 성찰하는 인간의 마음에 신적 지혜가 홀연히 현시해서 인식될 가능성이 있음을 드러내는 희망의 활동이다. 디오티마에 의하면, 에로스는 인간으로 하여금 어떤 가치 있는 것—이를테면 진선미성(眞善美聖, 참되고 선하고 아름답고 거룩한 것)—을 추구하도록 희망을 불어넣는 사랑의 정령이지만, 이때의 사랑은 그러한 가치를 이미 소유한 상태를 가리키는 것도 아니고 그 가치와 무관한 비소유 상태를 가리키는 것도 아니다. 그것은 지혜와 무지의 중간 상태에

---

5 "델피의 신탁['아테나이에서 가장 지혜로운 이는 소크라테스이다'라는 신탁]이 나를 점찍었던 것은 이 교훈을 말하는 데에 나의 이름이 필요했기 때문일 뿐입니다. '인간들 중에서 가장 지혜로운 자가 있다면, 그것은, 소크라테스처럼, 자신의 지혜가 아무 것도 아니라는 것을 알고 있는 사람이다.' 이것이 신께서 우리에게 전달하고자 한 뜻이었습니다. 그렇기 때문에 나는 지금도 신의 명령을 받들어 누구든지 지혜롭다고 생각되는 사람들을 찾아다니며 나의 탐구를 계속하고 있습니다"(Plato, *Apology*, 23b; 김안중·박주병 편역, 2015: 20); "자신이 모르고 있는 것을 알고 있다고 믿는 것이 인간이 가진 무지(無知) 중에서 가장 큰 무지입니다"(Plato, *Apology*, 29b; 김안중·박주병 편역, 2015: 33).

서 양쪽을 매개하는 중간자이다.6 말하자면 그것은 "신과 인간 사이를 오고가는 통역자요 전달자로서, 한편으로 인간의 기도와 제물을 신에게, 다른 한편으로 신의 명령과 축복을 인간에게, 통역하고 전달하는 일을 하는 정령이다"(Plato, *Symposium*, 202e).

이 대목에서 디오티마가 말하는 에로스는 지혜를 사랑하는 인간의 본성을 상징한다. 즉, 본성상 인간은 유한자이지만 또한 무한자로서의 신을 닮은 존재로서 신이 소유한 지식과 지혜를 동경하고 갈망한다. 그러나 자신의 유한성으로 말미암아 그것을 완전히 소유할 수 없다. 그렇다고 하여 이 말이 인간은 철저한 무지 상태에 있다거나 인간의 지식은 허망하다는 뜻은 아니다. 적어도 인간은 자신의 무지를 깨달을 수 있으며, 이 무지의 자각이 방금 말한 지혜와 무지의 중간 상태에서 지혜로 향하는 첫걸음이다. 지혜의 사랑은 바로 그 무지의 자각에서 시작해서 지혜의 발견과 소유로 끊임없이 발돋움하는 일을 뜻한다. 더욱이 그 대상이 신적 지혜인 한, 인간이 지혜를 사랑한다는 것은 내가 임의로 지혜를 만들어낸다는 뜻이 아니라, 지혜와 무지의 중간 상태의 나를 넘어서 있는 지혜의 현시에 은연중에 이끌려서 그것에 닿으려고 끊임없이 노력하면서 그것이 내 마음에 찾아들기를 겸허히 기다린다는 뜻이다.

여기에서 철학자가 겸허히 찾아들기를 기다리는 신적 지혜란 그야말로 바깥의 경험적 사물들로부터 직접적으로 주어지는 그런 것이 아니다. 수준과 정도의 차이가 있을지언정, 그것은 바깥의 사물에 관한 나의 '의견'(意見, doxa, opinion 또는 belief)—광의의 의미에서는 '사물들에 관한 감각지각의 경험과 통상적인 사고'—을 검사한 결과로 그 의견의 안쪽에서 알려지는 것이다. 이 의견은 옳을 수도 틀릴 수도 있는 것이며, 특히 우리의 일상생활은 그것이 어째서 옳은지를 따져 보지 않았는데도 우리의 행동을 대체로 바르게 안내한다는 점에서 '바른 의견', 오늘날의 용어로 말하자면 '상식'이라고 부를 수 있는 것들로 채워져 있다. 이 의견, 특히 바른 의견은 그것이 왜 바른지 그 이유를 분명히 드러내지 않는

---

6 "지혜를 소유한 자에게는 지혜의 사랑이 불필요하고 지혜를 소유하지 못한 자에게는 지혜의 사랑이 불가능하다. 에로스는 지혜를 사랑하는 자[철학자]이며, 그렇기 때문에 지혜와 무지의 중간자이다"(Plato, *Symposium*, 204a–b 발췌).

다는 점에서 '지식'(知識, episteme, knowledge)은 아니지만 간혹 진실에 들어맞는다는 점에서 무지라고 볼 수도 없는 것, 따라서 지식과 무지의 중간 상태를 뜻하는 것이다(Plato, *Meno*, 86a; *Symposium*, 201a; *Republic*, 478d 참조). 그리고 그것은 우리의 마음속에 묶어두지 않으면 쉽사리 도망가거나 사라지고 마는 것이다(Plato, *Meno*, 98a). 지식의 탐구라는 것은 자기검사를 통하여 이러한 의견의 한계를 깨닫고 나의 의견 안에 잠재되어 있는 지식을 스스로 돌이켜보는 '회상'(anamnesis, recollection)의 활동, 말하자면 중간 상태의 의견이 정확히 무슨 뜻이고 그것이 어째서 바른지 그 의미와 이유를 밝힘으로써 그것에 이성의 고삐를 매는 활동을 가리킨다(Plato, *Meno*, 98a 참조). 그리하여 모든 지식의 탐구는 성격상 대상에 관한 나 자신의 의견을 검사하고 그 안의 지식을 회상하는 방식으로 이루어지는 자기지식의 추구이다. 소크라테스와 플라톤에게 학문으로서의 철학은 이 의미의 지식의 탐구가 최고 수준에 도달한 상태를 가리키는 것이지만, 그 기본적인 의미는 그처럼 자기검사와 회상을 통한 자기지식의 추구라는 점에서 다른 학문들의 경우와 차이가 없다. 철학이건 그 밖의 학문들이건 간에, 학문을 인간다운 활동으로 만드는 것은 자기검사와 회상의 활동을 통하여 탐구되는 지식이 인간 자신에 관한 것이라는 점에 있다는 말이다.

이상의 논의와 관련하여 주의할 것은 철학이 추구하는 자기지식을 순전히 사물과 마주해서 그것에 의존해 있는 인간의 주관성, 헤겔(G. W. F. Hegel)의 어법으로 말하면 '즉자대자적(자기충족적) 주관성'과 구분되는 '대타적(타자의존적) 주관성'에 관한 것으로 한정해서는 안 된다는 점이다. 오히려 그것은 그러한 주관성을 넘어서서 (인간의 사고 안으로 들어온 사실로서의) 사물에 관한 것, 나아가서 세계 전체에 관한 것이다. 철학이 검사하는 대상은 나 자신의 의견이고 이 의견의 대상은 사물과 사람을 망라한다는 점에서 그렇다. 그 점에서 철학이 추구하는 지식은 사물이건 사람이건 간에 대상과 그것에 관한 의견 사이의 '공통의 안쪽'에 관한 것이고, 철학에 의하여 알려지는 자기는 공통의 안쪽에 있는 '공통의 자기'―즉 '즉자대자적 주관성'―이다. '보편적 동족성'(universal kinship)이라는 고대 그리스인들의 전통적인 관념, 이를테면 '만물은 하나로 연결되어 있다'거나 '같은 것은 같은 것에 의하여 알려진다'는 관념에서 발전되어 나온 것이기도 하지만, 소크라테스와 플라톤이 '영혼', 나아가서 '세계영혼'(Plato, *Timaeus*, 34b)이라고 부르는 것은 바로 그러한 자기를 가리킨다. 그리고 그러한 자기에 관한 지식이 가능한 이유는 그러한 지식을 추구하는 기본적인 방법이 '사고'이고, 사고는 원칙상 매개성과 자기인식의 가능성을 가지고 있다는 점에 있다. 이 점을 이해하는 데에는 그것에 관한 콜링우드(R. G. Collingwood)의 설명을 잠시 살피는 것이 도움이 된다.

그에 의하면, 사고가 매개성을 가진다는 말은, 사고는 서로 떨어져 있는 사물들과 사건들을 그것들의 합리적 측면을 중심으로 하여 연결해 놓을 수 있고 또 그렇게 연결된 합리적 측면은 비합리적 경험과는 달리 맥락의 변화에 따라 사멸하는 것이 아니라 맥락의 변화에도 불구하고 자기동일성을 유지한다는 뜻이다(이하 고영준, 2016: 28-29 발췌). 사고가 자기인식의 가능성을 가지고 있다는 말은, 사고는 그 사고를 의식할 수 있는 것 이상으로 그 사고를 반성적으로 사고함으로써 그것에 관한 지식을 얻어낼 가능성을 가지고 있다는 뜻이다. 즉, 감각이나 지각과 같은 직접적인 경험이 자기 바깥에 대상을 두는 것과는 달리, 사고는 자기 안에 대상을 둔다. 그리고 직접적인 경험이 그 객관성을 대상에 위임하는 것과는 달리, 사고는 그 객관성을 사고 그 자체가 결정한다. 직접적인 경험은 그 경험을 경험하지 못한다. 이 점에서 직접적인 경험의 주관성은 자신에 대하여 스스로 객관적일 수 없는 단순한 주관성이다. 이와는 달리, 사고는 그 경험뿐만 아니라 사고를 사고할 수 있다. 나아가서 '내가 하는 이 사고가 과연 옳은가'라는 식의 반성적 사고—또는 위의 용어로는 자기검사 또는 자기성찰—를 통하여 자신의 사고에 관한 지식, 결국 자기지식을 얻어낼 수 있다. 그리하여 사고의 객관성은 오직 그 사고에 관한 반성적 사고를 통해서만 입증될 수 있다는 점에서, 사고의 주관성은 객관성과 그 객관성에 관한 자기인식의 가능성을 자체 내에 포함하는 주관성이다. 콜링우드는 이 주관성을 '정신'(mind 또는 spirit)이라고 부른다. 정신은 사고활동 전에 이미 있는 어떤 직접적인 실체가 아니라 사고활동 그 자체이며, 사고활동 속에 살아 있는 자기이다. 자기인식은 이 사고활동 속에

살아 있는 자기에 관한 인식이다.[7]

여기에서 콜링우드가 말하는 '정신'은 소크라테스와 플라톤이 말하는 '영혼'과 조금도 다르지 않다. 자기인식의 노력 속에서 알려지는 '자기'는 남들과 차이를 나타내는 순전한 개인적 특이성 같은 것이 아니라는 말이다(이하 고영준, 2016: 33-34 참조). 오히려 그것은, 특정한 개인과 시대와 문화권에 따라 그 범위와 수준에 차이가 있을지언정, 각 개인, 각 집단이 다소간 이미 공유하고 있고 또 원칙상 자기인식의 노력을 경주하는 만큼 그것이야말로 나의 개별성의 진면목임을 인식하게 되는 공통의 안쪽으로서의 자기이다.

이상에서 검토한 철학의 기본적인 의미에 따를 때, 교육철학은 교육에 관한 사람들의 의견과 나 자신의 의견[8]을 검사하고 돌이켜봄으로써 '공통의 안쪽으로서의 자기'에 관한 지식을 추구하는 학문적 탐구이다. 요컨대 교육철학은 교육이라는 거울에 비친 나에 관한 철학적 탐구이다.

---

7 "우리가 사고를 감각이나 지각과 구분되는 '합리적 경험'이라고 부르거나 '사고는 합리성을 가진다'고 말할 수 있는 이유는 우리의 정신 또는 우리의 사고가 이상에서 살펴본 매개성과 자기인식의 가능성을 가지고 있기 때문이다. 즉, 콜링우드 자신의 용어법은 아니지만, 자기인식을 통하여 스스로 입증한 사고의 객관성을 우리는 '사고의 합리성'이라고 부를 수 있다. 사고의 합리성은, 사고는 비합리적이고 직접적인 경험의 맥락 속에 있으면서도 사고 그 자체로부터 유래한 논리적 규칙과 방법에 따라 사고 그 자체에 대하여 질문과 대답, 판단과 추론, 이해, 논증, 설명 등을 행함으로써 그러한 사고행위의 과정과 결과가 맥락의 변화에도 불구하고 자기동일성을 유지하는 객관적인 것임을 스스로 입증할 수 있는 능력을 뜻한다는 것이다"(고영준, 2016: 29).

8 이 의견의 대상으로서의 '교육'은 교사, 학생, 학부모, 지역사회, 국가, 교수, 학습, 교과교육, 덕목교육, 유아·초등·중등·고등교육, 일반·직업·특수교육, 가정교육, 평생교육, 학교, 교육 관련 단체, 교육행정기관, 교육법과 교육제도 등등, 다양한 하위 개념들이 중첩되어 있고 또 다양한 요인이 얽혀 있어서 다양한 범위와 수준과 국면에서 진행되는 교육현상으로서의 온갖 활동들을 가리킨다.

2 기본적인 방법: 개념적 사고 또는 논리적 사고

교육철학의 기본적인 방법은 소크라테스와 플라톤이 보여 주는 철학의 기본적인 방법이 그렇듯이 '개념적 사고' 또는 '논리적 사고'라고 말할 수 있고, 그것은 위에서 제시한 자기지식의 추구라는 철학의 기본적인 의미와 긴밀히 연결되어 있다. 여기에서 개념적 사고와 논리적 사고는 각각 사고 내용의 면과 사고 과정의 면에서 거점을 달리해서 파악한 것일 뿐, 그 실체는 대상과 의견 사이의 '공통의 안쪽으로서의 자기'에 관한 회상의 활동이라는 점에서 동일하다. 그리고 회상의 활동으로서의 개념적 사고와 논리적 사고의 첫걸음에 해당하는 것은 앞에서 말했듯이 자기검사이다. 이제 '자기검사', '개념적 사고', '논리적 사고'의 순으로 그 각각의 의미를 살펴보자.

우선, 자기지식의 추구라는 철학의 기본적인 의미와의 관련에 초점을 두고 보면, 철학 활동을 시작하는 방법은 대상에 관한 나 자신의 의견에 대하여 그것에 적합한 질문을 함으로써 무지를 자각하는 '자기검사' 또는 '자기성찰'이라고 말할 수 있다. 본래 사고라는 것은 질문과 대답의 활동이다. 즉, 어떤 대상 x에 대하여 생각한다는 말은 'x는 무엇인가'라는 질문을 하고 이 질문에 대하여 'x는 y이다'는 식의 답을 찾는다는 뜻이다. 그리고 x에 대하여 질문을 하고 답을 찾는 일에는 질문자가 x에 대한 자신의 무지를 깨닫고 있다는 뜻이 필수적인 의미로 포함되어 있다.[9] 이 점에서 x에 관한 사고가 사고의 자격을 얻기 위해서는 자기검사에서 시작되어야 한다. x에 대하여 종래에 내가 알고 있다고 믿는 바가 무슨 뜻인지, 그리고 나의 그 믿음은 과연 옳은 것인지를 스스로 검사해서 자신의 무지를 깨닫는 일을 사고의 첫걸음으로 삼아야 한다는 말이다.

이렇게 자기검사를 첫걸음으로 삼는다는 점에서 보면, 모든 사고는 본래 철학적 성격을 가진다고까지 말할 수 있다. 따지고 보면, 통상적인 사고라는 것도 이러한 철학적 성격의 사고가 일상생활의 실제적 용도에 맞게 굳어져 있는 상

---

9 'x는 무엇인가'라는 질문, 즉 대상 x에 대하여 문제를 제기하고 그 문제의 대답—x에 관한 지식—을 찾는 일에는 그 x에 관한 질문자의 무지의 자각이라는 뜻과 그 대답이 알려질 가능성에 대한 질문자의 확신이라는 뜻이 포함되어 있다.

태, 말하자면 질문을 잃어버린 판단을 뜻한다. 자기검사는 그렇게 질문을 잃어버린 판단에 대하여 적합한 질문을 함으로써 사고의 자격을 되찾아주는 일, 즉 통상적인 사고 내부의 철학적 성격을 일깨움으로써 본래 사고로서 가지고 있었던 활기를 되살려내어서 자기지식 추구의 길로 나서게 하는 일이다. 그리고 이러한 자기검사의 측면을 감안하면, 우리가 단순히 '사고의 형식적 법칙'으로 간주하는 '논리', 콜링우드의 용어로 말하면 '명제논리'는 '질문과 대답의 논리'로 전환되어 파악될 때 비로소 제 기능을 발휘한다(김안중, 1997: 34 참조).[10] 즉, 명제논리는 질문과 대답의 논리로 전환될 때 비로소 사고로 하여금 자기지식 추구의 의미를 갖추도록 해줄 수 있는 반면, 그렇게 전환되지 않을 때에는 도리어 그것을 방금 말한 통상적인 사고로 고착시키고 제 자신은 이를테면 '추상적 논리'로 전락할 소지가 있다.

다음으로, 그것의 내용 면에서 볼 때 자기검사는 대상의 안쪽에 관한 '개념적 사고'를 예비하는 일이자 그것의 일환이다. 따지고 보면, 우리가 마주하는 '대상'이라는 것은 그 대상과 관련하여 우리의 의견—즉 감각지각의 경험과 그 경험에 관한 통상적인 사고—이 파악해 놓은 '외양'(appearance)에 불과하고, 이 외양의 '실재'(reality)는 그것의 안쪽에 감춰져 있다. 개념적 사고는 이러한 외양의 한계를 깨닫고 그 안쪽을 들여다보는 사고이다. 그것은 '본질', 즉 대상에 부수적으로 따라 붙는 어떤 성질이나 사례로서의 외양이 아니라 그 외양의 안쪽에 '고유하게 있는 것' 또는 '그 자체로 있는 것'에 관한 사고이다(고영준, 2015: 7 참조).[11]

---

10 "그[콜링우드]는 명제논리는 '질문과 대답의 논리'에 의해서 대치되어야 한다고 생각한다. 그가 보기에 명제라는 것은 '모종의 질문에 대한 대답'으로 규정된다. 우리가 글로 쓰인 특정한 명제—입으로 말해진 명제도 마찬가지이지만—의 진위를 알아낸다는 것은 그 명제의 의미를 알아내는 일을 필요로 하고, 그 명제의 의미를 알아내는 일은 그것을 쓴 사람이 마음 속에 가지고 있었던 질문이 무엇이었는지를 알아내는 일을 동반한다. 그가 글로 쓴 명제는 그의 마음 속에 들어있었던 이 질문에 대한 대답으로서 제시된 것이기 때문이다"(김안중, 1997: 134).

11 예컨대, '어떤 사람이 희다'거나 '어떤 사람이 악기를 연주할 수 있다'는 명제는 그 사람의 부수적인 속성에 관한 규정이지 본질에 관한 규정이 아니다(이하 고영준, 2015: 7 발췌). 이와는 달리, 본질은 어떤 것이 그 자체로서 '무엇'이라고 일컬어질 때 그 '무엇'에 해당하는 것이다. 가령 '어떤 사람이 마음이 있건 없건 간에 그 사람은 그 자체로서 사람이다'라거나 '어떤 사람이 극악무도하건 아니건 간에 그 사람은 그 자체로서 사람이다'는 명제가 얼마든지(?) 성

그리하여 철학적 의미에서 '대상의 안쪽에 관한 지식을 획득한다'는 말은, 그 대상과 결부된 어떤 경험적 특성들을 찾아서 그것들을 나열한다는 뜻, 즉 '기술'(description)의 뜻이 아니다. 오히려 자기검사를 통하여 그 경험적 특성들에 그 대상의 속성이나 사례로서의 자격을 부여하는 대상의 본질, 즉 '개념'[12]을 찾아서 이에 비추어 그 특성들을 그 개념의 속성이나 사례로 인식한다는 뜻, 즉 '이해'(understanding)의 뜻을 가진다. 요컨대 개념적 사고라는 것은 대상에 관한 나 자신의 의견 속에서 본질을 이루는 개념을 찾아내어서 그것에 비추어 의견을 검사하고 재조명하는 사고이다. 예를 들면, 서로에게 '인사'를 할 때, 우리는 그 '인사'에 대하여 친근함의 표현행위, 습관적 행위, 처세행위 등등 여러 가지 의견을 가질 수 있다. 개념적 사고란 이러한 의견에 대하여 그 행위와 의견의 안쪽에 들어 있는 인사의 개념적 의미, 즉 '서로가 공유하는 존중의 마음을 상대를 향한 신체동작으로 표현하는 행위'라는 의미를 찾아냄으로써 그것에 비추어 의견들을 검사하고 재조명하는 사고이다.

나아가서 개념적 사고는, 그 밖의 다른 학문들의 토대를 이루는 근본 개념들 속에서 다시 그 개념들이 공유하는 '개념들의 개념', 이른바 '이념'을 찾아내어서 그것에 비추어 그 개념들을 단일한 체계 속으로 종합하는 사고이다. 여기에서 이념은 사물이건 의견이건 개념이건 간에 모든 것을 그것의 고유한 사례들로 삼는 보편적 의미기준을 가리킨다. 『향연』에 제시된 '아름다움 그 자체', 『국가』에 제시된 '좋음의 형상', '선(善)의 이데아'가 바로 그것의 명칭이다. 그리고 플라톤은 이러한 이념을 찾아내어서 그것에 비추어 모든 것을 관조하는 개념적 사고의 방법을 '변증법'이라고 부른다(이하 Plato, Republic, 511b-c 참조). 즉, 변증법은, 모든 구분되는 사물들, 나아가서 모든 구분되는 개념들을 포섭할 수 있는 '만물의 제1원리'로서의 이념을 찾아내어서 그것에 비추어 모든 사물들과 개념

립한다고 보기는 어렵다. 이것은, 어떤 의미와 수준에서든지 간에 '마음'이나 '양심'이 인간의 본질을 이루는 것이기 때문이다.

12 '개념'(concept)은, 우리가 경험을 통하여 확인하는 사실들을 그것의 '사례'(a)들로 성립하게 하고 그 사례들을 '사례 아닌 것'(-a)과 구분하는, 따라서 그 사례들에 비하여 상대적으로 보편적인 의미기준(A)이다.

들이 단일한 체계, 이른바 '코스모스'(조화로운 우주, Nettleship, 1925/2010: 228) 안에서 조화를 이룰 수 있도록 종합하는 사고의 방법이자, 그것들이 저마다 이념의 고유한 사례임을 깨닫고, 그것들의 개별적인 의미와 가치를 이념의 편에서 관조하는 사고의 방법이다.

　마지막으로, '논리적 사고'는 이러한 개념적 사고를 그것의 전개 과정의 면에서 파악한 것이다. 즉, 논리적 사고는, 'x는 무엇인가'라는 질문에 대하여 'x는 y이다'는 식의 '판단'(judgment)을 그 대답으로 제시하거나 '전제 판단 p가 참(또는 거짓)이면 그로부터 참(또는 거짓)으로 따라 나오는 결론 판단 q는 무엇인가'라는 질문에 대하여 'p이면 q이다'(p→q)라는 식의 '추론'(또는 추리, inference)을 대답으로 제시하는 경우에, x와 y 또는 p와 q가 '논리적 관련'을 맺고 있는 판단과 추론을 가리킨다. 그리고 논리적 관련의 근거가 두 항―즉 판단상의 x와 y, 추론상의 p와 q―에서 어느 한쪽에 있는가 아니면 양쪽이 공유하는 제3의 안쪽에 있는가에 따라 적어도 세 가지 유형이 있을 수 있는 만큼, 그 관련을 드러내는 논리적 사고―즉 논리적 판단과 추론―에도 세 가지 유형이 있을 수 있다. 여기에서는 그것을 각각 '논리적 분석'(또는 함의의 분석, logical analysis), '논리적 반성'(또는 논리적 가정의 반성, logical reflection), '사변'(또는 관조, speculation or contemplation)이라고 부르겠다.[13]

　첫째, 판단 p―또는 판단의 언어적 진술인 명제 p―에서 판단 q를 추론하는 경우를 두고 보면, '논리적 분석'(分析)은 p의 의미요소들을 쪼개어서 그 일부 또는 전부를 q로 진술함으로써 p의 의미를 명료화하는 사고를 가리킨다. p의 의미 일부를 늘어놓은 경우에 p와 q의 논리적 관련을 '함의'(implication)라고 부르고, p의 의미 전부를 늘어놓은 경우에 p와 q의 논리적 관련을 '상호함의'(entailment)라고 부른다. 그리하여 함의는 p를 긍정하면서 q를 부정하면 모순이 되는 경우의 논리적 관련을 뜻하고, 상호함의는 p를 긍정하면서 q를 부정하면 모순이 될 뿐만 아니라 역으로 q를 긍정하면서 p를 부정해도 모순이 될 경우의 논리적 관련을 뜻한다. 예컨대 '철수는 총각이다'라는 판단 p는, '철수는 미혼이다', '철수

---

13 이하에 간략히 제시된 '함의', '상호함의', '논리적 가정'에 관한 자세한 설명은 다음 논문 참조. 이홍우(2016). 논리적인 것과 사실적인 것, 이론적인 것과 실제적인 것. **교육의 목적과 난점**(제7판), 교육과학사, 461-467.

는 성인이다', '철수는 남자이다'라는 판단 q와 각각 함의의 관련을 맺고 있는 한편, '철수는 미혼의 성인남자이다'라는 판단 q와는 상호함의의 관련을 맺고 있다. 여기에서 상호함의는 p의 의미 전부가 q로 드러나서 q와 p가 진술 방식에 차이가 있을 뿐 의미상 동일해진 상태라는 점에서 함의의 논리적 분석이 전개될 수 있는 최대치에 해당한다. 이 점에서 보면 논리적 분석의 목적은, 적극적으로는 분석 대상의 본래 의미를 전부 드러냄으로써 상호함의의 관련에까지 이르는 것, 소극적으로는 그렇게 본래 의미를 전부 드러냄으로써 그것에 달라붙었던 우연적 의미를 제거하는 것, 한마디로 '명료화'에 있다. 필자가 보기에, 이러한 논리적 분석은 앞에서 철학적 탐구 방법의 첫걸음이라고 말했던 자기검사의 핵심에 해당한다.

둘째, '논리적 반성'(反省)은 p를 돌이켜봄으로써 p 속에 감춰져 있으며, 그 p보다 보편적인 의미를 찾아내는 사고를 가리킨다. 이처럼 p로부터 보편적인 q를 찾아낸 경우의 논리적 관련을 '논리적 가정'(presupposition)이라고 부른다. 논리적 가정으로서의 q는 p가 참이건 거짓이건 간에 그 참과 거짓이 의미가 있으려면 갖추어야 하는 근거 또는 조건이다. 예컨대 '철수는 총각이다'라는 판단 p에는 '철수는 인간이다'라는 판단 q가 논리적 가정으로 들어 있다. 철수가 미혼이건 기혼이건, 성인이건 아이이건, 남자건 여자건 간에 그 p가 사실판단으로서 의미가 있으려면 '철수는 인간이다'라는 판단 q가 긍정되어야 한다는 점에서 그렇다. 앞에서 검토했던 개념적 사고에서 특수자로서의 '사례'와 보편자로서의 '개념'의 관련도 논리적 가정의 관련이다. 말하자면 '인사행위'에 들어 있다고 말했던 '존중의 마음'이나 '질문'에 들어 있다고 말했던 '무지의 자각'은 인사하는 이와 질문하는 이가 그 점을 의식하는가 여부와는 상관없이 그의 인사와 질문이 도덕적 행위와 철학적 행위로 성립하기 위해서는 받아들여야 하는 논리적 가정이다. 논리적 반성은 이처럼 특수한 판단이나 행위 안에 감춰져 있어서 부지불식간에 사용하게 되는 보편자로서의 개념을 돌이켜보고 찾아내는 사고이다. 그리하여 그것은 그렇게 찾아낸 개념의 편에서 사례들을 조망하는 사변의 가능성을 열어 놓는다는 점에서 사변과 함께 '회상 활동'의 두 축을 이룬다.

셋째, '사변'(思辨)은, 논리적 반성이 특수자들에서 그 안쪽의 보편자를 찾아내는 데에 관심을 둠에 따라 결과적으로는 그렇게 찾아낸 보편자와 특수자들의 '구분'에 머물러 있는 것과는 달리, 그렇게 구분해낸 보편자의 편에서 그 특수자들을 하나하나 신중히 재조명함으로써 '모든 특수자들은 저마다 보편자의 고유한 자기표현'이라는 식으로 자기 안에서 다시 '관련'지으려는 사고이다. 이 경우에 q와 p의 논리적 관련은 '사변적 관련'—또는 '변증법적 종합의 관련'—이라고 부를 수 있다. 이 사변적 관련에서 q의 의미는 p의 의미를 넘어서 있으며, 이때 '넘어서 있다'는 말은 q의 의미가 p의 의미와 구분됨과 동시에 관련된다는 뜻, 즉 p를 q의 의미 전체를 아무런 손상 없이 드러내는 그 q의 본질적인 자기표현으로 삼는다는 뜻이다. 말하자면, 논리적 분석과 반성이 보편자의 의미를 명료화하고 상위의 보편자, 궁극적으로는 '총체', '진선미성' 등으로 불리는 이념을 찾아내는 사고인 것과는 달리, 사변은 그렇게 찾아낸 이념이 '공통의 안쪽으로서의 자기'라고 보고 마치 그것이 나를 대신하는 사고주체이듯 그것의 사고활동에 편승하여 그 활동에 나와 세상을 비추어 보는 것을 가리킨다.[14] 요컨대 사변

---

14 "가령, '이 안경은 누구의 것인가'라는 질문에 대하여 '이 안경은 마하트마 간디의 안경이다'는 식의 명제를 그 대답으로 제시한다고 하자. 관점에 따라, 이 명제는 그저 '간디라는 사람이 썼던 안경'이라는 식의 사실의 기술에 불과한 것으로 비칠지도 모른다. '안경'이라는 것은 누구건 간에 사람들의 시력 교정 및 보호를 위하여 눈에 쓰게 되는 도구라는 점에서 그 명제에서의 '간디'를 다른 사람으로 대체해도 그 명제의 사실적 의미를 전달하는 데에는 아무런 차이가 없기 때문이다. 또한 간디의 안경도 철제 둥근 안경의 특수한 사례라는 점에서 다른 철제 둥근 안경으로 대체해도 그 사실적 의미를 전달하는 데에는 아무런 차이가 없는 듯이 보인다. 그러나 이때의 사실적 의미는 앞에서 말한 양상적 지식에 불과하다. 진실은 어느 편인가 하면, '간디'라는 인물을 조금이라도 '아는' 사람에게 그 명제는 사실의 기술에 불과한 것일 수 없다는 것이다. 적어도 인도 국민에게는 간디의 안경이 다른 안경으로 대체할 수 없는, '이 세상에 단 하나뿐인 안경'으로 와 닿을 것이다. 어째서 그러한가? 말할 필요도 없이, 그 이유는 간디의 안경이 순전히 '대상'으로 간주되지 않고 어떤 수준에서건 간에 간디의 영혼의 편에서 사고되기 때문이다. 즉, 그것은 이른바 '비폭력 무저항 운동'을 전개하여 영국 제국주의로부터의 인도의 독립을 이룩한 간디라는 인물이 썼던 안경이고, 그의 안경은 그가 '위대한 영혼'(Mahatma)으로서 보여 준 비폭력 무저항의 정신을 표현하는 이 세상에 단 하나뿐인 안경이다. 그리하여 간디의 안경이 순전히 안경 일반의 특수한 사례가 아니라 이 세상에 단 하나뿐인 안경으로 인식되는 이유는, 그의 사후에도 그의 비폭력 무저항의 정신이 그 안경에 실체적 개별자로서 깃들어 있을 뿐만 아니라 우리 자신도 이미 참여하고 있는 실체적

은 논리적 반성이 보편적 개념을 찾아내기 위하여 거쳐 지나간 모든 특수한 사례가 저마다 그 개념의 고유한 사례로서 '개별적인 의미와 가치'가 있음을 일깨우는 사고이다.

이상에서 검토한 철학의 기본적인 방법인 '자기검사', '개념적 사고', '논리적 사고'에 따를 때, 교육철학을 방법의 면에서 규정한다면 다음과 같이 말할 수 있다. 즉, 교육철학은 '교육은 무엇인가'라는 질문을 나 자신에게 제기하고 이 질문에 대한 나의 의견을 검사함으로써 그 안쪽에 들어 있을 자기지식으로서의 진짜 대답을 찾아내는 일이다. 이를 위하여, 첫째, 그것은 교육에 관한 나 자신의 의견 속에 들어 있는 개념들을 논리적으로 분석하여 그 의미를 명료화함으로써 그것들에 달라붙은 우연적 의미를 제거하는 일을 한다. 둘째, 그것은 그렇게 명료해진 개념들에서 다시 그것들이 공유하는 이를테면 '교육의 정신'을 반성해낸다.[15] 셋째, 마지막으로, 그렇게 반성해낸 '교육의 정신'에 비추어 교육에 속하는 모든 하위 개념들과 모든 활동들을 해명하되, 그 하위 개념들과 활동들이 유형과 범위와 수준에서 차이가 있을지언정 저마다 교육의 정신이 스스로를 현시한 본질적인 자기표현으로서 개별적인 의미와 가치를 가지고 있음을 해명한다.

보편자로서 살아 있기 때문이다. 실체적 인식[사변에 의한 철학적 인식]에서 '마하트마 간디의 안경'은 그의 고유한 정신이자 우리도 이미 참여하고 있는 보편적인 정신이 스스로를 표현하는 이 세상에 단 하나뿐인 안경으로 와 닿는다는 것이다"(고영준, 2015: 17).

15 흔히 철학의 주된 기능으로 회자되는 '비판' 또는 '비판적 사고'는 이러한 분석과 반성의 결과로 탐구 대상에 달라붙어 있던 우연적이거나 애매모호한 의미가 제거되고 탐구 대상을 둘러싼 무질서가 정리되는 측면을 부각시키는 표현이다. 말하자면 비판은 분석과 반성의 활동이 가진 소극적·부정적 측면을 가리킨다. 반대로 말하면 분석과 반성이 결여된 '비판'은 철학적 비판을 촉발하는 계기—즉 자기검사의 계기—가 될지언정 본격적인 의미의 철학적 비판일 수 없다. 칸트의 비판철학이 전형적으로 예시하듯이, 본격적인 의미의 철학적 비판은 항상 분석과 반성을 동반함으로써 경계를 명확히 하고 토대를 다지는 일종의 '정지작업'(整地作業)이라고 보아야 한다.

Ⅲ 교육철학의 관점에서 본 교육학과 교육

1 교육학: 교육에 관한 자기지식의 추구

앞에서 살펴보았듯이, 교육철학은 교육에 관한 철학적 탐구로서 그것의 기본적인 의미는 철학 일반의 경우와 마찬가지로 자기지식의 추구이다. 다만 그것은 교육을 대상으로 삼아 이루어지는 자기지식의 추구라는 점에서 철학 일반과 차이가 있다. 그리고 이처럼 교육에 관한 자기지식의 추구라는 점은 비단 교육철학에 국한된 것이 아니다. 교육에 관한 자기지식의 추구는 교육학이 교육에 관한 자율적인 학문적 탐구를 뜻하는 한 그것의 기본적인 의미를 이루며, 따라서 교육학의 모든 하위 영역들이 학문으로서 성립하는 데에 토대가 된다. 이제 이 점을 검토해 보겠다.

교육철학의 관점에서 볼 때, 교육학에서 제시되는 모든 질문은 '교육은 무엇인가'라는 질문으로 압축될 수 있고, 교육학과 그것의 모든 하위 영역은 초점과 방법에서 차이가 있을 뿐 바로 이 질문의 대답을 찾는 학문적 탐구라고 말할 수 있다. 그리고 이 탐구에서 그 질문과 대답은 다양한 양상을 나타내지만, 교육에 관한 자기지식의 추구라는 근본적인 공통점을 가지고 있고 이 점은 대답과 질문 모두에서 확인될 수 있다. 우선, 이 질문에 대하여 우리는 각자의 교육관에 따라 '교육은 이러이러하다'는 식의 다양한 판단을 대답으로 제시할 수 있겠지만, 그 대답들은 내용의 면에서 한 가지 근본적인 공통점이 있다. 교육을 무엇으로 보든지 간에, 그리고 개인부터 인류까지 어느 수준에서 보든지 간에, 교육의 활동을 나 또는 자아, 마음, 정신, 안목, 인격 등등의 의식적인 성장이라는 의미를 포함하는 활동으로 본다는 점이다. 반대로 말하면, '나의 의식적인 성장'이라는 의미를 수반하지 않는 활동은 원칙상 '교육'이라고 보기 어렵다. 다음으로, 이러한 대답의 내용상의 공통점은 이미 질문 자체의 형식에도 들어 있다. "교육은 무엇인가 하는 질문 또는 이 질문으로 요약될 수 있는 모든 질문은 그 질문이 진지하게 제기되는 한 질문자 자신으로 향한다. 인간은 누구나 자신이 이해한

대로, 또는 오해한 대로, 세상을 규정하고 그렇게 규정된 세상 안에서 살아가며, 이 이해 또는 오해는 교육의 사태에서 마음이 단련된 만큼 성취한 결과, 즉 교육의 결과이다. 그리고 이 점에서 인간의 마음을 채우고 있는 것은 다름 아닌 교육이다. 그리하여 방금 내건 그 질문은 당장 우리 자신에 대한 질문으로 바꾸어 놓을 수 있다. 교육과 관련된 모든 발언은 단순히 교육에 대한 발언이 아니라 교육으로 채워진 나 자신에 관한 발언, '나는 누구인가'에 관한 나 자신의 발언이다"(고영준, 2010: 24-25 발췌).

요컨대, 그 내용과 형식을 함께 두고 볼 때, '교육은 무엇인가'라는 질문은 '나는 누구인가'라는 철학적 질문의 교육학적 번역판이다. '교육은 무엇인가'라는 질문의 답을 찾아내려는 모든 교육학적 탐구 활동은 '나의 의식적인 성장'을 이끄는 일으로서의 교육을 거울삼아 그 거울에 비친 나를 아는 활동, 이 점에서 소크라테스적 의미의 '철학적' 활동이다. 그 근본을 두고 볼 때, 교육학은 교육을 거울삼아 이루어지는 자기지식 추구로서의 철학적 학문인 것이다.

2 교육: 나를 되비추는 마음의 거울

현대에 와서 교육철학의 시각에서 교육을 들여다봄으로써 그에 비추어 교육에 관한 우리의 사고를 일깨운 대표적인 교육철학자가 있다면, 피터즈(R. S. Peters)가 그 중 한 사람임에 틀림이 없다. 특히 그가 "입문식으로서의 교육"(Peters, 1965)과 『윤리학과 교육』(Peters, 1966)에서 제시하는 교육에 대한 논의는 '교육'이 그것에 관한 오늘날 우리의 관념과 태도와 관련하여 어떤 성격의 것인지를 잘 보여 주고 있다. 이하에서는 그의 논의와 함께 그로부터 우리가 얻게 되는 시사점, 특히 교육에 관한 오늘날 우리의 관념과 태도와 관련하여 얻게 되는 시사점을 제시해 보겠다.

그의 논의에 따르면, '교육'(education)은 그것에 속한 모든 특수한 개념들과 활동들의 '내재적 의미'를 드러내는 한편 그것들이 다른 영역에서 가질지 모를 어떤 '외재적 의미'와 엄격히 구분하는 보편적 의미기준의 역할, 앞의 용어로 말하면 '개념'의 역할을 한다. 즉, '교육'이라는 단어는 순전히 특정한 과정이나 활동을 지칭하는 용어가 아니라 그런 활동이나 과정에 교육의 의미와 자격을 부여하는 개념을 지칭하는 용어이다.[16] 그리고 피터즈는 이처럼 개념을 지시하는 경우에 교육이 어떤 의미를 가지고 있는지를 교육의 목적, 내용, 과정(또는 방법)의 면에서 설명한다.

첫째, 교육은 가치 있는 것을 전달함으로써 그것에 헌신하는 사람을 만든다는 뜻, 그리고 이때 가치 있는 것은 외재적인 것이 아니라 내재적인 것이라는 뜻을 포함한다(이하 Peters, 1966/1991: 19; 42 참조). 목적의 면에서 교육의 개념은, 그것에 속한 과정이나 활동이 모종의 바람직한 마음의 상태를 길러내는 일이라는 것, 그리고 이때 바람직한 마음의 상태는 그 자체로 가치 있는 것에 대한 헌신의 상태라는 것을 일깨우는 '규범적 기준'이라는 말이다. 그리하여 어떤 활동의 목적이 '교육적'이라는 말은, 그 활동이 그 자체로 가치 있는 것에 스스로 헌신하는 마음을 길러내는 활동이라는 뜻이다. 이 점에서 교육은 예컨대 '바람직하지 못한 것을 바로잡는다'는 뜻의 '교도'와 구분되고, 흔히 목적을 그것의 외부에서 찾게 되는 '훈련'과도 구분된다.

둘째, 교육은 지식과 이해, 그리고 모종의 지적 안목을 길러주는 일이며 이런 것들은 무기력해서는 안 된다는 뜻을 포함한다(이하 Peters, 1966/1991: 22-25; 42 참조). 내용의 면에서 교육의 개념은, 교육의 과정에서 전달하는 특정 분야의 지식과 기술을 이 세상 속 가치 있는 것을 통찰하는 안목, 이른바 '지식의 형식'으로 탈바꿈시켜서 이 세상에서 우리가 어떻게 살아야 훌륭하게 사는 것인가를

---

16 그는 이 점을 라일(G. Ryle)이 제시한 '성취어'와 '과업어'의 관계에 비추어 설명한다(이하 Peters, 1965/2015: 200; 1966/1991: 17 참조). 즉, 인간 활동을 지시하는 동사에는 어떤 성취를 가져오는 데에 필요한 과정이나 활동을 가리키는 '과업어'(task word)와 그 과정이나 활동을 성공적으로 수행한 결과를 가리키는 '성취어'(achievement word)가 있다. 예컨대 'running' (달리기)은 'winning'(승리하기)이라는 성취어에 속하는 과업어가 된다. 이 경우에 성취어는 '개념'이 인간 활동의 면에서 동태적으로 파악된 것이라고 볼 수 있다. 그것은 어떤 활동에 의미와 자격을 부여하는, 그 활동 안쪽에 들어 있는 의미기준을 가리킨다. 피터즈에 의하면, '교육'(educating)도 그것에 속한 '교수'(teaching)와 같은 활동들과의 관계에서는 성취어의 위치에 있다.

성찰하게 하는 '인지적 기준'이라는 말이다. 그리하여 어떤 내용이 '교육적'이라는 말은 그 내용이 어떤 제한된 시야의 전문적인 능력을 훈련하는 데에 도움이 된다는 뜻이 아니라 그 전문적인 능력의 사용을 포함하는 세상을 폭넓게 바라보고 그 안에서 살아가는 나 자신을 성찰할 수 있는 안목을 기르는 데에 긍정적인 변화를 일으킨다는 뜻이다. 이 점에서도 교육은 '훈련'과 구분된다.

셋째, 교육은 교육받은 사람의 의식과 자발성을 전제로 한다는 뜻을 포함한다(이하 Peters, 1966/1991: 38; 42 참조). 과정의 면에서 교육의 개념은, 교육의 과정에 참여하는 사람으로 하여금 자신이 그 과정에 입문하고 있다는 최소한의 의식을 가지게 하고 이 입문은 남이 대신해 줄 수 있는 일이 아니라 오직 자신의 자발성을 발휘해야 하는 일임을 일깨우는 '과정적 기준'이라는 말이다. 말하자면 어떤 과정이 '교육적'이라는 말은 그 과정에 참여한 아이가 자신이 해야 할 일이 무엇이고 자신이 도달해야 할 기준이 무엇인지에 대하여 최소한의 이해를 가지고 있다는 뜻이다. 이 점에서 교육의 과정은 '세뇌'나 '조건화'와는 엄격히 구분된다.

그리하여 이러한 의미기준들에 비추어 교육을 적극적으로 정의한다면, 이 정의는 적어도 교육이 가치 있는 것을 이해 가능하고 자발적인 방식으로 전달하는 일이라는 뜻, 그리고 그것이 삶 속의 다른 것들 속에서 차지하는 위치를 볼 수 있게 함으로써 학습자가 그것을 성취하려는 욕망을 갖도록 해주는 일이라는 뜻을 포함한다(Peters, 1965/2015: 223). 나아가서 그 정의는 교육이 교사의 안내에 따라 미성년자인 학생이 세기를 거듭하면서 발달해온 문명적 사고양식과 행동양식 안으로, 한마디로 인류의 공적 전통 안으로, 입문하는 성년식이라는 뜻도 포함한다(Peters, 1965/2015: 224-225 참조).

이상에서 제시한 '교육의 정의'에 관한 피터즈의 견해에 대해서는 사람들의 교육관에 따라 논란이 있는 것이 사실이고 또 앞으로도 그 논란은 지속될지 모른다. 그러나 교육철학을 포함한 모든 교육학적 탐구가 교육에 관한 자기지식의 추구인 한, 교육의 개념에 관한 그의 주장은 심각하게 받아들여지지 않으면 안 된다. 피터즈의 논의에서 교육학적 탐구와 관련하여 얻게 되는 중요한 가르침은, 교육은 그 자체로 어떤 활동의 목적과 내용과 과정에 교육의 의미와 자격을 부여하는 보편적 의미기준이라는 점, 그리고 교육학은 기본적으로 그러한 교육의 개념을 거울삼아 교육의 목적과 내용과 과정에 관한 우리 자신의 사고를 검사하고 재조명하는 일이라는 점이다. 그렇다면 교육의 개념을 거울삼아 우리 자신의 사고를 되돌아볼 때 알려지는 것은 무엇인가? 이 질문에 대한 구체적인 대답은 영역 특수적 접근이나 영역 일반적 접근 속에서 이루어지는 본격적인 교육학적 탐구 활동을 통하여 얻어진다고 보아야 할 것이고, 특히 그 탐구 활동 속에서 교육에 관한 우리 자신의 사고를 검사하고 재조명하는 만큼 얻어진다고 보아야 할 것이다. 그렇기는 해도 이상의 논의에서 얻게 되는 분명한 시사점이 있다. 교육과 관련하여 우리가 '근본적인 개선'을 요구할 때, 정작 근본적으로 개선되어야 할 것은 교육 자체가 아니라 교육에 관한 우리 자신의 관념이요, 교육을 대하는 우리 자신의 태도라는 점이 그것이다. 이제 이 점을 검토해 보겠다.[17]

인류의 문명사에서 학교가 생긴 이래 동서고금을 막론하고, 교육의 활동은 '가정과 사회에서는 덕목을, 학교에서는 교과를 가르치는 활동'으로 되어 있다(이하 고영준, 2010: 24 수정). 오늘날 우리는 이 활동, 특히 학교라는 별도의 공간을 두어 교과를 가르치는 활동의 의미와 문제점에 대하여 다양한 질문을 던진다. 그 질문들을 한마디로 압축하면 '교육은 무엇인가'로 된다. 말하자면 우리는 인류의 그 활동을 일종의 '교육학적 질문'의 대상으로 삼는 셈이다. 그러나 이러한 표면상의 유사성에도 불구하고, 교육학에 대한 이상의 논의는 그처럼 '교육'을 문제시할 때 오늘날 우리가 가진 관념과 태도가 결코 '교육학적인 것'으로 볼 수 없음을 시사한다.

교육학에 관한 이상의 논의는 '교육은 무엇인가'라는 질문을 '삶은 무엇인가'라든가 '마음은 무엇인가'의 경우처럼 질문자 자신을 혼란에 빠뜨리는 '형이상학적' 질문으로 보아야 한다는 것을 뜻한다(이하 고영준, 2010: 25 수정). 통상적인 경우에 우리의 질문은 본래 성격과는 달리 자기자신을 향하지 않는다. 즉, 통상

---

17 이하의 내용은 현 논의에 적합한 것으로 생각되어서 필자의 논문인 "헤겔의 『정신현상학』에 비추어 본 마음과 교육"(고영준, 2010)의 결론상에 제시된 주장을 약간의 수정을 거쳐 거의 그대로 인용한 것이다.

적으로 질문이라는 것은 모종의 '대상'에 대한 것이고 그 '대상'과 질문자의 '마음'이 다소간 떨어질 수 있다는 관념에 기반을 두고 있다. 그런데 삶이나 마음에는 도무지 이런 관념이 해당되지 않는다. 우리는 삶이나 마음으로부터 떨어져 있는 '나'를 상상할 수 없으며, 따라서 그런 질문을 대할 때 우리가 서 있는 '위치'가 질문 대상의 안쪽인가 아니면 바깥쪽인가에 대하여 당황하게 되고 혼란에 빠진다. 말하자면 그런 질문은 질문자인 우리가 발 딛고 서 있는 지반을 뒤흔들어 놓는 셈이다. 그리고 이 점은 교육의 경우에도 마찬가지로 적용된다고 보아야 한다. 위의 논의대로 교육이라는 것이 마음으로부터 떨어뜨려 놓을 수 없는 것이라면, 교육에 건네는 질문도 삶이나 마음의 경우처럼 질문을 건네는 우리 자신의 '위치'를 뒤흔들어 놓는다는 것이다.

물론 교육에 대한 오늘날 우리의 관념은 이와 전혀 다르다(이하 고영준, 2010: 25-26 수정). 대체로 말하여 우리의 관념은 삶이나 마음과는 달리 교육은 한시적 활동으로서 다소간 나로부터 떨어뜨려 놓을 수 있는 대상이며, 따라서 교육에 건네는 질문이 당황과 혼란을 불러일으킬 정도는 아니라고 생각한다. 사정이 더욱 심각한 것은 오늘날 우리 대부분은 교육을 '개선의 대상'쯤으로 여긴다는 점이다. 교육에 대한 우리의 발언을 검토해 보면, '교육은 이러이러한 문제가 있기 때문에 이러이러하게 고쳐야 한다'는 식의 주장이 그 대부분을 차지한다는 말이다. 그렇다면, 교육이 문제로 여겨지고 이에 따라 온갖 개선의 요구가 제기되는 오늘날의 이 사태는 어떻게 이해되어야 하는가? 삶이나 마음을 문제 삼고 그것을 적극적으로 개선하고자 하는 경우에는 사정이 그나마 나은 편이라고 볼 수 있다. 그럴 만도 한 것이 삶과 마음을 문제 삼고 개선하려는 것은 그 삶과 마음 자체를 내버릴 의도가 추호도 없다는 뜻이기 때문이다. 당연하게도, 삶과 마음에 대하여 개선을 시도하는 우리는 이미 살아 있고 이미 마음을 소유하고 있다. 살아 있다는 것, 마음을 소유하고 있다는 것은 삶과 마음을 문제 삼는 우리 자신의 든든한 토대가 되는 하나의 '형이상학적 사실'이다. 우리가 삶과 마음에 대하여 그야말로 '마음 터놓고' 문제를 제기하고 개선을 시도할 수 있는 것은, 그 시도와 더불어, 질문의 대상인 삶과 마음이 우리의 든든한 토대가 된다는 생각도 은연중에 하고 있기 때문이다. 우리가 때로 삶과 마음을 문제 삼지 않더라도 아무 지장 없이 살 수 있다고 생각하는 이유도 은연중의 그 생각에 있다.

　그런데 교육은 우리에게 우리 자신의 삶과 마음을 문제 삼고 개선하라고 말한다(이하 고영준, 2010: 26 수정). 이에 대하여 우리는 도리어 그 교육을 개선하려 하고 이처럼 개선을 시도할 때의 태도는 '삶은 무엇인가', '마음은 무엇인가'를 물을 때와는 전혀 다르다. 우리 대부분은 교육을 하나의 사실로 여기지만, 우리 자신이 그 안에 속해 있는 '형이상학적 사실'로는 받아들이지 않는다. 오히려 어느 편인가 하면, 우리 자신의 개선과는 상관없는 '경험적 사실'로 취급하는 것이 오늘날의 세태라고 말할 수 있다. 그러나 위의 논의대로 교육이 마음으로부터 따로 떼어낼 수 없는 대상이라면, 그것을 '개선의 대상'으로 여기는 것은 헤겔식으로 말하면 대상과 마음의 구분을 철두철미 당연한 것으로 간주하는 '의식의 자기기만'이며, 이 자기기만의 실상은 교육에 대한 나의 관념을 검사하여 바로 잡아달라는 '교육적 요구' 같은 것이다. 그도 그럴 것이 교육의 비판은 곧바로 나 자신의 존재의 정당성에 대한 비판으로 이어지며, 이제 나에 대한 회의로부터의 탈출구는 내가 받은 그 교육을 정당화하는 것뿐이기 때문이다. 교육의 정당성을 문제 삼는 순간 나는 도리어 교육의 정당성을 옹호하고 적극적으로 해명해야 하는 처지에 놓이는 셈이다. 그리하여 교육에 질문을 건네는 우리가 서 있어야 할 곳은 다름 아닌 교육의 사태이다. 그리고 이 점에서 교육은 형이상학에서 말하는 '실체'의 의미가 여실히 드러나는 '대상'이다. 외압을 가해도 무방하다 여겼던 그 '대상'이 도리어 우리의 현 위치를 뒤흔들어 놓을 뿐만 아니라 그 '안'에 속하는 것이 하나의 도덕적 당위가 되도록 '실천적 힘'을 발휘한다는 점에서 그렇다. 적어도 교육에 관한 한, 내가 주체요 교육은 대상이라 여기는 나의 관념은 역으로 교육이 '주체로서의 실체'요 나의 관념은 그 양상이라는 사실을 진리로 받아들이고 있다.

　교육을 인류가 스스로의 정신적 삶을 유지하기 위한 종족 차원의 영위라고 볼 수 있다면, 이 의미의 교육을 우리의 개인적 삶이나 의식과 구분하여 하나의 이론적 탐구의 영역으로 삼는 것은 우리 개인이 '교과'를 배운 결과로서는 최고의 결과가 아닐 수 없다(이하 고영준, 2010: 26 수정). 교육을 대상화함으로써 그것을 위협하려는 기도에서 비롯된 것이 아닌 한, 한 개인이 종족적 영위로서의 교육이 어떤 의미인가를 묻고 그것에 대하여 이론적 관심을 가지게 되었다는 것은, 자신의 개인적 삶과 의식이 인류의 정신적 삶의 수준으로까지 '발달'할 가능성이 열려 있음을 부지불식간에 자각하게 되었다는 뜻이기 때문이다. 아마도 이 자각은 인류가 교과교육이라는 활동을 통하여 우리 개인에게 베풀 수 있는 최대의 교육내용일 것이다. 물론 교육에 대한 우리 개인의 '이론'은 결코 추상성과 주관성을 탈피할 수 없다. 교육에 관한 이른바 '객관적 이론'은 오직 인류의 수준에서 가능하고, 그것은 우리의 개인적 삶과 의식이 인류의 정신적 삶과 완전히 일치하지 않는 한 교육이라는 종족적 영위 '안'에 영원히 감춰져 있다고 보아야 할 것이다. 그렇기는 해도 인류는 덕목과 교과를 가르치는 일을 지속해 왔고, 덕목과 교과는 어떤 수준에서든지 간에 마음의 자기검사와 발달을 이끈다. 그리하여 이 점을 받아들이는 한, 우리는 바로 그 자기검사와 발달에 기대어 교육의 '안'에 들어 있는 '교육의 의미'를 드러낼 수 있다. 그것이 교육이 우리에게 가르쳐 주고자 하는 교육이론이요, 우리의 삶과 마음의 이론이다.

IV 결론: 교육철학자의 사명

이제, 지금까지 제시한 논의의 결론으로서 '그렇다면 교육철학자의 사명은 무엇인가'라는 질문에 대한 필자의 대답을 제시하면서 글을 맺고자 한다. 이상의 논의는 적어도 두 가지 면에서 교육철학자의 사명을 시사하고 있다.

첫째, 교육철학자는 교육에 관한 자기지식의 추구자여야 한다. 그는 기본적으로 교육—좀 더 정확히는 교육과 관련된 모든 현상—에 관한 자신의 의견을 비판적으로 검사하고 그 안쪽의 본질을 탐구하는 탐구자이자, 그렇게 탐구된 교육의 본질을 거울삼아 자기를 인식하는 자기지식의 추구자여야 한다. 방법의 측면에서 말하자면, 그는 개념적 사고 또는 논리적 사고를 통하여 교육을 탐구하는 과정에서 교육의 본질적 의미를 분석적으로 명료화하고 반성적으로 자기화하는 일을 해야 한다. 나아가서 그는 교육의 구체적인 사례들에 깃들어 있고 또 우리가 이미 공유하고 있는 '교육의 정신'을 바로 그 정신의 편에서 해명함으로써 그것에 비추어 그 각각의 사례가 저마다 교육의 정신의 개별적인 자기표현이라는 점을 인식해야 한다.

둘째, 교육철학자는 교육적 대화로의 안내자여야 한다. 그는 우리의 통상적인 사고 속 교육의 개념, 나아가서 교육의 정신을 드러낼 수 있는 화제를 제시함으로써, 이 화제를 중심으로 일상생활에서건 교육학의 하위 영역에서건 간에 사람들이 교육에 관한 자신의 사고를 돌이켜보고 그 안쪽의 정신을 자신 특유의 방식으로 인식해서 저마다 개성 있는 목소리를 가지고 참여할 수 있는, 그래서 함께 학문적 성장을 도모할 수 있는 교육적 대화의 장을 여는 일을 해야 한다. 이 일은 교육철학자가 할 수 있고 또 해야 하는 일이다. 교육철학자가 사람들을 그러한 교육적 대화의 장으로 안내할 수 있는 이유는, 우리가 참여하는 교육은 '총체'인 반면 이 교육에 관한 우리 자신의 사고는 그것이 학문적인 것일 경우에도 '추상성'—즉 총체를 보편자와 특수자의 구분에 의거하여 파악함으로 말미암아 둘 중 어느 한쪽의 것인 양 한정하는 특성—을 떨쳐내기가 쉽지 않다는 점을 깨닫는 것을 탐구 활동의 출발점으로 삼기 때문이다. 그리하여 교육철학자는 교육에 관하여 사람들의 일상적인 의견에서 빈발하는, 그리고 교육학의 하위 영역들에서조차 혹시 나타날지 모를 '추상적 사고'를 스스로 검사할 수 있는 화제를 제시해야 한다. 나아가서 교육의 모든 사례들이 '교육의 정신'의 자기표현임을 깨달을 수 있는 단서를 제공함으로써, 결국 추상적 사고가 총체로서의 교육으로 복귀할 가능성을 드러냄으로써, '교육적 대화'의 장을 여는 일을 해야 한다.

❑ 네틀쉽(R. L. Nettleship)의 『플라톤의 국가론 강의』: '정의로운 삶은 어떤 삶이고 그것은 어째서 좋은 삶인가'라는 플라톤의 문제의식을 중심으로 그의 『국가』에 제시된 철학사상과 교육사상을 해설하고 있으며, 특히 '정의'(正義, justice)는 개인 수준에서건 사회 수준에서건 간에 '교육'을 통하여 확립되고 실현되는 삶의 원리이자 이상임을 생생한 필체로 그려내고 있다.

❑ 보이드(W. Boyd)의 『루소의 교육이론』: 루소의 생애와 더불어 주요 저작에 걸친 그의 교육사상을 전체적으로 조망하고 있다. 특히, 루소의 교육사상과 사회사상의 관계를 세밀하게 들여다봄으로써 그를 단순히 '아동 중심 교육사상가'로 한정해서는 안 된다는 점, 그의 교육사상 및 사회사상이 나타내는 '역설'은 인간 본성에서 발원한 것으로서 오직 교육을 통해서만 해명될 수 있다는 점을 잘 보여 주고 있다.

❑ 듀이(J. Dewey)의 『민주주의와 교육』: 교육은 '경험이 계속적으로 재구성되는 성장의 과정'이라는 점, 그리고 이 의미의 교육은 민주적 삶의 근본적인 원리라는 점을 밝힌 듀이의 대표적인 저서이며, 또한 교육에 관한 현대인의 건전한 상식을 가감 없이 보여 주고 있다는 점에서 교육철학적 사고 연습의 좋은 교재가 된다.

❑ 피터즈(R. S. Peters)의 『윤리학과 교육』: 현대에 와서 최초로 교육의 개념에 관한 철학적 분석과 반성의 모범을 보여 주고 있으며, 교육의 윤리적 측면에 관한 기본적인 교육철학적 주제를 담고 있다.

❑ 이홍우의 『교육의 목적과 난점』: 교육이 순전히 실천적 처방의 대상이 아니라 이론적 탐구의 대상이라는 점, 더욱이 이론적 탐구가 심화될수록 그 안에서 우리의 무지를 일깨우는 경이와 신비의 측면이 현시된다는 점을 설득력 있는 어조로 제시하고 있다. 교육철학 입문자의 교육철학적 사고와 학술적 글쓰기 연습을 위한 필독서이다.

01 (학문으로서의 교육철학) 학문으로서의 교육철학은 상식적인 교육관이나 특정한 교육 사상과 어떤 점에서 차이가 있는가? 그리고 학문으로서의 교육철학이 가진 기본적인 의미와 방법은 무엇인가?

02 (철학적 사고의 의미) '사고는 [영혼이] 침묵 속에서 자기자신과 나누는 대화이다'(Plato, *Theaetetus*, 190a)라는 플라톤의 말에서의 '사고'는 바깥의 사물이나 일상생활에 관한 나의 '의견'과 어떤 관계에 있는가? 그리고 그 관계를 감안하면 그것은 어떻게 재규정될 수 있는가?

03 (철학적 사고의 태도) '경이는 철학의 시작이다'(Plato, *Theaetetus*, 155d)라는 플라톤의 말에서 '경이'는 철학(또는 철학적 사고)의 심리적 · 정서적 측면을 나타낸다고 볼 수 있고, 특히 그것은 통상적인 의미의 '의심'과는 성격이 전혀 다르다고 볼 수 있다. 그렇다면, '경이'와 '의심'은 어떻게 다른가? 좀 더 풀어 질문하자면, 어떤 대상(x)에 대하여 경이를 느낄 경우와 의심을 품을 경우에 나는 각각 대상과 어떤 관계에 있는가?

04 (철학적 사고의 방법) '미네르바의 부엉이는 황혼 무렵 날개를 편다'(『법철학』, 서문)는 헤겔의 말에서 '미네르바의 부엉이'는 '일상적 사고'(또는 상식인)와 구분되는 '철학적 사고'(또는 철학자)를 상징한다. 그렇다면, 헤겔의 이 말에 암시된 철학적 사고와 일상적 사고의 관계는 무엇인가? 그리고 텍스트에 제시된 '개념적 사고' 또는 '논리적 사고'는 이 질문과 관련하여 어떤 대답을 시사하고 있는가?

05 (철학적 사고와 세상의 관계) 철학적 사고가 '세상'과 맺는 관계를 텍스트의 주장에 따라 요약하면 다음과 같이 표현할 수 있다. 괄호 안에 적절한 부사적 표현—즉 '어떠하게'(어떤 상태에 있게)에 해당하는 표현—을 제시해 보시오.

경험은 세상을 (①   ) 하고, 논리적 분석은 세상을 (②   ) 한다.
논리적 반성과 사변은 그렇게 해서 (②   ) 된 세상을 (③   ) 한다.

06 (교육철학적 사고의 연습) 교육에 관한 통상적인 사고 또는 의견을 예시하고, 그것을
텍스트에 제시된 교육철학의 기본적인 의미와 방법에 의거해서 검사해 보시오.

참고문헌

고영준 (2010). 헤겔의 『정신현상학』에 비추어 본 마음과 교육. **교육철학**, 50, 1-31.

고영준 (2015). 아리스토텔레스의 『형이상학』에 나타난 실체적 지식의 교육학적 함의. **교육철학연구**, 37(2), 1-22.

고영준 (2016). 콜링우드의 역사이론에 비추어 본 교과의 실제적 의의. **교육사상연구**, 30(1), 21-46.

고영준 (2017). 교육철학의 이해를 위한 예비적 고찰. **교육과학연구**, 22, 1-19.

김안중 (1997). 플라톤의 철인왕. 나산 박용헌 교수 정년기념논문집 간행위원회, **한국교육의 성장과 개혁**, 교육과학사, 129-145.

이돈희 (1983). **교육철학개론-교육행위의 철학적 분석-**. 교육과학사.

이홍우 (2016). 논리적인 것과 사실적인 것, 이론적인 것과 실제적인 것. **교육의 목적과 난점 (제7판)**, 교육과학사, 411-467.

Boyd, W. (1911). *The Educational Theory of Jean Jacques Rousseau*. New York: Russell & Russell, 김안중, 박주병 (공역) (2013), **루소의 교육이론**, 교육과학사.

Dewey, J. (1916). *Democracy and Education: An Introduction to the Philosophy of Education*. Macmillan, 이홍우 (역) (2007). **민주주의와 교육**, 교육과학사.

Nettleship, R. L. (1925). *Lectures on the Republic of Plato*. Macmillan & Co., Limited, 김안중, 홍윤경 (공역) (2010), **플라톤의 국가론 강의**, 교육과학사.

Kant, I. (1781). *Kritik der Reinen Vernunft*. von R. Schmidt, Philsophische Bibliothek Band 37a, Felix Meiner Verlag, 1956, 최재희(역), **순수이성비판**, 박영사, 1983. (CPR로 약칭)

Knox, T. M. (trans.) (1942). *Hegel's Philosophy of Right*. Oxford University Press, 임석진 (2008), **법철학**, 한길사.

Peters, R. S. (1965). Education as Initiation. R. D. Archambault (ed.) (1965), *Philosophical Analysis and Education*, London: Routledge & Kegan Paul, 87-111, 김안중, 박주병 (편역) (2015), 입문식으로서의 교육, **인류의 대화에서 교육의 목소리**, 강현출판사, 191-245.

Peters, R. S. (1966). *Ethics and Education*. London: Gerge Allen & Unwin Ltd., 이홍우 (역) (1991), **윤리학과 교육**, 교육과학사.

Plato. G. M. A. Grube (trans.) (1997). Apology. J. M. Cooper (ed.), *Plato: Complete Works*, Hackett Publishing Company, 17-36, 김안중, 박주병 (편역) (2015), 소크라테스의 『변론』, **인류의 대화에서 교육의 목소리**, 강현출판사, 7-55.

Plato. G. M. A. Grube (trans.) (1997). Meno. M. Cooper (ed.), *Plato: Complete Works*, Hackett Publishing Company, 870－898.

Plato. G. M. A. Grube (trans.) (1997). C. D. C. Reeve (rev.). Republic. J. M. Cooper (ed.), *Plato: Complete Works*, Hackett Publishing Company, 971－1223.

Plato. A. Nehamas & p. Woodruff (trans.) (1997). Symposium. J. M. Cooper (ed.), *Plato: Complete Works*, Hackett Publishing Company, 457－505.

Plato. M. F. Burnyeat (trans.) (1997). M. J. Levett (rev.). Theaetetus. J. M. Cooper (ed.), *Plato: Complete Works*, Hackett Publishing Company, 157－234.

Plato. D. J. Zeyl (trans.) (1997). Timaeus. J. M. Cooper (ed.), *Plato: Complete Works*, Hackett Publishing Company, 1224－1291.

교육사: 교육사 탐색의 의의*

김경용

⌐요약⌐ 제2장은 교육을 역사적으로 탐색하는 일이 왜 필요하며, 어떤 의의가 있는지
살핀 것이다. 교육사를 어떻게 연구해야 하는지도 언급해 놓았지만, 이 역시
그 의의를 명확히 하는 데 일조하리라 판단하여 덧붙여 말한 것이다.
인류는 과거의 삶에 대한 천착의 성과에 의지하고 현재의 조건을 헤아려 가
며 미래에 대한 기대를 가지고 살아갈 수밖에 없다. 이 삶의 과정을 잘 꾸려
나아가려면, 여태까지 인류가 살아온 내력과 현재의 조건을 잘 알아야 한다.
잘 알지 못한다면 미래를 잘못 그리게 될 것이고, 그릇된 기대 속에 불행한
삶에 길을 걷게 될 것이기 때문이다. 즉, 교육사 탐색은 인류문명의 전승과
지속, 나아가 나 개인의 행복을 구하는 데에 필수적인 작업이라고 할 수 있다.
이러려면 교육사를 잘 알아야 하는데, 사실 교육사에 대한 오해가 만만치 않
게 심한 실정이다. 특히 통치권을 강탈당한 적이 있는 우리로서는 바로 잡아
야 할 오해가 무척 많다. 이런 오해는 우리의 현재 자화상을 심하게 일그러
진 것으로 만들어 버린다. 다시 말해서, 교육사에 대해서 알지 못하거나 잘못
알고 있다면, 이런 무지함이 우리의 현재 일상과 미래의 삶에 큰 영향을 미
치게 되는 것이다.
교육사에 대한 무지가 초래할 사태가 막중하기에, 동·서 비교와 조선교육사
를 예로 들어서 우리의 교육사에 대한 왜곡된 시각과 몰이해를 서술하였고,
어떻게 해야 이를 바로 잡을 수 있는지 논의하였다. 전통사회에 대한 엄밀한
교육사학 연구가 현재 우리 사회의 자화상을 온전하게 비춰주는 거울, 미래
를 밝힐 등대 등을 구축하는 데 실질적인 기여를 할 수 있게 될 것이라고 기
대한다.

주제어: 교육사, 문명의 전승, 행복추구, 평화, 인재의 양성과 선발, 국가적
교육체제

* 이 글은 필자의 다음 논문을 수정·보완하여 전재(轉載)한 것이다.
  김경용(2017). 교육에 대한 역사적 탐색의 의의 고찰. **교육과학연구**, 22. 한국교원대학교 교육
  과학연구소.

I   서론

21세기 첨단문명 시대를 사는 우리에게, 이미 지나간 시간 속의 삶을 더듬는 교육사가 왜 필요한가? 이 질문은 바꿔 말하면, 미래가 아닌 과거를 천착하는 교육사가 우리의 삶에 도대체 왜 중요하냐는 것이다.

우선, 아주 개인적인 생활사부터 살펴보자. 예전 어렸을 때 부모님과 나 사이에 벌어졌던 일들을 되돌아 볼 때 거기서 보이는 건 옛날이 아니라 오늘의 내 모습이다. 그리고 앞으로 내가 겪을 미래의 나 또는 나와 내 자식 간에 벌어질 일에 대한 예감이다. 즉, 내가 여태까지 어찌 살았기에 오늘의 내가 이런 것인가, 또 내일의 내가 어떨 것인가를 헤아리는 데에 바탕이 되는 것이 교육에 대한 역사적 탐색이다.

그런데 나의 삶은 나 홀로 또는 내 가족으로써만 이루어질 수 없다. 수많은 타자(他者)와의 관계 속에서 내 삶은 이루어지기 마련이기 때문이다. 따라서 나혼자 또는 내 가족만이 아니라, 내가 사는 공동체 나아가 우리 인류 전체가 어떻게 살아왔는지 배우고 익히고 질문을 던지고 그에 대해 스스로 답을 내려야만 나의 현재와 미래를 온전히 헤아릴 수 있다. 즉, 나의 현재를 파악하고 미래를 가늠하는 일은 나 혼자만이 아니라 우리 인류가 무엇을 하며 어떻게 살아왔느냐하는 삶의 내력 안에서 이루어질 수밖에 없다는 것이다.

내 개인적 삶의 유지는 사실 문명의 전승이라는 거대한 흐름 속에서 이루어지는 것이고, 문명의 전승은 하루하루 가르치고 배우는 미세한 활동을 통해서 가능하다. 그러므로 내가 살고 있는 현재가 제아무리 첨단문명의 시대라는 21세기라도 이 시대를 바르게 파악하거나 평가하고 앞으로 나와 내 가족이 옳게 살아가려면 가르치고 배우는 삶의 역사, 즉 교육사를 탐색하고 정확하게 알지 않으면 안 된다.

Ⅱ 불가피한 교육사 탐색

모든 생명체는 삶의 의지를 갖고 있다. 또한, 인간이라면 누구나 행복하게 잘 살고 싶어 한다. 그런데 내가 행복하게 잘 사느냐의 여부는 내가 잘 배웠느냐 여부에 달려 있다. 왜냐하면 잘 배우지 못하면 잘 살 수 없는 그런 질서가 지극히 자연스럽고 타당한 질서이기 때문이다. 그렇다면 자식으로서 또는 후배로서 잘 배워야 하고, 부모로서 또는 선배로서 잘 가르쳐야만 잘 살 수 있다. "잘 산다!" 이에 대해 시공을 초월한 정답은 찾기 어렵다. 간단하게 해답을 얻을 수 없는 이 답답증을 해소할 길은 인류가 지금까지 어찌 살아왔는지 돌아보는 것으로부터 출발할 수밖에 없을 것이다. 어떤 인물을 잘 살았다고 하는지, 그들은 어찌 살았기에 잘 살았다고 하는지, 그들이 산 시대와 사회의 상황은 어땠는지, 이런저런 삶과 그 삶을 가능케 한 토대를 더듬어 보는 것, 그게 바로 교육사이다.

오늘의 나는 오늘 직전 어제로부터 비롯되어 만들어진 게 아니다. 태어나 오늘까지 줄곧 어찌 살았느냐가 오늘의 나, 그 인성·지력·도덕성·사회성·기호·상상력 등을 좌우한다. 마치 100광년 떨어진 별의 별빛을 본다면, 그것은 조금 전이 아니라 100년이나 묵은 오래된 빛의 발산을 오늘의 내가 마주하는 것과 마찬가지이다. 즉, 개인이든 사회든 헤아리기 어려운 오랜 역사가 현재의 역량을 조성하고 있는 것이다. 매우 논리적이고 수학적인 추론이다. 논리적이고 수학적인 추론은 지극히 현실적이기까지 하다.

그런데, 우리는 안타깝게도 미래에서 "내가 나아갈 길"과 "나의 행복"을 찾으려 한다. '앞으로 … 이런 세상이 도래할 것이니 그에 따라 … 이렇게 살아야 한다!' 대개 이러한 권고는 은근히 협박에 가까운 언어를 구사한다. 다가올 그 미래를 대비하지 않으면 위험하며 참담한 현실을 맞이하게 될 것이라고 겁주고 사람들을 위축시키곤 한다. 참으로 몰상식한 생각의 지향성이 아닐 수 없다. 앞으로 도래할 세상! 그것을 지금 이미 알고 있다고? 그 정도가 아니라 미래에 나타날 복잡다단한 사태를 이미 충분히 검토했다고? 이런 언설들은 사실 선정적 저널리즘의 소산일 뿐이다. 미래는 알 수 없고, 다만 기대할 뿐이다. 그 기대가 어긋날 가능성은 늘 열려 있을 수밖에 없기 때문에 미래에 대한 기대와 예측은 어떤 상황에서든 조심스러워야만 한다.

과학의 시대가 된 것 같지만 오히려 과학적 사고에서 멀어지는 대중을 양산하고 있으며 이런 대중이 사이비 학문의 선동에 휘둘리기 쉬운 상황이다. 자기들 말대로 하면 환상적 미래가 도래할 것이라고 장밋빛 새 세상을 그리거나, 반대로 자기들 말대로 하지 않으면 절망적 파국을 맞이하게 될 것이라고 세상의 종말을 예고하는 선정적 언설에 휘둘리는 귀 얇은 대중이 많은 현실이다. 이는 우리가 어찌 살아왔는지 잘 알지 못한다는 것에서 비롯되는 문제이다. 미래에 도래할 세상은 어쨌든 인간이 하루하루 살아가며 조성해 나아갈 것이다. 그런데 인류가 제대로 살아 나아갈 길은 우리 인류가 무엇을 지향해서 가르치고 배워왔는지 어떻게 살아왔는지 되돌아보는 데에서만 찾을 수 있다. 바로 이것이 교육사를 공부하지 않으면 안 되는 이유이다. 교육사 탐색은 인류의 생존 또는 문명의 지속 여부에 관련될 만큼 아주 중요한 과제이다.

Ⅲ   나의 행복과 교육사 탐색

점점 불거지고 있는 환경생태의 위기상황과 극단적 국가주의 또는 민족주의로 무장한 세력들의 군사력 증강과 갈등·분쟁을 감안할 때, 살기 위해 몸부림치는 온갖 행위가 왜곡된 방향으로 치달아 오히려 인류가 멸절하는 데로 향하고 있지는 않은지 염려된다. 우리 인류가 무엇에 주목하여 가르치고 배워왔는지 꼼꼼히 헤아리는 것은 문명의 지속 내지 인류의 생존과 맞닿아 있는 과제이다. 우리 인류는 어찌 살아왔는가? 과연 자멸하지 않고 잘 살자고 몸부림치는 생명체가 맞는가? 피비린내 나는 잔혹한 학살의 전쟁을 겪었으면서도 여전히 무치(武治)의 질서 아래 군사력 증강에 여념이 없이 허덕이고 있는 인류! 유감스럽게도 20세기 인류의 교육은 실패했다고 생각된다.

인류는 아이들을 국가나 특정 집단의 이익을 위해 살도록 가르치기 이전에, 게으름의 추구에 매몰되도록 부추기지 않고, 바르고 옳게 살도록 가르쳐야 했다. 서구에서 종교적·민족적 갈등으로 인한 대결과 살육, 제압과 굴복의 질곡에서 벗어나, 민족과 종교는 물론 직업의 격차나 신분적 차별을 융화시킬 수 있는 새로운 공동체를 꿈꾸고, 그런 공동체를 꾸려갈 인물, 그곳에 살기에 적당한 인물을 길러내기 위해, 나아가 무지와 미신으로부터의 해방을 위해 고안한 것이 근대의 학교였지만, 인류는 이 과제를 성취하지 못한 상황이다. 이런 기획은 21세기에 이르러서도 도달하지 못한 미완의 과제로 남아 있으며, 우리 역시 이런 미완의 과제에서 자유로울 수 없다.[1]

또한, 요즈음 우리가 행복이라고 간주하는 것 그것이 과연 행복한 게 맞는가? 이 질문 역시 교육의 문제요, 교육의 역사와 분리될 수 없는 당면과제이다. 인류문명사에서 20세기 고작 한 세기에 급작스레 비등하여 전승되고 있는 행복의 개념(사실 이는 행복이 아니라 사이비 행복, 즉 행복처럼 간주되지만 오히려 불행을 행복으로 오인하는 것이라고 생각한다)을 다시 재개념화 하여 교정된 행복에 대한 개념을 대중화 하는 것! 교육사는 이를 반드시 수행해야 할 사명을 지고 있다. 왜냐하면, 지금 인류는 엉뚱한 상황을 행복이라고 착각하도록 어긋난 교육을 통해 비뚤어지게 길들여지고 있기 때문이다. 단적으로 눈·코·귀·입을 즐겁게 하기 위해, 인류는 지나치게 많은 에너지와 정력 및 비용을 서슴없이 지불하고 있다. 잘못 가르치고 배운 탓에 통제할 길을 찾기 어려운 욕망 때문에! 그럼으로써 인류의 생존 자체를 위협하고 있다.

누구든 쾌락을 추구하는 것은 당연하다. 그러나 문제는 찰나의 쾌락에 만족하지 못하고 그것을 만끽하는 시간을 가급적 연장시키려는 욕망을 조절하지 못하는 데 있다. 대표적인 욕망, 식욕(食慾)을 예로 들어 보자. 그것의 충족에서 오는 쾌(快)와 락(樂)! 이것의 지속시간을 길게 하려면 할수록 내 건강은 잠식되며 삶의 길이 아닌 죽음의 길을 질주하게 된다. 비만과 다이어트의 악순환 질곡에 빠져 있는 현대인들의 풍속도는 먼 미래의 우리 후손에게 어처구니없는 일로 비

---

1 김경용(2014). 『조선의 교육헌장—우리교육의 오래된 미래—』. 박영스토리. pp. 86-87.

쳐질지도 모른다. 그런데 나의 욕망추구 관성은 고스란히 내 자식과 후손의 욕망을 조성하는 데로 이어진다. 모르는 사이에 저들이 전수되기 때문이다.

내 자식(우리 후손)이 나의 무분별하고 왜곡된 행복추구로 인해 생존이 위협당한다는 걸 명백히 알면서도, 이런 상황을 외면하고 그 욕망을 마구 발산할 인면수심의 인사('사람의 얼굴을 하고 있지만 동물의 마음을 가진 인사'라는 표현이지만, 동물들조차도 이러지 않는다)는 없을 것이다. 문제는 나의 행복추구가 내 자식·후손의 생존을 위협한다는 사실, 그게 충족되지 않는 통제불능의 내 욕망 탓이라는 인과관계를 인식하지 못하거나 외면하여 직시하지 않고 있기 때문에 사태를 바로잡기 힘들다는 것이다. 그렇기에 우리가 무엇을 가르치고 배워왔는지 잘 아는 일, 즉 교육사에 대한 명확한 이해는 인류문명의 존속과 연결된 막중한 과제이다. 우리는 무엇을 선대로부터 배웠고, 후대에게는 무엇을, 왜 가르치고 있는가? 이를 잘 헤아리는 게 교육사 연구의 본연이고, 그것은 곧 나의 행복, 나아가 인류의 생존과 행복을 추구하는 일이다.

Ⅳ 교육사에 대한 오해와 이해

교육사를 바르고 정확하게 알아야 하는 이유는 현재의 교육사, 즉 한반도와 그 이외 지역에서 가르치고 배워 온 역사에 대한 오해와 무지가 의외로 만연되어 있기 때문이다. 서방사회에 대한 막연한 동경심, 이런 동경심과 짝을 이루고 있는 우리 사회에 대한 자괴감, 이로 인해 우리는 스스로의 현재와 미래를 옳게 그리지 못하고 있다.

'동(東)'이든 '서(西)'든 예전(古)이든 지금(今)이든 교육에 대해서 기본적으로 추구해야 한다고 설정한 바는 서로 다를 게 거의 없을 것이다. 우리가 기피할 만한 것은 저들도 기피해왔고, 저들이 추구할 만한 것은 우리도 추구해왔다. 그런데도 우리는 잘난 저들과 못난 우리라는 구분 아래 지금 당장 우리가 하고 있는 일 그리고 앞으로 해나가야 할 일에 대해 잘못 설정된 지향성을 가지고 있는 게 아닌지 의심스럽다. 그 원인은 교육사에 대한 부정확한 지식과 몰이해 때문이다.

우리는 속박에 시달렸고 서구인들은 우리에 비해 상대적으로 자유로움을 구가하며 살아왔다고 파악하는 게 일반적인 이해이다. 과연 그랬던가? 어떤 연유로 인해 우리가 이런 이해 안에 구속되어 있는가? 단적으로 [그림 2.1]의 사료를 검토해 보자. 조선시대 천민이 작성한 매매 문건이다. 왼쪽은 1805년 이생원댁 노(奴) 명쇠(命金)가 작성한(筆執) 논매매문서이고, 오른쪽은 1867년 작성된 포구매매 명문인데 증인 겸 작성자(證筆)가 이생원댁 노(奴) 돌쇠(乭金)이다.

조선시대 노비는 천민으로서 동물이나 물건처럼 취급받았고 당연히 일자무식이었다고 여기는 게 일반적인 상식이다. 그런데 이 문건들은 도대체 어찌 된 것인가? 매매가 이루어질 때, 매도인과 매수인이 보관하고 관에 보고하기 위해 증인을 세우고 3건의 매매문서를 작성하게 되는데, 매매문서 양식을 갖추어 상

그림 2.1　천민이 작성한 1805년 논매매 명문과 1867년 포구매매 명문

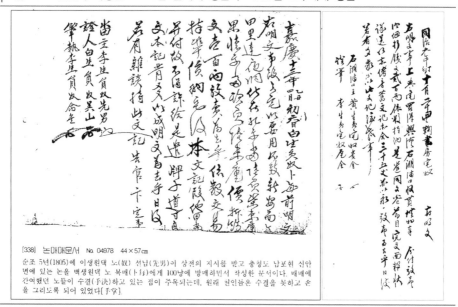

[338] 논매매문서　No. 04978　44×57cm

순조 5년(1805)에 이생원댁 노(奴) 선남(先男)이 상전의 지시를 받고 충청도 남포현 신안면에 있는 논을 백생원댁 노 복매(卜每)에게 100냥에 방매하면서 작성한 분서이다. 매매에 간여했던 노들이 수결(手決)하고 있는 점이 주목되는데, 원래 천인들은 수결을 못하고 손을 그리도록 되어 있었다.[手掌]

출처: 전북대학교 박물관(1998). 『박물관도록-고문서』.

당한 필력으로 작성한 주체가 바로 동물처럼 취급 받았다는 천민이다. 모든 천민이 이런 수준은 아니었겠지만 천민임에도 한문 해독 및 작문 능력을 가질 수 있었다면, 일반 양인(良人)의 경우 어느 정도의 문자해득 능력을 보유하고 있었을지 짐작할 수 있다. 위에 제시한 천민 작성 문서의 존재와 부합하지 않는 조선교육사는 인정될 수 없다. 이런 문서가 한두 개가 아니라 무척 많기 때문이다. 요컨대, 조선교육사에 대한 종래의 통상적 서술과 이해에는 잘못된 것이 많다.

다른 사례를 하나 더 들어 보자. 조선시대에 양반은 설령 굶어 죽는 한이 있더라도 땀 흘리는 육체노동을 하지 않았다고 마치 당시를 살아 본 것처럼 얘기하는 경우를 접할 수 있고, 앞서 얘기한 것처럼 천민은 무식하기 짝이 없고 천대받았다고 당연하게 여기기도 한다. 그런데 이런 통념 역시 타당하지 않으며, 이를 통렬하게 뒤집을 만한 [그림 2.2]를 소개한다.

[그림 2.2]에서 오른쪽 그림은 당시 요직을 두루 거친 인물이지만 가난하게 살았던[2] 조헌(趙憲, 1544-1592)이 부모님 봉양을 위해 몸소 밭갈이를 하는 장면이고, 왼쪽 그림은 천민이었음에 불구하고 명망이 높던 서기(徐起, 1523-1591, 호 孤青)를 찾아가서 조헌이 배움을 구하던 장면을 묘사한 것이다.[3]

---

2 『重峯先生文集附錄』 권4, 「碑表」, 遺事: … 憲 字汝式 號重峯 本高麗忠臣元帥天柱之後 家貧自業農畝 憲 兒時自力受書 … 右六條 見澤堂<李植>史草.

3 『重峯先生文集附錄』 권1, 「연보」: <先生二十八歲> 拜洪州牧教授. 拜土亭李先生于海隅. 先生聞土亭隱居海隅 徜徉不仕 乃修束脩之禮而請教. 土亭叩其學 大驚曰 君之德器 非吾可教之人也. … 吾門生徐起 此皆忠信可仗 誠通金石 若與五人者長爲師友 則不患不到聖賢地位矣. 先生自是師事牛・栗 而於龜・青兩公必拜之<宋公號龜峯* 徐公號孤青>. … <先生二十九歲> 入爲本館正字. … 同土亭先生遊頭流山 仍訪徐處士起 講學數月而還.

* 송익필(宋翼弼, 1534-1599, 호 龜峯)도 천민이었으며 율곡선생과 교유하였다.

그림 2.2 　 조헌의 『중봉집(重峰集)』에 실려 있는 그림

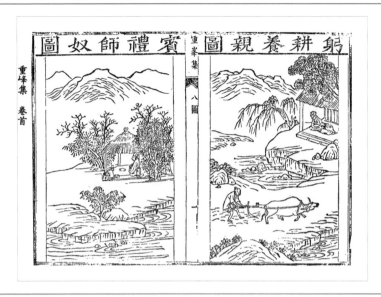

출처: 『중봉집(重峰集)』.

관직자라고 해서 모두 부유하지 않았고, 가난하다면 손수 농사를 짓지 아니
하고서는 살아갈 수 없었다. 조헌은 오른쪽 삽화에 보이는 것처럼 가난했으므로
직접 농사를 지었다(家貧自業農畝).

서기라는 인물은 천민이었음에도 불구하고 학식과 덕망이 높아 주변의 많
은 인사들이 그에게 배움을 청했다. 서기의 문집이 현재에도 남아 있고(『고청유고』),
여기에는 이 문집 간행에 관한 사연이 담겨 있다. 당시 충청도관찰사 홍계희(洪
啓禧, 1703-1771)가 이 문집의 간행을 거들었는데, 그는 어려서부터 서기라는 인
물에 대해서 걸출한 인물이라고 익히 듣고 자랐고 충현서원(忠賢書院)에 들러 (서
기)선생께 배알하는 등등의 사연을 적은 다음 마지막으로 "1750년 6월 하순 후
학(後學) 충청도관찰사 홍계희가 삼가 적음"이라는 문구로 서기의 문집 『고청유
고』는 마무리되고 있다.[4]

---

4 『孤靑遺棄』「부록」跋: 不佞自少聞孤靑徐先生之爲開世人豪 而未由得其詳 及按節是道 詣忠賢

천민 출신이었으나 학식과 덕망이 높은 분이기에 서기에게 "선생"이라고 호칭했고 관찰사인 자신을 "후학"이라 표기했는데, 조헌의 문집 『중봉집』에 실어놓은 삽화와 서기의 문집 『고청유고』 발간에 서린 일, 서기의 생존 당시에 그에게 배움을 청한 조헌이나 후대에 서기의 문집을 간행하며 후학을 자처한 관찰사 홍계희 모두 대단한 조선의 시대정신을 보여주는 사례가 아닐 수 없다.

서구의 경우는 어떤가? 자유·평등·박애! 이 구호로 대변되는 1789년 프랑스혁명의 「인권선언」을 살펴보자. 교육과 관련해서 매우 중요한 내용을 담고 있는 제6조의 일부이다.

• 인간과 시민의 권리에 대한 선언
6. … 법 앞에 평등한 모든 시민은 본인의 능력에 따라 모든 지위와 모든 공직 및 직업에 나아갈 자격을 동등하게 가지며, 덕성과 재능에 따른 차별 이외의 차별을 하지 않는다.

• Declaration of the Rights of Man and of the Citizen
6. … All citizens, being equal in the eyes of the law, are equally eligible to all dignities and to all public positions and occupations, according to their abilities, and without distinction except that of their virtues and talents.

우선 흔히 부르는 이 문건의 제목부터 잘못되었다. 이 문건의 정확한 제목은 「인권선언」이 아니라 「인간과 시민의 권리에 대한 선언」이다. 이 선언문은 인간 일반에 대한 권리와 시민에 대한 권리를 구분하고 있다. 제6조는 인간 일반에 대한 것이 아니라 시민에게 국한된 것이며, 공민권을 갖지 않은 자(非시민, 조선조 사회의 경우는 非양인, 즉 천민)는 이 조항과 무관하다. 즉, 공민권을 가진 시민들만 공직에 나아갈 수 있다는 것이다. 그런데 시민이라면 누구나 차별 없이 능력에 따라 공직에 진출할 수 있다고 하면서도, 덕성과 재능에 따른 차별은 인정된다고 하였다.

이는 프랑스대혁명 이전에 인종·민족·종교·가문·재산 등 불합리한 기준

書院 謁先生別廟 … 崇禎二庚午(1750)六月下澣 後學忠淸道觀察使洪啓禧 謹識.

에 의해서 사회적 차별을 가하는 경우가 흔하고 그 정도가 극심했지만, 앞으로는 이런 불합리한 기준에 의한 차별을 용인할 수 없고 덕성과 재능이라는 합리적 기준에 의한 차별만 인정한다는 선언으로 풀이할 수 있다. 그런 의미에서 이 것은 무조건적 평등주의의 선언이 아니라, 덕성과 재능에 따른 차등만을 사회적으로 용인해야 한다는 합리적 차등주의의 선언이었던 것이다. 지극히 타당한 추구의 대상을 설정하고 있다고 본다.

1789년 당시 프랑스는 이런 선언에 부응하는 사회적 현실을 가지고 있었을까? 이 조항은 부당한 차별이 횡행하는 18세기 후반의 현실을 타개하고 향후 합리적 사회로 나아가자는 것이므로, 당시의 프랑스는 덕성과 재능에 따른 차별만을 인정하고 다른 차별은 일소해버린 사회가 아직 아니었다는 사실을 담고 있다. 달리 말하면, 프랑스 사회는 자유·평등·박애로부터 멀리 있었기에, 혁명을 일으키고 이런 구호를 외친 것이다.

『구체제와 프랑스혁명』(L'Ancien régime et la Révolution, 1850)의 집필자 토크빌(A. Tocqueville, 1805-1859)이 묘사했던 서구사회의 모습을 살펴보면 다음과 같다.

> 민중들 위에 고고하게 군림하고 있던 귀족들은 민중들의 숙명에 대해서 마치 양치기가 양떼에 대해서 느끼는 것과 같은 관심, 능청스럽고도 동정어린 관심을 기울였다. 귀족들은 가난한 사람들이 자신들과 마찬가지의 사람이라고 인정하지 않은 채 그들의 운명을 감독했으며, 가난한 자의 복리를 돌보는 일은 신이 귀족들한테 맡긴 것이었다. 자신들이 현재 처해 있는 것과는 다른 사회적 조건을 생각해 본 적이 전혀 없고, 자기들 지도자들과 동등해진다는 것을 기대해 본 적도 전혀 없는 민중들은 자신들의 권리를 거론하는 일 없이 묵묵히 귀족들이 베푸는 시혜를 받을 뿐이었다. 귀족들이 관대하고 정당할 때 민중들은 귀족들에게 애착을 가졌으며, 귀족들의 수탈에 대해서는 마치 신이 내리는 피할 수 없는 재앙을 받아들이는 것이나 마찬가지로 저항이나 굴욕조차 없이 복종했다. … 귀족은 자기 스스로 정당하다고 믿는 특권을 누구도 빼앗아가려 하지 않는다는 것을 의심치 않았고, 농노는 자신의 열등한 처지를 움직일 수 없는 자연질서의 결과로 보았다.[5]

---

5 Tocqueville, A.(1954). *Democracy in America, Vol.I.* tr. by Henry Reeve. New York:

합리적 차등주의의 사회적 실현은 선언과 이론으로 성립할 수 없다. 거기에는 이를 추구할 공공제도의 구비가 전제되어야 한다. 혈통에 따른 차등보다 당사자의 능력에 의한 차등이 더 합리적인 차등이라고 사회적으로 폭넓게 인지되고 있다 하더라도, 사람마다 발휘하는 능력에 어떤 차이가 있고 또 누가 더 탁월한 능력을 갖고 있는지 사회적으로 공인할 수 있는 공공제도가 마련되지 않는다면 합리적 차등주의의 이론과 선언은 공허한 것에 그칠 수밖에 없다. 공공시험제도, 나아가 이와 관련된 학교제도를 합리적이고 체계적으로 구성해 놓아야 합리적 차등주의의 추구와 실현은 가능해진다.

능력에 따른 합리적 차등주의를 추구하기 위해서는, 개인적 자질이나 그의 사회적인 기능이 권력·지위·부를 누릴 만큼 명확한 탁월성이 있다고 정당화될 수 있는 사회적인 공인기제가 존재해야 하며 그 공인기제에 동등하게 다가설 수 있어야 한다. 그것은 바로 학력·학위·자격 등의 공인제도이며, 이를 판가름 짓는 공공시험제도이다.6

공공시험제도의 존재는 해당 사회의 수준과 위상을 가늠할 만큼 핵심적인 사회적 기제가 아닐 수 없다. 1789년(정조13) 당시 프랑스에는 공직자 선발을 위한 국가고시 제도가 없었다. 반면에 같은 시기 조선에는 고려조부터(953년) 시발된 과거제도가 800년 넘게 시행되고 있었다. 영국령인도에서 1855년부터 시행되고 있던 공직자 선발을 위한 국가고시제도가 1870년 영국본토에도 적용되기 시작한 즈음의 영국사회를 마이클 영(M. Young)은 다음과 같이 서술하고 있다.

> (1870년) 공무원제도 개혁 이전까지는 정실주의(nepotism)가 사회의 대부분을 지배하였다. 19세기에 들어서도 상당 기간 동안 농경이 지배적이었던 사회에서, 지위는 재능에 의해 획득되는 것이 아니라 출생신분에 귀속되어 있었다. 계급은 계급으로, 지위는 지위로, 직업은 직업으로 이어졌다. 아들은 아비의 발자취를 충실히 따랐고, 그 아비 또한 할아비의 뒤를 충실히 따

Vintage Books. pp. 8-9.

6 김경용(2017). <부록> 합리적 차등주의와 교육 및 시험제도에 대한 歐美 지식인들의 인식. 『계몽사상가들의 눈에 비친 유교문명』. 박영스토리. pp. 168-169.

랐었다. 사람들은 아이에게 커서 무엇이 되고 싶으냐고 묻지 않았다. 사람들은 그 아이가 자기 조상과 마찬가지로 땅에서 일할 것임을 이미 알고 있었다. 대개의 경우, 직업 선택이란 없었다. 단지 세습이 있을 뿐이었다.[7]

요컨대, 우리보다 선진적일 것이라는 서구사회에 대한 막연한 동경심 역시 마땅한 것이 아니다. 오히려 상당수 서구의 지식인들이 유교문명을 동경하여 자기들 사회에 소개함으로써 서구문명의 적폐를 일신하려고 노력했었는데도 그런 사실을 아는 사람은 많지 않다. 라이프니쯔(G.W. Leibniz, 1646-1716)는 1699년 『최신 중국의 소식』(Novissima Sinica, 2판)을 출판하고 서문을 본인이 작성하였는데, 그 중에 눈길이 가는 부분을 소개하면 다음과 같다.[8]

그림 2.3 『최신 중국의 소식』(1699) 표지와 첨부된 강희제 초상

출처: 『최신 중국의 소식』(1699).

---

7 Young, M.(1958). *The rise of the meritocracy 1870-2033*. Thames & Hudson. p. 22.
8 이동희(편역)(2003). 『최신 중국 소식』의 서문. 『라이프니츠가 만난 중국』. ㈜이학사. pp. 38 -45.

3. 우리의 관점에 따르면, 우리는 훌륭한 윤리에 대한 교육을 철두철미하게 받았다고 할 수 있다. 그 누가 문명화된 생활의 규율 전반에 있어 우리를 능가하는 민족이 있을 것이라고 상상이나 했겠는가? 그렇지만 이제 중국인들에 대해 더욱 잘 알게 되면서 우리는 중국인들이 그러한 점에서 우리보다 낫다는 것을 발견하게 되었다. 우리의 수공업 기술이 그들의 수준과 동등하고, 사변적인 학문이 그들보다 우월하다고 하지만, (이렇게 고백하는 것은 매우 부끄러운 일인데) 그들의 실천철학은 확실히 우리보다 월등하다. 다시 말해 그들은 인간의 삶과 일상적 습속에 적용되는 윤리와 정치의 가르침에서 우리를 능가한다. 실제로 다른 민족의 법률을 능가하는 중국의 모든 법률이 얼마나 훌륭히 공공의 안녕과 삶의 질서 구축을 이루어 내고 있는가는 필설로 설명하기 어렵다. …

10. … 어쨌든 우리 유럽이 직면한, 감당할 수 없을 정도로 증가하고 있는 도덕적 타락을 바라보면서, 나는 우리가 계시신학(revealed theology)을 가르쳐 줄 수 있는 사람들을 그들에게 보냈던 것처럼 중국 측에서도 우리에게 선교사들을 파견하여 자연종교(natural religion)의 적용과 실천을 우리에게 가르쳐 주었으면 하는 생각을 떨쳐버릴 수 없다. …

20세기 이전, 서구 지식인들이 유교문명을 서구사회에 소개하고 이 생소한 문명을 서구사회도 닮아야 한다고 주장한 흔적은 의외로 다양하게 많이 남아 있다. 다만 우리가 그것을 모르고 있거나 눈여겨보려 하지 않았을 뿐이다.[9]

중농주의(重農主義, physiocracy)의 주창자인 프랑스의 경제학자 프랑소와 케네(François Quesnay, 1694-1774)의 이야기를 들어보자.

---

9 이에 대한 참고문헌으로 졸저를 소개하면 다음과 같다.
  김경용(2016). 유교문명에 대한 서구지식인들의 저술 수집조사. 『교육과학연구』 제21호. 한국교원대학교 교육과학연구소.(이 글은 2018년 역주서에도 부록으로 실려 있다).
  김경용(역주)(2017). 『계몽사상가들의 눈에 비친 유교문명』. 박영스토리.
  김경용(역주)(2018). 『계몽시대 유럽사회 개혁론과 유교』. 박영스토리.
  다른 연구자들의 유사한 관심사는 위 역주서에 소개된 연구물들을 참조.

중국에는 세습귀족이 전혀 없고, 그 사람이 발휘하는 능력과 재주만이 자기가 차지할 지위를 정해줄 뿐이다. 중국에서는 재상의 자식이라고 해도 스스로 만들어가야 할 자기의 운명이 있고(세습적으로 미리 결정되어진 게 없고). 어떠한 배려도 누리지 않는다. 만약 나태의 나락으로 빠지거나 능력이 떨어진다면, 평민의 지위로 강등되며 대개 가장 비천한 일을 해야만 한다. 아비의 재산을 승계하는 아들이라고 하더라도 아비가 지녔던 위신과 평판을 계속 유지하고 누리려면 그 또한 동일한 지위까지 올라가야만 한다. 영예에 이를 수 있는 유일한 통로인 학업에 모든 소망을 붙들어 매도록 하는 것은 바로 이것이다[10]

그는 자신의 저서 『중국의 전제주의』(Le despotisme de la Chine, 1767)에 소개한 중국의 정치적·도덕적 헌장을 "모든 국가가 본받을 만한 중국의 교의"(doctrine chinoise qui mérite de servir de modèle à tous les Etats)라고 강조했다.[11] 이런 의견은 케네에게만 국한된 것이 아니었다. 프랑스의 귀족조차도 자신의 귀족 지위를 포기할 용의를 토로할 만큼 중국의 제도는 저들에게 매력적인 것이었다. 아르장송 후작(René-Louis de Boyer, Marquis d'Argenson)은 『고금(古今) 프랑스 정부에 대한 고찰과 새 행정 계획』(1784)에서 "유럽국가가 활용할 수 있는 모델(중국의 정치를 바탕으로 한 약간의 변용)을 제안한다."고 했다.[12]

제7장 「프랑스를 위한 새 행정계획안」에 나타나 있는 것처럼, 향후 프랑스에도 중국에서 추구하고 있는 원칙을 적용할 것을 제안하는 계획을 내놓고 있었다.

---

10 Quesnay, F.(1767). *Le despotisme de la Chine*. Paris. in Auguste Oncken(ed.)(1888). *Œ uvres economiques et philosophiques de F. Quesnay fondateur du système physioc ratique*. Paris. p. 582.

11 Ibid., p. 636.

12 Marquis d'Argenson(1784). *Considérations sur le gouvernement ancien et présent de la France, comparé avec celui des autres États; suivies d'un nouveau plan d'adminis tation*, Deuxième Edition. Amsterdam. pp. 105－109.

사법·행정에 관한 모든 직책과 직무에 요구되었던 귀족 칭호를 전혀 요구하지 않을 것이며 허용하지도 않을 것이다. 관직에 부여되는 영예는 그 직책을 맡는 당사자에게만 국한될 뿐이며 그 자식에게 절대로 승계할 수 없다. 또한 어떤 직책·직무·권한이든 그것을 수행하려면 모든 귀족 공히, 보유하고 있는 귀족자격의 포기를 선언해야만 한다는 생각은 조금도 하지 않는다. 오히려 반대로, 우리 왕국의 귀족에게 그런 책무를 수행하고 싶은 욕구를 불어넣으려는 것이다. 그러나 우리는 무엇보다 자신의 덕성과 재능, 그리고 성실성으로 책무를 수행할 만한 인물에게만 그 직책을 맡기려 한다.13

같은 해에 프랑스에서 출판된 프랑스왕립대학 교수의 저술(『유교 도덕정치철학의 기원·본질·효용에 관한 고찰』, Observations sur l'origine, la nature, les effets de la philosophie morale et politique dans cet empire, 1784, Paris)을 보면, 윗글과 유사한 내용을 담고 있다.

사람들을 결속하고 그들 사이에 평화와 화합이 유지되도록 하는 인간애·우의·친절 등은 본래 인간이 동등하다는 인식에서 비롯되는 것이다. 정치가 이런 인식을 손상시켜서는 안 된다. 이런 인식을 가장 강력하고 가장 순수한 상태로 유지하기 위하여, 중국의 경세가들은 단지 관직(법적 지위)에서 발생하는 차별만을 존중할 뿐 그 이외에는 사람들 사이에 어떠한 차별도 인정하지 않으며, 이런 지위가 재력의 소산이나 출생에 따른 특권이 아니라 당사자의 지식·선함·덕성에 따라서 차지하도록 하는 것이다. 그렇기 때문에, 최고의 지위에 올랐던 관직자라도 품성이 타락한다면 평민계층으로 전락하고 만다.14

---

13 Ibid., p. 239.

14 김경용(역주)(2018). 『계몽시대 유럽사회 개혁론과 유교』. 박영스토리. pp. 122−123.
  Pluquet(1784). *Les Livres Classiques de l'empire de la Chine*. T.1.(Observations sur l'origine, la nature, les effets de la philosophie morale et politique dans cet empire). Paris. pp. 177−179.

또한, "이런 도덕정치가 전 인류에게 펼쳐진다면, 이 세상 어디에서든 항구적인 평화가 실현될 것"이라고 당시 유럽사회의 자기정화를 촉구하였다.

> 이성과 정의와 인간애의 법을 따를 때에만 자신을 존중할 수 있고 행복할 수 있다고 통치자와 백성들을 가르치는 도덕정치는, 통치자나 백성으로 하여금 사람들의 행복을 위해서가 아니라면 절대로 무력을 행사하지 않도록 하며, 사람들 제각기 자기 거주지에 정착하도록 한다. 만약 이런 도덕정치가 전 인류에게 펼쳐진다면, 이 세상 어디에서든 항구적인 평화가 실현될 것이다.[15]

1789년 프랑스대혁명이 일어나기 5년 전에 이 두 책이 발간되었다는 사실에 주목한다면, 위에 소개한 귀족과 지식인의 염원은 당대에 이루어지기 어려운 요원한 것이었다. 나아가 요즈음 프랑스 사회, 나아가 유럽사회 아니 인류사회 전체를 통틀어서 보더라도 이런 염원이 온전히 성취되었는지는 의문이다.

V 조선교육사 사례로 본 교육사 연구방법

이제 조선조 사회의 교육체제를 살펴보자. 비교적 이른 시기에 중앙집권적 정치체제를 구축하고 살았던 조선조 사회 사람들의 삶과 제도를 정확히 파악하는 것은 현재 한국사회의 진면목을 바르게 비춰줄 거울을 장만하는 일이 된다. 이런 작업은 앞으로 한국사회가 나아가야 할 길을 밝힐 등대를 건설하는 일이 되기도 할 것이다. 그러나 현재 우리사회의 자화상을 명확히 반영해 줄 거울과 미래 행로에 지침을 줄 등대를 마련하는 것은 매우 어려운 일이 되어 버렸다. 그것은 일제강점기에 왜곡·날조된 조선조 사회상이 현재 우리의 인식을 훼방 놓고 있기 때문이다.

---

15 앞 글, p. 118; Ibid., p. 173.

일본의 어용학자들이 저들의 식민통치를 정당화하기 위해 조선조 사회를 졸렬한 것으로 규정지어 놓았고 그것을 그대로 답습하고 있는 상태에서 조선조의 과거제도·교육제도를 이해하고 있는 상황이다.

조선조 과거제도·교육제도에 대한 이해는, 성급하게 결론을 내어버린 조선조사회상 그러나 그 연원이 확연하지 않은 조선조사회상을 바탕으로 한 것이 많다. "조선조 사회는 … 한 사회였으므로 과거제도·교육제도를 그렇게 운영하였다."는 식이다. 과거제도·교육제도는 조선조 사회의 성격규명에 핵심적인 요소임에도 불구하고, 즉 과거제도·교육제도에 대한 타당한 이해를 거치기 이전에는 조선조 사회에 대한 성격규명이 불가능함에도 불구하고, 거꾸로 조선조 사회의 기본 속성을 미리 단정해 놓고 그 속성의 핵심요소인 과거제도와 교육제도를 재단하는 것은 합리적인 절차가 아니라고 생각한다. 조선조 과거제도·교육제도에 대한 이런 종래의 논의구조는 변경되어야 마땅하다. 즉, "조선조 사회는 과거제도·교육제도를 그렇게 운영하였으므로 … 한 사회였다고 평가된다."는 식의 논의구조를 갖추어야 한다는 것이다.[16]

모든 학문은 얼마간의 오류와 부정확성 또는 빈 부분을 갖고 있기 마련이다. 이런 점을 바로잡고 채워나가는 것이 학문의 발전이라고 할 수 있다. 그럼으로써 학문의 연구영역이 확장될 수 있고 더욱더 성숙해 질 수 있다. 모든 주장은 오류로 판명될지도 모르는 긴장감을 안고서 제출하게 된다. 그러나 혹시 오류가 개입되어 있는지 여부를 확인할 길이 없는 주장은 학문적 주장으로 받아들이기 난처하다. 즉, 오류를 바로잡을 수 있으려면, 오류가 있을 때 그 사실을 포착할 수 있어야 하고, 또 그것이 오류로 드러날 수 있어야 한다. 이런 보완 현상은, 다른 사람의 주장에 대해서는 그 주장의 전거가 타당하고 정확한지 꼼꼼히 확인하는 것, 그리고 자기주장에 대해서는 그에 대한 전거를 명확히 제시하는 것, 이 두 가지 과제에 학문연구자들이 매진해야만 나타날 수 있다. 연구의 정확성·타당성·구체성을 제고하는 작업은 여기에서 비롯된다고 생각한다. 몇 가지 예를 들어 보자.

---

16 김경용(2003). 『과거제도와 한국 근대교육의 재인식』. 교육과학사. pp. 24-26 참조.

인용문 ①: 조선시대 과거를 통한 관직, 즉 양반이란 정치상·사회상·경제상의 세력을 모두 독점하였던 것이다. 양반이 아니면 관리가 될 수 없었고, 학업도 종사할 수 없었으며, 사유재산도 안전하게 보전할 수 없었다. 다시 말하면, 자유의사를 가진 자와 독립인격을 가진 자는 오직 이들 뿐이었다.[17]

이와 같은 내용은 일반인·학자 가릴 것 없이 적지 않은 사람들이 조선조 사회에 대해 갖는 통념이라고 해도 지나친 말은 아닐 것이다. 그러나 이 주장의 진위 여부를 가릴 수 있는 통로가 이 글에는 없다. 이 글의 저자가 근거자료를 제시하지 않고 있기 때문이다. 사실 이 인용문은 양계초(梁啓超, 1873-1929)가 1910년 경술국치 직후에 「조선 멸망의 원인」이라는 글에서 이미 통치권을 강탈당한 조선조 사회를 평가하여 한 말이다. 양계초의 이 발언은 사실에 기초하여 면밀히 검토하고 분석한 논급이었다기보다는 다음과 같은 말(위에 인용된 문장 아래에 이어지는 언급이다)로 당시의 강점사태나 패권적 국제상황을 끼워 맞춰 풀이하려는 것이었을 뿐이다.

일본이 비록 마음을 먹고 생각을 쌓았으나 남의 나라를 침범하려고 생각하였겠는가? 일본이 비록 정예를 길렀지만, 남의 나라를 망하게 할 실력이 있겠는가? … 조선을 망하게 한 것은 조선이지 일본이 아니다. 조선 사람은 이미 망하는 것을 즐겨하였으니, 또한 무엇을 불쌍히 여기겠는가?[18]

조선조 사회에 대한 인상적 이해는 이렇듯 확인해 보지 않은 가설의 중첩현상에 의해서 부지불식간에 확정적 사실인 것처럼 통념으로 굳어졌을 것으로 추정된다. 특히, 일제강점기를 통해서 그런 일은 더욱 부채질되기 쉬웠을 것이다. 따라서 주장의 근거로 제시한 사료가 정당하고 정확한 것인지 확인함으로써 그 주장의 타당성 여부를 점검하는 것은 소홀히 지나쳐서는 안 될 중요한 작업이라고 할 수 있다.

---

17 손인수(1981). 『한국교육문화의 이해』. 배영사. p. 193.
18 양계초(1910). 「附: 조선 멸망의 원인」. 한무희(역)(1978). 『음빙실문집』(삼성판 세계사상전집 40). 삼성출판사. p. 287.

조선조 사회에 대하여, 위의 인용문과는 전혀 다른 의견을 제출한 다음과 같은 글에서도, 그 주장의 무게에 알맞은 전거가 전혀 제시되어 있지 않다. 그렇다면 우리는 위의 인용문 ①과 아래 인용문 ②의 상반된 주장 가운데 어느 편에 서는 게 옳을지 판단을 내릴 수 없다. 그것은 매우 강력한 주장을 담고 있는 글임에도 불구하고 그 주장을 뒷받침할 만한 전거를 제시하고 있지 않기 때문이다.

> 인용문 ②: 조선시대 사회신분제도는 양천(良賤)으로 양대별(兩大別)되었다. 양인은 직업적으로 사·농·공·상(士·農·工·商)의 구별이 있어서 이를 사민(四民)이라 하였으며, 상·공인(商·工人)은 사·농(士·農)에 비하여 차별되었으나, 사·농(士·農)의 구별은 분명하지 않았다. 즉 양인의 대부분을 차지하고 있는 농민은 관리진출, 재산소유, 거주나 혼인 등에 있어서 기본적으로 자유로운 신분이었다. 농민이 입사(入仕)를 하면 사(士)가 되었고, 사(士)가 관직에서 물러나 농사를 지으면 농민이 되었다.[19]

조선조 사회가 기본적으로 어떤 사회였는지 규정하는 것을 유보한 상태에서 과거제도와 교육제도에 대해 다양한 연구성과를 축적해 가는 것이 필요한데도 불구하고, 오히려 연구의 방향이 뒤집혀 있는 탓에 발생하는 문제가 많다고 생각된다.[20] 과거제도나 교육제도를 포함하여 다양한 주제에 대한 연구성과가 얼마나 많이 축적되어야 조선조 사회를 일정하게 규정지을 수 있을지 확언하기는 힘들다. 가령 인용문 ②의 주장에 다음과 같은 전거를 제시했다고 하더라도, 인용문 ①의 주장을 버리고 이 주장의 편에 서는 것이 옳다고 곧바로 판단을 내리지는 못할 만큼, 한 사회에 대한 성격규정은 대단히 어려운 일이기 때문이다.

---

19 이기룡(1990). 「조선초기 고강제도에 관한 연구 – 태조~성종년간 교육관계법규를 중심으로 –」. 중앙대학교대학원 박사학위논문. p. 34.

20 굳이 조선조 사회에 대한 바른 성격규정을 위한다는 목적을 내세울 것도 없이, 조선조 과거제도와 교육제도를 합당하게 이해하기 위해서는 조선조 사회에 대한 성격규정을 유보한 상태에서 접근해 들어가는 것이 필요하다.

사람이 태어나 8세 이상이 되면 학교에 들이지 않은 이가 없게 한다. 참으로 그 재주가 <u>가르칠 만한 자</u>는 가르치고, 재주가 없어 <u>가르칠 수 없는 자</u>인 경우에는 농부가 되도록 하여 농토로 돌려보낸다. 바로 이렇게 함으로써 사·농(士·農)이 구별되는 것이다.[21]

근거를 제시하지 않은 주장은 혹 오류가 있더라도 확인할 수 없으므로, 그 주장의 수용을 망설이게 하는 것으로 그치지만, 전혀 무관한 전거를 바탕으로 한 주장은 오류를 정당화하는 데까지 이를 수 있다. 특히 아래에 소개한 것처럼 오역이 개입된 경우는 문제가 심각하다.[22]

> 인용문 ③: 나는 그때에 科文으로 된 글은 한번도 지어본 적이 없었다. 그런데 과장에서 우연히 옆 사람이 짓는 것을 보니, 그리 어려울 것이 없으므로 드디어 첫머리를 얽어놓고 그 다음 방식은 <u>나의 벗 이희명에게 잇달아 짓게 하였다</u>(余是時 未嘗習一應擧策 偶於場中 見旁人作 無甚難者 遂構成篇首其下程式 <u>令友李喜明足之</u>: 『북학의』 외편, 附丁酉增廣試士策)라고 하여 자신이 응시한 과거시험의 체험을 직접 술회함으로써 조선후기의 부정행위가 보편적 현상이었음을 고발하였다.[23]

과거에 급제하고 나면, 개인이 행사할 수 있는 사회적 권한의 크기와 범위가 획기적으로 달라지기 때문에, 당시에도 적은 노력으로 많은 것을 얻으려는 불순한 무리들이 있었을 것이라고 짐작하는 것은 어떤 연구자든 발휘할 수 있는

---

21 『鳳巖集』 권11, 「잡저」, 讀學塡補總辨, [학교]: … 人生八歲以上無不入學 苟其才之<u>可教者</u> 則教之 如其不才而<u>不可教者</u> 則使爲農夫而歸之田畝 此士農之所以別也. …

22 인용문 ③ 이외에, 주장을 뒷받침하지 못하는 전거, 타당한 전거를 확보하지 않은 채 제기한 주장 등으로 인한 문제는 김경용(2003). 『과거제도와 한국 근대교육의 재인식』(한국교육사고 연구총서6). pp. 95-273에 여러 사례가 상세히 소개되어 있다.

23 조원래(1977). 실학자의 관리등용개혁론 연구-과거제개혁론을 중심으로-. 『백산학보』 제23호. p. 273.
박선미(1989). 「조선후기 실학자들의 교육제도개혁안에 관한 연구」. 중앙대학교대학원 석사학위논문. pp. 19-20.

생각의 자유이지만, "내 벗 이희명이 (내가 지은 과거답안지를 보고, 그만하면 잘 지었다고) 흡족해 했다(舍友李喜明足之)"는 박제가의 서술을[24] "박제가 스스로 친구에게 대신 답안지를 작성하게 하는" 과거부정을 저질렀다고 오역함으로써 조선후기에 과거부정이 만연했었다고 풀이한 것은 터무니없는 주장이다.

근거를 제시하지 않은 주장은 그 주장의 타당성 · 정확성을 확인할 수 없도록 한다는 점에서, 무관한 전거에 바탕을 둔 주장은 오류를 정당화한다는 점에서, 둘 다 문제가 아닐 수 없다. 그나마 후자는 전거와 주장 양자를 비교함으로써 혹 거기에 오류가 개입된 것은 아닌지 확인하는 게 가능하다. 그러나 전자는 오류 · 부정확성 여부를 확인하려고 해도 그 방법을 찾기가 거의 불가능하다. 따라서 근거를 제시하지 않은 주장은 무관한 전거에 바탕을 둔 주장보다 더 큰 문제를 안고 있다고 할 수 있다.

과거제도 · 교육제도에 대한 이해에 오류의 가능성을 가급적 낮추고, 부정확한 면을 바로잡기 위해서는, 제도의 주요 법령 · 규정을 다루는 거시적인 연구와 함께 실제 시행과정 사례를 밝히는 미시적인 연구가 균형 있게 이루어져야 한다. 과거제도에 대한 구체적인 시행과정을 밝혀 놓지 않은 탓에 『경국대전』 · 『속대전』 · 『대전회통』 등 법전에 명백히 규정되어 있는 사실조차 오해하거나 명확히 이해하지 못하고, 심지어 규정상으로만 존재할 뿐 실제로 준수되기는 힘들었다는 식으로 폄하하는 경우도 나타나고 있다.[25] 또는 구체적인 사례를 보여주는 미시적 원사료를 섭렵함으로써 거시적인 연구를 구상하는 것도 시도할 수 있을 것이다.

---

24 "舍友李喜明"은 "벗 이희명에게 시켰다."는 서술문이 아니라, "이희명"이라는 박제가의 친구를 격조 있게 표현한 명사이다. 영부인(令夫人)은 남의 부인을 높여 부르는 호칭이고, 영애(令愛)는 남의 딸을 높여 부르는 것이다.

25 부거유생도목(赴擧儒生都目) · 조흘강(照訖講) · 학례강(學禮講) · 전례강(典禮講) · 진시(陳試) · 급분(給分) · 직부(直赴) · 회강(會講) · 칠서강(七書講) · 강서(講書) · 격장법(隔帳法) · 배획(倍劃) 등 과거제도 시행의 구체적인 과정에 대해서는 아래의 졸고를 참고.
김경용(2004). 조선시대 과거제도 시행의 법규와 실제. 『교육법학연구』 제16권 제2호.
김경용(2006). 조선조 과거제도 강서시권 연구. 『장서각』 제15집. 한국학중앙연구원.
김경용(2015). 조선조 과거제도 시행과정의 탐색. 『교육사학연구』 제25집 제1호.

이를 위해 시급히 필요한 것이 전통사회의 과거(科擧) 및 교육의 제도나 현상을 연구하는 데 필요한 「원문사료집」의 구성이다. 그동안 조선시대 각종 교육활동에 대한 구체적 연구가 미비했던 것은,[26] 일본인들에 의한 조선후기 학교부재론[27]의 영향으로 교육활동 관련 사료가 다양하게 나타날 것이라는 기대를 갖기 힘들도록 했던 탓이 크기 때문에, 이런 원문사료집 구성의 필요성은 아무리 강조해도 지나치지 않다. 구체적 교육활동 모습을 보여줄 다양하고 풍부한 사료들의 목록과 해제뿐만 아니라 나아가 원문사료집까지 구성해야 한다. 원문사료

---

26 종래의 연구관행에 머물지 않는 새로운 시도가 등장하고 있으며, 점차 활발해질 것으로 기대된다.

　　김대식(2001). 「조선조 서원 강학 활동의 성격 – 회강과 강회를 중심으로 –」. 서울대학교 석사학위논문.

　　윤희면(2004). 서원교육의 전개와 교육효과. 『조선시대 서원과 양반』. 집문당.

　　박종배(2006). 조선시대의 학령(學令) 및 학규(學規). 『한국교육사학』 제28권 제2호.

　　김경용(2006a). 이헌영의 흥학활동 기록과 「달성향교강회록」. 『한국교육사학』 제28권 제1호.

　　김경용(2006b). 용산서원의 거접활동 기록과 그 의미. 『교육사학연구』 제16집.

　　김경용(2008). 19세기말 경장기 조선의 교육개혁과 관학원록. 『교육사학연구』 제18집 제1호.

　　최광만(2012). 19세기 서원 강학활동 사례연구: 「호계강록」을 중심으로 –. 『교육사학연구』 제22집 제1호.

　　최광만(2013). 19세기 강학활동 사례연구 –「계재강의」를 중심으로 –. 『한국교육사학』 제35권 제2호.

　　김자운(2014). 「조선시대 소수서원 강학 연구」. 한국학중앙연구원한국학대학원 박사학위논문.

　　김경용(2016). 단계 김인섭(1827 – 1903)의 향촌교육활동 연구. 『한국교육사학』 제38권 제3호.

　　※ 특히, 윤희면은 조선후기 서원의 교육회복을 위한 노력에 주목하고 관련 사료를 조사·분석하여 강학·거접·백일장·순제(巡題, 旬題) 등 다양한 형태의 서원교육 실태를 정리하였으며, 결론적으로 "17세기 이후 … 교육기능을 상실하고 제례기능만 유지해 오고 있었다는 설명들은 이제는 수정되어야 한다."고 주장하였다.

27 削幸太郎(1923), 『朝鮮の敎育』, 東京: 自由討究社(『일본식민지교육정책사료집성(조선편), 제26권』에 수록), pp. 62 – 68.

　　高橋 亨(1920), 『朝鮮の敎育制度略史』, 京城: 朝鮮總督府學務局(『일본식민지교육정책사료집성(조선편), 제26권』에 수록), pp. 18 – 25.

　　小田省吾(1924), 朝鮮敎育制度史, 『朝鮮史講座, 分類史』, 朝鮮史學會(『일본식민지교육정책사료집성(조선편), 제26권』에 수록), pp. 40 – 51.

　　高橋濱吉(1927), 『朝鮮敎育史考』, 京城:帝國地方行政學會 朝鮮本部(『일본식민지교육정책사료집성(조선편), 제27권』에 수록), p. 6, pp. 79 – 84.

에 대한 역주(譯註) 작업까지 병행할 수 있다면 더할 나위 없이 좋겠지만 우선은 원문사료집 구성이 급선무이다.

과거제도나 교육제도의 구체적인 면모를 보여줄 사료가 서원·향교·주요가문·박물관·도서관·국학관련기관 등에 낱장고문서 또는 성책(成冊)고문서의 형태로 산만하게 흩어져 있고, 이들 중 상당수가 초서(草書)로 작성된 것이기 때문에 이를 정서(正書)한 원문사료집을 구성하지 않으면, 반드시 섭렵해야 할 중요한 사료를 눈앞에 두고도 활용하지 못하게 된다.[28] 이들 자료와 함께 이미 영인되었거나 정체본(正體本)으로 출판된 문집·개인일기·서찰·관청일록 등에 산재해 있는 실무적 규정 또는 그 성립 배경 등을 발췌 수집하여 일정한 분류기준 아래 정리하는 작업도 필요하다.

과거제도·교육제도에 대한 구체적 사례 연구의 축적과 원문사료집의 구성 및 증보 등은, 앞서 제기한 두 가지 과제, 즉 다른 사람의 주장에 대해서는 그 주장의 전거가 타당하고 정확한지 확인하는 것과, 그리고 자기주장에 대해서는 그에 대한 전거를 명확히 제시하는 것을 더욱 더 충실히 수행해 나갈 수 있도록 할 것이다.

이렇게 함으로써, 전통사회에 대한 교육사학 연구가 현재 우리 사회의 자화상을 온전하게 비춰주는 거울, 미래를 밝힐 등대 등을 구축하는 데 실질적인 기여를 할 수 있게 되길 바란다.

---

28 2002년 8월부터 2005년 7월까지 만 3년간, 한국학중앙연구원에서 수행한 「장서각 전적 및 수집 고문서 기초 연구」(한국학술진흥재단 과제번호 071-AL3004)의 성과물이 출간되었으며, 이 중에 본인이 작업한 『교육·과거 관련 고문서 해제 및 원문사료집』(전2권, 민속원)이 포함되어 있다.

VI 맺음말

외국(특히 서방세계)과 우리의 교육사에 대한 부정확한 지식과 오해는 우리의 현재와 미래를 매우 구체적으로 교란시키고 지배한다. 나의 왜곡된 성장을 지배하고 내 자식의 교육도 교란시킨다. 그런데도 교육사에 대한 이해가 부정확하든 말든 무관심한다면, 나는 물론 내 자녀 역시 배움의 과정에서 온갖 유혹과 선동에 휘말려 제 갈 길을 찾기 힘들게 될 것이다. 테러·부정부패·독재·사회혼란·범죄 등 모든 악의 근원은 바로 '무지'(Ignorance)이다.

달라이 라마(Dalai Lama, 1935~)는 무지에 대해서 이렇게 말했다. "무지가 판치는 곳에서는 진정한 평화를 기대할 수 없다."(Where ignorance is our master, there is no possibility of real peace). 또한 모든 고통은 무지에서 기인한다고 말했다.

바르고 정확한 앎이야말로 사람이 사람답게 살아갈 수 있는 토대이다. 그러기에 율곡은 "사람이 세상에 태어나 배우고 묻지(學問) 않으면 사람 노릇 할 수 없다."고 했다(人生斯世 非學問 無以爲人).29

묻고 배우는 일 중에서 가장 중요한 대상은 바로 인류가 무엇을 어떻게 왜 묻고 배우며 살아왔는지를 묻고 배우는 것이다. 그것이 바로 교육사이다.

---

29 『격몽요결』(1577)(이이, 1536-1584)의 서문 첫 구절.

더 생각해 볼 문제

01 우리는 왜 서방사회를 선진, 우리는 후진이라고 스스로 규정하게 되었을까? 어느 만큼 어떻게 저들에 비해 후진적이라고 규정할 수 있을 정도로 우리는 저들과 우리 자신에 대해 정확하게 알고 있는가?

02 우리가 과거에 어찌 살아왔는지 제대로 헤아리는 것이 현재를 살아가고 앞으로 우리가 살아갈 길을 모색하는 데에 얼마나 크게 작용하게 될지 구체적인 사안을 설정해서 토론해보자. 예를 들면, 만약 조선에 과거제도가 없었다면 (서구에는 과거제도에 비견할 만한 공무원임용고시가 19세기 중반까지 없었다) 21세기 현대 대한민국의 시민들이 갖는 교육에 대한 정서 내지 자녀교육에 대한 열망이 과연 지금처럼 조성되어 있을 것인가?

03 조선시대 향교나 서원 또는 서당이 서구의 교육시설과 비교해서 얼마나 비슷하거나 달랐을까? 과연 서구사회에는 향교나 서원 또는 서당 같은 교육시설이 있었을까? 이때 중요한 관점은 향교·서원·서당 등의 교육시설이 조선의 일부 특정 지역에만 있었던 것이 아니라 한반도 전역에 두루 존재했는데(현재도 상당수의 교육시설이 여전히 남아 있다), 서구에서도 마찬가지였느냐 하는 점이다.

읽을 만한 기초 도서

❏ 김경용(2003). 『과거제도와 한국 근대교육의 재인식』(한국교육사고 연구총서 6). 교육과학사.

❏ 김경용(2014). 『조선의 교육헌장 — 우리교육의 오래된 미래 — 』. 박영스토리.

❏ 김경용(2017). <부록> 합리적 차등주의와 교육 및 시험제도에 대한 歐美 지식인들의 인식. 『계몽사상가들의 눈에 비친 유교문명』. 박영스토리.

❏ 최광만(2013). 『조선시대 교육사 탐구』. 충남대학교 출판문화원.

❏ 최광만(2017). 『조선후기 교육사 탐구』. 충남대학교 출판문화원.

참고문헌

『격몽요결』(1577)(이이, 1536 – 1584).
『고청유고』(서기, 1523 – 1591).
『봉암집』(채지홍, 1683 – 1741).
『중봉집』(조헌, 1544 – 1592).

김경용(2003).『과거제도와 한국 근대교육의 재인식』(한국교육사고 연구총서6). 교육과학사.
김경용(2004). 조선시대 과거제도 시행의 법규와 실제.『교육법학연구』제16권 제2호.
김경용(2006). 조선조 과거제도 강서시권 연구.『장서각』제15집. 한국학중앙연구원.
김경용(2006a). 이헌영의 흥학활동 기록과 「달성향교강회록」.『한국교육사학』제28권 제1호.
김경용(2006b). 용산서원의 거접활동 기록과 그 의미.『교육사학연구』제16집.
김경용(2008). 19세기말 경장기 조선의 교육개혁과 관학원록.『교육사학연구』제18집 제1호.
김경용(2008).『장서각 수집 교육 · 과거 관련 고문서 해제』(전2권). 민속원.
김경용(2014).『조선의 교육헌장 – 우리교육의 오래된 미래 – 』. 박영스토리.
김경용(2015). 조선조 과거제도 시행과정의 탐색.『교육사학연구』제25집 제1호.
김경용(2016). 단계 김인섭(1827 – 1903)의 향촌교육활동 연구.『한국교육사학』제38권 제3호.
김경용(2016). 유교문명에 대한 서구지식인들의 저술 수집조사.『교육과학연구』제21호.
    한국교원대학교 교육과학연구소.
김경용(2017). <부록> 합리적 차등주의와 교육 및 시험제도에 대한 歐美 지식인들의 인
    식.『계몽사상가들의 눈에 비친 유교문명』. 박영스토리.
김경용(역주)(2017).『계몽사상가들의 눈에 비친 유교문명』. 박영스토리.
김경용(역주)(2018).『계몽시대 유럽사회 개혁론과 유교』. 박영스토리.
김경용(2017). 교육에 대한 역사적 탐색의 의의 고찰.『교육과학연구』제22집. 한국교원대
    학교 교육과학연구소.
김대식(2001). 「조선조 서원 강학 활동의 성격 – 회강과 강회를 중심으로 – 」. 서울대학교
    석사학위논문.
김자운(2014). 「조선시대 소수서원 강학 연구」. 한국학중앙연구원한국학대학원 박사학위
    논문.
박선미(1989). 「조선후기 실학자들의 교육제도개혁안에 관한 연구」. 중앙대학교대학원 석
    사학위논문.
박종배(2006). 조선시대의 학령(學令) 및 학규(學規).『한국교육사학』제28권 제2호.
손인수(1981).『한국교육문화의 이해』. 배영사.
양계초(1910). 「附: 조선 멸망의 원인」, 한무희(역)(1978).『음빙실문집』(삼성판 세계사상

전집 40). 삼성출판사.

윤희면(2004). 서원교육의 전개와 교육효과. 『조선시대 서원과 양반』. 집문당.

이기룡(1990). 「조선초기 고강제도에 관한 연구-태조~성종년간 교육관계법규를 중심으로-」. 중앙대학교대학원 박사학위논문.

이동희(편역)(2003). 『최신 중국 소식』의 서문, 『라이프니츠가 만난 중국』. ㈜이학사.

조원래(1977). 실학자의 관리등용개혁론 연구-과거제개혁론을 중심으로-. 『백산학보』 제23호.

최광만(2012). 19세기 서원 강학활동 사례연구: 「호계강록」을 중심으로-. 『교육사학연구』 제22집 제1호.

최광만(2013). 19세기 강학활동 사례연구-「계재강의」를 중심으로-. 『한국교육사학』 제35권 제2호.

최광만(2013). 『조선시대 교육사 탐구』. 충남대학교 출판문화원.

최광만(2017). 『조선후기 교육사 탐구』. 충남대학교 출판문화원.

高橋 亨(1920). 『朝鮮の教育制度略史』. 京城: 朝鮮總督府學務局(『일본식민지교육정책사료집성(조선편) 제26권』에 수록).

高橋濱吉(1927). 『朝鮮教育史考』. 京城: 帝國地方行政學會 朝鮮本部(『일본식민지교육정책사료집성(조선편) 제27권』에 수록).

弓削幸太郎(1923). 『朝鮮の教育』. 東京: 自由討究社(『일본식민지교육정책사료집성(조선편) 제26권』에 수록).

小田省吾(1924). 朝鮮教育制度史. 『朝鮮史講座, 分類史』. 朝鮮史學會(『일본식민지교육정책사료집성(조선편) 제26권』에 수록).

Marquis d'Argenson (1784). *Considérations sur le gouvernement ancien et présent de la France, comparé avec celui des autres États; suivies d'un nouveau plan d'administration*, Deuxième Edition. Amsterdam.

Pluquet (1784). *Les Livres Classiques de l'empire de la Chine*. T.1.(*Observations sur l'origine, la nature, les effets de la philosophie morale et politique dans cet empire*). Paris.

Quesnay, F. (1767). *Le despotisme de la Chine*. Paris. in Auguste Oncken(ed.)(1888). *Œuvres economiques et philosophiques de F. Quesnay fondateur du système physiocratique*. Paris.

Tocqueville, A. (1954). *Democracy in America, Vol.I.* tr. by Henry Reeve. New York: Vintage Books.

Young, M. (1958). *The rise of the meritocracy 1870−2033*. London: Thames & Hudson.

INTRODUCTION TO EDUCATION

교육원리: 교육학 패러다임 혁명과 교육의 재발견

최성욱

요약

교육학은 교육을 연구하는 학문이다. 교육에 관한 올바른 이해를 통해 그 실체를 밝히는 것이 교육학자들의 사명이고 보람이다. 교육학자들은 그 일을 얼마나 성공적으로 수행하여 왔을까? 이렇게 질문하는 이유는 이 질문에 바르게 대답하는 것이 또한 교육학이 그 본업에 얼마나 충실한가를 말해주는 척도가 되기 때문이다.

제3장에서 살펴볼 내용은 위 질문에 대한 교육학자들의 답변이다. 놀랍게도 교육에 대한 교육학자들의 답은 교육의 실상과 정체를 밝히는 것과는 거리가 멀다. 오히려 그 반대로 교육을 교육이 아닌 것과 전혀 구별되지 않게 만들었다고 해도 과언이 아니다. 이런 진단은 그 자체로서 충격적일 것이다. 독자들은 이 장을 통해서 이 말이 과연 진실인지 아닌지를 깊이 따져보기 바란다. 교육에 관한 생각도 변화를 맞고 있다. 현존하는 교육학("제1기 교육학")의 한계를 넘어 교육의 실체에 다가가려는 근본적인 노력("제2기 교육학")을 통해 교육의 윤곽이 어렴풋이 드러나기 시작하였다. 그 일단의 성과를 소개함으로써 이전의 생각과 어떤 차이가 있는지 비교하는 기회를 마련한다. 제1기 교육학과 제2기 교육학의 대비를 통해 독자들은 일찍이 쿤(T. S. Kuhn, 1970)이 말했던 패러다임 교체의 의미를 더욱 분명하게 이해하게 될 것이다. 아울러, 교육학의 전통을 혁신하려는 학문적 노력은 교육학을 분과학문의 당당한 일원으로 바로 세우는 시금석이 될 것이다.

주제어: 교육학, 패러다임 혁명, 분과학문, 교육본위론

Ⅰ 교육학의 패러다임 혁명

1 분과학문의 성립요건

학문의 종류는 매우 많고, 그 수는 계속 늘고 있다. 최근 분과학문(discipline)의 장벽을 극복하자며 융합을 외치고 있지만, 아직 특기할만한 성과는 없다(신기현, 2013; 장상호, 1997a: 556-571; 최성욱 외, 2017). 그만큼 분과학문의 갈래를 뒷받침하는 근거는 나름으로 확고하다. 그렇다면 무엇이 분과학문을 성립시키는 요건인가? 학자들은 이에 대해 대략 세 가지의 조건을 언급한다(이홍우, 1977; 장상호, 1997a: 472-504, 2005: 31-33). 고유한 개념체제, 고유한 연구방법, 그리고 독립된 학문공동체가 그것이다. 이 가운데 가장 핵심적인 요건은 첫 번째 고유한 개념체제이다.

그렇다면 교육학은 이 세 가지 조건을 두루 갖춘 분과학문의 하나로 인정받고 있을까? 이에 선뜻 "그렇다"고 대답하기는 이르다. 왜냐하면, 제1기 교육학의 연구성과는 다른 학문과 거의 중복되기 때문이다. 교육학은 출발부터 타학문에 의존하여 성립되었기 때문에 철학, 심리학, 사회학 등 많은 학문들이 "교육의 기초학문들(Ornstein, 1977)"이라는 이름으로 불리고 있다. 그래서 학자들도 교육학은 하나의 독립적인 분과학문이 아니라 다른 학문을 실제에 활용하는 응용학문에 속한다고 말한다(정원식, 1987).

그러나 최근에 몇몇 교육학자들(Gowin, 1981; Egan, 1983; 정범모, 1968; 장상호, 1986, 2005)이 교육학도 분과학문의 하나로 격상할 수 있다고 주장하기 시작했다. 이들은 응용학문의 전통에 맞서 교육학을 학문의 당당한 일원으로 세우려는 것인 점에서 각별히 주목된다.

2 교육학의 학문적 위상

그렇다면, 교육학은 이 가운데 어느 길로 나아가야 할까? 다른 학문의 뒤를 좇아 성립한 교육학은 만년 응용학문, 모방학문, 기생학문, 이류 학문으로 남아야 할까? 아니면, 순수학문, 자립학문, 자생학문, 일류 학문으로 새롭게 태어나야 할까? 이에 대한 판단에 따라 교육학의 운명이 좌우될 수 있기 때문에, 매우 신중한 선택이 필요하다.

1) 순수학문과 응용학문의 갈림길

근대 이후 수많은 학문들이 탄생하였다(장상호, 1997a: 427-460). 철학에서 독립한 심리학을 필두로, 자연과학에 속한 물리학, 생물학, 화학, 인문학에 속한 문학, 역사학, 언어학, 사회과학에 속한 경제학, 사회학, 행정학 등 그 수는 계속해서 늘어나고 있다. 각 학문의 입지는 그 고유한 지식을 끊임없이 창조하고 어떻게 혁신하느냐에 달려 있다. 과거의 지식에 안주하는 학문과 끊임없이 새 지식을 만들어내는 학문 사이에는 갈수록 격차가 벌어진다. 점성술은 전자에 속하고, 천문학은 후자에 속한다. 교육학은 어디에 속할까?

발전하는 학문들은 공통적으로 새로운 지식을 담는 새로운 용어도 함께 창안해 내었다. 그것을 다른 학문에 수출함으로써 학문 전체의 발전에도 기여했다. 그런데 응용학문은 자기만의 고유지식을 만들지 못하므로 그런 기여를 할 수가 없다. 자기발전을 할 수 없는 응용학문은 고작해야 현상 유지에 급급하다가 종국에는 뿌리없는 나무처럼 말라버리게 된다. 이처럼 교육학은 발전하는 학문이 되느냐, 아니면 응용학문의 처지에 안주하느냐의 갈림길에 서 있다.

2) 교육학 공동체의 선택

불행하게도, 현존하는 교육학은 여전히 깊은 잠에서 깨어나지 못하고 있다. 다른 학문의 젖줄에 너무 오래 의지해 온 탓에, 안이한 길을 계속 가고 있다. 그 끝에 낭떠러지가 있음을 모르는 불안한 항해가 얼마나 더 갈지는 두고 봐야 한다.

3 현존하는 제1기 교육학의 불우한 전통

1) 직업학교 전통

오늘날 대학은 학문의 상아탑으로서 드높은 이름을 유지하면서도, 시대와 사회의 변모에 따라 변모를 거듭하고 있다. 바야흐로 대학은 university에서 multiversity로 불리고 있다(Kerr, 1966). 그 변화 중에서 가장 눈에 띄는 것 중 하나가 직업학교로서의 기능 강화이다. 전통적인 인문학과 자연과학이 퇴조하고, 그 자리를 법학, 경영학, 의학, 공학 등 실제적인 문제를 다루는 실천가 양성 분야가 채우고 있다. 사범대학(교육대학 포함) 역시 교사양성기능을 담당하는 직업학교의 하나로서 사회의 실제적인 요구에 부응하는 역할을 맡고 있다.

2) 사범학교의 설립과 교직과목체제

먼저 교사양성기관의 근간을 이루는 교직과목체제가 등장하게 된 배경을 살펴보기로 하자(장상호, 2005: 15-26). 역사적으로 교직과목의 성립은 공립학교(public school)의 출현과 궤를 같이한다. 주지하다시피, 서양의 17, 18세기는 국가주의로 무장한 민족국가들이 너도나도 국력을 키워 식민지 개척과 쟁탈에 나서던 시기였다. 국가의 정치외교, 국방의 필요를 충족하기 위해 훈련된 다수의 국민들이 필요하였고, 때마침 불어닥친 산업혁명의 여파로 유능한 노동인력의 대량공급이 절실하였다. 여기에 국민들의 문맹탈피와 성숙한 시민의식 고취를 원하는 사회적 요구가 맞물려 엄청난 수의 공립학교가 국가에 의해 설립되기에 이르렀다.

공립학교의 설립은 곧바로 사범학교의 대량설립을 가져왔다. 국가는 공립학교에 재직할 수많은 교사를 충당하기 위해 주로 사회적 유휴계층(주부, 실업자 등)을 대상으로 단기교사양성소에 해당하는 사범학교를 운영하였고, 실무 위주의 단기강습을 수료한 후 바로 임용하는 방식으로 그 수요에 대처하였다. 초창기에 사범학교에서 가르쳤던 교직과목의 내용은 주로 실무적인 기술 습득에 치중하였다. 그러다가 후에 가서, 교사의 품위 향상을 위해 좀 더 전문적인 지식 습득을 강조하는 사범학교 교수진에 의해 당시 대학에서 가르치던 여러 학문적인 내용이 교사를 위한 교양과목으로 개설되었다. 그것이 "교육의 철학적, 심리학적, 사회학적 기초"라는 교직과목의 시초가 되고, 교양적인 내용을 지닌 교직과목들은 후에 "교육학"이라는 명칭으로 개명되어 지금에 이르고 있다(Schneider, 1989: 211-241).

3) 실제의 개선을 위한 타학문의 응용

교직과목이 인문학과 사회과학을 근간으로 하는 이상, 그 실질적 내용은 교육이 아니고 "학교의 철학, 심리학, 사회학 등 모(母)학문적 사실"이다. 그렇지만, 위의 설명처럼 교사양성이라는 실제적인 문제의 해결이 우선하고, 그 과업을 수행하는 집단이 구성되고, 그 집단이 가르치는 것이 바로 '교육학'이라는 편리한 도식이 아무런 의심 없이 받아들여져 고착화되었다. 여기서 주목할 점은 사범학교의 운영을 위해 마련된 교직과목의 명칭만 바꾼 것이 '교육학'이기 때문에 그 안에는 교육을 해명하려는 순수한 인식의 동기보다 실천적 관심이 앞섰다는 것이다.

4) 야누스적 적응

전후의 사정을 덧붙이자면, 그 후 사범학교는 여러 가지 정치적 타협과 경제적 이유로 종합대학 안에 들어오게 되었고, 이윽고 "사범대학(college of education)"이라는 명칭으로 불리게 된다. 그런데 이미 종합대학 안에 포진해 있던 학문영역들과 겹치는 사범대학 학과들의 대거 유입으로 '전공 분야의 중복'이라는 심각한 갈등이 나타났고, 사범대학을 경원시하는 풍조가 지속적으로 발생하는 원인이 되고 있다.

종합대학의 일원으로서 교육학은 학문적 수세에 몰린 나머지 스스로 이론의 창안보다 실제적 응용에 치중함을 내세워 자리를 보전하였다. 다른 한편, 일선 학교관계자들 앞에서는 학문을 대표하는 교육전문가로서 행세하였다. 이것은 두 얼굴을 가진 "야누스적 적응"이라고 꼬집을 수 있는데(장상호, 2005: 78-83), 학문다운 처신이라고 보기에 어려운 면이 많다.

5) 교육의 왜곡과 은폐

대학의 사명은 진리탐구에 있다. 그러나 앞에서 살펴본 것과 같이, 사범대학에 속한 교육학은 교사양성과 학교운영이라는 실제적인 과업에 몰두하다 보니, 교육연구보다 학교연구에 더욱 치중하게 되었다. 제도인 학교를 무턱대고 교육과 동일시하면서 학교의 각종 현안을 '교육문제'로 인식하다 보니, 자연 학교 밖의 교육을 등한시하게 되었다. 게다가 정작 학교 안의 그 '교육'이 무엇인지는 불분명한 상태로 남겨졌다.

이로써 삶의 한 영역으로 자리하는 교육이 제도의 그늘에 가려져 학교에서 벌어지는 정치, 경제, 사회, 문화, 역사, 도덕, 종교, 심리 등 모든 현상을 모조리 교육으로 간주하는 심각한 왜곡이 발생하게 되었다. 원래 교육학은 교육에 대한 이런 사고의 무질서와 혼란을 해소할 책임을 지고 있다. 그런데 현존하는 교육학은 그 모든 것을 당연한 것으로 조장하거나 합리화함으로써 도리어 문제해결의 장해가 되고 있다. 교육이 교육학에 의해 체계적으로 굴절되고 방치되는 사태는 그 자체로 불행한 것이지만, 그로 인해 교육이 소멸될 위기에 처한 것은 더욱 안타까운 일이다.

4 제2기 교육학의 새 출발

그렇다면, 학문의 정도(正道)에서 벗어난 교육학을 정상화하는 길은 없을까? 여기에 본받을 두 학문이 있다. 바로 사회학과 언어학이다. 그들의 출범과정을 간략히 소개함으로써 교육학의 새 출발을 기약하는 계기로 삼고자 한다.

1) 사회학과 언어학의 모범

오늘날 인문사회 분야의 선두를 달리는 사회학의 시작은 교육학에 비해 결코 빠른 것이 아니었다. 사회학을 창시한 인물 중 하나로 꼽히는 뒤르켐(E. Durkheim)은 심리학의 이론체계로 설명될 수 없는 이른바 '사회적 사실(social fact)'

의 예로서 '집합적 의식'을 내세워 사회학의 태동을 알리는 계기를 만들었다 (Durkheim, 1895/1964). 그것이 불과 100년 전의 일이다. 뒤르켐 이후 사회학은 학문계를 주도하는 거대한 구심점의 하나로 성장한 것을 기억할 필요가 있다.

다른 하나는 사회학과 비슷한 시기에 출현한 언어학이다. 언어학의 태두인 소쉬르(F. de Saussure)는 그 당시에 흔히 언어를 구사하는 것을 언어현상으로 보고 물리학, 역사학, 철학, 미학, 인류학, 심리학, 사회학의 시각에서 설명하는 방식에 심각한 의문을 제기하였다. 그로부터 소쉬르는 다른 학문의 관점을 과감하게 배제하는 동시에, 고유한 현상으로서의 언어만을 탐구대상으로 삼아야 한다는 엄격한 태도를 취함으로써 언어학을 자율화하는 초석을 놓았다. 그의 노력에 힘입어 언어학은 오늘날 인문과학의 선두에 서는 쾌거를 이룩한 것으로 평가받고 있다(Ivić, 1971).

여기서 우리는 사회학과 언어학이 걸어온 역사가 현존하는 교육학의 진로와 너무도 달랐던 점에 주목할 필요가 있다(최성욱, 2007). 그들의 차별화된 진로 선택은 교육학에 어떤 메시지를 던지는가? 그 중 하나는 다른 학문의 성과를 받아들이는 모방과 답습을 애써 멀리하면서 자기 입지를 공고히 다지는 노력이 불가능하거나 무의미하지 않다는 사실이다. 다른 하나의 교훈은 학문의 자율화를 이룩하기 위해 그들이 걸어간 모든 과정이 학문적 지위의 부실로 인해 시달리는 다른 학문들에게 하나의 탈출구를 예시하여 준다는 사실이다.

2) 교육연구의 방법과 전략

학문의 기본전제와 구성방식에 대한 자기반성은 교육학 내에서도 간간이 이루어져 왔다. 그 가운데 주목할 만한 것으로, 교육연구가 실천의 개선에 적용되거나 효과를 거두지 못했다는 평가가 있었고(Eisner, 1985; Flitner, 1982), 대학에서의 교육연구가 학문의 고유한 맥락과 위상을 훼손하는 역설적인 양태로 진행되었다는 솔직한 비판도 제기되었다(Clifford & Guthrie, 1988; Egan, 1983; Lagemann, 2000; Walton, 1974). 또한 학문으로서의 교육학이 자율적으로 발전하기 위해서는 먼저 그 탐구대상인 교육과의 엄격한 구분이 선행되어야 하며, 여타의 학문과 구별되는 독자적 이론을 모색해야 한다는 단호한 의지의 표명도 확인할 수 있다 (정범모, 1968). 이러한 일련의 자각과 성찰은 그 자체가 교육학을 학문의 반열에 올려놓기 위한 귀중한 초석이 되고 있음을 부인할 수 없다. 그럼에도 불구하고, 이런 선구적인 자각과 호소에 진정으로 귀 기울이려는 학계의 노력이 너무도 미흡했다는 것은 커다란 아쉬움으로 남는다.

　　교육학이 올라야 할 산은 한 마디로 "교육이란 무엇인가" 하는 항구적인 질문을 통해 만나야 할 미지의 어떤 대상이다. 이 질문과 제대로 씨름하려면 최소한 두 가지 원칙이 반드시 지켜져야 한다(장상호, 1986, 1990, 2001).

　　하나는 학교를 교육하는 곳으로 자명하게 받아들이는 '상식과의 거리두기'이다. 상식의 세계는 모든 것을 당연한 것으로 여기기 때문에, 그것을 토대로 진리를 탐구한다는 것은 무의미한 일이다. 그것은 이미 알고 있던 것을 발견했다고 주장하는 사람처럼 자기기만에 빠지게 한다.

　　다른 하나의 원칙은 '다른 학문과의 거리두기'이다. 철학, 심리학, 사회학이 교육의 이치를 밝혀줄 리 없다. 그들조차 그런 장담을 하지 않는다. 교육학의 전통은 이 원칙에 반하여 외래학문들을 조합하면 하나의 새로운 학문이 만들어질 것으로 기대하였다(Cronbach & Suppes, 1969; Peters, 1977; Taylor, 1973). 그러나 그런 '학문의 연금술(鍊金術)'은 허구임이 드러나고 있다. 가령, 여러 학문들을 한데 모아보자. 그러면 "지식에의 입문＝행동의 계획적 변화＝자아실현＝사회적 표준의 내면화＝사회적 불평등의 재생산＝문화전달＝…＝ 교육(?)"이라는 하나의 기이한 등식이 만들어진다(장상호, 2005: 104-112). 이것은 그 안에서 서로 다른 맥락의 충돌과 모순, 범주착오가 소용돌이치는, 학문계의 '괴물'에 가까운 모습을 하고 있다. 상식의 토대 위에 외래학문을 얹어놓은 이 기상천외한 도식은 오직 "학교 안의 교육 아닌 것들의 집합"을 '교육'으로 총칭하는 정체불명의 교육관에 의해서만 가능할 뿐이다(장상호, 2005: 33-36). 그러나 그 자체가 교육을 '맥락부재의 무주공산'으로 여기는 사고의 질곡을 반영하기 때문에, 그 함정에서 벗어나지 않고서는 교육을 교육답게 밝힌다는 것이 사실상 불가능하다. 그렇다면 여기서 어떤 근원적인 발상의 전환이 우리에게 필요할까?

3) 교육연구의 새 지평

교육은 정치, 경제, 사회, 문화, 역사, 도덕, 학문, 예술, 종교 등 삶의 각 구성인자들과 다른 것으로 구별되고 그들과 마찬가지로 고유한 삶의 양상으로 인식되어야 한다. 이 말은 교육이 그 나름의 목적, 구조, 가치, 맥락, 규칙, 원리, 질서, 활동을 지닌 인간사로 파악될 수 있음을 가정한다.

이 점을 잊고서 교육을 단지 다른 삶의 가치를 위한 '유능한 수단'으로만 간주한 것은 교육에 대한 모독이다. 교육을 봉사의 도구라는 시각으로 보기 전에 고유한 '놀이'의 일종으로 생각할 수 있다(장상호, 2005: 599-604). 테니스, 축구, 수영, 바둑 등 놀이는 저마다 독특한 활동의 규칙과 내재적인 가치를 추구한다. 각각의 활동규칙과 가치를 식별할 수 있을 때 그 고유한 영역과 입지가 확보된다. 교육도 놀이의 일종이며 다른 것이 대신할 수 없는 자기만의 자리가 있다. 물론, 교육은 인간됨의 크기를 키우는 일인 점에서 그들과는 비교가 안될 만큼 '고급스러운 놀이'일 것이다. 우리는 하루도 빼놓지 않고 이 교육의 놀이에 참여한다. 그런데 막상 교육에 대한 우리의 인식은 너무도 미미하여 형편없는 수준에 머물고 있다. 인식의 부족은 교육의 존재나 가치를 쉽게 왜곡하고 은폐하고 방조하는 원인이 된다.

요컨대, 교육에 대한 우리의 실천이 모자란 것이 아니다. 교육의 규칙과 그 가치의 속성을 파악하는 우리의 인식이 모자란 편이다. 교육의 독특한 내재율에 눈을 뜨고 그것을 설명하는 인식의 틀을 만드는 일이 지체되어 있다. 그것을 제대로 만들어서 교육이 하고 싶은 이야기를 진실하게 대변하는 일이 아마도 교육의 봉사에 대해 우리가 갚을 수 있는 가장 큰 보답일 것이다.

II 교육의 재발견

1 교육관의 미로

　앞에서 새로운 교육연구의 과제를 제시했다. 그렇지만, 불행하게도 우리의 머릿속에는 새로운 교육연구를 방해하는 엉뚱한 신화가 잔뜩 들어 있다. 교육에 대해 이야기하고 토론하고 주장할 때 그 신화들이 불쑥불쑥 등장한다. 그런데 문제는 우리 스스로 교육에 관한 그 신화가 과연 옳은 것인지를 깊이 있게 따져 보지 않는다는 점이다. 이제부터 그 신화 가운데 대표적인 세 가지를 검토해 보겠다. 첫째, 관습적 교육관, 둘째, 용병학문적 교육관, 셋째, 결과위주의 교육관이라는 신화의 내용을 소개하고, 각각의 허구성을 조목조목 따져보겠다.

1) 신화 I: 관습적 교육관

　관습적 교육관이란 교육은 학교 안에서 일어나며 학교 안의 모든 것은 교육이라는 통념을 가리킨다. 이를 간단히 "학교태＝교육"이라는 등식으로 표시할 수 있다(장상호, 1986). 관습적 교육관은 우리의 일상생활을 통해서 반복되고 강화된다. 일상의 대화에서는 학교를 가리켜 '교육기관', '교육현장', '교육현실' 등으로 부른다. 그리고 학교 안의 모든 것—교실, 교사, 교육과정, 교과, 학생, 선생, 수업, 공부, 시험 등—을 교육과 관계된 것으로 여긴다. 이것을 종합하면 결국 학교를 묘사한 '통속적인 교육의 개념지도'가 완성된다.

　[그림 3.1]은 학교의 모든 것을 교육과 동일시하는 생각을 나타낸다. 그런 눈으로 볼 때에는 학교 안의 모든 것을 교육의 언어로 묘사하고 지칭하는 것이 지극히 당연하다. 교사를 '교육자', 학생을 '피교육자', 학교관계자를 '교육공급자', 학부모와 학생을 '교육수요자', 학교에 머무는 시간을 '교육경력', 학교시설을 '교육시설', 학교의 학사일정을 '교육과정', 학교시험을 '교육평가', 수업에서 사용하는 학습지를 '교육자료', 수업에서 활용하는 기자재를 '교육기자재', 학교유지관리에 사용하는 일체의 비용을 '교육비', 학교의 행정사무를 '교육행정'으로 부른다.

그림 3.1   통속적인 교육의 개념지도

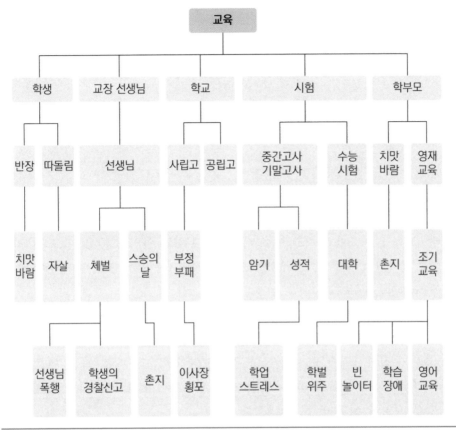

출처: 미간행자료.

　이로써 학교에 가면 교육을 받는 것이고, 학교를 마치면 교육도 종결된다. 학교를 많이 세우면 교육이 발전하는 것이고, 학교에 가기 위한 치열한 경쟁이 곧 교육열이 높은 표시이다. 이런 식으로 학교는 점차 유사실체화(reification)되어 구성원을 지배한다(Illich, 1971). 학교가 교육을 대치하는 이 본말전도의 현상에 누구도 의문을 제기하지 않음으로써 학교는 마침내 '교육의 전당'으로 우리 위에 확고하게 군림한다.

　그러나 정신을 바짝 차리고 보면, 이는 하나의 환영(illusion)에 불과하다. "학

그림 3.2 학교 안의 교육과 비교육	그림 3.3 전 생활영역에서의 교육
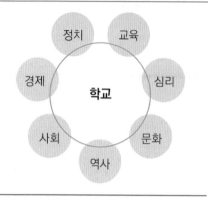	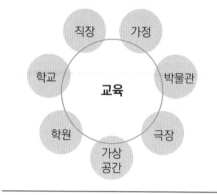
출처: 장상호(1990). p. 36.	출처: 장상호(1990). p. 43.

교태＝교육", 즉 교육은 학교 안에서 일어나고 학교 안의 모든 것은 교육이라는 관습적 교육관의 주문은 진실인가? 다음 두 개의 그림은 그것이 단지 날조된 신화에 불과함을 폭로한다(장상호, 1990).

[그림 3.2]를 보면, 학교 안에 교육만 있는 것은 아니다. 생활공간의 하나인 학교 안에는 정치, 경제, 사회, 역사, 문화, 심리 등 삶의 모든 측면들이 공존한다. 그런가 하면, [그림 3.3]에서 교육은 학교만이 아니라 가정, 직장, 박물관, 학원, 극장, 가상공간 등 어디서나 일어난다. 위의 두 그림을 종합하면 [그림 3.4]와 같은 모양이 된다(장상호, 2003).

[그림 3.4]에서 보는 것처럼, "교육＝학교태"라는 등식은 그 허구성 때문에 더 이상 지탱하기 어렵다. 그럼에도 불구하고, 일상적 소통장면에서는 "교육＝학교태"가 마치 정당한 것처럼 통용된다. 습관적 사고가 고정관념으로 굳어지면 명백한 오류마저 감추어지는 것이다.

그림 3.4 학교와 교육의 구분과 교육공간의 확대

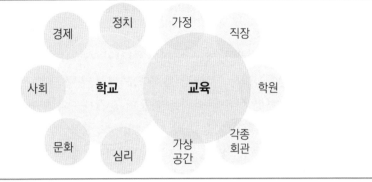

그림 3.4 학교와 교육의 구분과 교육공간의 확대

출처: 장상호(2003). p. 85.

일찍부터 "관습적 교육관"의 허점과 함정을 폭로했던 학자들은 많다. 다음은 그 중 일부이다.

- **홀트(J. Holt, 1964):** 학교는 사람들을 범주화하고 선별하는 관료적 체제로서 인간 본연의 학습욕구와 학습능력을 저해한다.
- **굿맨(P. Goodman, 1964):** '학교가 교육하는 곳'이라는 관례에 따른 신념은 한낱 "대중적 미신(mass superstition)"에 불과한 것이다.
- **일리치(I. Illich, 1971):** 인간이 만든 제도의 역기능과 병폐는 심각하다. 학교는 사람들의 능력이 부족하다는 이유로 입학을 거부하는 등 교육에 역행하는 횡포를 자행한다.
- **라이머(E. Reimer, 1971):** 학교는 적어도 교육 말고도 세 가지 다른 기능, 즉 보호감독기능, 사회선발기능, 교화기능을 추가로 수행한다.
- **장상호(1986):** 학교는 생활세계의 하나로서 습관적 행위의 유형화, 언어에 의한 의미의 고착화, 유사실체화에 의한 구성원의 소외라는 특징을 지닌다. '학교가 교육하는 곳'이라는 생각은 관례에 근거할 뿐, 어떠한 이론적 근거도 갖지 않는다.
- **이한(1998):** 학교는 오직 사회적 차별화와 불평등의 영속화라는 두 가지 사회적 기능을 수행하는 기구이다.

이들의 발언은 공통적으로 "학교태=교육"이라는 등식이 기능적 고착증세(functional fixedness)에 불과함을 밝히고 있다. 학교의 제도적 양태를 교육과 등치시키는 것은 타당한 근거가 없다. 그것은 단지 관습에 근거할 뿐이다. 이런 제도적 개념은 교회나 사찰을 종교기관, 국회를 정치기관, 시장을 경제기관이라고 부르는 데서도 발견된다.

기실 관습적 교육관이 지닌 오류는 일상의 사태를 아무런 의문이나 의심 없이 당연하게 받아들이는 "자연적 인식태도"에서 비롯한다. 자연적 인식태도는 엄밀한 근거와 타당한 이유를 따지는 학문적 인식태도와 확연히 구별된다(한국현상학회, 1983). "말을 우물가로 끌고 갈 수는 있어도 물을 억지로 먹일 수는 없다." "교육은 백년지대계이다."와 같은 속담과 격언이 그 좋은 예이다. 이들은 교육에 관한 일말의 의미를 표방하지만, 언제나 예외가 발생할 가능성이 있기 때문에 항구적 진리가 될 수 없다는 한계에 봉착한다.

상식은 살아가는 데 매우 필요하고 편리하다. 또한 상식은 그 자체가 하나의 인식체제로서 강력한 힘을 발휘한다. 그러나 상식은 진리가 아니므로 그것을 대체할 강력한 대안적 인식체제가 없을 때 우리의 의식을 구속하는 굴레로 작용한다. 그 때, 우리는 진리와 점점 멀어져서 마침내 허위의 수렁에서 쉽사리 빠져나올 수 없게 된다.

교육은 육안으로 볼 수 있는 가시(可視)적 현상이 아니다. 교육은 그 실체를 포착하는 개념망, 즉 이론에 의해서만 파악할 수 있는 가지(可知)적 현상이다. 달에는 "떨어진다."는 상식을 적용할 수 없다. 그래서 '중력'이라는 이론적 개념을 별도로 만든 것이다. '만유인력'이라는 보편적인 학문의 인식체제를 가져야만 비로소 사과와 달을 같은 현상으로 볼 수 있다. 마찬가지로, 우리가 교육의 실체를 파악하려면 상식을 대체하는 인식의 그물망인 교육의 자율적인 개념체제, 즉 고유한 교육이론을 창안해야 한다.

2) 신화 II: 용병학문적 교육관

앞서 살펴본 관습적 교육관은 교육을 상식의 눈으로 파악하는 인식태도를 가리킨다. 상식에 준하다 보니 체계성과 전문성에 취약할 수밖에 없는 문제가 생긴다. 이 단점을 보완하기 위해 좀 더 고답적인 학문에 의존하려는 경향이 나타난다. 그 바탕에 작용하는 사고방식이 바로 용병학문적 교육관이다.

용병학문적 교육관은 교사양성과정을 학문적 외모로 치장하기 위해 대학의 여러 기성학문들을 대거 영입하는 역할을 하였다. 주로 철학, 심리학, 사회학 등 인문사회과학의 제 분야가 영입의 대상이 되었다. 각각에는 "교육"이라는 접두사를 붙여 교육철학, 교육심리학, 교육사회학 등으로 부르고, 이를 "교육의 기초학문(foundations of education)"이라고 총칭하였다. 이렇게 만들어진 사범학교의 "교직과목"은 중등학교 이하의 교사들을 위한 교양과목으로 개설되었다.

이처럼 용병학문적 교육관은 역사적으로 교직과목의 성립과정에 깊숙이 관여하였다. 그런데 교육을 설명하는 일에 교육 아닌 현상을 다루는 다른 학문들을 동원한 것은 학문의 역사에서 보면 매우 이례적이고 변칙적인 사건이다.[1] 그 시초는 독일의 심리학자 헤르바르트(J. F. Herbart)이다. 헤르바르트(1806/2006)는 교육의 목적을 설명하기 위해 윤리학을 동원하고, 교육의 방법은 심리학에 의존하면 될 것으로 기대하였다. 즉, 윤리학과 심리학을 조합하면 교육학이 성립한다고 보았다. 심리학자인 헤르바르트가 신생 교육학의 성립에 관여한 것을 알게 된 프랑스의 사회학자 뒤르켐은 여기에 사회학을 추가하였다. 뒤르켐(1895/1964)은 교육이 개인을 초월하여 세대와 세대를 연결하는 집합적인 현상이기 때문에 사회적 사실의 하나라고 보았고, 사회학을 또 하나의 "교육의 기초학문"으로 삼았다.[2]

이후에 외래학문의 유입은 더욱 확대되었다. 행정학, 경제학, 문화인류학 등 외래학문들이 교육학의 하위분야로 들어와 그야말로 학문적 연합체의 모습을 띠게 된다. 이렇게 형성된 교육학의 판도는 UNESCO가 발간된 한 책자에 아래 [그림 3.5]와 같이 소개되어 있다(Mialaret, 1985).

---

1 이것을 가리켜 장상호(1986)는 "역사적 변고"라는 표현을 사용한 바 있다.
2 뒤르켐은 사회적 사실이 심리학으로 설명될 수 없다고 한 데 비해, 교육은 사회적 사실임을 당연시한다. 이 '이중기준'의 적용은 사회학과 교육학을 차별하는 부당한 태도이다(장상호, 2005: 40-41).

그림 3.5　교육과학의 구성

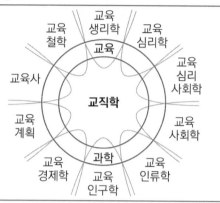

교육생리학
교육철학
교육심리학
교육
교육심리사회학
교육사
교직학
교육계획
교육사회학
교육경제학
과학
교육인류학
교육인구학

출처: Mialaret(1985). p. 81.

교육학이 용병학문적 교육관들로 구성되기 시작할 때부터 외래학문의 난입을 허용한 여파는 작지 않았다. 우선, 하위전공들 간의 장벽이 갈수록 높아져 공통분모에 해당하는 "교육"은 단지 껍데기만 남은 실정이다. 소수의 교수진이 운영하는 영세성의 문제는 더욱 심각하다. 전공별로 겨우 2~3명의 교수가 분야를 대표하기 때문에 그 열악한 형편은 말할 필요도 없다. 게다가 출범 때부터 종합대학에서 이주해 온 이류급의 학자가 교수진의 주류를 이루는 까닭에(Schneider, 1985), 그들에 의해 삼류급 학자가 배출되고, 그 제자들이 다시 학위를 남발하는 악순환이 반복되고 있다.

문제의 발단이 된 용병학문적 교육관의 신화적 허구성을 하나하나 파헤쳐 보기로 하자.

용병학문적 교육관에 입각하면, 정치, 경제, 사회, 심리 등 교육이 아닌 것을 탐구하는 학문들이 교육의 본질을 쉽게 밝혀줄 것처럼 생각하게 된다. 그 생각은 옳은 것일까? 한 가지 질문을 던져보자. "사각형은 무슨 색깔인가요?" 모양과 색깔은 서로 종류가 다르기 때문에 이 질문에 답하기는 불가능하다. 질문 자체가 "범주착오(category mistake)"를 범하고 있기 때문이다. 교육 아닌 것으로 교육을 해명할 수 있다는 용병학문적 교육관에는 이런 류의 범주착오가 고스란히 내포되어 있다. 그 주장대로 교육이 정치, 경제, 사회, 심리 등으로 설명될 리도 없지만, 만에 하나 설명이 이루어졌다고 해도, 그것이 진정 교육에 대한 설명이라는 증거는 없다. 감을 배라고 우긴다고 감이 배가 될 리는 만무하기 때문이다.

학문의 탐구대상과 이론은 영토와 지도, 물고기와 그물의 관계처럼 일정한 연관관계를 맺는다. 탐구대상에 적합한 범주의 개념을 동원하는 것이 학문의 기본원칙이다. 이 원칙에 따라 정치논리로 경제를 설명한다든지, 문화재의 가치를 상업적 가치로 평가하는 논점이탈은 매우 엄격하게 제한된다. 그런데 용병학문적 교육관은 이 학문의 기본원칙을 처음부터 위반하고 교육학을 타학문의 식민지로 전락시키는 길을 선택했다. '남의 학문을 내 학문'이라고 말하는 것은 "표절"을 합리화하는 것이다. '응용'을 구실로 타학문을 빌려왔다고 해도 그들의 지적 소유물에 '교육학'의 명함을 사용한 것은 명백한 불법이다.

위에서 살펴본 용병학문적 교육관의 문제점은 세 가지 논점에서 그 한계를 좀 더 명료하게 지적할 수 있다.

첫째, 용병학문적 교육관은 탐구대상의 고유한 맥락과 차이를 무시함으로써 교육과 비교육을 혼동하는 문제를 안고 있다. 다른 학문의 이름 앞에 "교육"이라는 접두사를 붙여 "교육○○학"이라고 주장한 데에는 두 가지의 혼동이 내포된다. 하나는 "정치 = 경제 = 사회 = 심리 = …… = 교육"이라는 범주착오이고, 다른 하나는 "정치 + 경제 + 사회 + 심리 + …… = 교육"이라는 또 다른 범주의 비약이다. 앞의 것은 각 학문의 현상들이 "교육"이라는 구호 아래 모두 같은 것이라는 혼동이고, 뒤의 것은 삶을 구성하는 이질적인 요인들을 모두 합치면 교육이 된다는 혼동이다. 후자에서 "교육 아닌 것의 종합"이 어째서 '교육'인지 납득하기 어렵다.[3] 용병학문적 교육관은 외래학문을 조합하면 교육학을 탄생시킬 수 있다고 보았지만, 그 '학문의 연금술'은 도리어 학문계의 질서를 외면한 점에서 질타의 대상이 되고 있다.

둘째, 용병학문적 교육관은 교육학을 타학문에 종속시키는 악순환을 심화시킨다. 고도의 체계화된 상위맥락의 이론이 그보다 열등한 하위맥락에 침투하

---

3 사실상 "비교육의 융합 = 삶"이라고 해야 옳다.

면, 하위맥락이 상위맥락에 종속되는 결과를 낳는다(Walton, 1974). 역사상 천문학은 점성술을 무력화시켰다. "교육○○학"이라는 이름으로 교육의 하위맥락에 침투한 철학, 심리학, 사회학은 교육을 각각의 현상에 맞게 변환시킨다. 즉, "교육○○학"에서 "교육"은 장식어에 불과하며, ○○학이 그 지식의 실체인 것이다. 따라서 "교육○○학"을 아무리 뒤져도 교육에 대한 어떤 해명도 기대할 수 없다. "교육○○학"은 오직 학교 안의 철학적, 심리학적, 사회학적 사실을 가리킬 뿐이다. 그렇기 때문에 그 명칭은 "학교○○학"으로 수정되어야 마땅하다.

셋째, 용병학문적 교육관은 교육을 철저히 왜곡하고 은폐시킨다. 앞서 UNESCO가 제시한 [그림 3.5]가 보여주듯이, 현존하는 교육학은 외래학문들에 의해 점령된 정황을 적나라하게 드러내고 있다. 아이러니컬한 점은, 학문의 주권을 잃어버린 교육학의 식민지화가 사실은 외래학문들의 침략으로 인한 것이 아니라 교육학도 스스로가 원해서 생긴 결과라는 것이다. 현 시점에서 "교육의 기초학문들(실상은 '용병학문')"로 구성된 '교육학'의 실상은 정확히 말해서 "학교의 비(非)교육에 대한 학제연구"라고 해야 옳다. [그림 3.6]에서 볼 수 있는 것처럼, 비교육의 연구가 버젓이 '교육학'으로 둔갑하고, 교육에 대한 진솔한 해명은 도리어 억압되고 지연되는 암울한 현실이 계속되고 있다.

그림 3.6 학교에 대한 학제연구의 실상

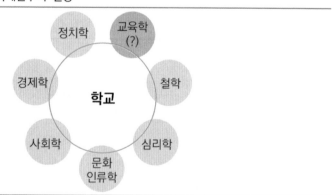

출처: 최성욱(2013). p. 67.

3) 신화 Ⅲ: 결과위주의 교육관

교육에 대한 그릇된 사고방식의 셋째 유형은 결과위주의 교육관이다. 결과위주의 교육관이란 교육의 의미를 그것의 "기능"을 가지고 규정하는 것을 말한다(장상호, 2005; 최성욱, 2005). 즉, '교육이란 무엇인가'라는 질문을 '교육이 하는 일은 무엇인가'로 바꿔 놓는 것이다. 이 사고방식에서는 어떤 결과를 얻는 데 도움이 되는 수단적 과정이면, 종류를 막론하고 모두 교육으로 받아들인다. 가령, "망치가 무엇이냐?"고 물었을 때, "못 박는 데 쓰는 도구"라는 식으로 대답하는 것과 같다. 망치의 정체를 그 결과와 연관지어 '기능적'으로 파악하는 것이다.

결과위주의 교육관은 목표를 달성하는 데에 효과적인 수단에 항상 관심을 두는 우리의 기대와 깊은 연관을 맺고 있다. 다만 결과위주의 교육관은 거기에 그치지 않고, 한 걸음 더 나아가 원하는 결과를 가져오는 것을 모두 '교육'으로 규정하는 점에서 우리의 건전한 사고를 교란시키는 작용을 하는 점이 특이하다. 사실 무엇을 정의하는 것처럼 골치 아픈 문제에 부닥쳐 본 사람이라면 결과위주의 교육관이야말로 너무도 유용하고 간편한 방식이며, 그 점에 매력을 느껴서 그것을 선호하는 것으로 짐작된다.

사고방식 면에서 결과위주의 교육관의 특징은 그것의 독특한 순환론에서 찾을 수 있다. 가령, "X는 무엇인가?" 하고 물으면, "Y라는 결과를 가져오는 것"이라고 대답하고, 반대로 "Y는 무엇인가?"라고 물으면, "X의 영향으로 나타난 결과"라고 대답한다. 이런 답변은 교육의 정체를 해명하기보다 인과적 관계를 빙자하여 그 일을 회피하는 교묘한 수법이라고 말할 수 있다.

뿐만 아니라, 결과위주의 교육관은 가치기준의 선택과 관련해서도 특이한 태도를 보여준다. 무엇보다 목표달성을 교육보다 우선시한다. 결과에 영향을 주는 것을 모두 교육으로 규정하는 데에서 짐작할 수 있듯이, 교육의 가치를 목표달성에 미치는 효과, 즉 기능적 도구성의 잣대로 평가한다. 그것은 교육을 규정하는 입장에서 가치전도와 가치도착에 해당함에도 불구하고 결과위주의 교육관 안에서는 지극히 자연스러운 것으로 비쳐진다.

결과위주의 교육관이 우리 주변에 만연되어 있음에 비해, 그 타당성에 대해서는 의문과 비판을 찾아보기 어렵다. 가령, X와 Y 사이에 Y = f(X)라는 인과관계가 성립할 때, X와 Y는 서로가 독립된 별개의 것임을 전제로 한다는 것은 일종의 공리이다. 그런데, 결과위주의 기능적 도식은 그 기본전제를 일방적으로 무시하여 X를 Y에 대한 인과적 기능 또는 효과로 단정해 버린다. 이것은 정상적인 사고를 벗어난 편법에 해당한다. 또, 임의의 X와 Y는 하나가 다른 것에 일방적이고 단선적인 영향을 주는 것이 아니라, 상호 다중적인 인과관계(multiple causation)가 성립한다. 공식으로는 (A, B, C……X) ⇔ (Y, @, $, &, ◆……)이다. 말하자면, Y에 영향을 주는 것은 X만이 아니며, X는 Y 이외의 다른 것들에도 영향을 준다. 그런데 결과위주의 교육관에서는 이런 다중적 인과관계의 가능성을 일축해 버리고, 오로지 교육만 그 결과에 영향을 준다는 좁고 편향된 인과론적 가정을 받아들일 뿐이다.

결과위주의 교육관을 보여주는 사례는 많다. 학계의 쟁쟁한 이론도 상당수가 포함된다. 당혹스럽지만, 사실이 그렇다. 예컨대, 교육에 관한 공학적 개념으로 널리 알려진 정범모 선생(1968)의 "인간행동의 계획적 변화"는 행동변화(결과)를 가져오는 모든 계획(기능적 수단)을 교육이라고 정의한다. 피터즈(Peters, 1966)가 주창한 "지식의 형식으로의 입문"이라는 정의, 그리고 뒤르켐(Durkheim, 1895/1964)이 강조하는 "사회적 표준과 성향의 습득"도 그들이 강조하는 결과를 가져오는 과정을 교육으로 정의한 점에서 마찬가지로 결과위주의 교육관을 따른다. 이 외에, "자아실현으로서의 교육", "문화전달로서의 교육" 등도 결과위주의 교육관의 도식을 따르고 있다.

위에서 말한 내용을 포함하여 결과위주의 교육관이 지닌 몇 가지 문제점을 정리하고, 어떤 점에서 그것이 교육을 이해하는 방식으로 적절치 않은지를 살펴본다(장상호, 2005: 187-189; 최성욱, 2005).

첫째, 교육을 결과위주로 정의하면 교육의 범위가 무한대로 확장되는 '외연한정불능'의 문제가 발생한다. 우산을 기능적으로 정의하면 비를 가릴 수 있는 모든 것이 우산이 되고 만다. 같은 논리로 목표에 도움이 되는 모든 것이 교육이라면 교육은 증발되거나 소실된다.

둘째, 결과위주로 교육을 파악하면, 교육과 교육 아닌 것이 전혀 구분되지 않게 된다. 결과에 주는 영향의 측면에서 교육을 바라보면, 심지어 교육 바깥의 환경마저 교육으로 포함되어 버린다. 그것은 교육을 결과위주로 규정하는 변칙적 논리에 따른 필연적 결과이다.

셋째, 결과위주의 교육관에서는 '효과'가 제일의 가치이다. 효과적인 것이 곧 교육이므로, '효과적일수록 교육적'인 것이 된다. 효과의 논리에 따라 암기, 주입, 훈련, 조건화, 교조화, 사회화, 선전, 설득, 세뇌, 고문, 상담, 심리치료, 약물 투여, 뇌엽절개 등 가공할 힘을 가진 인간성의 개조방법들이 모조리 교육으로 둔갑한다. 결과가 과정을 정당화하므로 교육의 고유가치 같은 것은 더 이상 고민할 필요가 없어 수단방법을 가리지 않은 탓이다.

넷째, 결과위주의 교육관에 따르면, 교육의 존재가 부정된다. 교육이란 목표를 이루는 것이기 때문에 목표가 달성되면 교육을 더 지속할 필요가 없다. 즉, "목표달성＝교육중단"이다. 결과위주의 교육관은 교육의 존립을 부정하는 역설적이고 배반적인 교육관이다.

다섯째, 교육의 효과성을 극구 강조하지만, 과연 교육이 그처럼 강력한 힘을 가진 것인지 미지수이다. 검증되지 않은 약을 파는 시골 약장수처럼 교육의 효과가 선전만큼 효과적일지 의문이며, 이는 결과적으로 교육에 무거운 책임을 지게 만든다.

여섯째, 결과위주의 교육관은 행여 기대한 결과달성에 실패할 때 그 책임을 교육에 전가하는 사단을 저지른다. 목표달성의 실패는 거의 "잘못된 교육"의 탓으로 돌려진다. 그러나 가만히 보면 그 원인은 "잘못된 교육"이 아니라 "잘못된 교육관"에서 찾아야 마땅하다.

일곱째, 결과위주의 교육관은 그 자체로서 증명되지 않은 하나의 가설에 불과하다. 그것은 내용상 목표달성의 과제를 강조할 뿐이며, 그 과제를 수행하는 것이 '교육'인지 아닌지는 전혀 확인하지 않은 채 방치하기 때문이다. 한 예로, '통일교육', '환경교육'이라는 구호 속에서 '교육'은 단지 수행해야 할 과제가 있음을 가리키고 있을 따름이다.

결과위주의 교육관은 해독하지 않으면 안 될 교육학적 사고의 장해이다. 그 것을 극복하려면 일단 "교육은 이러이러한 결과를 가져온다."(A)와 "이런 결과를 가져오는 것은 교육이다."(B)를 잘 구분해야 한다. (A)는 최소한 교육이 무엇인지를 밝히면서 결과를 이야기하는 점에서 의미를 갖는 반면에, (B)는 교육의 실체에 대한 해명을 엉뚱하게 지연시킨다는 점에서 큰 차이가 있다. (B)에 해당하는 결과위주의 교육관은 그 교묘한 인과적 순환논법으로 교육을 '실체 없는 수단'으로 위장시키는 궤변인 것이다. 분명한 것은 '교육의 기능'은 항상 교육의 실체를 설명한 다음에 비로소 성립한다는 점이다. 교육을 사유하는 이들은 이점의 중요성을 너무도 자주 망각함으로써 스스로 공허한 말놀음에 빠진다. 그런점에서 우리의 숙제는 교육의 실체를 적절하게 드러내는 타당한 이론체제를 구성하는 데 있음을 다시 한 번 깊이 새길 필요가 있다.

2 교육의 재개념화

1) 교육의 이미지: 등산의 비유

교육은 육안으로 볼 수 있는 가시적인 현상이 아니라 가지적(可知的)인 현상이다. 교육은 그것을 포착하는 개념이 없으면 볼 수 없다는 뜻이다. 그 개념적 렌즈를 갖지 않은 때, 비유를 들어서 설명하는 것이 약간의 도움이 된다.

교육은 등산에 비유할 수 있다. 산을 오르는 것과 내려오는 것은 전체 등산의 하위활동인데, 각각의 구조와 규칙은 다르다. 올라가기와 내려오기의 애로가 다르고, 그 난관을 극복하는 활동과 보람도 다른 것이다. 재미있는 것은 등산객과 하산객이 중간 지점에서 만났을 때이다. 등산객이 묻는다.

"얼마나 남았습니까?"
"조금만 가시면 된다."
그래서 믿고 올라갔는데 이상하게도 끝이 나오지 않는다. 답답하고 궁금해서 또 묻는다.
"얼마나 더 남았습니까?"

"조금만 더 가시면 된다."

이렇게 묻고 대답하기를 몇 번 반복하는 사이, 어느덧 정상에 도달한다.

이 비유에서 어떤 부분이 교육과 통하는 것일까? 그들이 주고받은 질문과 대답에서 힌트를 찾아보자. 만약 정확한 답을 알려준답시고, "한참을 가셔야 한다." 그랬다면, 결과는 어떻게 되었을까? 등산객은 중도에 포기하지 않았을까? 지친 등산객이 포기하지 않도록 도우려다 보니까 일부러 속이는 말을 써서 격려와 응원을 한 것이다. 당연히 중간에 몇 번이나 '속은 것 같다.'는 의심과 후회가 든다. 신기한 것은, 그 때마다 "조금만 더 가면 된다!"는 '희망찬 말'에 속는 줄도 모르고 또 다시 산을 오르게 된다는 것이다. '그 말'은 표면상 거짓말이 맞다. 그러나 그 속에 깃든 깊은 지혜와 배려는 사막의 오아시스처럼 금방이라도 포기하고 싶은 등산객의 마음을 대번에 돌려놓는 힘을 발휘한다.

요컨대, 의심이 드는 상황에서 경험자의 말을 속단하지 않고 믿고 따르는 등산객의 마음가짐, 그리고 그에게 힘과 용기를 주고 스스로 마음이 움직이도록 돕는 하산객의 지혜, 그런 부분이 바로 등산의 비유에서 엿볼 수 있는 교육의 진솔한 모습이 아닐까 싶다.

2) 세계의 분류

교육의 총체성은 교육과 교육 아닌 것의 차이를 통해 그 경계를 확인할 때 드러난다. 교육 아닌 것에 정치, 경제, 사회, 문화, 도덕, 종교, 예술, 역사, 자연 등 무수히 많은 예를 들 수 있지만, 교육과의 구별을 위해 세속계와 수도계 등으로 재분류할 수 있다.

(1) 수도계

먼저 인간적 위대성의 성취를 목표로 하는 '수도계'는 교육과 긴밀하게 연관되면서 교육과 구별된 세계이다. 수도계는 인간의 잠재적 가능성 가운데 내재적 가치로 인정될 만한 것을 끊임없이 실현시켜 나가는 데 의의를 둔다. 수도계의 예는 진리를 추구하는 학문, 선을 추구하는 도덕, 미를 추구하는 예술을 들 수 있다.

　수도계에서는 이전의 것을 지양하고 더 높은 수준의 것을 실현시켜 나가는 가운데 인간성의 위계가 출현하며, 그 종적 위계를 '품위(trans-talent)'라고 부른다. 품위의 전체가 무엇인지는 아무도 모른다. 유한자인 인간은 단지 그 일부를 자기 수준에서 체험하고 규정할 뿐이다. 여기서 교육은 수도계와 공생하는 관계를 갖고 진행되는 또 하나의 자율적인 세계로 상정된, 말하자면 교육은 수도계를 소재로 하여 각 개인의 품위를 중심으로 그 위와 아래 품위와 연결지으려 하는 독특한 운동과 활동으로 생각할 수 있다.

(2) 세속계

　한편, 정치, 경제, 사회는 '세속계'로서 교육을 둘러싼 환경을 이룬다. 세속계는 현세에 적응하는 것을 목표로 하고, 수도계는 내면적 위대함의 높이를 추구하며 교육계는 상구와 하화를 통한 품위의 향상 그 자체를 목표로 한다.

(3) 교육계

　교육계는 어리석음을 개선하기 위한 성장체험을 촉진하는 과정으로 실수, 부족, 결함의 자각과 발견을 중시하고 거기에서 출발한다. 스승과 제자는 대등한 관계로 역할 분담을 할 뿐이며, 이들의 활동은 품위의 수준과는 무관한 교육의 동형적 구조를 지닌다. 교육은 어떤 목적을 달성하기 위한 수단이라기보다 그 자체의 내재 가치에 집중한다. 세속계에 적응하는 과정이 "사회화"라면, 수도계의 품위를 개선하는 과정이 "교육"이라 할 수 있다.

3) 본위의 선택

　이들 세계 중 무엇을 본위, 즉 기준으로 하느냐에 따라 교육의 양태가 크게 달라진다.

　먼저, 세속계(출세)에 교육의 본위를 두게 되면, 교육의 목적이 성공이나 특정 학벌, 직업에 목표를 두게 된다. 이 때, 교육이 세속에 종속될 수밖에 없다. 이를 "외도교육"이라 부른다.

수도계에 본위를 두면, 교육은 높은 품위를 얻기 위한 수단으로 취급된다. 이 상황에서 소수의 엘리트가 주목받고 다수의 평범한 사람들은 소외받기 쉽다. 이 상황을 "공덕교육"이라 부른다.

교육에 본위를 두면 교육을 깊이 있게 체험하는 자체가 즐거움이 된다. 주체는 교육에 참여하는 보람과 만족을 느낄 수 있다. 이를 "내재교육"이라 한다.

3 제2기 교육학과 교육본위론

교육의 실체와 의미를 밝힘으로써 교육학의 자율화를 이룩하고자 하는 학문적 시도를 "제2기 교육학"이라고 총칭한다(장상호, 1986). "제2기 교육학"이라는 명칭은 교육학의 새로운 패러다임을 모색한다는 취지를 표방한다. "제2기 교육학"의 정신에 따라 이론적으로 창안된 개념체제의 하나가 "교육본위론"이다(장상호, 1991, 1994, 2005). "교육본위론"은 교육을 다원적인 세계의 하나로 보고, 교육의 실상을 찾기 위한 노력의 중간결실이다.

"제2기 교육학"의 첫 열매인 "교육본위론"은 그 자체가 하나의 가설일 뿐, 완결된 것이 아니다. "교육본위론"을 창안한 장상호(1991) 역시 이 점을 강조한다. 그런 의미에서 앞으로 "교육본위론"을 수정, 보완하는 비판적 시도가 나와야 한다. 또한, 교육본위론과 이론적인 경합을 벌일 또 다른 혁신적 개념체제의 출현도 기대된다. 새로운 이론의 창안은 진정한 의미의 학문의 전통 —'전통을 부정하는 전통(Shils, 1981/1992)'— 을 수립하는 길이기 때문이다.

1) 교육의 구조와 내재율

앞에서 말했듯이, 교육을 교육답게 해명하려면, 두 가지 조건이 충족되어야 한다. 하나는 '상식과의 거리두기'인데, "학교태＝교육"을 해체하는 것이다. 다른 하나는 '다른 학문과의 거리두기'이고, 교육을 교육 아닌 사실과 이론적으로 구분하는 것이다. 이 두 가지 조건을 따르는 일은 쉬운 것이 아니다. 그렇지만 이 원칙에 충실해야 교육의 실상에 비로소 다가설 수 있다.

그림 3.7 협동교육의 수레바퀴 모형

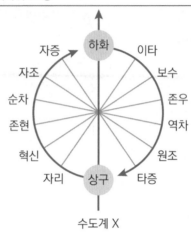

출처: 장상호(2005). p. 581.

    교육본위론에서 바라본 교육은 사실과 가치의 측면에서 독자적인 실체성을 가진 삶의 양상으로 설명된다. 그것을 구성요소들의 관계에 의해 내적 정합성을 갖춘 체제로 드러낸 것이 [그림 3.7]에서 볼 수 있는 협동교육(educooperation)의 "수레바퀴 모형(장상호, 1994, 2005: 576–586)"이다.

    상구교육(ascending education)과 하화교육(descending education)의 공조에 의해 구성된 협동교육에서 그 요소와 그 관계는 행위의 동기(자리-이타), 변형의 방향(혁신-보수), 품차의 양해(존현-존우), 단계의 배열(순차-역차), 협동활동의 형식(자조-원조), 품차의 입증(자증-타증)이라는 여섯 가지 차원의 내재율로 설명될 수 있다. 그 내재율이 서로 연대성을 가지고 교육을 하나의 전체로서 의미있게 하는 관계의 조합은 두 가지이다. 상의관계(相依關係, syntagmatic relation)는 좌우의 두 가지 화살표로 나타낸 상구교육과 하화교육 안에서 서로의 의미규정에 공조하는 관계를 말한다. 대위관계(對位關係, paradigmatic relation)는 상구교육과 하화교육을 연결하는 대각선으로 표시된 것으로 서로 상반된 측면에서 상구교육과 하화교육이 결합되는 관계를 나타낸다. 두 관계축의 조합과 긴밀한 상호호응에 의해 교육이 지닌 자율적 체제로서의 질서는 보다 공고해진다.

교육의 내재율은 그 자체로서 깊은 뜻이 있고, 교육과 교육 아닌 것을 구별하는 데에도 매우 중요한 기준이 되므로, 그 내용을 좀 더 소상하게 소개하기로 한다(장상호, 2005, pp. 582-585).

(1) 행위의 동기(motive of action)

품위는 인간의 무한한 가능성이다. 교육은 기본적으로 그것을 실현하는 자체로서 가치를 인정받을 수 있는 품위의 향상에 대한 열정과 책임이라는 행위의 동기를 갖는다. 그것은 품위의 차이를 줄이려는 에너지로 작용한다는 점에서 동일한 것이지만, 상구교육과 하화교육은 내용상 '자리(自利; self-love)'와 '이타(利他; altruism)'의 차이를 보인다. 상구교육은 교육주체가 자신의 결핍됨을 풍요의 것으로 대치하려는 자기사랑의 동기에서 출발한다. 즉, 상구교육에서는 먼저 자신의 구제가 주된 관심이다. 이에 비해, 하화교육은 후진에 대한 연민과 헌신을 토대로 이루어지는 사랑의 형태를 취한다. 한 개인의 존재 하나가 다른 사람들의 해방에 기여하고, 더 나아가서는 세계의 구원에 기여하는 것이다. 이것은 어떻게 보면 확대된 자아로서 '우리'에 대한 관심과 책임일 수도 있다.

(2) 변형의 방향(direction of transformation)

어떤 것에 대한 경험의 완전한 의미는 요소들이 구조 안으로 통합되어야만 비로소 성립한다. 마찬가지로 체험으로서의 품위는 항상 하나의 조직, 체계, 구조로 우리에게 다가온다. 하나의 품위의 요소를 추가시킨다는 것은 그것이 하나로 그치는 것이 아니라 기존의 것과 새로운 관계를 맺는 것이며, 그 관계는 기존의 것과 새로운 것 상호간에 변화한다는 것을 의미한다. 상구교육과 하화교육은 품위의 구조를 변형시키는 작업이라는 점에서는 동일하지만, 변형의 방향에 있어 '혁신(革新; renovation)'과 '보수(保守; conservation)'로 대비된다. 상구교육은 자신의 품위의 한계와 결핍함을 예리하게 자각하고, 친근했던 것을 해체하고, 이질적인 것을 수용하여 새로운 품위를 구성함으로써 그들을 극복하는 과정이다. 이에 비해, 하화교육은 자신의 품위의 충만함을 인정하고, 그것에 상대의 이질적인 것을 자신에게 친근한 것으로 포섭하고 동화시키는 과정이다.

(3) 품차의 양해(pre-acceptance of the level-difference in transtalent)

개인은 자신이 가지고 있는 현재의 품위에 비추어 세계와 타인에 대해 인식하기 마련이다. 교육은 그 주체로 하여금 현재의 품위를 접어놓고 상대의 품위에 접근하여 교류하려는 태도를 교육주체에게 요구한다. 여기서 '존현(尊賢; wisdom-respection)'과 '존우(尊愚; foolishness-respecting)'의 대비적 조화가 필요하다. 상구자는 현재로서 상위품위나 그것을 가진 선진을 이해할 수 없기 때문에 그의 품위를 존중하고, 그 현묘함에 대해 속단해서는 안 된다. 하화자 역시 후진의 품위를 당분간 존중해야 한다. 후진은 선진에 비해 어리석은 것이 특징이지만, 후진 자신에게는 그것이 결코 어리석게 느껴지지 않는다. 그가 현재 지니고 있는 품위는 현재로서는 그에게 최선의 것으로서 자존의 핵을 이루고 있다. 따라서 하화자는 상구자가 다른 대안적인 품위를 습득하기 전까지는 상구자가 가진 지금의 품위를 이해하고, 시인하고, 공감해야만 한다.

(4) 단계의 배열(arrangement of stages)

모든 경험은 시간 안에서 일어나며 시간의 제약을 받는다. 교육에서 실현하고자 하는 품위는 유동적이다. 교육은 그 가운데 반복되는 일련의 특별한 경험에 속한다. 거기에는 하나의 방향이 있을 뿐, 영구적으로 종착하는 지점이 있을 수 없다. 여기서 과정을 생략하고 열매만 거두려는 조급한 태도는 모든 것을 그르친다. 교육은 경험의 연속성을 고려하여 장기적인 안목을 가지고 단계적으로 이루어져야 한다. 상구교육과 하화교육의 과정은 각각 '순차(順次; progressive order)'와 '역차(逆次; regressive order)'의 양태로 대응해야 한다. 상구자는 일시에 최선의 품위를 구하기보다는 항상 차선의 것을 표적으로 하여 전진해야 한다. 다른 한편, 하화자는 자신이 가진 현재의 품위가 구축되어 온 과거를 단층적으로 심도 있게 회고하고, 후진이 위치한 품위까지 역진하여 그곳에서부터 하화교육을 추진해야 한다.

(5) 협동활동의 형식(forms of cooperative activity)

선진과 후진 간의 상호침투나 교육적인 이해는 형식논리를 초월하는 적극적인 활동을 요구한다. 상구교육은 현재 알지 못하는 것을 알아가는 것이며, 하화교육은 아직 모르는 사람을 알게 한다는 역설을 포함한다. 이 딜레마를 극복하기 위해 '자조(自助; self-help)'와 '원조(援助; helping order)'라는 대비된 활동의 조화가 필요하다. 상구자는 스스로 문제의 발견, 새로운 가능성의 탐색, 체험의 재구성 등 스스로 자신과 싸우는 어려운 실천을 수행해야 한다. 다른 한편, 하화자는 그가 이미 상구를 통해 후진보다 높은 품위를 얻었지만, 상구자의 그것을 대행할 수 없는 입장에 놓여 있다. 그가 할 수 있는 과업은 촉매로 작용하여 상대편의 활동과 에너지를 활성화시키는 것이다. 그는 적당한 거리에서 문제를 일으키고, 이미 알고 있는 답을 모르는 척하고, 상대편의 호기심을 자극하고, 미래를 예고하는 등 제반 길잡이의 역할을 해야 한다.

(6) 품차의 입증(validation of the level-difference in transtalent)

품위의 판단은 충분한 증거에 근거해야 한다. 교육에서의 가치판단은 우리 자신의 변화에 따른 새로운 자신의 발견을 통해 이전과 이후 간의 상대적인 대비에 의존한다. 교육은 내재적인 가치를 발전시키고, 확인하고, 정당화시키는 절차를 내장하고 있다. 여기서 상구교육에 의한 '자증(自證; self-awareness)'과 하화교육에 의한 '타증(他證; inducing other's self-awareness)'의 대비적 조화가 상호주관적 증거의 제시에서 중요한 역할을 한다. 상구자가 한층 더 높은 품위를 획득하고 나서, 이전의 품위가 갖는 어리석음과 새로운 품위의 고귀함을 스스로 깨닫고 그것에 마음으로부터 우러나오는 찬의를 보이는 것이 자증이다. 이에 비해서, 하화자가 선진으로서 후진을 자신의 품위수준에 가깝게 올려주고, 그의 품위가 후진의 것보다 높은 것임을 추후에 깨닫게 하는 것이 타증이다. 타인이 얻어낸 품위를 나를 통해서 확인하는 자증과 나에게 얻어진 품위를 타인을 통해 확인하는 타증의 두 가지 입증이 일치할 때, 그 품위의 보편적 타당성은 더욱 확실하게 보장된다.

교육의 자율적 범주, 질서, 맥락 등 그 실체에 대한 이론적 해명이 이루어짐에 따라, 그것을 둘러싼 여타 세계와의 관계를 구체적으로 따져볼 수 있는 근거가 비로소 마련된다. 교육과 그 주변의 세계들은 [그림 3.8]에서 보는 것처럼

그림 3.8 교육과 비교육의 관계

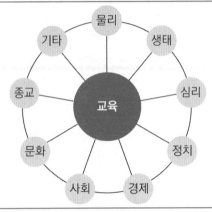

출처: 장상호(2003). p. 111.

크게 두 가지 방식으로 관계를 맺는다. 하나는 교육을 본위로 할 때, 여타의 것들이 교육의 환경으로서 교육의 유지와 발전에 기여하는 것이고, 다른 하나는 반대로 그 여타 세계의 발전에 교육이 수단의 하나로 공헌하는 것이다. 전자에서는 교육의 내재적 가치가 구현되도록 그 여건이 되는 여타의 세계들을 어떻게 적절한 방식으로 조정할 것인지를 다룬다. 후자는 교육이 그 자체의 내적 근거를 가지고 여타의 것을 위해 어떤 식으로 외재적 기능을 하는지를 모색한다. 이에 대한 논의는 앞으로 차차 탐색되어야 할 부분으로 남아 있다. 그렇지만 그것은 교육을 실체 없는 모호한 것으로 남겨둔 채 단지 그 기능을 수행하는 것으로 간주했던 종전의 기능주의적 사고의 전통을 실질적으로 대체하는 혁명적인 접근을 보여준다는 점에서 큰 의의를 지닌다.

2) 교육의 새로운 열 가지 탐구영역

"교육본위론"에서는 '교육의 재개념화'를 거점으로 열 가지의 새로운 탐구영역을 제안하였다(장상호, 1997b, 2009). 새로운 탐구영역은 다음과 같다.

(1) 교육의 구조

상구와 하화의 관계에 의해 출현하는 교육의 전체를 해명하는 분야이다.

(2) 교육의 가치

교육의 내재/외재가치를 구분하고 그 차이와 특징을 논의하는 분야이다.

(3) 교육의 소재

학문, 예술 등 각종 수도계의 품위를 교육의 소재로 활용하는 분야이다.

(4) 교육과 인간

상구/하화하는 인간, 스승과 제자의 교육적 관계를 탐색하는 분야이다.

(5) 교육활동

교육의 내재율을 따르는 토론, 대화, 조언, 충고 등을 모색하는 분야이다.

(6) 메타교육

"교육을 교육"하는 오직 교육으로만 이루어진 교육의 자율적인 분야이다.

(7) 교육의 환경

정치, 경제, 사회 등 교육여건이 교육의 가치실현에 기여하는 분야이다.

(8) 교육의 공간

가정, 직장, 가상공간 등을 무대로 한 교육의 양태를 조망하는 분야이다.

(9) 교육과 평가

교육의 내재가치/외재가치에 대한 올바른 평가의 조건 모색, 평가의 체험적 토대 형성과정인 교육을 통해 수도계의 품위를 증명하는 문제, 교육의 여건에 대한 평가, 교육평론 등에 대해 탐구하는 분야이다.

(10) 교육적 인식론

교육이 학문의 진리판별에 어떻게 기여하는지를 해명하는 분야이다.

각각의 탐구영역은 저마다 독특하고 매력적인 다양한 주제들을 함축하고 있다. 열 가지 영역들은 서로 유기적인 관계를 맺고 있다. 그래서 한 분야의 변화가 곧바로 다른 분야에 파급된다. 이는 기존 교육학의 각 분과영역들이 서로 단절된 양태를 보이던 것과 크게 다른 점이다.

앞으로 우리의 기대는 교육본위론에 토대를 둔 열 가지 분야를 중심으로 교육학이 인문사회과학의 새로운 총아로 부상하는 것이다. 그 일이 명실공히 실현되는 날, 교육학이 다른 학문에 의존하던 과거에서 기여하는 처지로 탈바꿈하는 새로운 역사가 펼쳐질 것이다. 그 날이 언제 다가오느냐 하는 것은 전적으로 지금 이 글을 읽은 교육학도들의 마음가짐에 달려 있다.

더 생각해 볼 문제

(관습적 교육관)

01 앞에서 예시한 [그림 3.2] '학교 안의 교육과 비교육'에서 각 부분에 해당하는 예는 무엇인가? 가령, 수업은 "학교 안의 교육"인가? "수업＝교육"이라는 생각에 전혀 의문의 여지는 없는가? 수업 안의 "비교육적 측면"을 예를 들어 찾아보라.

02 우리나라에서 학교를 위시한 평생교육을 관장하는 부처를 "교육부"라고 부른다. "교육부"라는 이름은 그 기능에 맞는 올바른 명칭인가? 그 이유를 제시할 수 있는가? 혹은 그 명칭이 적절하지 않다면, 그 이유는 무엇인가? 만약 후자처럼 생각한다면, 지금의 "교육부"라는 이름보다 더 어울리는 명칭은 무엇일까?

> 〈힌트〉 가령, "교육부"를 인적자원개발부, 창의영재육성부, 학교감독관리부, 평생학습경영부 등으로 부르면 이상한가? 왜 이상하다고 생각하는지 그 이유를 설득력 있게 이야기할 수 있는가?

(용병학문적 교육관)

03 철학, 심리학, 사회학 등을 아무리 공부해도, 각 학문의 탐구대상을 밝힐 수 있을 뿐, 교육적 사실을 밝힐 수 없다고 했다. 이에 대해 어떤 반론이 가능한가? 가령, 학습이론은 교육학이 아닌 심리학 이론이지만, 학교에서 가르치고 배우는 과정에서 익혀야 할 것으로 생각하는 이들이 많지 않은가?

> 〈힌트1〉 교육의 문제를 논하는 것과 학교의 문제를 동일시하는 습속이 엿보인다.
> 〈힌트2〉 심리학의 학습이론은 대개 자연사태가 아닌 실험실에서 동물을 대상으로 이루어진 실험결과를 말한다. 그 기본도식은 $B=f(E)$로, 행동변화에 영향을 주는 제반 환경요인의 효과를 기술한다. 그것은 그것대로 심리학의 관심사이다. 그것을 가지고 학교에서 이루어지는 어떤 심리현상을 설명할 수도 있다. 그렇지만, 그것이 교육과 관계있다고 볼 근거가 있을까? 그 때 그 '교육'은 무엇인가? "학습＝교육"이라는 등식에 대한 타당한 설명체계가 필요하다는 것이다.

04 기존의 교직과목은 교육학이 아니라고 했는데, 그렇다면 그것들은 교사에게 불필요하다는 말일까?

> 〈힌트〉 반드시 그렇지는 않다. 교직과목은 교사에게 필요한 교양으로 가치가 있다. 다만, 그것이 교육에 대한 어떤 지식과 이해도 대신할 수 없기에 교육학이라는 새로운 지식체계를 만들어야 한다는 것이다. 교육학을 만들면, 교사의 교양과목으로 추가될 것이다.

(결과위주의 교육관)

05 학교를 비롯한 우리 생활 속에 침투한 결과위주 교육관의 흔적을 찾아보자. 어떤 예를 들 수 있는가? 가령, '자아실현으로서의 교육', '사랑으로서의 교육', '스마트교육', '행복교육'은 결과위주 교육관에 따른 예라고 할 수 있는가? 그렇게 보는 이유는 무엇인가?

06 하나의 비유를 들어보자. 어떤 과수원 농부가 봄에 사과나무를 심었다. 그런데 가을에 배가 열렸다. 그러자 농부가 "이 잘못된 사과나무야, 배가 열리면 어떻게 해?"하고 꾸중했다. 과연 누구의 잘못이 큰가? 이 비유는 결과위주 교육관을 둘러싼 책임 문제에 대해 어떤 시사를 주는가?

(교육의 재개념화)

07 장상호의 교육본위론에 의하면, 교육은 자율적인 삶의 한 양상으로서 상식과 제도, 그리고 타학문의 이론으로 포착될 수 없는 고유한 현상이다. 그는 교육이 '상구와 하화'라는 두 가지 하위요소의 차이와 관계로 구성된 전체라고 보았다. 그렇다면, 이 때 교육본위론이 말하는 상구와 하화는 일상어인 배움과 가르침과 같은 것으로 이해하면 안 될까? 또, 학자들은 학습이나 교수라는 용어를 사용하는데 그것과 같은 의미를 가진 것은 아닌가? 이 질문들은 교육본위론을 공부하는 사람들이면 누구나 한 번씩 제기하는 것들이다.

위의 질문에 공감하는 사람들은 적어도 다음의 두 가지 문제를 생각해 보아야 한다.

첫째, 교육본위론에서 제시한 교육의 구조(교육의 '수레바퀴모형')와 그 내재율과 비슷한 내용이 일찍이 배움과 가르침, 학습과 교수를 언급하면서 설명된 적이 있었는가? 만일 그와 같은 예를 찾을 수만 있다면 그것은 참으로 다행스런 일이며, 교육학의 역사는 바로 거기에서 시작했다고 말해야 할 것이다. 필자 역시 그런 사례가 발견되기를 기대한다.

둘째, "상구＝배움＝학습"과 "하화＝가르침＝교수"라는 등식을 증명하려면, 각 항이 서로 다름을 논리적으로 전제해야 한다. 본문에서도 "A＝B"라는 등식이 성립하려면 A와 B가 구분됨을 필연적으로 가정해야 한다고 했다. 이에 따라서 상구와 하화와 구별된 배움과 가르침, 학습과 교수 각각의 독자적 의미가 무엇인지부터 철저하게 확인해 볼 필요가 있다. 여러분들은 그렇게 할 수 있는가? 진심으로 그 일을 진지하고 성실하게 수행해 보기 바란다. 그렇게 하면, 배움과 가르침, 학습과 교수가 상구와 하화와 얼마나 다른지를 스스로 확인하는 값진 성과를 얻게 되리라고 예상된다.

❑ 장상호의 『학문과 교육(상)』: 저자 장상호(현 서울대 명예교수)는 15년에 걸친 연구 결과를 1,000쪽이 넘는 이 책에 오롯이 담았다. 책의 부제는 "학문이란 무엇인가?"이다. 부제가 말해주듯이, 학문적 전통, 학문의 내재성, 지식의 조건, 진리의 기준 등을 살펴보고, 분과학문과 응용학문, 학문의 방법론에 대해서 차례로 설명한다. 그런 다음, 학문계에서 교육학의 위상은 어떠한지를 검토한다. 그는 현존하는 '교육학'이 응용학문적 성격을 띤 교직과목을 중심으로 학교체제 유지에 필요한 직업인 양성에 몰두했고, 그 결과 '학교관리학'이라는 제도종속적 명분에 사로잡혀 교육의 실상을 밝히는 학문적 사명과는 거리가 멀어졌음을 지적한다. 저자는 이러한 전철을 교훈삼아 교육학은 이제 자체의 고유지식을 생성하는 인문사회과학의 새로운 영역으로 거듭나야 한다고 강조하고, 학문적 정체성을 다지는 고된 작업은 결코 생략할 수 없는 것임을 학문의 역사를 통해 예증한다.

❑ 장상호의 『학문과 교육(중 I)』: 이 책의 부제는 "교육이란 무엇인가?"이다. 저자는 단도직입적으로 "교육이 과연 교육답게 이해된 적이 있는가?"라고 묻는다. 교육은 정치, 경제, 사회, 문화 등과 같은 것이 아니며, 교육의 숨겨진 실체는 오직 그것을 포착하는 고유한 이론망에 의해서만 드러날 수 있다. 그럼에도 현존하는 교육학은 학교사태와 교육을 동일시하면서 학교의 교육 외적 현상들을 모두 교육으로 오인하고 학교 밖의 교육을 홀대하는 잘못을 범해 왔다. 이 책에서는 서구의 근대적 국가주의와 산업혁명의 합작품인 학교체제와 교육을 구분하고, 삶의 각 공간에서 진행되는 교육의 진솔한 모습을 포착하는 교육연구를 제안한다. 이를 통해 '교육학'의 오랜 관행과 병폐를 극복하고자 시도한다. 교육학의 근본문제, 교육연구의 새 지평, 교육의 맥락, 교육의 양상을 다룬 각 장의 주제는 교육과 교육 아닌 것이 어떻게 구분되고 차별화되는지를 상세하게 소개한다.

❑ 『학문과 교육(중 II)』: 이 책의 부제는 "교육본위의 삶"이다. 저자는 이 주제를 '교육의 자율성, 교육계의 발전, 교육과 평가'라는 세 부분으로 나누어서 설명한다. 이제까지 교육은 다른 종류의 삶과 그 가치실현에 기여하는 '도구'로 인식되어 왔지만, 이 책에서는 그런 사고가 교육에 대한 몰지각한 이해의 산물임을 반증하고 있다. 교육은 도리어 자체의 고유한 가치를 통해 인간다움을 전혀 다른 각도에서 실현하는 독립된 영역임을 교육발전과 평가의 측면에서 논의한다. 통념을 넘어선 저자의 발언에 담긴 진의는 최소한 일독 이상의 정독이 요망된다.

참고문헌

신기현(2013). 학문의 통섭논쟁에 관한 비판적 고찰: 교육적 인식론의 관점에서. **교육원리 연구**, 18(1), 45−62. 한국교육원리학회.

이 한(1998). **학교를 넘어서.** 서울: 민들레.

이홍우(1977). **교육과정 탐구.** 서울: 박영사.

장상호(1986). 교육학의 비본질성. **교육이론**, 1(1), 5−53. 서울대학교 사범대학 교육학과.

장상호(1990). 교육의 정체혼미와 교육학의 과제. **교육이론**, 5(1), 21−64.

장상호(1994). 또 하나의 교육관. 이성진(편). 한국교육학의 맥. 서울: 나남출판. 291−326.

장상호(1997a). **학문과 교육(상권): 학문이란 무엇인가.** 서울: 서울대학교 출판부.

장상호(1997b). 교육의 재개념화에 따른 10가지 탐구영역. **교육원리연구**, 2(1), 111−213. 교육원리연구회.

장상호(2001). 교육연구의 패러다임 전환을 위한 방략. **교육원리연구**, 6(1), 1−35. 교육원 리연구회.

장상호(2003). 교육발전의 도해. **교육원리연구**, 8(1), 77−123. 교육원리연구회.

장상호(2005). **학문과 교육(중권 I): 교육이란 무엇인가.** 서울: 서울대학교 출판부.

장상호(2009). **학문과 교육(중권 III): 교육연구의 새 지평.** 서울: 서울대학교 출판문화원.

정범모(1968). **교육과 교육학.** 서울: 배영사.

정원식(1987). 서울대학교의 교육학 연구. 서울대학교 학문연구 40년(I): 총괄·인문·사회 과학. 서울대학교 출판부. 371−388.

최성욱(2005). 교육학 패러다임의 전환: 기능주의에서 내재주의로. **교육원리연구**, 10(2), 71−135. 한국교육원리학회.

최성욱(2007). 교육원리 탐구, 20년—교육의 실체를 밝히는 새로운 작업. **한국교육학회 뉴 스레터**, 43(2), 9−15.

최성욱(2013). 교육원리탐구, 30년의 성과와 과제. **교육원리연구**, 18(1), 63−90. 한국교육 원리학회.

최성욱 외(2017). **융합교육의 이해.** 서울: 이모션북스.

한국현상학회 편(1983). **현상학이란 무엇인가.** 서울: 심설당.

Clifford, G. J. & Guthrie, J. W. (1988). *ED School.* Chicago and London: The University of Chicago Press.

Cronbach, L. J. & Suppes, P. (1969). *Research for Tomorrow's School.* Toronto: The Macmillan Company.

Durkheim, E. (1895/1964). *The Rules of Sociological Method.* (S. A. Solovay & J. H.

Mueller, Trans.). New York: The Free Press.

Egan, K. (1983). *Education and Psychology: Plato, Piaget and Scientific Psychology*. London: Methuen & Co. Ltd.

Eisner, E. W. (1985). *The Art of Educational Evaluation: A Personal View*. London: The Falmer Press.

Flitner, A. (1982). Educational science and educational practice. *Education, 25*, 63–75.

Goodman, P. (1964). *Compulsory Mis–education and the Community of Scholars*. New York: Vintage Books.

Gowin, D. B. (1981). *Educating*. New York: Cornell University Press.

Herbart, J. F. (1806/2006). *Allgemeine Pädagogik*. 김영래 역. **헤르바르트의 일반교육학**. 서울: 학지사.

Holt, J. (1964). *How Children Fail*. New York: Dell.

Illich, I. (1971/1986). *The Deschooling Society*. 김남석 역. **교육사회에서의 탈출**. 서울: 범조사.

Ivic', M. (1971/1984). *Wege der Sprachwissenschaft*. 이덕호 역. **현대언어학사**. 서울: 종로서적.

Kerr, C. (1966). *The Uses of the University*. New York: Harper & Row Publishers, Inc.

Kuhn, T. S. (1970). *The Structure of Scientific Revolution*. Chicago: The University of Chicago Press.

Lagemann, E. C. (2000). *An Elusive Science: The Troubling History of Educational Research*. Chicago: The University of Chicago Press.

Mialaret, G. (1985). *Introduction to the Educational Sciences*. Geneva: UNESCO.

Ornstein, A. C. (1977). *An Introduction to the Foundations of Education*. Chicago: Rnd McNally College Publishing Company.

Peters, R. S. (1966/1980). *Ethics and Education*. 이홍우 역. **윤리학과 교육**. 서울: 교육과학사.

Peters, R. S. (1977). *Education and the Education of Teachers*. London: Routldge & Kegan Paul.

Saussure, F. de. (1916/1990). *Cours de Linguistique Generale*. 최승언 역. **일반언어학 강의**. 서울: 민음사.

Schneider, B. (1989). Tracing the province of teacher education. in Popkewitz, T. S. (ed.). *Critical Studies in Teacher Education*. New York: The Palmer Press. 211–241.

Shils, E. (1981/1992). *Tradition*. 김병서, 신현순 역. **전통**. 서울: 민음사.

Taylor, W. (1973). *Research Perspectives in Education*. London: Harper & Row.

Walton, J. (1974). A confusion of contexts: The interdisciplinary study of education. *Educational Theory, 24*, 219–229.

CHAPTER

04 교육심리학: 인간의 마음에 대한 탐구*

이우걸

요약

제4장에서는 교육심리학이 도대체 무엇을 하는 학문 분야인지, 어떠한 주제에 대해 연구를 하는지, 어떠한 연구 방법론을 사용하는지에 대해 살펴보고자 한다. 교육심리학에서는 교육과 관련된 대상의 마음을 이해하는 것이 중요한데, 그 대상은 전통적으로 많은 연구가 이루어진 학습자뿐 아니라 부모, 교사까지 다양하다. 인간의 인지, 동기, 정서와 같은 인간 내적 기제는 교육심리학 분야의 주요 연구 주제이다. 하지만, 인간은 외부 환경의 영향에서 자유로울 수 없기 때문에 상대평가나 경쟁과 같이 인간을 둘러싸고 있는 외부 환경이 인간의 내적 기제에 미치는 영향에 대해서도 많은 연구가 이루어지고 있다. 인간의 마음을 이해하기 위해 교육심리학에서는 자기보고식 연구법, 실험 연구법, 질적 연구법, 신경생리학적 연구법 등 다양한 연구 방법론이 활용되고 있다. 특히, 최근에는 다양한 연구법을 상호 보완적으로 활용하여 연구를 수행하는 융합적 접근이 주목을 받고 있다.

주제어: 교육심리학, 연구 방법론, 발달, 개인차, 인지, 동기, 정서

---

* 이 글은 필자의 다음 논문을 수정·보완한 것이다.
  이우걸(2017). 교육 연구에 있어서의 심리학적 접근. **교육과학연구**, 22, 101-114.

김하늘 선생님은 올해 한 중학교에 초임교사로 부임했다. 그런데 반 아이들 중 유독 우주에게 눈길이 간다. 우주는 수업 시간에 표정 변화가 많지 않은 조용한 학생이다. 어떤 수업에서는 집중을 하고 있는 것처럼 보이다가도 또 어떤 수업에서는 멍하니 수업에 집중을 못하는 것 같기도 하다. 이에 김하늘 선생님은 우주가 어떤 생각을 하는지, 수업은 잘 따라오고 있는 건지, 또래 친구들과는 잘 지내는지, 혹시 다른 고민이 있는 것은 아닌지 등을 살펴보기로 했다([그림 4.1] 참조). 수업 시간에 우주의 표정을 살펴보기도 하고, 조별 활동에서 우주가 어떠한 모습을 보이는지 관찰하기도 했다. 또, 수업 이외의 시간에 우주와 이런저런 이야기를 나누며 어떤 생각을 하는지 알아보고자 했고, 친구들과 있을 때 어떤 모습을 보이는지 관찰했으며, 다른 과목 수업에서는 어떠한 모습인지 다른 교과 선생님들에게 물어보기도 했다. 이처럼 꽤 오랜 시간 우주를 다각도로 살펴본 결과, 김하늘 선생님은 우주가 수학 시간에는 생각했던 것보다도 더 집중을 하지 못하고 있고, 친구들과의 관계에 있어서도 다소 어려움을 겪고 있음을 알게 되었다. 김하늘 선생님은 어떻게 하면 우주의 학교생활을 도울 수 있을지 고민하기 시작한다. 우주를 돕기 위해서는 우주가 문제를 보이는 부분에 영향을

그림 4.1　교실에서의 학습자 심리상태 파악

미치는 근본적인 원인을 파악하는 것이 선행되어야 한다. 수학 시간의 수업 내용이 우주의 현재 수준에 비해 어려운 것은 아닌지, 주위의 과도한 기대로 학습에 큰 부담을 느끼는 것은 아닌지, 아니면 학업에 집중하기 힘든 다른 어려움을 겪는 것은 아닌지 등에 대한 정확한 파악을 바탕으로 도움을 줄 수 있는 방법을 찾아야 한다. 이처럼 교수·학습 상황에서 학습자의 심리 상태를 정확히 파악하는 것은 교수자에게 너무나 중요한 부분인데, 이때 하나의 증거보다는 다양한 증거를 바탕으로 학습자의 심리 상태를 파악하는 것이 보다 더 정확한 판단을 가능케 한다. 만약 학습자가 심리적인 부분에서 문제를 보인다면, 그 근본 원인을 파악하여 해결하는 것이 중요하다.

교육심리학은 그 이름에서도 알 수 있듯이 교육과 관련되어 있는 대상들의 마음을 이해하고자 하는 학문이다(이성진, 1996). 초기 교육심리학에서는 교육과 관련되어 있는 대상들 중 특히 학습자의 마음을 파악하는 데 집중했다. 많은 교육심리학자들은 특정 교과의 수업 시간이나 과제 수행 시 학습자가 어떠한 심리 상태를 보이는지, 협동 학습, 컴퓨터 기반 학습과 같이 특정 교수 방법을 활용한 수업에서 학습자가 어떤 심리적 반응을 보이는지, 이때 학습자의 발달적 차이, 인지 능력에 따른 차이, 성별에 따른 차이와 같은 개인차가 존재하는지 등에 대해 많은 연구를 수행해 왔다(Bransford, Brown, & Cocking, 2000). 하지만 최근의 교육심리학 연구에서는 학습자의 마음뿐 아니라 부모, 교사와 같이 교육과 관련된 대상들의 심리를 폭넓게 살펴보고 있다(김양희, 이우걸, 2017; Goddard, Hoy, & Hoy, 2000). 이러한 관점에서 부모의 심리 상태가 자녀의 학습에 미치는 영향, 교사가 중요하다고 생각하는 가치가 학습자의 교육적 의사결정 및 학습 태도에 미치는 영향 등을 살펴보는 것은 교육심리 분야에서 중요한 연구 질문으로 간주되고 있다.

I 패러다임에 따른 연구 흐름의 변화

교육심리학의 역사를 보면, 특정 시기 심리학 연구의 패러다임(paradigm)이 교육심리학의 연구 방향에도 지대한 영향을 미쳐 왔다(Woolfolk, 2013). 그렇기 때문에 역사적으로 심리학 연구의 패러다임이 어떻게 변화하였는지를 이해하는 것은 교육심리학 연구 흐름과 강조점이 어떻게 변해왔는지, 그리고 현재의 연구 흐름이 강조하는 부분이 무엇인지를 이해하는 데 큰 도움을 준다. 먼저, 20세기 초중반의 심리학 연구 방향을 주도한 행동주의 심리학은 현대심리학의 발전에 큰 영향을 끼쳤다. 행동주의 심리학은 인간의 무의식이 인간의 심리 및 행동에 미치는 영향을 강조한 이전 정신분석학 흐름과는 달리, 보다 객관적이고 과학적인 학문으로서의 심리학을 지향했다(Skinner, 1953). 행동주의 심리학 이전에 심리학 연구의 흐름을 주도했던 정신분석학이 무의식과 같이 외적으로 드러나지 않아 객관적으로 파악하기 힘들 수 있는 인간의 마음에 주목했던 반면, 행동주의 심리학에서는 외적으로 드러나는 관찰 가능한 변화를 바탕으로 인간의 마음을 보다 객관적으로 파악하는 것을 강조했다.

20세기 중반을 넘어서면서 심리학의 패러다임은 행동주의에서 인지주의로 서서히 넘어가게 된다. 현대심리학이 강조하는 과학성, 객관성에 있어 행동주의 심리학이 큰 기여를 한 것이 사실이지만, 인간의 마음을 파악하는 것을 강조하는 심리학의 특성상 인간의 마음을 직접 탐색하기보다는 행동 결과를 바탕으로 인간의 마음을 간접적으로 추론하는 행동주의 심리학은 그 한계도 뚜렷했다. 이에 인간 마음의 인지적 처리 절차(예: 인간이 정보를 기억하는 처리 과정)를 파악하고자 하는 인지주의 심리학(Baddeley & Hitch, 1974)은 많은 심리학자들의 관심을 받게 된다. 특히, 인지주의 심리학에서는 같은 상황이나 정보에 대해 개개인이 다른 해석을 바탕으로 다른 반응을 보일 수 있고, 같은 행동을 보인다 하더라도 전략 사용과 같은 세부적인 인지 처리 과정에 있어 개인차가 존재할 수 있음에 주목했다.

20세기 중후반, 심리학에서는 사회적·환경적 상호작용의 영향력을 강조하는 사회인지주의가 큰 영향력을 발휘하게 된다. 인간이 외부 세계와 단절되어 홀로 살아간다면 인간의 인지 처리 과정은 온전히 개개인의 특성에 의한 것이라고 할 수 있을지 모른다. 하지만, 인간은 사회적 존재이기 때문에 개개인의 사고, 믿음 등에는 사회적·환경적 영향이 있을 수밖에 없다는 것이 사회인지주의 심리학의 기본 가정이다(Bandura, 1986). 그렇기 때문에 사회인지주의 심리학에서는 개개인의 사고, 믿음과 같은 인간의 마음과 사회적·환경적 요소들(예: 학습 환경, 사회·문화적 가치) 간의 상호작용에 많은 관심을 가지고, 그 상호작용 패턴을 파악하고자 하였다.

최근 심리학 연구의 특징은 하나의 패러다임이 연구의 흐름을 완전히 주도하지 않는 경우가 많아졌다는 것이다. 예를 들면, 같은 시기에 출판되는 학술지에 행동주의 관점에서 쓰인 논문, 인지주의 관점에서 쓰인 논문 등이 함께 실리는 경우를 쉽게 볼 수 있다. 또, 각 패러다임 고유의 이론적 전통, 연구 방법 등이 연구 목적에 따라 하나의 연구에서 융합되기도 한다. 행동주의 심리학의 전통을 따르는 전통적인 실험 연구 방법론이 인지주의 및 사회인지주의 심리학의 연구에서도 널리 활용되는 것이 그 대표적인 예라고 할 수 있다. 최근 심리학 연구의 또 다른 특징 중 하나는 현대심리학의 주류에서 조금은 멀어졌던 것으로 생각되었던 연구 주제들이 다시 주목받기도 한다는 것이다. 최근 인공 지능에 대한 폭발적인 관심과 함께 인간의 인지 처리 과정이 다시금 주목을 받기도 했고, 최신 연구 방법론의 등장과 함께 인간의 무의식에 대한 연구가 늘어나기도 했다.

II 교육심리학의 연구 방법론

우리가 현장에서 맞닥뜨리는 큰 걸림돌 중 하나는 인간의 마음을 파악하는 것이 생각보다 어렵다는 점이다. 교사가 새로운 수업을 만들어 가는 과정을 생각해 보자. 일단 교사는 현재 자신의 수업에서 무엇이 문제인지를 파악하고 이를 해결할 수 있는 새로운 전략들을 생각해 볼 것이다. 그리고 그 전략들을 실제 수업에 적용해 보고 그 전략들이 효과적인지를 파악하여 앞으로 그 전략들을 계속 사용할지 말지를 결정할 것이다. 이 과정에서 교사는 학생들이 자신의 수업에 어떻게 반응하는지를 관찰하거나 아니면 학생들에게 수업이 어땠는지를 직접 물어볼 수 있을 것이다. 이때 과연 교사는 학생의 수업에 대한 반응, 생각, 느낌을 정확히 파악할 수 있을까? 항상 성공적이지는 않을 수 있을 것이다. 학생들이 교사의 수업에서 긍정적인 반응을 해주려 노력할 수도 있고, 교사가 직접 물었을 때 예의상 긍정적인 대답을 해줄 수도 있기 때문이다. 이처럼 교사가 학생들의 마음을 정확히 측정해서 파악하는 것은 결코 쉬운 과제가 아니다(Lee & Reeve, 2012). 하지만 이는 비단 교사만의 문제는 아닐 것이다. 교육과 관련되어 있는 인간의 마음을 파악하고자 하는 교육심리학자들에게도 이는 결코 쉬운 과제가 아니다. 그렇기 때문에 교육심리학자들은 인간의 마음을 보다 정확히 파악하기 위해 다양한 방법론들을 사용해 왔다.

1 자기보고식 연구법

전통적으로 교육심리학 연구에서 가장 많이 활용된 연구 방법론은 자기보고식 연구법이다(김재철, 2008). 연구 대상자가 자신의 마음 혹은 신념, 가치와 같은 개인의 믿음에 대해 응답하고, 이를 통해 연구자가 그 연구 대상의 심리 상태를 파악하는 것이다. 자기보고식 연구법은 연구 방법의 효율성과 경제성으로 인해 다양한 교육심리학 연구에서 광범위하게 활용되고 있다. 연구자들은 자기보고식 연구법을 통해 인간의 마음과 관련된 다양한 요소들을 폭넓게, 상당히 많은 인원을 대상으로, 상대적으로 짧은 시간 동안 효율적으로 물어볼 수 있다.

하지만 자기보고식 연구법은 이러한 장점과 함께 제한점도 가지고 있다 (Katz, Assor, & Kanat-Maymon, 2008; Lee, 2017). 먼저, 응답자가 자신의 마음을 솔직하게 표현하지 않을 수 있다. 예를 들어, 영어 수업에서 불안을 느끼는지에 대해 어떤 학생에게 자기보고식 설문을 부탁했다고 가정해 보자. 만약 이 학생이 '내가 불안해 한다는 걸 다른 사람이 몰랐으면 좋겠어.'라고 생각한다면, 이 학생은 의도적으로 자신의 불안을 숨기는 방식으로 설문에 응답할 수 있다. 특히, 응답자가 어떠한 응답을 하는 것이 더 바람직한지에 대해 사회적으로 너무나 확실한 합의가 이루어져 있는 경우, 응답자의 응답 왜곡은 더 심해질 수 있다(Edwards, 1957). 예를 들어, 수학에서 여학생과 남학생 중 누가 더 뛰어난지에 대한 생각을 자기보고식 설문으로 묻는다고 생각해 보자. 만약 학습에 있어 성별에 따른 고정관념을 갖는 것이 옳지 않다고 많은 사람들이 이미 합의하고 있다면, 응답자는 자신이 비록 성별에 따른 고정관념을 가지고 있다고 하더라도 이를 그대로 설문에 응답하는 것을 꺼릴지 모른다.

자기보고식 연구법은 이러한 의도적 왜곡뿐 아니라 의도적이지 않은 왜곡에 의해서도 영향을 받을 수 있다(Katz, et al., 2008). 응답자는 자신의 마음에 대한 자각을 통해 설문에 응답을 하게 되는데, 만약 응답자 스스로도 의식하지 못하는 부분이 있다면 이에 대해서는 정확한 응답을 하기가 힘들 것이다. 과제 수행 시의 몰입(flow)을 자기보고식 설문으로 알아보는 상황을 생각해 보자. 몰입은 과제를 수행하는 동안 시간이 얼마나 흘렀는지도 모를 정도로 무아지경에 빠진 상태를 의미한다(Csikszentmihalyi, 1990). 만약 응답자가 아주 높은 수준의 몰입 상태라면 이를 자각하는 것은 이론적으로 어려운 부분이고, 그러므로 이에 대한 응답 또한 정확성이 떨어질 수 있다. 자기보고식 연구법은 대체로 순간순간 변하는 인간의 마음을 측정하기 힘들기 때문에 응답자의 의도적이지 않은 왜곡이 일어날 가능성이 더 커지기도 한다. 자기보고식 연구법에서는 응답자가 심리 상태를 경험한 후 꽤 시간이 흐른 뒤 그 심리 상태에 대한 기억을 바탕으로 응답하는 경우가 많은데, 이때 의도적이지 않은 기억의 왜곡이 발생할 수 있는 것이다.

2 실험 연구법

교육과 관련된 대상의 마음을 파악하기 위한 또 다른 방법론으로 실험 연구법이 있다. 실험 연구법은 전통적으로 연구자의 실험 처치가 인간의 마음에 어떠한 영향을 미치는지, 객관화할 수 있는 측정치를 사용하여 파악하는 방법이다. 그렇기 때문에 실험 연구법은 인간의 마음과 관련되어 있는 요소들 간의 인과 관계를 정확히 파악하고자 하는 연구에서 널리 활용된다(Graesser, 2009). 연구자의 연구 질문과는 관련이 없지만 실험 결과에 영향을 미칠 수 있는 요소가 존재할 수 있고, 이를 혼입 효과라고 한다. 실험 연구법에서는 실험 처치 이외의 요소들을 최대한 동일하게 하여, 혼입 효과를 최대한 통제한 상황에서의 실험 처치 효과를 파악하는 것이 중요하다.

실험 연구법에도 몇 가지 제한점이 존재한다(Lee, 2017). 먼저, 의도치 않은 혼입 효과를 통제하기 위해 실험 참가자에게 실제 우리가 경험하는 현실의 모습과 동떨어진 실험 상황이 주어질 수 있다. 예를 들어, 학생들의 사전 지식이 미치는 영향을 통제하기 위해 일반적으로 학생들이 경험하기 힘든 과제를 실험 과제로 사용하여 사전 경험의 영향력을 최소화 하는 경우가 있다. 일부 학자들은 이처럼 제한된 실험 상황에서의 연구는 생태학적 타당도(ecological validity)가 떨어지기 때문에 그 결과를 일반화해서 해석할 수 있는 것인지에 대해 우려를 표하기도 한다.

일부 연구자들은 전통적인 실험 연구법에서 사용하는 측정 방법 자체의 제한점에 대해 지적하기도 한다. 전통적인 실험 연구에서는 일반적으로 인간의 마음을 측정하는 데 있어 객관화가 가능한 측정 방법을 사용하고자 하는데, 이로 인해 행동적 결과나 수치화할 수 있는 학습 결과를 바탕으로 인간의 마음을 간접적으로 파악하는 경향을 보인다. 예를 들어, 내재동기 연구자들은 실험 상황에서 과제 수행 후 자유 시간 동안 학습자가 자발적으로 다시 과제에 참여한 시간을 학습자의 과제에 대한 내재동기 측정치로 활용하곤 한다(Deci, 1971). 물론 자유 시간 동안의 참여를 바탕으로 한 측정은 높은 신뢰도를 보이는 내재동기 측정 방법이지만, 동시에 다른 혼입 효과가 존재할 가능성도 무시할 수는 없다. 예를 들어, 학습자들이 혹시 있을 수 있는 이후 수행을 대비하기 위해서 혹은 과제 수행에서의 아쉬움 때문에 추가적인 참여를 할 수도 있다.

3 질적 연구법

질적 연구법 또한 교육심리학 분야에서 널리 쓰이는 연구법 중 하나이다(이용남, 1998). 질적 연구법에는 연구 대상에 대한 면담 방법, 연구 대상에 대한 연구자의 직접 관찰 방법, 연구 대상의 실제 모습을 살펴보기 위한 비디오 녹화 관찰 방법 등이 포함된다. 질적 연구법의 가장 큰 장점 중 하나는 연구자에 의해 미리 측정 방향이 제한되어 중요한 정보가 누락되는 것을 막을 수 있다는 점이다. 자기보고식 연구법에서는 연구자가 살펴보고자 하는 부분에 대해서만 설문 문항을 사용하기 때문에, 물론 연구자가 최대한 다양한 측면을 고려하려고 노력하지만 그 이외의 부분에 대한 측정은 어려운 것이 사실이다. 실험 연구에서도 인간의 마음은 연구자가 상정한 상황에서 연구 대상이 보이는 제한적인 모습에 의해서만 파악될 수 있다. 반면, 질적 연구법에서는 연구 대상의 실제 모습을 있는 그대로 살펴보는 방식으로 인간의 마음을 살펴보게 된다.

하지만 이러한 질적 연구법의 특징은 오히려 단점으로 작용하기도 한다(Graesser, 2009). 연구 대상의 다양한 모습 혹은 응답을 어떠한 방식으로 해석할지에 대한 명확한 기준이 미리 설정되지 않을 경우 자칫 연구자의 주관에 의해 연구 결과가 다른 방향으로 해석될 수 있다. 수업 시간에 질문을 하거나 의견을 말하는 등 적극적인 모습을 보이진 않지만 교사가 수업에서 하는 이야기를 열심히 듣는 학생이 있다고 생각해 보자. 이 학생에 대해 어떤 연구자는 동기가 낮아 수업에 적극적으로 참여하지 않는다고 볼 수 있다. 하지만 또 어떤 연구자는 학습자가 표현을 잘 하지 않을 뿐 혼자 생각을 많이 하는 방식으로 수업에 참여하고 있다고 해석할 수도 있다.

질적 연구법은 일반적으로 측정치를 수치화해서 객관화하기 힘들다는 제한점도 가진다. 물론 질적 연구법에서 반드시 측정치의 수치화 및 객관화가 필요한가에 대해서는 연구자에 따라 의견이 다를 수 있다. 하지만 측정치에 대한 수치화 및 객관화가 이루어지지 않으면, 인간의 마음에 영향을 미치는 원인의 효과가 얼마나 큰지, 인간의 마음이 다른 행동 및 학습에 미치는 영향은 어느 정도인지에 대한 객관적 판단이 어려울 수 있다. 그리고 이는 연구 결과를 해석함에 있어 연구자의 주관이 더 많은 영향을 미칠 수 있는 여지를 만들어 낸다. 측정치에 대한 수치화 및 객관화는 연구 결과의 일반화에 있어서도 중요한 부분이다. 양적 연구의 경우, 비슷한 주제에 대한 양적 연구가 축적되면 그 연구 결과들의 평균적인 효과 크기를 계산하여 연구 결과의 일반화 가능성을 객관적으로 검증하게 된다. 하지만, 질적 연구의 경우 측정치에 대한 수치화 및 객관화가 이루어지지 않을 경우, 이러한 분석을 할 수 없기 때문에 객관적으로 일반화 가능성을 검증하는 것이 어려울 수 있다.

▌4▐ 신경생리학적 연구법

　　신경생리학적 연구법([그림 4.2] 참조)은 최근 많은 학문 분야에서 관심을 받고 있는데, 이는 교육심리학 분야에서도 마찬가지이다(김성일, 2006; Byrnes, & Fox, 1998). 많은 교육심리학자들은 눈으로 볼 수 없고 손으로 만질 수 없기 때문에 측정이 힘들다고 생각했던 인간의 마음을 객관적으로 파악하는 데 있어, 신경생리학적 연구법이 큰 기여를 할 것으로 기대해 왔다. 예를 들면, 학생이 복잡한 수리 문제를 해결할 때 어떠한 인지적 절차를 거치는지를 학습자 본인의 말, 문제 풀이 결과뿐 아니라 뇌의 활성화 패턴의 변화 등과 같은 신경생리학적 자료를 함께 활용함으로써 조금 더 과학적이고 객관적으로 파악할 수 있다는 것이다. 또, 신경생리학적 연구법은 인간의 마음에 변화가 생기는 그 순간에 대한 측정이 가능하다는 장점을 가진다. 예를 들어, 뇌파 검사(Electroencephalography; EEG)의 경우 학습자가 정보를 처리할 때 오류를 파악하는 순간의 신경 반응을 1000분의 1초 단위까지 세분화해서 파악할 수 있다. 이를 통해, 신경과학자들은 인간이 오류가 있다는 것을 스스로 인지하기 전 뇌에서 이미 오류에 대한 신경생리학적 반응이 발생함을 알게 되었다(Botvinick, Cohen, & Carter, 2004). 신경생리학적 자료를 바탕으로 응답자가 의도적인 혹은 의도적이지 않은 왜곡 반응을 보이는지를 파악할 수도 있다. 예를 들어, 연구자들은 부정적 정서를 불러일으키

그림 4.2 신경생리학적 연구법: 뇌파 검사 실험(좌)과 기능성 자기공명영상 실험(우)

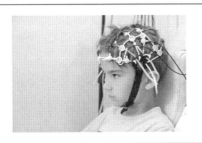
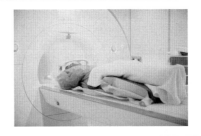

는 자극 혹은 상황에서 연구 대상자가 보이는 뇌 활성화 패턴을 통해 연구 대상
자가 실제로 어느 정도 수준의 정서 반응을 보이는지, 이는 연구 대상자의 응답
과 얼마나 일치하는지, 이때 혹시 연구 대상자가 자신의 정서를 의식적으로 조
절하거나 아니면 즉각적인 정서 반응에 대해 자신도 모르는 사이에 재해석을 하
지는 않는지 등을 파악하기도 한다.

　　이처럼 신경생리학적 연구법은 많은 장점을 가지고 있지만 한계점 또한 가
지고 있다. 먼저, 신경생리학적 연구법도 큰 범주에서 실험 연구법에 속하기 때
문에, 실험 연구법과 마찬가지로 낮은 생태학적 타당도가 문제되는 경우가 있
다. 즉, 실험 참가자들은 실제 우리가 경험하는 교실 상황과는 상당히 다른 모습
의 실험 상황에서 실험 과제를 수행할 수 있다. 기능성 자기공명영상(functional
Magnetic Resonance Imaging; fMRI) 실험을 생각해 보자. 실험 참가자들은 일반적으
로 자기공명영상 기기에 누운 상태로 고글이나 반사경을 통해 과제 화면을 보면
서 과제를 수행하게 된다. 사진을 찍을 때 피사체가 계속 움직이게 되면 정확하
게 사진을 찍을 수 없듯이 기능성 자기공명영상 실험에서도 실험 참가자들이 과
제 수행 중 머리를 많이 움직이면 정확한 뇌 영상을 촬영하기가 힘들다. 그렇기
때문에 실험 참가자들은 과제를 수행하는 동안 머리를 최대한 움직이지 않도록
부탁받고 실험을 수행하게 된다. 또, 뇌 영상을 촬영하는 동안 자기공명영상 기
기에서는 꽤 강한 자기장이 형성되는데, 이에 익숙하지 않은 실험 참가자들은
약한 수준의 어지러움을 느끼기도 한다. 과학의 발전과 함께 신경생리학적 연구
법은 조금 더 실제 모습과 가까운 상황에서도 실험이 가능하도록 점점 발전하고

있지만, 아직까지는 실제 모습과 실험 상황 간에 어느 정도 차이가 있는 것이 사실이다.

신경생리학적 연구법은 일반적인 실험 연구법에 비해 미시적인 차원에서 분석이 이루어지기 때문에 이와 관련된 제약이 뒤따른다(Reeve & Lee, 2016). 예를 들어, 기능성 자기공명영상 실험에서는 일반적으로 과제 수행 시 실험 참가자들이 보이는 평균적인 뇌 활성화 양상을 바탕으로 인간의 정보 처리 과정을 분석한다. 이때, 정확한 분석을 위해서는 실험 참가자들 간의 정보 처리 절차가 너무 상이해서는 곤란하다. 어떤 사람은 'A → B → C'의 순서로 과제를 해결하는 반면 다른 사람은 'C → A → D'와 같은 방식으로 과제를 해결한다면, 이 과제 수행에 대한 실험 참가자의 평균적인 뇌 활성화 패턴을 파악하기란 결코 쉽지 않을 것이다. 그렇기 때문에 신경생리학 연구에서는 상대적으로 처리 과정이 어느 정도는 일정한 과제가 쓰이는 경우가 많고, 이러한 실험 과제는 개개인에 따라 접근 방식이 천차만별일 수 있는 현실 세계에서의 복잡한 과제들과 다소 차이가 나곤 한다.

각 연구법의 장·단점은 [표 4.1]과 같이 정리해 볼 수 있다. 이를 통해 알 수 있듯이 각각의 연구법들은 서로 다른 장점과 단점을 가지고 있다. 이는 최근 교육심리학 연구에서 다양한 연구법들을 상호 보완적으로 사용하는 것을 강조하는 이유이기도 하다. 즉, 각각의 연구법이 가진 장점은 살리되, 단점은 다른 연구법을 통해 보완하는 방식으로 연구를 진행하는 것이다. 전통적인 실험을 통해 밝혀낸 외적 보상이 내재동기에 미칠 수 있는 부정적인 영향(Deci, 1971)을 신경과학적으로 재확인한 연구(Murayama, Matsumoto, Izuma, & Matsumoto, 2010), 실험 연구 수행 후 실험 참가자에 대한 면담을 통한 보완 등이 이러한 흐름을 보여주는 좋은 예시들일 것이다.

이 뿐만 아니라 각각의 연구법이 가진 한계를 극복하고자 하는 노력도 끊임없이 이루어지고 있다(Graesser, 2009). 예를 들어, 전통적인 관점에서 자기보고식 연구법은 정확한 인과 관계를 파악하기 어려운 특성을 보였는데, 이를 해결하기 위해 인과 관계를 파악하는 데 조금 더 강점이 있는 자기보고식 연구에서

표 4.1 각 연구법의 장점과 단점

연구 방법	장점	단점
자기보고식 연구법	• 다양한 연구 대상에게 다양한 요소를 비교적 짧은 시간 안에 측정 가능	• 의도적이거나 비의도적인 응답의 왜곡 가능 • 실시간 측정이 어려운 경우가 존재
실험 연구법	• 혼입 효과 통제를 바탕으로 정확한 인과 관계 검증 가능	• 엄격한 실험일수록 낮아지는 생태학적 타당도 • 인간의 마음에 대한 간접적 측정 문제
질적 연구법	• 높은 생태학적 타당도 • 미리 제한을 가하지 않은 탐색적 연구 가능	• 측정치를 수치화·객관화하기 어려움 • 수치화·객관화의 어려움으로 인한 연구 간 객관적 비교의 어려움
신경생리학적 연구법	• 외적으로 드러나지 않는 인간 마음에 대한 객관적 측정 가능 • 시시각각 변하는 인간의 마음을 측정하기 용이 • 의도적이거나 비의도적인 응답의 왜곡 파악 가능	• 낮은 생태학적 타당도 • 미시적 차원의 측정으로 인한 실험 설계 및 해석의 제한

출처: 이우걸(2017). 교육 연구에 있어서의 심리학적 접근.

의 종단 측정이 각광을 받기도 한다. 또, 질적 연구법은 측정치의 수치화 및 객관화가 제한점 중 하나였는데, 이를 해결하기 위해 미리 이론에 따라 범주를 설정하여 질적 자료를 객관적으로 양화하는 혼합 연구법이 강조되기도 한다. 신경생리학적 연구법의 경우 많은 연구자들이 생태학적 타당도를 높이기 위해 실제와 가깝게 실험 과제를 수행할 수 있도록 해주는 장비 개발에 많은 노력을 기울이고 있다. 이처럼 교육심리학자들은 다양한 연구 방법들의 상호보완적 활용이나 개선된 연구 방법의 활용과 같은 방식으로 교수·학습 상황에서의 인간의 마음을 보다 폭넓게 그리고 정확하게 파악하고자 하고 있다.

앞서 언급했듯이 교육심리학은 교육과 관련된 인간의 마음을 살펴보는 학문이다. 그렇다면 교육심리학의 연구 범위는 어디까지일까? 즉, 교육심리학자들이 주로 살펴보고 있는 연구 주제들에는 어떤 것들이 있을까?

1 발달

인간의 발달은 교육심리학의 주요 연구 주제 중 하나이다. 교육심리학자들은 인간의 논리성이 어떠한 과정을 거쳐 발달하는지, 태어났을 때 말을 하지 못하던 영유아들이 어떤 과정을 거쳐 유창하게 말을 하게 되는지와 같은 질문에 답을 하고자 노력해 왔다. 특히, 최근 신경과학 분야의 발전과 함께 인간의 뇌가 어떻게 발달하는지에 대한 연구가 급격히 늘어나면서 인간의 발달에 대한 이해의 폭도 넓어지고 있다(Steinberg, 2007).

인간의 발달 관련 연구에서 오랜 논쟁거리 중 하나는 인간의 발달에 있어 민감기가 존재하는가에 대한 논쟁이었다. 민감기는 인간이 보이는 다양한 능력이 주로 발달하는 시기가 있고, 이 시기에 충분한 경험 혹은 학습 기회가 제공되지 않으면 만족스러운 수준의 발달이 이루어지지 않을 수 있음을 의미한다. 예를 들어, 외국어 학습을 너무 늦게 시작하여 어릴 때 외국어 학습의 기회를 가지지 못할 경우 외국어를 유창하게 구사하기 힘들 수 있다는 주장은 언어 학습의 민감기와 밀접한 관련이 있다. 사실 최근의 학자들은 민감기의 존재 자체를 부정하기보다는 인간이 보이는 다양한 기능에 대한 민감기가 각각 얼마나 다를 것인지, 인간 기능에 있어 민감기가 생애 주기에서 얼마나 이른 시기에 존재하는지, 민감기는 생애 전체에서 한 번만 존재하는지와 같은 문제에서 논쟁을 벌이고 있다(Howard-Jones, 2014).

그림 4.3 대뇌피질의 하위 구조

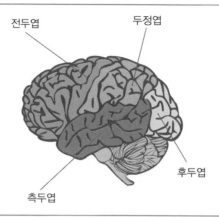

전두엽   두정엽

후두엽

측두엽

　일군의 학자들은 언어 능력, 수리 능력과 같은 대부분의 인간 기능 발달이 생애 주기상 상당히 이른 시기에 집중된다고 주장하며, 그렇기 때문에 조기 교육의 효율성을 강조하기도 한다. 언어 습득에 있어 소리의 구분, 정확한 발음과 관련된 기능의 민감기가 생후 수개월 내라는 연구 결과를 보면 이러한 주장이 완전히 허무맹랑한 소리는 아닐 것이다. 하지만 이때 몇 가지 생각해야 할 요소가 있다.

　먼저, 인간 뇌의 모든 부분이 같은 속도로 발달하지 않는다는 사실을 생각해볼 필요가 있다(Blakemore & Choudhury, 2006; Gogtay et al., 2004). 인간의 대뇌피질은 인간의 다양한 인지 기능을 담당하고, 대뇌피질 내의 각각의 뇌 영역들은 주로 담당하는 인지 기능에 있어 차이가 있다([그림 4.3] 참조). 예를 들어, 두정엽이 공간 정보를 처리하는 기능과 조금 더 밀접하게 관련이 있다면 측두엽은 언어 정보 처리와 조금 더 밀접하게 관련되어 있다. 이러한 상황에서 대뇌피질의 각 뇌 영역들은 발달 속도에서 차이를 보인다. 예를 들어, 시각 정보 처리에 있어 중요한 역할을 하는 후두엽이 조금 더 이른 시기에 폭발적인 발달이 이루어지는 반면 고차 인지 기능에 있어 중요한 역할을 하는 전두엽의 발달은 비교적 더딘 속도로 이루어진다. 이를 종합해 보면, 어떠한 인지 기능인지에 따라 발달이 폭발적으로 이루어지는 시기는 다를 수 있다.

또, 인간 기능의 발달은 다양한 기능의 발달을 바탕으로 하는 경우가 많다(Goswami, 2004). 예를 들어, 인간은 발달을 통해 언어의 청각 정보를 구분하고 이를 정확히 발음할 수 있게 된다. 또, 사용할 수 있는 어휘의 수도 폭발적으로 증가하게 된다. 단순히 단어를 나열하는 데 그치지 않고 문장을 구성할 수 있게 되고, 맥락에 맞게 대화를 할 수 있으며, 비슷한 뜻의 말이라도 대화 상대에 따라, 상황에 따라 더 적절한 말을 쓸 수 있게 된다. 이때, 소리의 구분과 같이 상대적으로 기본적인 기능은 생애 주기에서 초기에 발달이 집중되지만 다양한 맥락에 대한 고려와 같이 상대적으로 복잡한 기능은 다소 더디게 발달이 이루어진다. 이처럼 우리가 생각하는 많은 인간 기능 발달은 다양한 하위 요소의 발달을 바탕으로 하고, 각각의 하위 요소 발달에 있어 민감기는 차이가 있을 수 있다.

최근 인간 발달과 관련해서 많은 관심을 받고 있는 영역 중 하나는 공감 능력의 발달이다(Singer & Lamm, 2009). 공감은 타인의 감정, 생각, 의도 등을 이해할 수 있는 것을 말한다. 공감 능력의 발달은 자신에 대한 인식을 바탕으로 한다. 영유아는 자신을 타인과 구분하게 되면서 자신의 감정, 생각, 의도와는 다를 수 있는 타인의 감정, 생각, 의도를 이해하기 시작한다. 그리고 이러한 능력을 바탕으로 타인을 어떻게 대할지, 효과적인 의사소통 방법은 무엇인지, 타인과의 협의에서 어떠한 것이 공정한지에 대한 판단을 할 수 있게 된다. 이처럼 인간의 사회성 발달과 관련된 많은 인간 기능의 발달에 있어 공감 능력 발달은 중요한 의미를 가진다. 그렇다면 공감 능력의 발달에 있어 중요한 부분은 무엇일까? 다른 인간 기능의 발달에서도 마찬가지겠지만, 특히 공감 능력의 발달에는 이를 위한 충분한 경험이 중요하다. 공감은 기본적으로 자신의 감정, 생각 등에 비추어 타인을 이해하는 것이기 때문에, 스스로를 제대로 바라볼 수 있는 충분한 기회, 타인과의 풍부한 상호작용 경험 등이 공감 능력의 발달에 필수적이라 할 수 있다.

2 개인차

인간의 개인차도 교육심리학 분야에서 중요하게 다루어지는 주제 중 하나이다. 특히 교수·학습 상황에서 학습자가 보이는 인지적인 측면에서의 개인차에 대한 연구가 많이 이루어졌다(Bransford et al., 2000). 같은 내용의 과제라고 하더라도 학습자의 인지 능력 차이에 따라 그 학습 결과에 차이가 날 수 있는 측면, 같은 내용을 배우더라도 이미 많은 사전 지식을 가진 학습자가 더 풍부한 지식을 구성할 수 있는 측면 등에 대한 연구들이 대표적일 것이다. 만약 특정 집단에 속해 있는 개개인과 다른 집단에 속해 있는 개개인 간에 비슷한 양상의 개인차가 보이면 연구자들은 집단 간 차이에 대해 연구하기도 한다. 성별에 따른 차이, 사회·경제적 지위에 따른 차이, 국가나 지역에 따른 차이 등이 대표적인 예시이다.

학습자의 개인차 연구에는 인지 능력 차이에 따른 학습에서의 차이뿐 아니라 다양한 측면에서의 개인차 연구가 포함된다. 학습자는 성향에 따라 같은 음악, 같은 그림, 같은 소설에 대해서도 다른 해석을 할 수 있다. 또, 학습자는 성격적인 측면에서도 개인차를 보이곤 한다. 사회적 상호작용에 있어 보다 외향적인 학생이 있는 반면 내성적인 학생 또한 존재한다. 좋지 않은 상황을 경험했을 때 상대적으로 낙관적인 학생이 있는 반면 상대적으로 비관적인 학생이 있다. 같은 상황에 대해서도 개인의 동기·정서 상태에 따라 다른 해석이 이루어지기도 한다. 부정적인 동기 상태에 있는 학습자는 긍정적인 혹은 중립적인 동기 상태에 있는 학습자에 비해 같은 상황을 조금 더 부정적으로 해석할 수도 있다(McClelland, 1985).

인간의 개인차에 대한 교육심리학 이론들을 살펴보면, 비슷한 현상에 대해 서로 다른 입장을 취하는 경우가 있다. 대표적인 예가 지능에서 인간의 다양한 능력에 공통적으로 영향을 미치는 요소를 강조한 입장(일반 지능 이론; Carroll, 1993)과 각각의 능력에 영향을 미치는 요소가 독립적일 수 있음을 강조한 입장(다중 지능 이론; Gardner, 1993)이다. 사실 최근에는 일반 지능 이론과 다중 지능 이론 모두 인간의 인지 능력에 있어 영역에 상관없이 영향을 미치는 일반 요소와 개별

영역에 영향을 미치는 특수 요소가 존재함을 인정하고 있다. 결국 두 이론의 차이는 철학적으로 이 두 요소 중 어느 쪽이 더 중요하다고 생각하는가의 차이일 것이다. 예를 들어, 일반 지능 이론을 강조하는 교육학자들은 상대적으로 인간 지능의 일반 요소를 파악하여 이에 대한 교육적 도움을 통해 학습자의 전반적인 인지 능력 향상을 추구하는 경향을 보인다. 반면, 다중 지능 이론을 강조하는 교육학자들은 상대적으로 학습자가 서로 다른 부분에서 강점을 보일 수 있음을 인정하고 이에 영향을 미치는 특수 요소를 파악하고 신장시키는 것이 교육적으로 더 중요한 가치일 수 있음을 강조한다. 이처럼 인간의 개인차에 대한 이론을 이해하기 위해서는 현재 보이는 개인의 차이에 대해 각각의 이론이 어떠한 철학적 입장을 취하는지를 파악하는 것이 중요하다.

인간의 개인차와 관련해서 오랜 논쟁거리 중 하나는 인간의 개인차가 유전적 요소와 같은 타고난 부분에 의해 주로 결정되는 것인지 아니면 부모의 양육 방식, 교육적 혜택과 같은 환경적인 부분에 의해 주로 결정되는지에 대한 논쟁이다(Ridley, 2003). 오랜 기간 이어진 격렬한 논쟁에 비해 최근 많은 교육심리학자들이 내리고 있는 결론은 다소 심심해 보일지도 모르겠다. 인간의 개인차를 결정하는 데 있어 타고난 부분과 환경적인 부분 둘 다 중요하다는 것이다(Bouchard & McGue, 1981).

사실 최근에는 인간의 개인차에 영향을 미치는 요소를 타고난 부분과 환경적인 부분으로 나누어서 어느 쪽이 더 큰 영향력을 미치는지 살펴보는 것이 오히려 소모적인 논쟁을 불러일으킬 수 있다는 주장도 있다. 이러한 주장에는 몇 가지 근거가 있는데, 첫 번째는 타고난 부분과 환경적인 부분을 나누는 기준이 불분명하다는 점이다. 우리는 흔히 태어난 이후부터 환경적 영향을 받기 시작한다고 생각하기 쉽지만, 임신 시기 엄마의 신체 내 호르몬 상태가 이후 그 아이의 성향에 영향을 미칠 수 있다는 연구 결과를 보면(Berenbaum & Snyder, 1995), 인간은 태어나기 전부터 환경적 영향력 하에 있다고 볼 수 있다. 산모의 영양 상태, 태교 등에 많은 신경을 쓰는 것을 보면, 우리는 아마 이러한 부분에 대해 어느 정도는 이해하고 있는 것 같기도 하다.

타고난 부분이 미치는 영향력과 환경적인 부분이 미치는 영향력을 구분하기 쉽지 않은 또 다른 이유는 이 두 요소가 서로 영향을 주고받기 때문이다. 예를 들어, 키가 클 수 있는 유전 형질을 부모로부터 물려받았다고 하더라도, 영양 부족, 학업 스트레스, 수면 부족 등 다양한 환경적 요인으로 인해 그 유전적 특성이 충분히 발현되지 않을 수 있다. 반대의 경우도 생각해 볼 수 있다. 보통 같은 부모 아래에서 자란 형제, 자매들이 비교적 동질한 환경적 영향을 받은 것으로 가정하지만, 자녀의 성격, 정서적 특성 등에 따라 부모의 양육 태도가 달라지는 경우를 우리는 어렵지 않게 볼 수 있다. 이러한 점들을 고려하면, 교육심리학 분야에서 인간의 개인차 연구가 의미를 가질 수 있는 부분은 개인차 존재 여부를 파악한 후, 그 개인차에 영향을 미칠 수 있는 다양한 요소를 파악하여, 각각의 요소 및 개인의 특성에 따라 보다 적합한 교육적 도움을 줄 수 있는 방법을 찾을 수 있다는 점일 것이다.

3 동기 및 정서

인간의 동기는 최근 교육심리학자들이 큰 관심을 보이는 연구 주제 중 하나이다(봉미미, 2000; Reeve, 2009). 우리는 비슷한 인지 능력을 가지고 있는 학생이라고 하더라도 이들이 어떠한 동기 상태인지에 따라 서로 다른 학습 결과를 보이는 경우를 심심치 않게 관찰하곤 한다. 연구 결과에 따르면, 학습자의 동기 차이는 당장의 성취 결과에는 영향을 미치지 않을지 몰라도 장기적으로는 학업 성취에 유의미한 영향을 미치게 된다(Murayama, Pekrun, Lichtenfeld, & vom Hofe, 2013). 이는 동기가 높은 학습자들이 그렇지 않은 학습자들에 비해 학습에 도움이 되는 학습 전략을 사용하는 경향이 있고, 보다 도전적이고 적극적인 학습 태도를 보이며, 학습 과정에서 어려움을 겪더라도 이를 이겨내는 힘이 강할 수 있기 때문이다(Dweck & Leggett, 1988).

이처럼 학습자의 동기는 장기적인 관점에서 학습에 큰 영향을 미친다. 그렇기 때문에 학습자의 동기에 영향을 미치는 요소를 파악하여 이를 바탕으로 학습자의 동기를 증진시킬 방법을 찾는 것은 교육심리학 분야에서 상당히 중요한 과제이다. 그렇다면 학습자가 학습 상황에서 경험하는 동기에 영향을 미치는 요소에는 어떤 것들이 있을까? 우선 생각해 볼 수 있는 부분은 학습자의 인지적 신념, 믿음, 목표 등이다. 예를 들어, 학습자는 과학 수업에서의 예상보다 낮은 점수, 자신의 과학 능력에 대한 부모나 교사의 부정적 평가, 과학 관련 수업 활동에서 친구의 실패 경험 목격 등으로 과학에 대한 자신감을 잃을 수 있고, 이는 과학 과제 및 활동에 대한 낮은 동기로 이어질 수 있다(Ahn, Bong, & Kim, 2017; Bandura, 1997). 또, 교과에 대한 구체적인 목표, 도전적인 목표를 가진 학습자는 그렇지 않은 학습자에 비해 자신의 목표를 달성하기 위해 더 많은 노력을 기울이게 되고, 결과적으로 해당 교과에서 높은 성취를 보이는 경우가 많다(Lee, Lee, & Bong, 2014). 국어 교과에서 좋은 결과를 보이는 것이 중요하다고 생각하는 학습자, 국어 수업 내용이 앞으로 자신에게 도움이 될 것이라고 생각하는 학습자, 국어 자체에 대해 이미 개인적 관심을 가지고 있던 학습자는 그렇지 않은 학습자에 비해 국어 수업에서 더 높은 동기를 보이곤 한다(Wigfield & Eccles, 2000). 그렇기 때문에 학습자의 동기를 높이기 위해서는 학습자가 자신에 대해 보다 긍정적인 신념을 가질 수 있도록 하고, 조금 더 도전적이고 분명한 목표를 가질 수 있도록 하며, 자신이 수행하는 과제가 가치 있다고 생각할 수 있도록 하는 것이 중요하다.

하지만, 학습자의 인지적 신념, 믿음, 목표만이 학습자의 동기에 영향을 미치는 것은 아니다. 학습자의 욕구 및 정서 상태도 학습자의 동기에 큰 영향을 미친다(Reeve, 2009). 학습자는 스스로의 방식대로 학습하고자 하는 욕구인 자율성, 향상되고 발전되고자 하는 욕구인 유능성, 타인과 긍정적인 관계를 형성하고자 하는 욕구인 관계성에 있어 만족스러운 경험을 할 때 더 높은 수준의 내재동기를 경험하게 된다(Ryan & Deci, 2017). 아무리 자신감이 있고, 뚜렷한 목표를 가지고 있으며, 과제가 가치 있다고 생각하더라도 순간적으로 수업이 내가 원하는 것과는 다른 방식이라고 느껴지거나 친구들이 내 의견을 중요하게 생각하지 않는다는 느낌이 들면 학습자의 동기는 급격히 떨어질 수 있다. 또, 학습자는 수업 혹은 과제에서 흥미를 느낄 때 더 높은 동기를 경험한다(Hidi, 1990). 수업 중에도 지루한 부분, 재미있는 부분에 따라 학습자가 느끼는 흥미 수준은 달라질 수 있고, 그렇기 때문에 학습자의 동기는 시시각각 변할 수 있다. 물론 긍정적인 정서를 불러일으키는 것만으로도 학습에 도움이 되는 경우가 있지만, 수업 내용 이외의 부분으로 학습자의 흥미를 불러일으키게 되면 수업 내용과 관련성이 떨어지는 재미있었던 부분만 기억에 남는 부작용이 발생할 수 있다. 그렇기 때문에 수업 내용 자체가 호기심을 불러일으키고 재미있는 것이 학습의 효과를 높이는 데는 보다 더 중요할 수 있다.

많은 교육심리학자들은 한국 학생들이 보이는 동기와 정서의 독특성에 관심을 보인다. 학습 상황에서 청소년들이 보이는 모습에 대한 국가 간 비교 연구 결과를 보면, 우리나라 학생들이 수학, 과학, 언어 등에서 다른 나라 학생들에 비해 평균적으로 높은 성취를 보이는 반면 상대적으로 낮은 수준의 동기와 높은 수준의 학습 불안을 보임을 알 수 있다(OECD, 2009). 학습자의 부정적 동기 및 정서 경험이 장기적인 관점에서 학업 성취 그리고 더 나아가 추후 관련 직종으로의 진로 선택에 좋지 않은 영향을 미침을 감안하면, 이는 우리나라 교육이 가지고 있는 불안 요소를 단적으로 보여주는 결과일 것이다.

우리는 학습 상황에서 청소년들이 목표를 상실하여 의욕이 없는 경우를 종종 목격한다. 이는 청소년들이 학습 내용을 불필요하거나 재미없게 생각해서 나타나는 문제일 수 있다. 하지만 다른 사람과의 상대적 비교, 과도한 경쟁에서 좋지 않은 결과를 경험하여 자신의 능력에 대한 믿음을 잃거나 자존감을 상실해서 나타나는 문제인 경우도 많다(Meece, Anderman, & Anderman, 2006). 이때 주의해서 살펴봐야 할 부분은 상대평가나 경쟁에서 좋은 결과를 얻었다고 해서 항상 긍정적인 동기, 정서 상태를 보이는 것은 아닐 수 있다는 점이다. 이는 상대적으로 우수한 성적에도 불구하고 낮은 수준의 자신감과 높은 수준의 학습 불안을 보이는 학생들을 통해 확인할 수 있다. 장기적인 관점에서 더 나은 학습을 위해 그리고 학습자들이 긍정적인 동기 및 정서 경험을 하도록 하기 위해, 우리나라 청소년들에게는 조금은 덜 경쟁적인 학습 상황, 다른 사람보다는 자기 자신의 수행에 집중할 수 있는 학습 상황이 필요할 것이다.

Ⅳ   결론

지금까지 살펴봤듯이, 교육심리학은 교육과 관련되어 있는 대상들의 마음을 살펴보는 학문이다. 교육심리학에서 살펴보는 교육과 관련된 인간의 범위는 그 폭이 점점 넓어지고 있는 추세이다. 교육심리학 연구에서는 다양한 연구법을 활용하여 인간의 마음을 탐색하고자 하는 모습을 흔히 볼 수 있다. 이는 각각의 연구 방법이 가지는 강점은 살리면서 그 한계는 다른 연구 방법을 통해 보완하기 위함일 것이다. 혹자는 이와 같은 교육심리학의 변화 양상이 학문의 정체성을 훼손하는 것이라고 주장할지도 모른다. 하나의 이론적 토대를 바탕으로 연구가 진행되는 경우뿐 아니라 다양한 이론적 토대를 바탕으로 하는 연구들도 많이 이루어지고 있고, 교육심리학에서 전통적으로 사용하던 연구 방법 이외에 신경과학이나 생리학 등의 분야에서 주로 사용하던 연구 방법들을 함께 사용한 연구 또한 늘어나고 있기 때문이다. 하지만 이는 하나의 패러다임이 학문 분야에 절대적인 영향을 미치기보다는 다양한 철학이 혼재하는 포스트모더니즘적인 학문 풍토와 유사한 모습이기도 하다. 그리고 하나의 질문을 해결하기 위해 다양한 학문 분야의 지식이 고려되는 최근의 융합학문적인 학문 풍토와도 그 궤를 같이하는 부분일 것이다. 교육심리학에서는 다양한 측면에서 인간의 마음을 파악하고자 노력해 왔다. 인간의 마음이 어떠한 방식으로 발달하는지, 이때의 특징적인 모습은 무엇인지, 인간의 기능에 있어 어떠한 개인차가 존재하는지, 인간의 학습 과정에서 동기와 정서는 어떠한 작용을 하는지 등은 오랜 기간 교육심리학자들이 해결하고자 한 연구 주제들이다. 이러한 연구를 통해 우리는 학습과 관련된 개개인의 마음을 보다 정확히 이해하고, 이를 바탕으로 개별 학습자들에게 더 도움이 되는 교수·학습 방법을 파악하여 보다 나은 교육적 환경을 제공할 수 있을 것이다.

01 상대방의 마음을 조금 더 정확히 알고 싶을 때 어떠한 방법들을 쓰면 좋을지 생각해 보시오. 예를 들어, 대화 중 상대방이 내 이야기를 재미있어 하는지, 내 이야기에 귀를 기울이고 있는지를 보여주는 증거에는 어떤 것들이 있을까?

02 발달의 관점에서 조기 교육의 필요성에 대해 생각해 보시오. 인간 기능의 발달에 있어 민감기가 생애 주기상 이른 시기에 존재하고, 그렇기 때문에 조기 교육을 하는 것은 경제적인 관점에서 지극히 타당한 의사결정이라는 주장에 대해 본인의 생각을 정리해 보시오.

❑ 울포크(A. Woolfolk)의 『Educational Psychology』: 이 책은 전 세계적으로 가장 많이 읽히는 교육심리 개론서 중 하나이다. 현재 14판까지 출판되었고, 김아영 등에 의해 『교육심리학』이라는 제목으로 국문 번안·출판되어 있다.

❑ 리브(J. Reeve)의 『Understanding Motivation and Emotion』: 이 책에서는 인간의 동기와 정서, 그리고 이 둘의 상호작용에 대해 살펴보고 있다. 현재 7판까지 출판되었고, 김아영 등에 의해 『동기와 정서의 이해』라는 제목으로 국문 번안·출판되어 있다.

❑ 지글러(R. S. Siegler)와 알리발리(M. W. Alibali)의 『Children's Thinking』: 이 책에서는 아동의 인지 발달이 어떻게 이루어지는지에 대해 살펴보고 있다. 현재 4판까지 출판되었고, 박영신 등에 의해 『아동 사고의 발달』이라는 제목으로 국문 번안·출판되어 있다.

01 인간의 심리를 측정하는 방법에는 어떤 것들이 있는가? 그리고 각 측정 방법의
    장 · 단점은 무엇인가?

02 학습자의 인지 발달에 있어 민감기는 존재하는가? 존재한다면 그 시기는 언제인가?

03 타고난 부분과 환경적(교육적) 부분은 학습자의 개인차에 어떠한 방식으로 영향
    을 미치는가?

04 학습자의 동기에 영향을 미치는 인지적 · 정서적 요인에는 어떤 것들이 있는가?

참고문헌

김성일(2006). 뇌기반 학습과학: 뇌과학이 교육에 대해 말해 주는 것은 무엇인가? **인지과
    학, 17**(4), 375–398.
김양희, 이우걸(2017). 청소년의 진로결정과 스트레스에 있어 부모의 양육태도와 청소년의
    동기가 미치는 영향. **한국교육학연구, 23**(4), 183–204.
김재철(2008). 연구방법론 관점에서 본 교육심리학 연구의 과제와 향후 방향. **교육심리연구,
    22**(4), 897–918.
봉미미(2000). 학습동기 관련 연구의 최근 동향. **교육과학연구, 31**(3), 179–195.
이성진(1996). 교육심리학: 그 학문적 성격과 과제. **교육심리연구, 10**(1), 25–43.
이용남(1998). 교육심리학의 질적 접근 가능성과 과제. **교육심리연구, 12**(1), 135–147.
이우걸(2017). 교육 연구에 있어서의 심리학적 접근. **교육과학연구, 22**, 101–114.

Ahn, H. S., Bong, M., & Kim, S. (2017). Social models in the cognitive appraisal of
    self–efficacy information. *Contemporary Educational Psychology, 48*, 149–166.
Baddeley, A. D., & Hitch, G. (1974). *Working memory. In G. H. Bower (Ed.), The*

psychology of learning and motivation (Vol. 8, pp. 47−89). San Diego, CA: Academic Press.

Bandura, A. (1986). *Social foundations of thought and action: A social cognitive theory.* Englewood Cliffs, NJ: Prentice Hall.

Bandura, A. (1997). *Self−efficacy: The exercise of control.* New York, NY: Freeman.

Berenbaum, S. A., & Snyder, E. (1995). Early hormonal influences on childhood sex−typed activity and playmate preferences: Implications for the development of sexual orientation. *Developmental Psychology, 31,* 31−42.

Blakemore, S. J., & Choudhury, S. (2006). Development of the adolescent brain: Implications for executive function and social cognition. *Journal of Child Psychology and Psychiatry, 47,* 296−312.

Botvinick, M. M., Cohen, J. D., & Carter, C. D. (2004). Conflict monitoring and ante−rior cingulate cortex: an update. *Trends in Cognitive Science, 8,* 539−546.

Bouchard, T. J., & McGue, M. (1981). Familial studies of intelligence: A review. *Science, 212,* 1055−1059.

Bransford, J. D., Brown, A. L., & Cocking, R. R. (2000). *How people learn: Brain, mind, experience, and school.* Washington, DC: National Academy Press.

Byrnes, J., & Fox, N. (1998). The educational relevance of research in cognitive neuroscience. *Educational Psychology Review, 10,* 297−342.

Carroll, I. B. (1993). *Human cognitive abilities: A survey of factor−analytic studies.* New York: Cambridge University Press.

Csikszentmihalyi, M. S. (1990). *Flow: The psychology of optimal experience.* New York, NY: Harper & Row.

Deci, E. L. (1971). Effects of externally mediated rewards on intrinsic motivation. *Journal of Personality and Social Psychology, 18,* 105−115.

Dweck, C. S., & Leggett, E. L. (1988). A social−cognitive approach to motivation and personality. *Psychological Review, 95,* 256−273.

Edwards, A. L. (1957). *The social desirability variable in personality assessment and research.* New York: Dryden.

Gardner, H. (1993). *Multiple Intelligences: The Theory in Practice,* New York: Basic Books.

Goddard, R. D., Hoy, W. K., & Hoy, A. W. (2000). Collective teacher efficacy: Its meaning, measure, and impact on student achievement. *American Educational Research Journal, 37,* 479−507.

Gogtay, N., Giedd, J. N., Lusk, L., Hayashi, K. M., Greenstein, D., Vaituzis, A. C., et al. (2004). Dynamic mapping of human cortical development during childhood through early adulthood. *Proceedings of the National Academy of the Sciences of the United States of America, 101,* 8174−8179.

Goswami, U. (2004). Neuroscience and education. *British Journal of Educational Psychology, 74,* 1−14.

Graesser, A. C. (2009). Inaugural editorial for journal of educational psychology. *Journal of Educational Psychology, 101,* 259−261.

Hidi, S. (1990). Interest and its contribution as a mental resource for learning. *Review of Educational Research, 60,* 549−571.

Howard−Jones, p. A. (2014). Neuroscience and education: myths and messages. *Nature Reviews Neuroscience, 15,* 817−824.

Katz, I., Assor, A., & Kanat−Maymon, Y. (2008). A projective method for the assess− ment of autonomous motivation in children: Experimental and correlational evidence. *Motivation and Emotion, 32,* 109−119.

Lee, W. (2017). Insular cortex activity as the neural base of intrinsic motivation. In S. Kim, J. Reeve, & M. Bong (Eds.), *Advances in motivation and achievement: Vol. 19. Recent developments in neuroscience research on human motivation* (pp. 127−148). Bingley, UK: Emerald Press.

Lee, W., Lee, M.−J., & Bong, M. (2014). Testing interest and self−efficacy as pre− dictors of academic self−regulation and achievement. *Contemporary Educational Psychology, 39,* 86−99.

Lee, W., & Reeve, J. (2012). Teachers' estimates of their students' motivation and en− gagement: being in synch with students. *Educational Psychology, 32,* 727−747.

McClelland, D. C. (1985). *Human motivation.* New York, NY: Cambridge University Press.

Meece, J., Anderman, E. M., & Anderman, L. H. (2006). Classroom goal structure, student motivation, and academic achievement. *Annual Review of Psychology, 57,* 505−528.

Murayama, K., Matsumoto, M., Izuma, K., & Matsumoto, K. (2010). Neural basis of the undermining effect of monetary reward on intrinsic motivation. *Proceedings of the National Academy of the Sciences, 107,* 20911−20916.

Murayama, K., Pekrun, R., Lichtenfeld, S., & vom Hofe, R. (2013). Predicting long−term growth in students' mathematics achievement: The unique con− tributions of motivation and cognitive strategies. *Child Development, 84,* 1475−1490.

OECD. (2009). *PISA 2006 Technical report*. Paris: OECD.

Reeve, J. (2009). *Understanding motivation and emotion* (5th ed.) Hoboken, NJ: Wiley.

Reeve, J., & Lee, W. (2016). Neuroscientific contributions to motivation in education. In K. R. Wentzel & D. Miele (Eds.), *Handbook of motivation at school* (2nd ed; Chap.21, pp. 424−439). New York: Routledge.

Ridley, M. (2003). *Nature via nurture: Genes, experience and what makes us human.* London, England: Fourth Estate.

Ryan, R. M., & Deci, E. L. (2017). *Self−determination theory: Basic psychological needs in motivation, development, and wellness.* New York: Guilford.

Singer, T., & Lamm, C. (2009). The social neuroscience of empathy. *Annals of the New York Academy of Sciences, 1156*, 81−96.

Skinner, B. F. (1953). *Science and human behavior.* New York; Macmillan.

Steinberg, L. (2007). Risk−taking in adolescence: new perspectives from brain and behavioral science. *Current Directions in Psychological Science, 16*, 55−59.

Wigfield, A., & Eccles, J. S. (2000). Expectancy−value theory of achievement motivation. *Contemporary Educational Psychology, 25*, 68−81.

Woolfolk, A. (2013). *Educational psychology* (12th ed). Columbus, OH: Pearson/Allyn & Bacon.

05 교육사회학: 교육과 사회의 관계 탐구

손준종

요약 어느 시대나 교육은 특정한 인간의 형성을 사회적으로 요구받는다. 대부분의 사회는 '교육받은 사람'의 모습을 교육목표로 설정하고, 교육제도를 통해 그러한 종류의 인간을 만들고자 한다. 교육을 통해 만들어진 인간은 국가와 사회의 안정과 발전에 중추적 역할을 담당할 것이라는 긍정적 기대를 받는다. 따라서 국가는 교육을 가장 중요한 국가의 일로 간주하고, 사회가 요구하는 '교육받은 사람'을 기르는 데 온 힘을 다한다. 한편, 사람들은 교육을 통해 자신들의 삶을 보다 나은 방향으로 변화시키는 것이 가능하다고 생각한다. 학생들은 무거운 책가방을 매고 아침마다 교문을 들어서며, 줄지어선 책상에 앉아 열심히 공부한다. 교사들도 늘 그래왔던 것처럼 최선을 다해 학생들을 가르친다. 교육의 모습은 늘 그대로인 것처럼 보인다. 그러나 교육은 정치, 경제, 사회, 문화 등의 변화로부터 많은 영향을 받는다. 교육사회학은 이러한 변화들과 교육과의 관계를 탐구하는 것을 목적으로 한다.

주제어: 교육의 사회성과 역사성, 교육사회학

I 교육사회학의 쓸모

교육은 인간이 생물학적 생존과 사회적 생존을 위해 필요한 지혜와 기술 등의 자질을 습득하는 활동이다. 사물의 이름을 기억하고, 타인의 감정을 헤아리며, 위험에 대처하고, 합의된 규칙을 준수하며, 생산에 필요한 기술을 갖추는 것 등이 그러한 자질의 일종이다. 인간은 이 세상에 태어났기 때문에 존재하게 되는데, 문제는 저절로 생존하는 것이 가능하지 않다는 점이다. 아렌트(Arendt)의 지적처럼 인간은 생명을 유지하기 위해 부단히 노동하고, 무엇인가를 만들며, 다른 사람들과의 관계를 맺는 행위를 한다. 교육은 인간으로서 생존하기 위해 필요한 자질을 기르는 데 있어서 가장 기본이 되는 활동이며, 새로운 인간이 계속해서 태어난다는 점에서 인간의 삶 그 자체가 바로 교육이라고 할 수 있다.

인간은 무엇인가를 늘 배우고 익히고자 하는 존재이다. 또한 인간은 누군가에게 자신이 알고 있는 것을 알려주고 가르쳐주고자 한다. 인간의 삶을 들여다보면 배우고 가르치는 다양한 모습을 관찰할 수 있으며, 그 자체가 바로 배움과 가르침을 기반으로 하는 교육적 실천이다. 그런데 교육은 시간과 공간에 관계없이 일정하고 동일한 것이 아니라, 교육이 일어나는 사회적 – 역사적 조건에 따라 다양한 모습을 보인다. 예를 들어, 오늘날 교육은 학교라는 곳에서 주로 행해진다. 많은 학생들은 상당한 시간을 학교에서 보내면서 언어, 수학, 화학, 영어 등을 배운다. 이와 달리 성균관과 서당에서 사서삼경과 동몽선습을 배웠던 조선시대의 유생들을 생각하면 교육 활동은 오직 하나의 내용이나 형태만 있지 않다는 것을 알 수 있다. 교육의 내용과 형식은 어느 한순간에 갑자기 생겨난 것이 아니라 오랜 시간에 걸쳐 구체화된 역사적 구성물이라고 할 수 있다. 이처럼 교육은 사회성과 역사성을 특징으로 한다.

교육사회학은 '사회성'과 '역사성'을 특징으로 하는 교육을 비판적으로 탐구하는 학문이다(손준종, 2001). 이때 '비판적(critical)'이라는 말은 교육과 관련된 가정이나 관점을 당연하고 객관적이며 중립적인 것으로 받아들이지 않는다는 의미이다. 비판은 실재를 맹목적으로 거부하거나 부정하는 것이 아니라, 특정 이론이나 관점의 특수성과 편파성을 밝히고, 이를 바탕으로 교육의 새로운 가능성을 모색하는 활동을 말한다. 교육사회학은 지적 호기심을 바탕으로 교육 현상을 당연하게 바라보는 것을 멈춘다는 점에서 다른 학문과 비슷하지만, 자연과학처럼 고정된 무엇을 '발견'하거나 '발명'하는 것은 아니다. 대신에 현재 행해지고 있는 교육적 실천을 구체화하고, 그것을 둘러싼 복잡한 양상에 대해 기술, 이해, 설명, 비판, 대안을 모색하고자 한다.

다시 말해, 교육을 사회학적으로 바라본다는 것은 교육현상을 당연한 것으로 받아들이는 자명성(自明性)이나 상식(常識)에 기대어 생활하는 일상성을 비판적으로 성찰하고, 더 나은 교육을 모색하는 데 필요한 이론적, 실천적 능력을 갖추는 것을 의미한다. 우리 현실은 상식으로 이해하기에는 너무나 복잡하고 다양한 요인들로 뒤엉켜있다. 세상은 눈에 보이는 것, 그것만이 아니기 때문에 행간을 읽는 비판적 안목을 갖추는 것이 무엇보다 중요하다(Berger and Berger, 1972).

이를 위해 교육사회학은 '교육을 낯설게 보기, 거리두기, 익숙한 것에서 벗어나기'를 강조한다. 익숙한 것을 '낯설게 본다'는 말은 자신의 사고와 행동을 지배하고 있는 규범으로부터 스스로를 떼어놓는다는 것을 의미한다. 이러한 태도는 상상(imagination)과 관련이 있다. 상상은 끊임없이 문제를 제기하고 그 문제에 대한 해답을 찾고자 애쓰는 것으로, 우리는 상상을 통해 살아 있음을 확인하게 된다. 랑시에르(Rancière)는 당위적 진술에 매몰되지 않고 늘 물음을 제기하며 회의하는 것을 강조한다. 모든 것이 명확하고 확실하다면 더 이상 배워야 할 이유는 존재하지 않기 때문이다.

정리하면, 교육사회학은 "교육을 둘러싸고 있는 경제적, 정치적, 사회적 힘을 이해하고, 그 이해를 바탕으로 교육이 사회변화의 희망이 될 수 있는지 아니면 기존 사고와 행동 방식, 성과의 분배 방식을 불가피하게 재생산할 수밖에 없는지를 분석하고 평가"한다(Lauder, Brown, Halsey, 2009). 이를 위해 교육사회학은 크게 두 가지에 주목한다.

첫째는 교육적 사고와 행동에 영향을 미치는 권력과 담론에 주목한다. 오늘날 학교에 다니는 사람은 그렇지 않은 사람보다 절대적으로 많다. 많은 부모들은 자녀들이 앞으로 더 좋은 삶을 살기 위해 학교에 다녀야 된다고 생각한다. 좋은 대학에 진학하면 사회적으로 선호하는 직업을 갖는 데 도움이 된다는 믿음을 가지고 있다. 국가도 제4차 산업혁명에 대응하고 경제발전에 필요한 인력을 양성하기 위해 교육투자를 확대해야 한다고 주장한다. 개인과 국가는 왜 이렇게 생각하게 되었을까? 가정컨대 개인이나 집단의 교육적 사고, 열망, 관심, 행동에 영향을 미치는 사회적으로 구성된 인지적, 정신적, 감정적 구조와 담론이 있을 수 있다. 교육사회학은 우리의 교육적 사고와 행동에 영향을 미치는 권력과 담론이 무엇이고, 그것은 어떻게 생겨났는지를 탐구 대상으로 한다.

둘째, 교육제도와 교육정책의 사회적 영향에 주목한다. 교육은 교육제도를 통해 구체화된다. 교육제도로서 학교는 교육의 의미와 가치를 정당화하고 재생산하는 기능을 한다. 학교제도를 통해 지식, 기술, 가치를 내면화하고 특정 행동을 반복하도록 한다. 어떤 점에서 교육제도는 우리의 몸과 정신을 가두는 '쇠 우리(the iron cage)'와 같은 기능을 담당한다. 교육정책은 교육의 제도적 실천을 가능하게 하는 수단이다. 교육정책은 교육문제를 해결하기 위해 합리적으로 의사를 결정하는 과정이자 최적의 대안을 탐색하는 과정으로 교육적 실천에 대한 지침을 제시한다. 교육정책은 중립적이기보다는 특정 가치를 참이라 주장하고 그 가치를 중심으로 교육적 실천을 유도한다는 특징이 있다(Ball, 2008). 따라서 때로는 교육문제의 해결을 위해 도입된 교육정책이 새로운 문제의 원인이 되기도 한다. 교육사회학은 교육정책의 수립과 집행을 둘러싼 다양한 이해당사자들의 갈등에 주목한다.

교육사회학을 왜 배워야 하느냐는 물음은 학문으로서 교육사회학의 정체성과 관련이 있다. 학문의 정체성은 연구 관점은 물론이고 연구 대상으로 삼는 탐구 주제와 관련이 있다. 교육사회학이 무엇을 탐구 대상으로 하고 있느냐는 그 학문의 성격을 가늠할 수 있는 잣대가 된다. 다음에서는 교육사회학의 몇 가지 탐구 주제를 살펴보기로 한다.

II   교육사회학의 탐구 주제

1 우리는 '왜' 학교에 다니는가?

1970년대 청계노동조합의 노동자 전태일(1948-1970)은 "내게 대학생 친구가 한 명이라도 있었으면 좋겠다."고 말했다고 한다. 당시에는 대학에 다니는 것이 쉽지 않았다. 많은 청소년들은 공부하기 위해 학교에 가는 것이 아니라 돈을 벌기 위해 공장에 출근해야 했다. 학교에 가지 못한 많은 청소년들은 학생이 아니라 어린 노동자, 즉 공돌이(공장에 다니는 남자 청소년)와 공순이(여자 청소년 노동자)가 되었다. 세련되고 단정한 교복과 간편하고 우중충한 작업복은 이들의 상대적 위치를 상징하는 것이었다. 학교에 다닌다는 것은 부와 권력 그리고 유식함을 상징하였으며, 공장에 다니는 노동자들에게 학교는 앎과 출세를 위한 선망의 공간이었다.

> 공장노동자들이 사회적으로 경시받은 주된 원인은 전통적인 봉건적 신분질서라기보다는 유교적 신분체계의 핵심요소이자 사회변화에도 불구하고 신분의 가장 핵심적인 잣대로 남아 있는 교육의 상징성이었다. … 신분 상승을 위한 거의 모든 경쟁이 교육에 의존하게 됐고, 신분적 우위를 주장하는 사람이나 신분 하락으로 고통 받는 사람들 모두 학력을 신분평가의 주된 기준으로 간주하게 되었다(구해근, 2002: 193).

학교에 다닌다는 것은 새로운 신분질서를 의미했으며, 사람들은 새로운 신분을 획득하기 위해 학교에 더 오래 다니고, 더 좋은 학교에 진학하고자 하는 경쟁에 참여하게 되었다. 학교에 다니는 것은 출세의 지름길로 인식되었으며, 부모는 온 힘을 다해 자식교육을 뒷바라지 하는 것을 일종의 의무처럼 생각했다. 교육을 통해 자녀를 출세시키고자 하는 부모의 높은 교육열은 더 좋은 교육을 둘러싼 '학력경쟁(學歷競爭)'을 낳았다. 국가적으로 부존자원이 부족한 한국이 경제성장을 위해서는 인간자본에 투자하는 것이 중요하다고 생각했다. 교육정책의 방향도 국가발전에 필요한 다양한 인력을 양성하는 것에 맞추어졌다. 출세를 위한 학력경쟁과 국가발전을 위한 인간자본에 대한 투자는 더 많은 국민이 더 오래 학교에 다니게 된 주요 동인이었다.

한국 교육은 짧은 기간에 놀라울 정도로 압축적인 양적 성장을 경험했다. 트로우(Trow)는 교육제도의 발달 단계를 학령인구 대비 취학자 비율을 기준으로 '엘리트(elite)교육 단계(15% 미만, 특권 단계) — 대중(mass)교육 단계(15-50%, 권리 단계) — 보편(universal)교육 단계(50% 이상, 의무 단계)'의 세 단계로 구분하였다. 이 기준에 따르면 한국 교육은 교육이 특권으로 간주되었던 엘리트 단계와, 권리로 주장되던 대중 단계를 거쳐, 의무처럼 여겨지는 보편 단계에 들어서 있다. [그림 5.1]을 통해서도 알 수 있는 것처럼 초등학교의 성장은 중등학교의 성장을, 중등학교의 성장은 고등교육의 성장을 연쇄적으로 일으켰다. 오래 전에 완전 취학 단계에 이르렀던 초등학교의 학생 수는 감소 추세를 보이는 반면에, 대학생 수는

그림 5.1 교육단계별 학생수 추이(1965-2018)

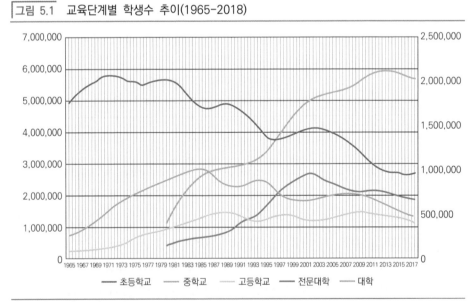

출처: 한국교육개발원, 2018.

| 표 5.1 | 학생의 기대하는 교육수준(2018) |

구분		고등학교 이하	대학(교) (4년제 미만)	대학교 (4년제 이상)	대학원 (석사)	대학원 (박사)	계
전체		4.0	13.2	61.9	10.6	10.2	100.0
성별	남자	4.4	13.5	61.8	9.9	10.4	100.0
	여자	3.6	12.9	62.1	11.5	9.9	100.0
가구 소득	100만원 미만	0.8	9.6	64.5	14.4	10.7	100.0
	100~200만원 미만	5.9	17.9	51.9	13.9	10.4	100.0
	200~300만원 미만	6.7	16.2	61.3	7.9	7.9	100.0
	300~400만원 미만	4.2	15.7	62.6	8.5	9.0	100.0
	400~500만원 미만	4.4	12.6	65.3	10.9	6.8	100.0
	500~600만원 미만	1.1	11.6	70.4	6.4	10.5	100.0
	600만원 이상	3.5	9.2	59.4	12.8	15.0	100.0

출처: 통계청, 2019.

빠른 속도로 증가하고 있음을 보여준다.

한편, 2018년도 '학생들이 기대하는 교육수준'에 대한 조사에 따르면 전체 학생의 61.9%가 4년제 이상의 대학교육을 받기를 희망하였다. 대학원(석사와 박사) 교육을 받기를 희망하는 학생도 20.8%에 달했다. 응답자 10명 중에서 8명 이상이 대학교육 이상의 교육수준을 희망했으며, 이러한 현상은 학생들의 성이나 가구소득에 관계가 없었다. 이를 통해 한국이 고학력(高學歷) 사회임을 알 수 있다.

거리에는 학교교육을 '많이' 받은 사람들로 넘쳐난다. 대학을 다닌다는 것은 이제 더 이상 특별한 일이 아니다. 도어(Dore)는 사람들이 필요 이상으로 학교에 다니는 '졸업병 사회'가 되었다고 비판한다. 그런데 오늘날 학생들은 자발적으로 학교를 떠나기도 한다. 2017년도에 고등학교에서 자퇴(질병, 가사, 부적응, 해외출국 및 기타), 퇴학(품행), 제적, 유예, 면제의 사유로 중도에 학업을 중단한 학생은 전체 고등학생의 1.5%에 달하는 24,506명이었다(한국교육개발원, 2018: 54-55). 한국교육은 더 좋은 교육을 위한 학력경쟁이 벌어지고 있는 반면에, 다른 한편으로는 필요 이상으로 교육받은 사람이 넘쳐나 교육다이어트가 필요한 교육비만(敎育肥滿)의 상태에 있다.

교육제도는 살아 숨을 쉬는 생명체처럼 놀라운 속도로 성장하였다. 예컨대, 초등학교의 성장은 중등학교의 성장과 교사교육을 목적으로 하는 고등교육의 성장을 촉진하였다. 교육제도의 성장은 학교와 교육관련 기관의 양적 성장을 의미하며, 교육인구의 성장은 학생인구와 교육과 관련된 인구 증가를 통해 확인할 수 있다. 교육제도의 성장은 학교의 수직적·수평적 성장과 분화를 수반한다. 예를 들어, 초등학교─중등학교─대학교의 단계로 학교가 수직적으로 성장하였으며, 동일한 교육단계에서도 다양한 학교(일반고, 특목고, 특성화고, 고등기술학교 등)가 생겨났다. 이러한 현상은 [그림 5.2]의 한국의 학제를 통해서 확인할 수 있다.

[그림 5.2]에 따르면, 기본 학제는 유아교육─초등교육─중등교육─고등교육으로 구성되어 있다. 아래 단계의 학교는 상급 단계의 학교와 연결되어 있다. 일반적으로 아래 단계의 교육은 상급 단계의 교육에 비해 상대적 지위가 낮은 것으로 간주된다. 이러한 현상을 '교육제도의 계층화(stratification of education system)'라고 한다. 각 단계의 교육은 '지위재(地位財, position goods)'로 간주된다. 지위재란 "재화의 절대적 가치가 분배 상황에서의 상대적 위치에 따라 결정되는 경우"를 말한다. 대부분 학생들이 다니는 초등학교와 중등학교는 지위재로서의 가치가 그렇게 크지 않다. 이에 비해 학생들이 진학하기를 원하지만 입학이 어려운 대학은 지위재로서의 가치가 크다고 할 수 있다. 학제에 속하는 모든 학교들은 서열화되어 있는 경우가 많은데, 이는 학교교육이 지위재로서 작용하기 때문이다. 학력이나 학벌에 따른 차별은 학교가 지위재로 기능하기 때문이다. 대학을 'SKY', '서성한', '중경외시이' 등으로 부르는 것은 지위재로서 대학의 서열을 상징하는 것이다. 대학의 서열화로 인한 사회적 폐해는 너무 크지만, 국민들은 대학의 서열화가 앞으로 크게 변화하지 않을 것으로 예상['심화'(20.8%), '약화'(12.1%), '불변'(62.5%)]하고 있다(통계청·통계개발원, 2018: 135).

그림 5.2 한국의 학제

학령
(Schooling Age)

연령
(Age)

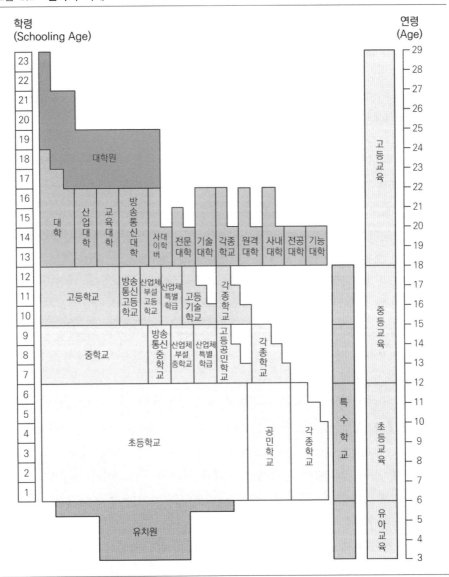

출처: 교육부 · 한국교육개발원, 2018: 63.

2 학교는 무엇을 하는 곳인가?

> 하루 152명의 아이들이 학교를 떠나고 있다. 매년 학생들의 중도탈락률이 높아지고 있는 우리의 '학교'. 왜 학생은 학교를 떠나는 것일까? 우리가 정말 원하는 학교는 무엇일까? 모든 아이들이 웃을 수 있는 곳, 함께 살아가는 지혜와 능력을 키워나갈 수 있는 곳. 우리가 정말 원하는 '학교'를 만들어갈 방법에 대해 고찰한다.

지난 2010년 교육방송(EBS)에서는 교육대기획 '학교란 무엇인가?'라는 10부작 다큐멘터리를 제작하여 방송하였다. 위의 인용문은 학교란 무엇인가 제작팀이 밝힌 프로그램의 제작 의도이다.

학생들의 생활시간을 살펴보면, 하루 평균 초등학생은 5.5시간, 중학생은 7.12시간, 고등학생은 8.26시간을 공부하는 데 사용하고 있다(통계청, 2014). 잠을 자거나 밥을 먹는 것과 같은 개인유지 시간을 제외하고는 가장 많은 시간을 학습에 할애한다. 학습활동이 주로 학교에서 이루어진다는 것을 가정할 때, 학생들은 상당 시간을 학교에서 보내고 있음을 알 수 있다. 의무출석일수가 190일 이상임을 가정할 때 고등학생은 1년 평균 약 1,600시간을 학교에서 보내고 있다고 추정할 수 있다.

이처럼 오늘날 대부분의 교육은 학교를 중심으로 이루어지고 있다. 학교라는 제도에서 이루어지는 교육을 제도교육(institutional education), 형식교육(formal education), 학교교육(schooling)이라 부르며, 학교교육이 국가에 의해 제공되고 공적 목적을 위해 운영된다는 점에서 공교육(public education)이라 부른다. 흔히 교육을 학교교육과 구별하지 않고 같은 의미로 사용하지만, 학교교육은 다양한 교육활동의 일부이다.

학교가 교육의 중심이 된 것은 근대에 들어서의 일이다. 서구의 경우, 가정이나 교회에서 주로 이루어지던 교육을 학교가 주로 담당하게 된 교육의 '학교화(schooled)'가 일어났다(Wardle, 1974). 근대에 들어서 학교뿐만 아니라 죄인을 위한 교도소, 노동자를 위한 공장, 병자를 위한 병원 등과 같은 새로운 제도들이 생겨났는데, 이들 제도들은 각각 규율, 교화, 생산, 의료 등과 같은 고유한 역할을 담당하였다. 근대에 출현한 제도들은 근대사회가 필요로 하는 생산적이고 순종하는 인간의 형성을 담당한다는 점에서 유사했다. 근대제도의 출현은 제도가 담당하는 업무에 따라 공간이 분리되기 시작했음을 의미한다. 아담 스미스(Smith)는 집과 일터의 분리가 근대의 모든 분업 중에서 가장 중요한 분업이라고 생각했다. 집과 일터의 분리는 그것과 관련된 사고와 행동의 분리를 낳는다. 예를 들어, 집과 일터는 사적 공간과 공적 공간의 분리, 쉬는 곳과 일하는 곳의 분리, 여성을 위한 공간과 남성을 위한 공간의 분리를 초래했다.

학교라는 공간이 출현하고, 교육이 가정으로부터 학교로 옮아온 것도 마찬가지였다. 학교의 출현으로 자녀를 양육하는 부모와 학생을 가르치는 교사, 부모와 학부모, 아동과 학생, 집에서 입는 일상복과 학교에서 입는 교복, 집에서의 행동과 학교에서의 행동, 가정에서의 사적인 앎과 학교에서의 공적인 앎이 분리되었다. 교육과 관련된 많은 것들이 학교에서의 활동으로 변화되었다. 학교는 종래 가정 등에서 이루어지던 교육을 통합하여 전적으로 교육만을 목적으로 하는 공간으로 자리매김하였다. 교육적으로 학교와 대칭되는 것은 학교 '밖'이었으며, 학교 안과 밖은 공부하는 곳과 그렇지 않은 곳이라는 공간의 분리를 의미했다. 학교는 학교 안과 밖을 구분하는 '물리적 분리', 정서와 감정을 구분하는 '심리적 분리', 학교 안과 밖의 지식을 구분하는 '인지적 분리', 학교 안의 질서에 따라 규범화된 행위를 중시하는 '행동의 분리'를 특징으로 한다.

근대에 새롭게 출현한 학교는 사회화(socialization), 학력부여(qualification), 주체화(subjectification)라는 세 가지 기능을 주로 담당했다(Biesta, 2010). '사회화'란 생물학적 존재가 사회적 존재로서 살아가기 위해 필연적으로 요구되는 것을 자발적 또는 강제적으로 받아들이는 것을 말한다. 뒤르켐(Durkheim)은 사회화를 "아직 사회생활에 익숙하지 않은 어린 세대를 대상으로 성숙한 성인에 의해 가해지는 영향"이라 보았다. 아동은 성인 사회를 구성하고 있는 규범이나 신념을 내면화함으로써 동질화되었다. 학교는 사회가 요구하는 역할을 내면화하고, 학교는 그것을 위해 학생들의 몸과 정신을 단련시키는 사회화 역할을 담당하였다. 뒤르켐은 학교교육을 기반으로 하는 사회화를 통해 사회에 팽배한 부도덕, 오류, 허위, 위선, 미신, 무지, 오만을 바로 잡을 수 있다고 생각했다.

다음으로 학교는 졸업장을 발급하여 학생들의 능력을 사회적으로 인정하는 기능을 담당한다. 이러한 학교의 기능을 '학력부여(qualification)'라고 한다. 학교가 부여하는 졸업장은 취업이나 상급학교 진학에 필요하며 마치 교육화폐와 같은 기능을 한다. 학교가 부여하는 '교육자격'은 취업에서 요구하는 '직업자격'과 밀접하게 연결되었다. 직업 세계에 들어가기 위해서는 일정한 수준의 교육이 필요하게 되었으며, 사람들이 선호하는 직업일수록 더 높은 수준의 교육자격을 요구하는 경향이 있었다. 학교는 교사나 의사와 같이 특정 직업에 필요한 직업자격을 발급하기도 했다. 사람들은 학교에서 자신의 재능을 발휘하고 높은 교육자격을 획득하면, 사회적으로 높은 지위의 직업을 가질 수 있다고 생각했다. 학교의 학력부여 기능은 교육을 통해 새로운 계급을 획득하는 것이 가능하다는 믿음을 강화했으며, 학교가 학생들의 능력에 따라 적합한 노동력을 길러 적재적소에 배치한다는 생각을 갖게 했다.

마지막으로 학교는 개인으로 하여금 자신의 실존 조건을 인식하고 주체적 인간으로 성장하도록 하는 '주체화(subjectification)' 기능을 담당한다. 근대 이전에 대부분의 사람들은 자신이 태어난 곳에서 무지한 상태로 생활하다 세상을 떠나는 것이 일반적이었다. 인구의 90% 이상이 농촌 지역에 거주하고 있었는데, 그들은 무지했으며 만성적 질병과 영양 부족 때문에 상시적으로 생존의 위기에 있었다. 더구나 땅을 소유한 양반이나 지주에게 귀속된 삶을 살았으며, 실질적 자유를 누리지 못하였다. 학교는 이들에게 지식과 기술 등에 대한 접근을 가능하게 했으며, 새로운 삶에 대한 전망과 기회를 제공했다. 꽁도르세(Condorcet, 2002)의 지적처럼 학교는 "모든 개인에게 자신의 욕구를 충족시키고, 행복을 보증하며, 권리를 인식시키고, 의무를 이행할 수단을 제공한다. 또한 직업을 선택할 자유를 보장하고, 자연적 재능을 완전하게 발달시켜, 사실상 시민의 평등을 확립함으로써 정치적 평등을 보장"하는 기회의 장소였다. 학교는 운명적 삶을 살았던 개인들에게 자유와 행복한 삶에 대한 생각을 갖도록 했으며, 나아가 교육을 통해 평등해질 수 있다는 희망을 주었다. 이처럼 교육은 자신의 실존을 인식하고 스스로 주체로 변형하도록 하는 기능을 한다.

인간의 삶은 학교제도의 안정성과 지속성에 근거한다. 다른 제도와 달리 학교는 지식을 전달하는 기능을 담당한다. 교육에 대한 사람들의 넘치는 열망을 충족하기 위해 학교는 계속해서 늘어났으며, 학생들은 가능한 더 오래, 더 많이 배우고자 했다. 학교는 인간 사회를 재생산하고 혁신하며 변화시키는 조건을 제공한다. 이처럼 학교의 역할이 크고, 학교에 대한 기대가 상당함에도 불구하고, 학교에 대한 불신 또한 점점 커지고 있다. 예를 들어, 교사가 교육적으로 가치 있다고 생각하는 것과 학습자가 배울 가치가 있다고 생각하는 것 사이의 불일치로 인한 갈등이 커지고 있다. 직업을 얻는 데 더 유리한 교육자격을 획득하기 위한 경쟁은 학교를 황폐화하는 원인이 되고 있다. 학교의 대안을 모색하거나 바꾸고자 하는 혁신학교 운동도 오늘날 학교가 직면하고 있는 다양한 교육위기에 대한 반응이며, 이들은 모두 학교화된 근대교육이 한계에 직면했다는 것을 암시한다.

3 학교교육은 의무적이어야 하는가?

헌법 제31조에는 "② 모든 국민은 그 보호하는 자녀에게 적어도 초등교육과 법률이 정하는 교육을 받게 할 의무를 진다. ③ 의무교육은 무상으로 한다." 고 규정되어 있다. 그리고 교육기본법 제8조에는 "① 의무교육은 6년의 초등교육과 3년의 중등교육으로 한다."라는 조항이 있다. 한국의 모든 국민은 국가가 무상으로 제공하는 초·중등교육 9년을 의무적으로 받아야 한다. 의무교육은 우리나라만 특별히 있는 것이 아니라 세계적으로 공통된 현상이다.

오늘날 교육은 '국가에 의한 아동의 관리'를 목적으로 하는 의무교육을 특징으로 한다. 의무교육(compulsory education)은 학습자의 배경에 관계없이 모두에게 일정한 수준의 학교교육을 동등하게 받을 기회를 제공하는 것을 말한다. 의무교육이란 모든 국민들이 일정한 수준의 교육을 받을 수 있도록 국가가 재정,

시설, 인력 등을 제공할 의무를 갖는다는 의미이다. 국민은 자신의 의지와 관계 없이 의무교육을 '강제적'으로 받아야 한다. 그러나 의무교육은 인간의 기본권으 로서 교육받을 권리를 보장하는 중요한 교육정책이다.

　　의무교육은 국가가 교육자의 역할을 담당하는 것을 의미한다. 의무교육은 가정에서 부모에 의해 이루어지던 교육이, 학교에서 국가에 의해 이루어지게 되 었음을 의미한다. 이는 아동과 부모의 교육권이 국가에 위임된 것이라고 할 수 있다. 자녀교육에 대한 '부모의 권리(parentocracy)'가 '국가에 의한 교육권(state paternalism)'으로 변화한 것이다. 국가는 의무교육을 통해 개인의 교육에 개입하 게 되었다. 국가에 의한 의무교육은 학교를 '중립적' 도덕기관으로 간주하며, 교 육이 사적 이익이 아니라 공익을 목적으로 한다는 것을 전제한다. 의무교육은 성인보다는 아동의 교육 가능성에 주목했다. 국가는 교육제도의 운영, 교사자격, 교육과정, 교육결과 활용의 표준화 등을 강조하며, 헌법과 법률에 따라 교육을 관리한다. 다음 [표 5.2]는 법에 규정된 교육과 관련된 주요 내용들이다. 헌법과 법률의 각 조항을 읽고 그 의미를 살펴보기 바란다.

　　현재 세계 여러 나라의 의무교육 연한은 5년에서 16년까지 다양하며, 대부 분의 나라가 의무교육 기간을 연장하는 추세이다. 앞서 지적한 바와 같이 이러 한 경향은 인간의 기본적인 교육권의 신장이라는 점에서 긍정적으로 평가받는 다. 그러나 의무교육이 국가에 의한 '강요된 계몽'의 성격을 갖는다는 비판도 제 기되고 있다. 뿐만 아니라 국가에서 제공하는 학교교육 이외의 다른 교육을 선 택하는 것이 제한되어 있다는 비판을 받기도 한다. 국가의 역할을 축소하고 시 장의 선택을 강조하는 신자유주의는 의무교육이 개인의 교육적 자유를 침해할 소지가 있다고 비판한다. 이와 함께 부모에 의한 가정학교(홈스쿨링)나 마을공동 체가 운영하는 마을학교 등도 의무교육의 대안을 찾는 일부 움직임이라고 할 수 있다.

| 표 5.2 | 법에 규정된 교육관련 주요 내용 |

구분	내용
헌법 제31조	① 모든 국민은 능력에 따라 균등하게 교육을 받을 권리를 가진다. ② 모든 국민은 그 보호하는 자녀에게 적어도 초등교육과 법률이 정하는 교육을 받게 할 의무를 진다. ③ 의무교육은 무상으로 한다. ④ 교육의 자주성 · 전문성 · 정치적 중립성 및 대학의 자율성은 법률이 정하는 바에 의하여 보장된다. ⑤ 국가는 평생교육을 진흥하여야 한다. ⑥ 학교교육 및 평생교육을 포함한 교육제도와 그 운영, 교육재정 및 교원의 지위에 관한 기본적인 사항은 법률로 정한다.
교육기본법 제4조	① 모든 국민은 성별, 종교, 신념, 인종, 사회적 신분, 경제적 지위 또는 신체적 조건 등을 이유로 교육에서 차별을 받지 아니한다. ② 국가와 지방자치단체는 학습자가 평등하게 교육을 받을 수 있도록 지역 간의 교원 수급 등 교육 여건 격차를 최소화하는 시책을 마련하여 시행하여야 한다.
교육기본법 제8조	① 의무교육은 6년의 초등교육과 3년의 중등교육으로 한다. ② 모든 국민은 제1항에 따른 의무교육을 받을 권리를 가진다.
초중등교육법 제13조	① 모든 국민은 보호하는 자녀 또는 아동이 6세가 된 날이 속하는 해의 다음 해 3월 1일에 그 자녀 또는 아동을 초등학교에 입학시켜야 하고, 초등학교를 졸업할 때까지 다니게 하여야 한다. ② 모든 국민은 제1항에도 불구하고 그가 보호하는 자녀 또는 아동이 5세가 된 날이 속하는 해의 다음 해 또는 7세가 된 날이 속하는 해의 다음 해에 그 자녀 또는 아동을 초등학교에 입학시킬 수 있다. 이 경우에도 그 자녀 또는 아동이 초등학교에 입학한 해의 3월 1일부터 졸업할 때까지 초등학교에 다니게 하여야 한다. ③ 모든 국민은 보호하는 자녀 또는 아동이 초등학교를 졸업한 학년의 다음 학년 초에 그 자녀 또는 아동을 중학교에 입학시켜야 하고, 중학교를 졸업할 때까지 다니게 하여야 한다. ④ 제1항부터 제3항까지의 규정에 따른 취학 의무의 이행과 이행 독려 등에 필요한 사항은 대통령령으로 정한다.

4 교육은 사회적 성공의 지름길인가?

최근 국내에서 하루가 멀다 하고 불거졌던 공공기관이나 금융기관의 채용비리는 학력이나 학벌에 따른 차별이 우리 사회에 얼마나 만연해 있는지를 여실히 보여준다. 그나마 다행인 것은 정부가 학력이나 학벌에 따른 차별을 철폐하려는 강력한 의지를 갖고 블라인드 채용과 같은 여러 가지 의미 있는 시도를 보여주고 있다는 사실이다. 이러한 노력이 결실을 맺으려면 좀 더 치밀하고 실효성 있는 정책대안을 마련하여 꾸준히 실천에 옮길 필요가 있다. 기본적으로 학력이나 학벌에 따른 차별을 해소하는 것은 우리 사회의 지속 가능성을 담보하는 일과 직결된 사안이다. 이 같은 그릇된 관행을 혁파하지 않고는 심각한 사교육 경쟁 및 저출산 현상을 해소하는 것 또한 어렵기 때문이다. 따라서 정부는 특단의 각오로 학력이나 학벌에 따른 차별이 없는 실력주의 사회로 나아가는 길을 활짝 열어야 할 것이다(통계청·통계개발원, 2018: 139).

교육은 민주적 평등을 증진하고 사회적 효율성을 제고하며 개인의 사회이동을 가능하게 하는 것으로 간주된다. 민주적 평등, 사회적 효율성, 사회이동은 사회적으로나 개인적으로 교육에 투자하고 참여하는 주된 이유이다. 이러한 교육목적은 서로 배타적이지 않으며, 어느 하나가 다른 것들에 비해 상대적으로 바람직하거나 우위를 점하는 것도 아니다. 따라서 이들 목적들이 조화롭게 교육을 통해 달성될 수 있도록 하는 것이 필요하며, 목적들 사이의 불균형이 발생하지 않도록 하는 것이 중요하다.

오늘날 많은 사람들은 학교를 사회이동을 위한 지름길로 인식한다. 교육은 성, 신분, 종교 등에 관계없이 누구나 능력이 있다면 사회적으로 더 나은 삶을 가능하게 하는 것으로 간주된다. 부모들은 자녀들에게 더 많이, 더 좋은 교육기회를 제공하고자 희생을 마다않는 교육열을 가지고 있다. 사람들은 교육을 통해 중간계급이 될 수 있다는 꿈을 가졌다(Moore, 2010). 중간계급이 된다는 것은 경제적으로 풍요로운 삶을 누린다는 것을 의미하며, 교육은 그러한 바람을 구현할 수 있는 효과적 수단으로 인식되었다. '개천에서 용 나온다.'는 말은 학교교육을 통해 중간계급이 되고자 하는 욕망의 표현이었다. 교육을 통해 중간계급이 될 수 있다는 믿음은 근대교육에의 참여를 정당화하는 것이었다.

교육을 통해 중간계급화가 실현되었는가는 교육사회학의 중요한 연구 주제이다. 교육과 사회이동의 관계에 관해서는 여러 입장이 갈등하고 있다. 각 입장은 [그림 5.3]을 바탕으로 설명할 수 있다. 먼저, 교육이 사회적 성공에 기여한다는 입장은 학생의 사회적 기원(social origin)이 사회적 지위(social destination)에 미치는 영향이 점점 사라지고 대신에 교육(education)의 영향력이 증대했다고 주장한다. 교육이 개인의 계급적 지위나 소득을 결정하는 데 중요한 역할을 담당한다고 본다. 사회적 성공이 사회적 기원과 같은 귀속적 요인보다는 개인의 능력에 따라 결정되는 '교육 기반 능력주의(education-based meritocracy)'에 살고 있다고 주장한다(Goldthorpe, 2003).

능력주의는 가족 배경과 같은 사회적 기원의 영향력은 줄어들고, 교육이 사회적 성공을 달성하는 가장 유력한 수단이라고 주장한다. 능력주의(meritocracy)라는 용어를 만든 영(Young)은 능력(merit)을 '인지적 능력(I.Q.) + 노력'으로 정의했다. 학교를 통해 개발되고 증명된 개인의 재능에 따라 사회적 성공이 가능하다는 입장이다. 이 입장에서는 교육을 통해 사회적 지위를 획득할 교육기회의 평등을 보장하는 것이 중요하며, 교육기회의 평등이 보장된다면 결과의 불평등은 받아

그림 5.3 사회적 기원(O)-교육(E)-사회적 지위(D)의 관계: OED 모형

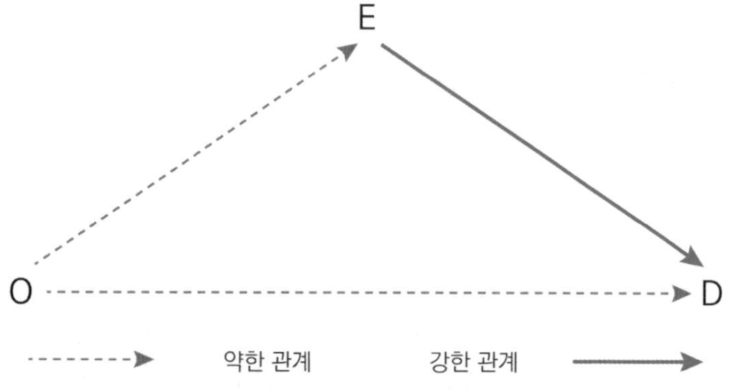

들일 수 있다는 입장이다. 헌법 제31조 제1항은 "모든 국민은 능력에 따라 균등하게 교육을 받을 권리를 가진다."는 능력주의 원리를 규정하고 있다.

그러나 교육이 사회이동에 긍정적인 영향을 미친다는 능력주의를 비판하는 다수의 연구들이 발표되고 있다. 그 주된 내용은 사회적 기원이 사회적 지위에 여전히 강력한 영향을 미친다는 것이다. 나아가 교육이 기존 사회적, 경제적, 문화적 차이를 유지하고 확대하며 심지어 대물림하고 있다고 주장한다. 교육이 중간계급화를 통해 불평등을 완화하는 것이 아니라 오히려 기존의 불평등을 재생산(reproduction)한다고 주장한다. 보울스와 진티스(Bowles and Gintis), 부르디외(Bourdieu) 등은 자본주의 사회에서는 부모의 교육수준이 높고 경제적으로 부유한 '좋은 가정'의 자녀들이 그렇지 않은 가정 출신보다 좋은 기회와 결과를 얻는 데 유리하다고 주장한다. 이러한 입장을 '불평등 재생산' 관점이라고 하는데, 한국에서 유행했던 수저계급론이라는 은유도 재생산 관점과 비슷하다.

능력주의가 개인의 능력을 강조한다면, 불평등 재생산 관점은 가정의 경제적, 문화적 조건의 영향을 강조한다. 능력주의가 능력에 따른 교육기회의 평등을 강조한다면, 재생산 관점은 교육기회의 평등이 가정의 경제적, 문화적 조건에 따라 영향을 받기 때문에 결과의 평등을 보장하지 못한다고 주장한다. 예를 들어, 콜맨(Coleman)은 가정의 문화적 차이가 학업성취의 차이를 낳는다고 주장한 바 있다. 교육과 관련된 제반 문화적 환경을 갖추고 있지 못한 가정의 학생은 학교에서 좋은 성취를 거두기 어렵다는 것이다. 부르디외는 취학 전 가정에서의 사회화를 통해 몸과 정신에 새겨져 각자의 사고와 행동에 영향을 미치는 아비투스(habitus)가 학교에서의 성패에 결정적이라고 주장한다. 이러한 연구 결과는 문화적, 사회적 환경과 관계없이 개인의 능력과 노력만으로 학교에서 성공할 수 있다는 믿음에 도전하는 것이었다. 개인의 능력이나 노력도 중요하지만, 그것이 적절히 발휘되기 위해서는 가정이 충분한 교육적 여건을 갖추고 있어야 한다는 것이다.

가정은 다양한 방식으로 자녀에게 영향을 미치는데 라루(Lareau, 2012)는 특히 양육방식에 주목한다. 그녀는 계급에 따라 차별적인 자녀 양육 방식이 자녀의 성공에 지대한 영향을 미친다고 주장한다. 그녀에 따르면 중간계급은 자녀를 체계적으로 관리하고 전략적으로 능력을 기르는 '체계적 관리(the cultivation)' 방식을 취하는 반면에, 노동계급의 부모들은 추가적인 노력을 기울이지 않고 자녀들이 자연적으로 성장하도록 방임하는 '자연적 성장(the natural growth)' 방식을 사용한다고 본다. 모든 부모들이 자녀를 사랑한다는 점에서는 차이가 없지만 양육 방식의 차이는 자녀들의 생애 전망에 영향을 미치고 나아가 세대 간 불평등을 대물림하는 기제로 작용한다는 것이다. 학생들의 계급은 양육 방식뿐만 아니라 학교생활에도 많은 영향을 미친다. 이외에도 성, 인종, 지역 등이 아동의 삶에 미치는 영향에 대한 논의도 매우 중요하다.

그러나 교육과 사회의 관계는 일방적인 관계가 아니라 상호적 관계를 특징으로 한다. 학교에서의 성공이 반드시 사회적 출세를 의미하지는 않는다. 또한 상대적으로 좋은 가정환경에서 성장했다고 해서 늘 학교에서 공부를 잘하는 것은 아니다. '가정 – 학교 – 사회의 관계'는 어느 한 쪽이 다른 쪽을 전적으로 결정하는 것이 아니라 서로 영향을 주고받고 상호 구성하는 관계로 이해하는 것이 바람직하다. 교육은 좋은 직업이나 높은 소득을 위해서만 존재하지 않는다. 자칫 교육이 출세를 위한 도구적 기능에 매몰됨으로써, 행복, 건강, 공부하는 즐거움 등과 같은 교육적 가치가 손상되지 않도록 하는 것이 필요하다.

Ⅲ   교육사회학의 탐구거리

교육은 '가장 유망한 것'과 '가장 불길한 것'이 혼재한다(손준종, 2016). 교육은 우리에게 앎과 자유를 가져다주었지만, 교육을 통해 교육받은 사람에 의한 지배와 착취와 같은 새로운 종류의 억압이 발생하였다. 더 좋은 대학을 졸업한 사람은 상대적으로 그렇지 못한 사람을 무시하기도 한다. 한국의 청년(15-40세)들은 졸업 이후 취업할 때 66.1%가 학벌(學閥), 즉 어느 학교를 졸업했는지에 따른 차별이 있다고 생각하였으며, 74.8%의 청년들은 학력(學歷), 즉 교육을 어디까지 받았는지에 따른 차별이 있다고 응답하였다(한국청소년정책연구원, 2019). 매우 많은 한국의 청년들은 학교교육이 불평등한 삶에 영향을 미친다고 생각하고 있으며, 학생들은 더 좋은 학교에 입학하고, 더 오래 교육제도에 머무르기 위해 경쟁을 벌이고 있다.

한편, '가르치는 일'과 '배우는 일'도 항상 조화롭지 않으며, 교육자의 교육권과 학습자의 학습권은 긴장 관계에 있다. 교육은 모두에게 성공의 기회를 평등하게 제공하지 못한다. 성공이 관계적 개념이므로 실패를 반드시 수반하게 된다. 성공한 사람은 실패한 사람을 전제로 할 때만 존재한다. 교육을 통해 내가 성공하기 위해서는 다른 사람을 실패로 내몰아야 하는 불편함을 감수해야 한다. 지금처럼 교육을 '지위재'로 생각할 때 누군가는 반드시 실패자가 되어야 하는 모순을 낳게 된다. 이러한 모순은 교육을 새롭게 바라볼 인식의 전환을 필요로 한다.

더구나 오늘날 교육은 개별 국가를 넘어 지구적 수준에서 행해진다. 기술의 발달은 교육이 물리적으로 닫힌 공간에서만 일어나는 것이 아니라 가상공간에서 다양한 형태로 이루어지도록 하는 방법적 기반을 제공한다. 알파고와 같은 인공지능은 교육적 인터페이스를 획기적으로 변화시킬 것으로 예상된다. 인간과 비인간이 만나는 포스트휴먼(post-human) 시대의 도래는 기존의 사고와는 다른 교육 논리를 요구한다. 밀즈(Mills)는 "세상이 어떻게 돌아가고 있는지? 그리고 내 안에서 어떤 일이 일어나고 있는지를 구체적으로 정리할 수 있고, 이를 위해 필요한 정보를 이용할 수 있으며, 나아가 사고를 발달시킬 수 있는 사회학적 상상력"이 필요하다고 말한다. 교육사회학의 과제는 좋은 삶과 행복한 교육을 위해 필요한 교육적 상상력을 기르는 일이다.

01 한국에는 수직적, 수평적으로 매우 다양한 학교들이 있다. 대부분의 학교가 유사한 초등학교와 달리 고등학교는 일반계 고등학교, 특성화 고등학교, 자율형 사립고등학교, 자율형 공립고등학교 등과 같이 다양하게 분화되어 있다. 최근에는 "학교 또는 교육과정을 자율적으로 운영할 수 있는" 자율형 사립고등학교의 지정 취소를 둘러싸고 사회적 논란이 야기되고 있다. 한국에서 다양한 유형의 고등학교가 생겨난 이유는 무엇이고, 자율형 사립고등학교의 지정 취소를 둘러싼 쟁점은 무엇인지 토론해 보자.

02 경제개발협력기구(OECD, https://www.oecd.org/pisa/)에서 실시하는 국제학업성취도평가(PISA)의 평가목적은 무엇이고, 무엇을 평가하며, 그 결과는 무엇인지 OECD 홈페이지를 방문하여 찾아보고 각자의 생각을 나누어 보자.

❑ 콜린스(Collins, R., 1982), 김승욱 역(2014), 『사회학 본능(Sociological Insight)』: 이 책은 우리의 일상적 삶을 사회학적으로 바라본다는 것이 무엇을 의미하는 지를 알게 한다. 저자는 인간 사회를 유지하는 것은 합리성이나 이성이 아니라 감정이라는 관점을 취한다. 이 책을 통해 사회적 유대, 무임승차, 종교, 권력, 범죄, 사랑 등과 같은 익숙한 일상 그 너머를 투시하는 "사회학적 통찰의 힘"을 경험하기 바란다.

❑ 라루(Lareau, A., 2003), 박상은 역(2012), 『불평등한 어린 시절: 부모의 사회적 지위와 불평등의 대물림(Unequal Childhoods: Class, Race, and Family Life)』: 이 책은 부모의 사회적 지위에 따른 양육전술의 차이가 자녀의 삶에 미치는 영향을 분석하고 있다. 특히, 사회계급에 따른 가정생활과 자녀 양육의 차이가 어떻게 불평등을 생산하고 대물림하는지를 참여관찰방법을 통해 밝히고 있다. 가정과 학교를 통한 불평등의 재생산을 이해하는 데 도움이 되는 좋은 책이다.

❑ 손준종(2017)의 『한국교육의 사회적 풍경: 교육사회학의 주요 쟁점』: 이 책은 교육사회학의 주요 쟁점을 한국교육을 중심으로 분석하고 있다. 내신제, 국가에 의한 학생의 몸 관리와 통제, 고등학교 다양화, 평생학습, 지구화, 반값 등록금, 신자유주의 등의 교육현상에 대한 교육사회학적 논의를 전개하고 있다.

연습문제

01 교육사회학의 학문적 성격을 설명하시오.

02 교육제도가 수직적으로 성장하고 수평적으로 분화한 이유를 설명하시오.

03 학력경쟁이 일어나는 이유는 간단히 설명하시오.

04 능력주의(meritocracy)의 장점과 한계를 설명하시오.

참고문헌

교육부 · 한국교육개발원(2018). **2018 간추린 교육통계.** 진천: 한국교육개발원.
구해근(2001). **한국 노동계급의 형성.** 신광영 역(2002). 서울: 창작과 비평사.
손준종(2001). **교육사회학.** 서울: 문음사.
손준종(2016). **한국교육의 사회적 풍경: 교육사회학의 주요 쟁점.** 서울: 학지사.
통계청(2014). 생활시간조사. http://kosis.kr/statHtml/statHtml.do?orgId=101&tblId=DT_1TM
　　1036Y&conn_path=I2
통계청 · 통계개발원(2018). 한국의 사회동향.
통계청(2019). 사회조사. http://kosis.kr/statHtml/statHtml.do?orgId=101&tblId=DT_1SS
　　ED020R&conn_path=I3
한국교육개발원(2018). 교육통계분석자료집: 유 · 초 · 중등교육통계편.
한국청소년정책연구원(2019). 「청년사회 · 경제실태조사」. http://kosis.kr/statHtml/statHtml.
　　do?orgId=402&tblId=DT_402004N_079&conn_path=I3
EBS 교육대기획 10부작 다큐프라임 학교란 무엇인가? http://www.ebs.co.kr/tv/show?
　　prodId=7503&lectId=3061730

Ball, S. (2008). The Education Debate. London: Policy.

Bereger, p. and Berger, B. (1972). Sociology: A biograqphical approach. New York: Penguin Books.

Biesta, G. J. J. (2010). Good education in an age of measurement. London: Paradigm Publishers.

Condorcet, M. d. (1791). 인간 정신의 진보에 관한 역사적 개요. 장세룡 역(2002). 서울: 책세상.

Goldthorpe, J. (2003). The myth of education−based meritocracy: Why the theory isn't working. *New Economy*, 234−239.

Labaree, D. F. (2010). Someone has to fail: The Zero−Sum Game of Public Schooling. Cambridge: Harvard University Press.

Lareau, A. (2003). Unequal Childhoods: Class, Race, and Family Life. **불평등한 어린 시절: 부모의 사회적 지위와 불평등의 대물림**. 박상은 역(2012). 서울: 에코 리브르.

Lauder, H., Brown, p. , & Halsey, A. H. (2009). Sociology of education: a critical his−tory and prospects for the future. *Oxford Review of Education, 35*(5), 569−585.

Moore, R. (2004). Education and Society. 손준종 역(2016). 교육과 사회: 교육사회학의 쟁점. 서울: 학지사.

Wardle, D. (1974). *The rise of the schooled society*. London: Routledge & Kegan Paul.

CHAPTER

06

교육과정: 교육목적, 내용, 방법의 구조적 이해

이승은

요약

제6장은 교육과정의 이론과 실제, 그리고 교육과정 논의의 현대적 전개 과정을 간략히 소개하는 것을 일차적인 과제로 삼는다. 교육과정은 왜 가르치고, 무엇을 가르치며, 어떻게 가르쳐야 하는가라는 교육활동의 근본 문제에 대한 이론적 탐구 과정이며 동시에 그러한 탐구 과정을 통해 성립된 연구 분야이다. 교육목적과 내용과 방법에 관한 일관성 있고 구조화된 탐구 분야로서의 교육과정은 교육 현장과 가장 밀접하게 붙어 있으면서도 그 의미와 의의를 명료히 설명하기 힘든 영역 중 하나이다. 여기서는 교육과정에 관한 이해를 돕기 위해 교육과정의 관심사를 이론과 실제 그리고 현대적 전개과정으로 구분하고 각각의 관심사를 세부적인 수준에서 설명함으로써, 이론과 실제를 혼동함으로써 생기는 개념상 혼란을 최소화하고자 하였다. 전체 내용은 3개 절로 구분되며, 각각의 절에서는 다음의 내용을 다룬다. 먼저, 교육과정 이론 영역에서는 교육과정의 (1) 개념과 정의, (2) 성격과 구성요소, (3) 유형, (4) 주요 문제를 설명한다. 다음, 교육과정 실제 영역에서는 (1) 교육과정 개발 이론의 전형인 타일러 모형, (2) 실제적 교육과정 구성의 원리, (3) 우리 국가교육과정의 성격과 역사를 다룬다. 마지막, 현대 교육과정 주요문제 영역에서는 (1) 교육과정 재구성, (2) 다문화 교육과정, (3) 역량기반 교육과정 논의를 소개한다. 교육과정은 이론과 실제, 전통과 현대, 추상과 구체를 넘나들며 교육의 근본 문제를 탐색한다. 이 과정에서 교육의 근본 문제는 이해 가능한 언어, 탐색 가능한 문제, 논의 가능한 이론의 형태로 교육과정이라는 연구 분야 속에 자리 잡는다. 비록 요약적이고 추상적인 내용들로 이루어져 있지만, 이 장의 내용을 단서로 교육과정의 살아있는 언어, 구체적인 문제, 그리고 구조화된 이론을 상상해 보려는 노력이 필요하다.

주제어: 교육과정, 교육목적, 교육내용, 교육방법, 교육과정 개발, 형식도야이론, 지식의 구조, 국가교육과정, 교육과정 재구성, 다문화 교육과정, 역량기반 교육과정

I 교육과정의 이론

1 교육과정의 개념과 정의

교육과정(教育課程, curriculum)은 일상생활의 용어와 달리 이론적 맥락과 관심사에 따라 상이한 뜻을 가질 수 있다. 일반적으로 교육과정은 교육내용, 교과서, 교과목 등을 가리키지만, 상황에 따라 교육계획, 수업시간에 수행해야 하는 과제, 교수-학습 프로그램을 가리키거나 학생의 성취, 학습 결과, 교사-학생 간의 상호작용, 학생의 경험 등을 가리키기도 한다. 교육과정의 의미보다 교육과정의 용도를 고려하여, 학습자 삶의 재구성 형식, 사회 재구조화 수단, 문화 재생산 도구 등으로 그 의미를 넓혀서 사용하는 경우도 있다. 교육과정이라는 말을 사용할 때, 어떤 맥락에서 이 말을 사용하느냐 하는 것이 그 의미를 이해하는 데에 가장 중요하며, 사용 맥락에 따라, 의미와 용도와 사용 방식이 달라진다는 것은 당연하다고 볼 수 있다. 그러나 이 용어가 다양한 방식으로 사용된다고 해서 일반적인 의미가 없는 것은 아니다. 교육과정은 왜 가르치고, 무엇을 가르쳐야 하고, 어떤 방법으로 가르쳐야 하는가에 대한 질문과 대답, 탐구의 과정과 결과를 핵심적인 의미 요소로 삼는다. 왜 가르치고, 무엇을 가르치며, 어떻게 가르쳐야 하는가에 대한 탐구와 설명의 체계를 일반적으로 교육목적, 교육내용, 교육방법 이론이라고 한다면, 교육과정은 교육목적과 교육내용과 교육방법이 서로 간에 일관성을 갖도록 체계적으로 조직하고 구조화한 이론적 체계 전체를 가리킨다고 볼 수 있다(이승은, 2017).

교육과정이라는 용어가 다양한 의미로 사용되고 있지만, 여기에는 다음과 같은 의미 요소가 반드시 포함되어야 한다. 먼저, 교육과정은 '교육내용'을 의미 요소로 포함한다. 교육내용은 지식, 학문, 교과, 사고방식, 개념과 원리, 안목, 이해의 전통, 공적 문화유산, 정신문화, 구조화된 경험 등과 같이 다양한 의미를 담고 있다. 교육내용은 교사가 다루는 수업의 '소재' 이상으로, 학생이 장차 획득해야 하는 마음의 구체적 내용을 담는다. 이러한 교육내용은 학습의 과정에 질성과 색채를 부여한다. 교육내용은 단편적 지식과 파편적 정보에 머무르지 않고, 학생이 세계를 대면하는 사고방식, 안목, 종합으로서의 판단을 포괄하는 것이다.

다음으로, 교육과정은 '교육목적'을 의미 요소로 포함한다. 이때의 '교육목적'은 '교육내용'과 의미상 관련을 맺는다. 통상적으로 교육목적은 교육의 과정을 이끄는 것으로 교육의 출발점에서 제시된다. 교육목적은 인간 삶이 지향하는 공통의 가치에 기반하고, 교육내용을 선정하는 기준이 되기 때문에 교육내용에 선행해야 하며, 교육내용을 통해 교육목적을 달성하기 때문에 목적은 내용과 별도로 설정되어야 한다고 생각할 수 있다. 그러나 현실의 그 누구도 교육목적을 완벽히 정립한 후 교육내용을 가르치지는 않는다. 오히려 교육내용을 가르치는 일은 그 자체로 교육목적을 정립해 가는 과정일 수도 있다. 교육목적은 교육내용을 수단으로 도달해야 할 목적이나 이상을 가리킨다기보다는 교육내용을 잘 가르치는 일을 통해 정립되는 교육의 의미에 가깝다고 볼 수 있다.

마지막으로, 교육과정은 '교육방법'을 의미 요소로 포함한다. 교육방법은 교육의 과정을 이끄는 방법적 원리로서 교육내용의 성격과 논리적 관련을 맺는다. 교육방법을 교과를 가르치는 특별한 교수방법이나 교사가 구사하는 기법이나 원리라는 뜻으로만 사용하는 경우가 있다. 이 경우, 교육방법은 교육내용과 논리적 관련을 맺지 못하고 교육내용과 무관한 '전달'의 효율성과 관련을 맺을 수밖에 없다. 즉, 국어를 국어답게 가르치는 것이 무엇을 의미하는가, 수학을 수학답게 가르치는 것이 무슨 뜻인가를 고려하지 않고, 국어와 수학을 효율적으로 가르치는 방법이 무엇인지를 모색한다는 것이다. 그러나 논리상, 국어나 수학을 잘 가르치는 일이 어떤 일인지를 모르고서 좋은 국어 교육방법, 수학 교육방법이 무엇인지를 알 수 있는 방법은 없다. 국어나 수학 교과의 내용을 '주입'시키려는 교육방법을 사용한다는 것은 국어나 수학을 가르친다는 것이 어떤 일인지, 국어를 이해하고 수학을 이해하는 것이 왜 좋은 일인지를 이해 못한다는 것이나 다름없다. 따라서 교육내용과 별도로 교육방법을 정립하려는 시도는 무의미한 결과로 이어질 수밖에 없다.

교육과정은 아동이 교과의 내용을 내면화하는 과정을 이끄는 것으로 교사의 시간과 계획, 그리고 학생의 자발적 참여가 요청된다. 교육과정의 개념에 '계획'과 '경험'의 요소는 반드시 필요하지만, 여기에는 제한점이 따른다. 교육과정의 '계획'은 합리적, 공학적 프로그램이 보여 주는 것처럼 일방적이고 때로는 과도한 개입을 뜻하지 않는다. 교육과정 구성의 일반적 원리(가령, 계속성이나 계열성 등의 원리)가 드러내는 것처럼 교수-학습의 과정에 논리적 순서나 위계가 존재하고 그것을 존중할 필요가 있다는 것을 보여주는 것 이상으로 교수-학습의 과정에 적극적인 계획과 통제를 가하는 것은 교육과정의 관심사도, 본래적 의미 요소도 아니다. 아울러 교육과정에서 관심을 두는 '경험'은 학생이 겪는 모든 경험을 뜻하는 것이 아니라, 교육내용과 결부된 경험이다. 교육과정이 학생의 경험 전체를 관심사로 삼는 것이 가능한가 여부와 별도로 그런 시도는 학생이 겪는 경험에 의미를 부여하는 교육과정의 초점을 약화시키는 것이다.

2 교육과정의 성격과 구성 요소

교육목적, 교육내용 그리고 교육방법이 상호 일관성을 갖도록 조직되고, 구조화된 전체로서의 교육과정은 시간과 공간 속의 구체적인 실제로서 존재한다(Schwab, 1969, 1971, 1973, 1983). 구체적 실제로서의 교육과정은 먼저, 현재 교육과정으로 미래를 구성해 나가는 측면, 다음으로는 현재 교육과정과 학습자 간의 상호작용으로 현재를 영위해 나가는 측면, 그리고 이러한 과정을 통해 학습자의 마음에 생긴 모종의 변화를 구체화하는 측면을 모두 포괄한다. 이 각각의 측면은 강조점에 따라 계획으로서의 교육과정, 과정으로서의 교육과정, 그리고 결과로서의 교육과정으로 부를 수 있다(Marsh, 2007). 계획으로서의 교육과정은 현재 우리에게 주어진 교육과정을 중심으로 미래를 구성한다는 점에서 교육과정을 중심에 두는 교육과정이다. 과정으로서의 교육과정은 교육과정이 학습자들과 상호작용하는 양상에 초점을 맞추기 때문에 교육과정과 학습자 양자에 관심을 갖는다. 결과로서의 교육과정은 교육과정이 궁극적으로 학습자에게 어떤 변화를 주는가에 관심을 둔다는 점에서 학습자를 중심에 두는 교육과정으로 볼 수 있다. 그렇다면 하나의 구체적 교육과정 속에는 이 세 가지 측면이 모두 들어 있다고 보아야 하는가? 이 질문에 대한 대답은 이념적인 수준과 현실적인 수준을 구분하여 대답할 수밖에 없다. 이념적인 수준에서 보면, 이 세 측면의 교육과정은 하나의 구체적인 교육과정 속에 포괄되어야 하며, 그때에야 비로소 교육과정의 실제적 의의가 살아난다. 반면, 현실적인 수준에서 보면, 교육과정의 실제적 용도나 이론적 요청 등의 이유 때문에 한 측면의 교육과정을 필요 이상으로 강하게 강조하는 경우가 많다.

1) 계획으로서의 교육과정

계획으로서의 교육과정은 현재의 교육과정(특히, 교육내용)을 명료히 드러냄으로써 미래를 구성해 나가는 교육과정의 성격을 보여준다. 여기에는 ① 수업 프로그램, 수업목록, 교육내용 등과 같이 학습해야 할 내용이나 교과목, '교수요목'(course of studies)의 형태로 교육과정을 규정하는 것, ② 교수-학습의 과정이나 수업 활동과 대비를 이루는 과정이나 활동의 '계획'(plan)으로 교육과정을 규정하는 것 등이 포함된다. 이러한 구분을 통해 계획으로서의 교육과정이 어떤 것을 의미하는지 보다 더 잘 이해할 수 있지만, 그렇다고 해서 구체적인 교육과정이 오로지 이 측면으로만 파악될 수 있다고 보아서도 안 된다. 가령, 서양의 희랍, 로마 시대에 시작되어 중세를 거치며 정립된 서양의 7자유학과의 예를 살펴보자. 7자유학과는 무엇보다 먼저 학교에서 배워야 할 내용으로서의 교과목이나 수업 프로그램의 성격을 갖고 있다. 그렇다고 해서 그러한 성격을 드러내는 것이 교육과정으로서의 7자유학과를 규정하는 유일한 방법은 아니다. 필요와 관심사에 따라, 7자유학과를 공부하는 과정에 엄격한 훈련(discipline)과 상호작용의 과정이 수반된다는 점을 강조할 수도 있고, 7자유학과를 공부한 사람들이 궁극적으로 드러내게 될 정신적인 자질의 측면을 강조할 수도 있는 것이다.

2) 과정으로서의 교육과정

과정으로서의 교육과정은 교육과정과 학습자 간의 역동적 상호작용에 초점을 맞추어 교육과정의 성격을 규정한다. 여기에는 ① 수업 활동을 통해 학습자가 겪어야 할 '경험'(experience)으로 교육과정을 규정하는 것, ② 교육과정과 학습자 간의 만남을 통해 이루어지는 '상호작용'(interaction)으로 교육과정을 규정하는 것 등이 포함된다. 교육과정과 학습자는 별도로 존재하는 두 실체처럼 받아들여지고 있지만, 양자는 서로 분리되어 존재하는 것이 아니라 교육활동이라는 동일한 과정의 두 측면을 이루는 것으로서, 교육과정은 학습자의 마음속에 모종의 변화를 불러일으키는 것으로 받아들여지고 학습자는 교육과정을 배우는 사람으로 받아들여질 때, 비로소 양자는 상호작용을 통해 각자의 의미를 확인하게 된다.

3) 결과로서의 교육과정

결과로서의 교육과정은 교육과정이 학습자의 마음에 불러일으키는 모종의 변화를 구체화하는 것을 통해 교육과정의 성격을 규정한다. ① 교육과정을 가르치고 배운 결과로 학습자가 갖게 된 정신적 자질이나 '능력'(faculty)으로써 교육과정을 규정하는 것, ② 교과 공부나 수업을 통해 학생이 성취하게 될 '학습결과'(learning outcome)로 교육과정을 규정하는 것 등이 여기에 포함된다. 여기서 교육과정은 학습자의 마음에 유·무형의 변화를 수반함으로써 그 의미를 드러낸다. 때로는 무형의 일반적 능력을 기르는 것으로 교육과정의 성격을 규정하고, 때로는 유형의 행동적 표현을 확인함으로써 교육과정의 성격을 규정하지만, 어느 편이건 간에 교육과정은 학습자의 마음속에 '결과'를 남김으로써 본래적 의미를 실현하는 것이다.

3 교육과정의 유형

1) 공식적 교육과정

공식적 교육과정은 국가 수준 교육과정, 지역 교육청 수준 교육과정, 학교 수준 교육과정 등과 같이 공식화, 문서화, 제도화된 교육과정을 가리킨다. 우리 교육과정과 같이 국가 수준에서 계획, 시행되는 교육과정은 공적 계획의 형태로 공식화되고, 고시, 지침, 자료, 계획서 등과 다양한 형태와 수준의 매체로 문서화되고, 공식적으로 문서화된 의도를 구체적으로 실현하기 위한 공적 지원 방안으로 제도화된다. 공식적 교육과정이라고 해서 특별히 정해진 형식을 갖추고 있는 것은 아니지만, 교육과정 정립의 주체가 국가가 되는 경우처럼 엄격한 형태의 공식적 교육과정은 대부분 특정한 형식적 요건과 표준화된 계획, 균형 있는 구조를 갖고 있다. 공식적 교육과정과 다소 다른 준거에서 교육과정을 규정하기도 하는데, 교육과정의 형식성에 초점을 맞추어 형식적 교육과정으로, 교육과정이 시간상 우선된다는 점을 강조하여 계획된 교육과정으로, 구성요소 간의 엄격한 관계에 바탕을 둔다는 점에서 구조화된 교육과정으로 부를 수도 있다.

2) 잠재적 교육과정

잠재적 교육과정은 공식적 교육과정과 다른 형태의 교육과정이 학교나 교사의 계획 이면에 존재한다는 점을 보여준다. 학교나 교사가 계획하거나 의도하지 않고 공식적인 교수-학습과정을 통해 가르치지도 않지만, 학생들이 학교 문화를 통해 은연중에 배우는 것을 가리킨다(Jackson, 1968). 여기에는 가치, 정서, 태도와 같이 정의적, 행동적 특성의 학습이 포함되며, 바람직하거나 바람직하지 못한 것의 학습도 포함된다. 잠재적 교육과정은 그 자체로 설명되기보다는 공식적 교육과정과의 대비를 통해 본래의 의도와 의미가 더 잘 전달될 수 있다. 잠재적 교육과정은 공식적 교육과정과 대비하여 비공식적 교육과정, 표면적 교육과정과 대비하여 이면의 교육과정, 계획화된 교육과정과 대비하여 무계획의 교육과정, 명시적 교육과정과 대비하여 잠재된 교육과정을 가리킨다. 잠재적 교육과정은 공식적 교육과정이 전수되는 경로(표면, 의도, 계획 등등)를 통해 학습되는 것은 아니지만, 학생들은 학교 문화 속에서 잠재적이고 무의식적이며 무계획적인 형태로 배우는 일체의 가치나 태도, 삶의 방식을 포괄적으로 가리키는 개념이다. 표면적 교육과정에서는 지식, 교과, 인지 등을 주로 다룬다면, 잠재적 교육과정에서는 문화, 인종, 성, 계급, 지역, 또래집단 등에 관심을 기울인다.

3) 영 교육과정

영 교육과정은 배울 가치가 있는 교육내용임에도 불구하고 불분명한 이유로 수업에서 배제된 교육과정을 뜻한다(Eisner, 1985). 잠재적 교육과정은 의도적으로 가르치지 않았지만 학생이 실지로 배우게 된 것을 가리키는 개념이라면, 영 교육과정은 실지로 가르치지도, 배우지도 않은 교육과정을 설명하는 개념이다. 그 이름에서도 알 수 있듯이, 영 교육과정은 실지로는 아무 것도 존재하지 않는 교육과정을 가리킨다. 그렇다면 실지로 아무 것도 가르치지 않은 교육과정, 존재하지 않은 교육과정에 왜 관심을 두어야 하는가 하는 의문이 생길 수 있다. 실지로 존재하지 않는 교육과정에 관심을 기울이는 이유는 실행된 교육과정이 가치 있는 것 전체를 대표한다는 생각에 의문을 제기할 수 있기 때문이다. 영 교육과정은 두 가지 형태로 나타난다. 먼저, 이론적 가치가 있는 것이지만 교육 외적 고려 때문에 공식적 교육과정에 포함되지 않은 경우이다. 과거의 일부 교육과정 하에서 비주류의 비판적 경제학은 의미 있는 경제 이론임에도 불구하고 경제학(사회과) 교육과정에 포함되지 않았고 교실에서도 가르쳐지지 않았다. 다음으로, 공식적 교육과정에는 포함되지만 교사의 판단이나 학교의 방침 등에 의해 교수학습과정에서 배제된 경우이다. 미술 교육과정의 예를 들면, 미술과의 공식적 교육과정에는 표현(art)의 영역과 이해(혹은 감상, aesthetic)의 영역이 모두 포함되어 있지만, 미술과가 입시의 수단으로 다루어질 때 시험 문제로 출제될 수 있는 인지적인 내용은 수업 시간에 다루어지지만, 미술과의 핵심을 이루는 다른 영역은 시험에 나오지 않기 때문에 수업 시간에 다루어지지 않을 수 있다. 입시 준비라는 특별한 목적 때문에 미술교과의 본래적 성격이 왜곡되고, 미술과의

'가치'가 교육과정에 제대로 반영되지 못하는 사태가 생길 수 있다. 이러한 문제를 지적하는 개념이 영 교육과정이다.

4 교육과정의 주요 문제

1) 형식도야 이론: 무엇을 왜 가르쳐야 하는가?

형식도야 이론은 전통적 교과인 7자유학과(혹은 3학4과)를 중심으로 교과를 정의하고 교과를 가르치는 일의 가치를 정당화하는 이론이다. 이 이론에는 인간의 마음은 어떻게 되어 있고, 그 마음은 무엇으로 기를 수 있으며, 7자유학과로 마음을 기르면 무엇이 좋은가에 관한 질문과 대답들이 포함되어 있다. 먼저, 인간의 마음은 어떻게 되어 있는가? 형식도야 이론에 의하면, 인간의 마음은 여섯 가지 부소능력(지각, 기억, 상상, 추리, 감정, 의지)으로 이루어져 있으며, 이 정신능력들은 우리 몸의 근육처럼 기성의 능력으로 존재하기에 '심근'으로 불린다. 그렇다면, 이러한 마음은 무엇으로 기를 수 있는가? 형식도야 이론에 의하면, 정신능력들로 이루어진 우리 마음을 기르는 데에 적합한 지적 도구들이 있으며, 그 도구들은 오랜 시간에 걸쳐 형성되어 왔다. 7자유학과는 정신 능력을 기르는 데에 특화된 전통적 도구로서, 문법, 수사, 논리의 3학과 대수, 기하, 음악, 천문의 4과로 이루어져 있다. 7자유학과를 이루는 내용들은 여섯 가지 정신능력이라는 형식들을 훈련하는 도야적 가치를 지닌다. 그렇다면, 7자유학과로 일반적 정신 능력을 기르면 무엇이 좋은가? 이렇게 길러진 정신능력은 일반적 전이 가능성을 갖는다는 점에서 가치를 갖는다. 가령, 수학을 통해 길러진 '추리력'은 수학 문제를 푸는 데에만 도움을 주는 것이 아니라 세상의 온갖 일을 판단하고 해결하는 데에 도움이 된다. 특정 교과를 배웠지만 일반적으로 전이되는 능력이 길러짐으로써 교과 공부의 가치가 입증된다는 것이다. 이후 다양한 이론적 도전과 실험을 통해 형식도야 이론이 겪은 우여곡절과 몰락의 과정은 별도로 살펴볼 필요가 있다.

2) 과학적 교육과정 구성론: 무엇을 어떻게 가르쳐야 하는가?

보비트(Bobbit)는 『교육과정』(1918)이라는 저술을 통해 교육과정이 독자적인 연구 분야로 정착하는 데에 기여하였다. 교육과정 연구에 대한 기여는 긍정적인 측면과 부정적인 측면이 공존하는데, 교육과정 연구를 '체계화'하였다는 점에서 긍정적인 기여를 한 반면, 연구의 '지향성'면에서 부정적인 영향을 끼쳤다고 볼 수 있다. 직업 준비로서의 교육을 강조한 교육과정 연구는 교육과정을 교육 외적 목적을 달성하기 위한 수단으로 전락시켰다고 비판 받는다. 보비트의 교육과정 구성론은 '과학적 교육과정 구성법'으로 부를 수 있으며, 과학적 구성법에서 '과학'이 의미하는 바가 무엇이고, 교과의 역할은 어떤 방식으로 축소되었으며, 그가 제시한 교과 교육의 대안은 무엇인가 하는 점을 살펴보는 것이 이론의 전체 구조를 파악하는 데에 도움이 된다(이승은, 2018). 먼저, 과학적 교육과정 구성법에서 '과학'은 무엇인가? 보비트는 '과학'을 '실증과학'의 의미로 사용하지 않았다. 여기서 과학은 테일러의 '과학적 관리기법'의 '과학'과 의미가 비슷하다. 과학은 막연한 추측이 아니라 실지 조사에 기반한다는 것, 연구자의 가치판단을 개입시키지 않는다는 것 이상의 의미를 갖지 않는다. 다음으로, 보비트는 교과의 역할을 어떤 방식으로 축소하였고 교과 교육의 대안은 무엇인지에 대해 연구하였다. 그는 교육과정이 성인들이 모여 사는 사회의 실제적 삶에 기반해야 한다고 보았으며, 교과의 내용도 구체적 생활 사태와 결합된 유목적적 활동으로 이루어져야 한다고 보았다. 유목적성에 대한 강조는 교과 교육의 이론적 가능성을 생활 사태의 좁은 테두리 속에 가두고 말았다. 그의 대안적 교육과정은 '구체적 생활사태'를 통해 길러지는 마음이 어떤 것이며 그것이 왜 좋은가에 대한 설명을 하지 못한다. 실지 조사를 통해 조사한 성인들의 삶이 이러이러한 것이라고 하더라도, 교육의 관점에서, 그것을 아이들에게 가르치는 것이 가치 있는 것인지는 별도로 따져봐야 하는 것이다. 보비트의 교육과정 구성법은 이 문제에 대한 답을 주지 못한다.

3) 합리적 교육과정 구성론: 학교는 어떤 목적을 달성해야 하는가?

타일러(Tyler)의 교육과정 구성론은 교육과정을 설명하고 해석하고 이해하기 위한 이론이 아니라 새로운 프로그램을 개발하고 처방하기 위한 모형의 성격을 갖는다. '합리적 교육과정 구성론'에서 '합리적'이라는 용어는 '공학적'이라는 용어로 바꾸어 쓸 수 있으며, 마찬가지 이유에서, '구성론'은 '개발론'으로 대체할수 있다. 타일러의 교육과정 구성론(이하, 타일러 원리)은 『교육과정과 수업의 기본원리』(1949)라는 소책자를 통해 제안되었다. 타일러 원리에는 '합리적, 종합적, 고전적, 직선적, 순환적, 형식적, 논리적, 연역적, 절차적, 기술적' 등과 같은 다양한 수사가 덧붙을 수 있으며, 이 용어들은 각기 구별되는 방식으로 타일러 원리의 의의를 설명한다(이승은, 2014b). 타일러 원리의 구조를 이해하려면, 그 원리의 이론적 성격은 무엇이고, 그 성과와 한계는 무엇인가를 살펴보아야 한다. 먼저, 타일러 원리의 이론적 성격은 무엇인가? 타일러 원리는 전통적인 교과 중심 교육과정에 대한 문제 제기를 출발점으로 삼는다. 그는 직접적이고 명시적인 형태로 전통적 교육과정을 비판하지는 않지만, 교육과정 구성을 위해 목표가 내용에 우선되어야 한다는 것을 밝힘으로써 전통적 교과의 가치와 위상을 격하시켰다. 아울러 타일러 원리는 공학적 개념에 기반을 두고 교육과정을 구성하였으며, 자신의 과업을 가치중립적 성격을 갖는 것으로 생각하였다. 그가 목표를 설정하는 과정에서 학습자, 사회, 교과 등 인간 삶의 모든 가치 원천을 다 수용하는 것처럼 보이지만, 이것은 정반대로, 어떤 종류의 가치 논쟁에도 휘말리지 않겠다는 의도를 표현하는 것으로 볼 수도 있다. 타일러가 자신의 모형에서 가치 판단의 과정을 제거하고자 하는 것은 앞서 설명한 모형의 공학적 성격과 관련이 있다고 보아야 한다. 공학은 가치 판단을 직접 떠맡는 영역이 아니라 주어진 가치를 실제 세계에 구현하는 역할을 수행하는 영역이기 때문이다.

4) 지식교육과정 이론: 왜 지식이 아니라 '지식의 구조'를 가르치는가?

브루너(Bruner)는 『교육의 과정』(1960)이라는 소책자를 통해 후일 '지식의 구조' 이론으로 불리는 교육과정 이론을 제안하였다. 미소 냉전의 시기, 소련의 스푸트니크호 발사는 미국의 과학기술 수준에 대한 의문과 과학기술을 뒷받침하는 교육에 대한 의심으로 이어졌다. 이런 의심을 기정사실화하고, 미국 교육의 과학기술 경쟁력을 확보하기 위한 방안으로 마련된 다양한 접근법 중의 하나가 바로 지식의 구조 이론이다. 지식의 구조 이론은 미국 교육을 학문의 교육으로 재구조화하기 위한 제안으로 볼 수 있다. 당시 교육계의 환경을 고려할 때, 지식의 구조 이론은 당시의 지배적 교육과정 사조인 경험중심 교육과정을 겨냥한 것으로 볼 수 있지만, 지식의 구조 이론은 오히려 종전의 지식교육에 대한 비판과 대안 제시로 볼 때 그 의미가 더 잘 이해될 수 있다. '지식'이 아니라 '지식의 구조'를 가르칠 것을 주장하는 이론으로 파악할 때, 지식의 구조 이론이 무엇을 겨냥하고 있는가가 잘 드러나는 것이다. 지식의 구조 이론을 이해하려면, 지식이 아니라 지식의 구조를 가르친다는 것이 무슨 뜻이고, '발견학습', '탐구학습', '나선형교육과정' 등의 용어가 이론 안에서 어떤 역할을 하며, 지식의 구조를 배우면 무엇이 좋은가 등의 질문에 대답할 수 있어야 한다. 이 질문에 대답하기 위해, 지식의 구조가 '중간언어'와의 대비를 통해 더 잘 설명된다는 점, 지식의 구조가 지식의 개별 구성 요소들에 의미를 부여한다는 점, '발견학습', '탐구학습', '나선형 교육과정' 등의 개념은 지식의 구조로부터 필연적으로 요청되는 원리나 방법을 가리킨다는 점, '나선형 교육과정'은 '대담한 가설'과 '핵심적 확신'과의 관련 하에 정확한 의미를 이해할 수 있다는 점, 지식의 구조의 가치는 교육의 의미 바깥에 있는 요소들로 설명될 수 없다는 점 등을 고려해야 한다.

Ⅱ 교육과정의 실제

1 교육과정 개발 이론: 타일러 모형

1) 타일러 원리의 구성 요소

앞 절에서 소개한 타일러 교육과정 개발론(이하, 타일러 원리)은 하나의 교육과정 이론이자 모형으로 기능한다. 앞 절에서 타일러 원리의 이론적 성격과 한계를 설명했다면, 본 절에서는 타일러 원리가 가진 모형으로서의 기능(또는 실제적 역할)을 중심으로 타일러 원리를 살펴보고자 한다. 타일러는 『교육과정과 수업의 기본 원리』(Basic principles of curriculum and instruction)(1946, 이하 타일러 원리)라는 기념비적 저작의 서문에서 이 책이 교과서나 매뉴얼이 아니라는 점을 분명히 밝힌다. 이 책은 학교의 교육과정과 수업 프로그램을 분석하고 해석하기 위한 관점과 근거를 제공하기 위한 목적(이것은 교육과정 구성의 원리로 부를 수 있다)을 가지며, 여기서 주로 다루는 관점은 수업 프로그램을 '기능적 도구'(functioning instrument)로 파악하는 관점이다. 따라서 타일러 원리를 이해하려면, 수업을 기능적 도구로 보는 관점이 무엇이며, 그렇게 보는 것이 왜 좋은가를 알아보는 것이 중요하다. 앞의 두 질문은 타일러 모형의 전체 구조에 담긴 교육과정 구성의 원리나 타일러 자신이 표방한 교육과정 구성에 관한 관점과 근거에 의해 답할 수 있다.

타일러가 제시한 교육과정 구성의 원리는 그가 서문에서 던진 네 가지 핵심 질문과 그에 대한 대답이 함의하는 바를 통해 이해할 수 있다. 그가 보기에, 교육과정 개발론은 적어도 네 가지 질문들을 구성 요소로 포함하고 있어야 한다. 따라서 교육과정이나 수업계획을 개발하고자 하는 사람들은 다음의 네 가지 질문을 던지고 그에 대한 대답을 찾아야 한다. '첫째, 학교는 어떤 교육목적을 달성하고자 노력해야 하는가? 둘째, 이러한 목적들을 달성하기 위해 어떤 교육적 경험들이 제공될 수 있는가? 셋째, 어떻게 하면 이러한 교육적 경험들이 효과적으로 조직될 수 있는가? 넷째, 이러한 목적들이 달성되었는가 여부를 무엇을 통해 (어떻게) 결정할 수 있는가?'(Tyler, 1949) 타일러 원리는 이 질문에 대한 직접적인 대답을 적어 놓은 책이 아니라 질문에 대한 답을 찾아가는 절차(procedure)를 설명한 책이다. 앞의 네 가지 질문은 모두 '어떻게'를 묻는 질문이라는 점에서 실제적 조치를 염두에 둔 질문, 교육과정 개발을 위한 질문, 교육과정에 대한 이론적 관심이 아니라 실제적 관심을 표방한 질문이라는 특징을 갖는다(이홍우, 2010). 그러나 이러한 질문이 실제적 성격을 갖는 질문이라는 점을 받아들이더라도, 타일러 자신이 그러하길 원했던 것처럼, 이 질문을 대답하는 과정에서 교육과정의 성격에 대한 관점과 근거가 드러날 수밖에 없다.

앞의 네 가지 질문들은 그대로 교육과정의 구성 요소로 수용되어, 교육목표 설정 – 학습경험의 선정 – 학습경험의 조직 – 평가라는 타일러 모형의 기본 골격을 형성한다. 타일러 모형을 구성하는 각각의 구성 요소(혹은 단계)들은 시간적 순서이자 논리적 위계를 이룬다. 교육과정을 개발하기 위해서는 가장 먼저 목표를 설정해야 하고, 설정된 목표를 달성하기 위한 수단이 되는 학습경험을 선정하며, 선정된 학습경험을 가장 효율적으로 전달하기 위한 방식으로 경험을 조직하며, (학습경험으로 표현되는) 학습의 결과가 최초에 설정된 교육목표에 부합하는가 여부를 마지막으로 평가한다.

2) 타일러 모형의 기본 구조와 특징

타일러 원리의 구성 요소는 교육목표의 설정, 학습경험의 선정, 학습경험의 조직, 평가로 이루어져 있으며, 이들 각각의 구성 요소는 교육의 과정 속에서 개별적인 단계를 이룬다. 이들 4개의 구성 요소가 일련의 시간적, 논리적 순서로 배열되어 4단계로 이루어진 하나의 모형을 형성하고 교육의 실제를 이끈다. 이하에서는 타일러 모형이 가진 기본 구조와 특징을 차례대로 살펴본다.

(1) 교육의 과정을 규제하는 교육목표

타일러 모형에서 교육목표는 교육의 과정 전체를 규제한다. 타일러 모형에서 교육목표는 시간상 우선되는 요소일 뿐만 아니라 논리상 우위를 차지하는 요소이다. 타일러 모형을 보면 알 수 있듯이, 교육목표를 설정하는 일은 교육과정의 순환과정에서 가장 먼저 결정되어야 하는 요소이다. 일단 교육목표가 설정되고 나면 이 목표를 달성하기 위해 학습경험을 선정하는 일, 선정된 학습경험들을 효율적인 방법으로 조직하는 일, 평가를 통해 애초의 목표가 얼마나 잘 달성되었는가를 판단하는 일이 순차적으로 진행될 수 있다. 이것은 교육목표를 설정하는 것이 이후 과정에 시간상 우선되어야 한다는 것을 뜻한다. 그뿐만 아니라 교육목표 설정은 이후 과정이 의미 있게 성립하기 위한 전제가 된다는 점에서 논리상 우위를 차지한다. 타일러가 보기에, 교육목표는 교육자료들을 선택하고, 교육내용을 구성하고, 수업의 절차를 개발하고, 시험과 평가를 준비하는 기준이 된다. 앞에서 모형의 4단계가 수단-목적 관계로 순서대로 서로 맞물려 있는 것처럼 보이지만, 그와 동시에 각각의 단계는 교육목표를 달성하기 위한 수단의 지위를 갖는다. 목표는 학습경험의 내용과 범위를 규정하고, 학습경험의 조직 방식의 효율성이 어떤 성격의 효율성인가를 보여주며, 마지막으로, 무엇이 평가의 대상이 되어야 하는가를 결정한다. 교육목표는 단순히 교육의 출발점을 이루는 것 이상으로 교육의 과정을 규제하고 교육의 종착점을 정의한다. 따라서 타일러 모형에서 무엇보다 중요한 것은 교육목표를 분명히 하는 것이다.

(2) 교육목표 설정의 세 가지 원천과 두 가지 선별 과정

교육목표는 세 가지 원천(sources)과 두 가지 선별(screens) 과정을 통해 설정된다. 타일러는 학교의 교육목표에 대해 현명하고 종합적인 판단을 내리려면 그러한 판단이 가능하도록 충분한 정보가 주어져야 한다고 보았다. 교육과정의 종합적 성격에 걸맞은 판단을 내리려면 그 근거들이 교육활동을 떠받치는 원천들로부터 나와야 한다. 타일러는 이러한 원천들에 학습자, 사회, 교과 전문가가 포함되어야 한다고 보았다. 교육은 인간의 행동 패턴을 변화시키는 과정이므로 가장 먼저 학습자가 포함되어야 하고, 과학과 기술의 발달과 그에 따른 지식의 폭발적 팽창 속에서 현대인의 삶에 필요한 내용을 선별하기 위한 기준으로 사회가 포함되어야 하며, 학교의 전통적 과업인 교과교육의 가치를 드러내기 위해 교과 전문가가 포함되어야 한다. 세 가지 원천에서 나온 방대한 목표들은 교육과정 속에 통합되기 위해 선별과정을 거쳐야 한다. 선별과정은 교육철학과 학습심리가 담당한다. 여기서 교육철학은 가르칠 가치가 없는 것과 서로 상충되는 것들을 걸러내는 역할을 담당하고 학습심리는 학습의 내적 조건에 부합하지 않는 것(필요하지 않거나 흥미롭지 못한 것 등등)을 선별하는 역할을 맡는다.

(3) 내용과 행동의 결합형으로 표현되는 교육목표

타일러 모형에서 교육목표는 내용과 행동의 결합형으로 표현된다. 앞서, 교육목표가 평가에 논리상 앞선다고 하였지만, 교육목표가 평가를 규정하는 것 이상으로 평가 역시 교육목표의 성격에 영향을 미친다고 볼 수 있다. 교육과정 순환의 마지막 단계인 평가는 교육목표의 진술 방식에 영향을 준다. 평가가 정확히 이루어지기 위해서는 평가되는 내용(평가 대상)이 공적인 성격을 가져야 하는데, 평가 내용(평가 대상)의 공적 성격은 관찰 가능성에서 찾을 수 있다. 다시 말해, 평가 대상이 관찰 가능한 것이 되기 위해서는 애초의 교육목표가 공중에 의해 '관찰 가능한' 형태로 제시되어야 한다. 물론, 타일러는 교육목표가 대안적 해석 가능성이 가장 적은 방식으로 제시되어야 교육목표의 모호성 때문에 생길 혼란이 최소화 될 수 있다고 설명하고 있으며, 이 논리는 평가에도 그대로 적용될 수 있다. 교육목표의 달성 여부를 평가할 때, 평가될 내용이 대안적 해석 가능성이 가장 적은 방식으로 제시되어야 교육목표의 달성 여부에 대한 평가가 제대로 이루어질 수 있는 것이다.

(4) 행동화된 교육목표의 양면성

타일러 모형에서 행동형으로 표현되는 교육목표의 성격은 두 가지 상반된 의미를 갖는다. 행동화된 교육목표는 교육내용으로서의 교과를 가르치는 일이 적어도 무엇을 해야 하는가(minimum requirement)를 보여준다는 점에서 적극적 의의를 갖는다. 반면, 이러한 목표는 교과를 가르치는 일이 궁극적으로 무엇을 지향해야 하는가(maximum potentials)를 보여주는 데에는 실패하고 있다는 점에서 한계를 드러낸다. 타일러 모형은 관찰 가능한 행동의 표현에 초점을 두고 그러한 표현이 발현되었는가 여부를 교육적 성패를 판단하는 기초로 삼는다. 그러나 인간의 행동은 이면의 의미가 적재된 행동이다. 동일한 행동이라도 그 개인이 처한 맥락에 따라 상이한 의미를 지닐 수 있으며, 상이한 행동이라도 동일한 의미를 나타낼 수 있는 것이다. 따라서 행동화된 교육목표가 달성되었다는 것은 교육의 필요조건 중 일부가 충족되었다는 것 이상의 의미는 없다.

(5) 교육목표와 성취기준의 관계

성취기준은 교육을 통해 학생들이 성취하게 될 것을 관찰 가능한 형태로 나타낸 것이다. 교육목표가 교육의 출발점에서 제시되는 것으로 볼 수 있다면, 성취기준은 교육의 도착점에 학생들이 성취하게 되는 것을 명시적으로 표현한 것으로 볼 수 있다. 이렇게 보면 교육목표와 성취기준이 서로 다른 것으로 보일 수도 있지만, 양자는 동일한 것을 출발점에서 보느냐 도착점에서 보느냐의 차이를 가지는 것일 뿐이다. 타일러의 '교육목표'는 블룸(Bloom)의 '교육목표분류학'을 거쳐 '성취기준'의 형태로 제시된다. 간혹 성취기준은 교사들 편에서 해석된 교육목표의 의미로 받아들여지기도 한다. 주어진 교육목표를 그대로 사용하는 것이 아니라 학습자, 교수학습의 맥락 등을 고려하여 교수학습의 과정에 도움이 되도록 해석하여 사용할 때 그것을 성취기준이라고 부른다는 뜻이다. 교사들 편에서 보면, 교육목표를 있는 그대로 사용하는 게 아니라 맥락에 맞게 해석해야만 교육목표의 실제적 가치가 살아나고 교사들의 해석적 자율성도 보장된다고 볼 여지도 있다. 그러나 해석적 자율성이나 개방된 해석은 타일러 모형에서 교육목표를 제시하는 본래의 의도를 위배하는 것이다. 타일러 모형에서 교육목표는 '대안적 해석 가능성'이 적을수록 좋은 것이다. 제시된 교육목표를 맥락에 따라 이렇게 해석하거나 저렇게 해석하는 것은 목표의 달성 여부를 판단할 행동적 기준의 역할을 약화시키고, 그 결과로 교육의 힘을 잃게 만든다.

(6) 타일러 모형에서 교사의 역할

타일러 모형에서 교사의 역할은 '교육목표 상세화'와 '교사배제 교육과정'이라는 두 용어를 통해 설명할 수 있다. 먼저, 교육목표 상세화는 교사가 잘 가르치기 위해 교실에서 해야 할 일은 무엇인가라는 질문에 대한 대답이다. 일반적으로 좋은 교사는 교육내용에 대한 지식이 풍부한 교사를 뜻하지만, 타일러 모형에서 좋은 교사는 교육내용을 상세하게 잘 알고 있는 교사가 아니라 교육목표로서의 학생 행동을 상세화할 수 있는 교사이다. 타일러의 정신을 이어받은 블룸의 교육목표 분류학에서도 알 수 있듯이, 학생을 가르칠 때 교사가 해야 할 일을 세밀하게 규정한다는 것은 곧 평가 내용을 세밀하게 규정한다는 것이며, 마찬가지 이유로 평가 내용을 세밀하게 규정하는 것은 교육목표를 세밀하게 규정하는 것을 통해 가능하다. 따라서 교육목표로서의 학생의 행동을 세밀하게 규정할 수 있는 교사는 자신이 교실에서 무엇을 해야 하는지 잘 알고 있는 교사이며, 자신이 교실에서 무엇을 해야 하는지 잘 알고 있는 교사는 좋은 교사가 될 가능성도 높다.

다음으로 교사배제 교육과정(teacher proof curriculum)은 교사가 교육과정에 어떤 방식으로 개입하는 것이 잘 가르치는 데에 도움이 되는가라는 질문에 대한 대답이다. 이 관점은 용어가 주는 표면상의 느낌대로 읽으면, 교사가 교육과정에 손을 대지 못하도록 한다는 부정적인 의미로 해석될 수 있다. 그러나 표준화된 공정을 가진 공장 시스템에서 노동자의 지위를 생각해 보면 이 말의 본래적 의미가 살아날 수 있다. 가령, 자전거를 만드는 생산 공정의 예를 생각해 보자. 자전거를 만들 때 좋은 생산 공정이란 무엇인가? 노동자가 흑인인가 백인인가, 고학력자인가 저학력자인가, 노인인가 청년인가, 민주당원인가 공화당원인가, 남자인가 여자인가에 따라 최종 생산품인 자전거의 품질이 들쭉날쭉 차이가 난다면, 그 공정은 좋은 공정이라고 보기 힘들다. 노동자가 누구인가가 반영되지 않는 공정일수록 일관된 품질의 제품을 생산할 수 있는 좋은 공정이다. 이와 마찬가지로, 교사가 누구인가가 교육의 최종 결과에 영향을 미치는 교육의 과정은 좋은 교육의 과정인가? 타일러가 보기에, 좋은 교육과정은 교사가 누구인지에 영향을 받지 않고 일관성 있는 교육적 결과를 산출할 수 있는 교육과정이다. 이러한 의미에서 타일러의 교육과정은 교사배제 교육과정으로 부를 수 있다. 이것은 교사를 교육과정 바깥으로 밀어내는 교육과정이 아니라 교사가 누구인지에 따라 교육의 결과가 영향을 받지 않는 교육과정을 가리킨다. 교사가 누구인지에 따라 교육의 결과가 요동치지 않고, 교사가 누구이든 일정한 품질의 교육이 제공되는 공학적 이상이 교육과정을 통해 실현되는 것이야말로 타일러 모형의 이상이다.

2 교육과정 구성의 원리

1) 계속성

교육의 과정은 시간의 흐름을 따라 전개되며 이때의 시간축은 수직축과 수평축을 갖는다고 볼 수 있다. 여기서 수직축은 교육내용이 시간축 선상에서 수직적으로 맺는 관련을 뜻하며, 이 관련을 설명하는 원리는 두 가지로 구분된다. 그 중 하나는 동일한 교육내용을 시간의 흐름을 따라 반복해서 가르치는 것이며, 다른 하나는 이전에 가르친 내용을 현재 교육내용과의 논리적 관련 하에 가르치는 것이다. 전자가 일정한 시간축 상의 간격을 두고 동일한 내용을 반복해서 가르치는 것이라면, 후자는 직전에 가르쳤던 내용과 지금 가르칠 내용이 논리적 순서로 연관되도록 가르치는 것이다. 후자의 원리인 '계열성'은 다음 항목에서 다루기로 하고, 여기서는 전자의 원리인 '계속성'을 설명하기로 한다. 시간축에서 교육과정을 구성할 때 계속성의 원리를 적용한다는 것은 이런 것이다. 가령, 초3 학생에게 물리학의 '관성'이나 윤리학의 '양보'의 개념을 가르쳤다면, 다시 중1, 그리고 고1에 이 개념을 반복하여 가르치는 것으로, 학년과 발달 수준을 달리하여 동일한 개념을 반복적으로 교수함으로써 학생들이 이러한 개념들을 더욱 잘 '내면화' 할 수 있을 것이다. 때로는 이렇게 반복하는 것이 시간 낭비처럼 여겨질 수도 있다. 그럼에도 불구하고 동일한 교육내용을 시간축을 따라 반복하여 가르치는 이유는 어디에 있는가? 새로운 개념을 계속 가르치지 않고 기성의 개념을 수준을 달리하여 반복하여 가르치는 이유는 무엇인가? 이것은 두 가지로 설명할 수 있다. 먼저, 학교가 가르쳐야 할 기본적 개념의 숫자는 몇몇에 한정되어 있고, 이러한 기본적 개념은 물리학적 사고방식이나 윤리학적 사고방식의 형성에 결정적인 영향을 준다. 다음으로, 시간축에서 반복되는 것은 동일 내용을 단순히 되풀이 하는 것이 아니라 수준과 폭을 달리하여 보다 심층적 이해로 이끄는 것이다. 모형에서 이미지로, 이미지에서 구체적 언어로, 구체적 언어에서 추상적 수식으로, 수준과 형태를 달리하며 반복하는 것은 단지 추상의 수준이 높아지는 것이 아니라 개념적 이해의 깊이가 깊어지는 것을 뜻한다. 브루너의 나선형 교육과정은 이러한 아이디어를 담고 있는 개념이다.

2) 계열성

시간축의 수직적 관련을 가리킨다는 점에서 계열성의 원리와 계속성의 원리가 서로 다른 것이 아닌 것으로 보일 수도 있다. 계열성의 원리는 시간축에서 서로 다른 교육내용이 수직적으로 맺는 관련을 규정하는 개념이라는 점에서 계속성의 원리와 유사하다. 양자의 차이는 계열성의 원리에 '순서' 개념이 포함되어 있다는 점이다. 여기서 순서는 논리적인 것이면서 동시에 시간적인 순서를 의미한다. 시간과 논리 각각의 측면에서 계열성은 두 가지 의미를 갖는다. 먼저, 시간의 측면에서 계열성은 단순한 내용에서 복잡한 내용으로 시간의 흐름에 따라 교육과정을 구성하는 것을 가리킨다. 여기에는 단어에서 문장으로 다시 문장에서 단락으로 복잡성을 더해 가는 것, 단세포 개념에서 다세포 개념으로 복잡해지는 것, 생물학적 진화처럼 시간에 따른 복잡성의 증가를 보여 주는 것, 삼국시대에서 고려시대, 조선시대로 역사적 흐름이 전개되는 것이 모두 포함될 수 있다. 시간의 흐름을 어길 경우 교육내용의 계열성이 무너지고 학생들의 학습도 불가능하게 된다. 이와 조금 다른 방식으로 논리적 측면에서 계열성을 이해할 수도 있다. 예를 들어, 수학 교육의 과정을 구성할 때, 인수분해를 가르치고 난 뒤에 사칙연산을 가르치지 않고, 사칙연산을 가르친 후 인수분해를 가르치는 것은 논리적 순서를 고려한 것이다. 사칙연산의 학습이 인수분해의 학습에 논리상 우선하기에 이런 순서를 존중하는 것이다. 계열성의 두 가지 측면 중에서 보다 엄격한 것은 논리적 순서이다. 시간 순서는 맥락이나 교수 의도에 따라 선후가 다소 바뀔 수 있지만 논리 순서는 그것이 뒤바뀌면 학습이 일어나지 않는다. 논리와 시간의 두 측면은 교육과정의 실제에서 엄격히 구분하기 힘들 수도 있다. 가령, 고려를 가르친 후 조선을 가르치는 것은 역사적 시간 순서를 따르는 것처럼 보이기도 하지만 고려가 조선의 논리적 원인에 해당하는 것이기도 하기 때문이다.

3) 통합성

통합성의 원리는 교육의 과정에 해당하는 시간축을 수평으로 잘랐을 때, 교육내용이 서로 간에 맺는 관계를 설명하는 원리이다. 이 원리에서 교육내용 간의 수평적 관련은 두 가지 의미로 파악된다. 먼저, 학습의 특정한 시점에서 학생이 배우는 여러 교과의 내용들이 상호 충돌하거나 간섭하지 않고 조화를 이룬다는 의미로 파악될 수 있다. 예를 들어, 중2 수학에서 배우는 공식이나 수식의 수준이 중2 과학에서 활용되는 수학 공식과 수식의 수준과 범위에 서로 어긋나지 않는 것이나 고1 국어에서 사용되는 단어나 문장 구조가 과학 교과에서 사용되는 단어나 문장 구조와 조화를 이룰 때, 교육 내용 간의 통합성이 잘 유지되고 있는 것으로 볼 수 있다. 다음으로, 통합성은 학생이 학교에서 배우는 여러 교과들이 갖는 분과적 성격이 극복된 상태를 가리키는 개념으로 사용될 수도 있다. 학생들은 학교에서 국어, 수학, 물리, 도덕 등 여러 교과를 분과로서 배우지만, 학생들의 마음은 하나로 통합되어 있다. 물론, 여러 교과를 따로 배운다고 해서 학생들의 마음이 쪼개지는 일이 생기는 것은 아니지만, 학생들의 마음이 하나의 마음으로 전체적인 조화를 잘 드러내게 하기 위한 교육적 노력이 필요할 수도 있다. 이때, 한편으로, 국어, 수학, 물리, 도덕 등의 교과들을 학생들의 마음 바깥에서 미리 '통합'하여 가르치는 것이 마음의 조화에 도움이 된다고 보는 관점과, 다른 한편으로 미리 통합하는 것은 지식의 성격에 어긋나는 것이므로 각 교과를 교과대로 잘 가르치는 것으로 충분하며, 학생의 마음을 통합하기 위한 별도의 조치는 필요 없다는 관점이 서로 경쟁할 수도 있다. 이러한 관점의 차이는 교과통합과 관련된 이론이나 지식의 성격에 관한 이론을 통해 보다 면밀히 검토할 필요가 있다.

3 우리나라 교육과정의 성격과 변천 과정

1) 국가교육과정의 기본 구조

우리 국가교육과정은 '교육과정 총론'(이하 총론)과 '교과목별 교육과정'(이하 각론)으로 이루어져 있다. 총론은 국가교육과정의 전체적인 얼개를 이루는 것으로 교과목별 교육과정의 구체적인 개정 방향을 지시한다. 총론이 전체적인 얼개를 이루는 공통의 일반적인 목표와 기준을 제시하는 것이라면, 각론은 총론의 목표와 기준을 달성하기 위해 개별 교과목별로 수행해야 할 교육활동이나 과업에 대한 구체적인 지침을 담고 있다. 교육과정이 개정될 때마다 총론과 각론을 구성하는 내용들에는 다소 간의 변화와 차이가 생길 수밖에 없지만, 전체적인 교육과정의 구조에는 큰 차이가 없다.

교육과정 총론에는, 교육과정의 성격 규정, 교육과정 구성 방향과 중점 내용, 학교급별 교육목표(초중고 별도 제시), 학교급별 교육과정 편성, 운영의 일반적 기준, 학교급별 교과목 편제와 시간 배당 기준, 교수학습 및 평가의 방향과 방법, 국가 수준과 교육청 수준의 교육과정 지원 내용 등이 포함된다. 반면 각론에는, 총론을 구현하기 위해 각 교과목별로 수행해야 할 교육활동의 내용과 총론의 공통 일반 기준이 각 교과목별로 목표, 내용, 방법 면에서 구체적으로 어떻게 구현될 것인지에 관한 내용이 포함된다. 이하에서는 2015 개정 교육과정의 총론을 중심으로 국가 교육과정의 구조를 살펴보기로 한다.

2015 개정 교육과정 총론은 '교육과정'의 성격을 규정하는 것으로부터 시작한다. 교육과정 총론에 의하면, 국가 수준 교육과정은 ① 법률적 근거(초중등교육법 제23조 제2항)를 가지고, ② 초중등학교의 교육목적과 교육목표를 달성 여부를 가늠하는 기준의 역할을 하며, ③ 학교급별로 편성, 운영되는 교육과정의 공통/일반 기준을 제공한다. 2015 개정 교육과정은 국가 수준 공통성과 지역/학교/개인 수준의 다양성을 추구한다는 점, 학생의 자율성과 창의성을 중심에 둔다는 점, 학교공동체(지역, 교육청, 학교, 교사, 학생, 학부모)의 참여에 기반한다는 점, 학교 교육과정을 중심에 둔다는 점, 학교 교육의 질적 향상을 모색한다는 점을 국가

교육과정 공통의 일반적 기준으로 제시한다.

교육과정 총론의 내용을 조금 더 구체적으로 살펴보면, 총론에는 크게 보아, ① 교육과정 구성의 방향을 제시하는 부분, ② 학교급별 교육과정 편성, 운영의 기준을 제시하는 부분, ③ 학교 교육과정 편성, 운영 방법을 설명하는 부분, 그리고 ④ 학교 교육과정 지원 수준을 설명하는 부분이 포함된다. 국가교육과정의 목적에 해당하는 내용은 주로 교육과정 구성 방향을 제시하는 부분에 담겨있다. 2015 개정 교육과정에서는 자아정체성을 확립하는 자주적 인간, 능력을 갖춘 창의적 인간, 문화와 다원을 중시하는 교양인, 소통하는 공동체적 인간이 '추구하는 인간상'으로 제시되어 있다. 이러한 인간상을 구현하기 위해 '인간상'은 다시 '핵심역량'(자기관리 역량, 지식정보처리 역량, 창의적 사고 역량, 심미적 감성 역량, 의사소통 역량, 그리고 공동체 역량)의 형태로 제시된다. '핵심역량'을 수단으로 '인간상'이라는 목적을 달성한다고 볼 수도 있겠지만, 그것보다는 '인간상'을 '역량'의 형태로 번역한 것으로 보는 것이 더 타당하다.

총론에서 제시되는 공통의 일반적이고 추상적인 기준은 각론에 해당하는 개별 교과목별 교육과정을 통해서 보다 구체적으로 실현된다. 추상적인 총론을 교수학습의 과정 속에서 구체적으로 실현하는 것이 각론의 역할이라면, 총론을 각론으로 번역하는 과정에서 해석의 과정이 수반될 수밖에 없다. 이러한 해석의 과정에서 총론과 각론은 서로 다른 주제 의식을 갖는 것이 아니라 총론의 취지를 각론으로 구현한다는 점에서 의미상 일관성을 가져야 한다. 만약, 총론을 각론으로 해석하는 과정에서 해석자가 임의로 그 의미를 번역한다면 자의적 해석의 문제가 생길 수 있다. 교육과정 해석의 중심에 서 있는 교사는 자의적 해석의 문제를 항상 염두에 두어야 한다. 총론과 각론 간의 괴리 문제는 총론을 각론으로 번역하고 해석하는 과정에서 생겨나는 일반적 문제들을 통칭하는 표현이다.

그렇다면, 교육과정 총론과 각론 간의 괴리 문제는 어떻게 바라보아야 하는가? 일반적으로 총론과 각론의 괴리 문제는 총론에서 정립된 공통의 목적을 각론을 통해 구현해내지 못하는 문제로 받아들여진다(이광우, 정영근, 2017). 이러한 관점 하에서 양자 간의 괴리를 없애기 위한 방안으로는 총론의 아이디어를 각론 수준에서 적용하기 위한 지침(혹은 가이드라인) 형태로 제시하는 것, 총론과 각론 개발 간의 시차를 줄이거나 동시 개발하는 것, 조직을 통해 양자 간의 연계를 꾀하는 것 등이 제안되기도 한다(이광우, 2015). 그러나 양자 간의 괴리를 해결하는 방향이 반드시 총론의 목적을 달성하기 위해 각론을 수정, 보안하는 방향이 되어야 하는가에 대해서는 의문의 여지가 있다. 가령, '추구하는 인간상'이나 '역량'의 목록이 어디로부터 온 것이며, 무엇을 통해 구체화되어야 하는가를 묻는다면 반드시 총론이 각론의 기준이 되어야 한다고 생각하기 어려운 점이 있다. 양자는 어느 한 편이 다른 한 편의 수단적 가치를 갖는 일방적 관계가 아니라 서로가 서로에게 의지하고 가치를 정립해 주는 상호의존적 관계로 설명될 수 있다.

2) 국가교육과정의 변천

우리 국가교육과정은 1945년 해방 이후 제대로 된 형식과 내용을 갖추어 가기 시작했다. 개화기 근대적 학교 제도의 성립과 관련된 다양한 제도 개혁 등과 일제강점기 4차에 걸친 조선교육령(1911, 1922, 1938, 1943)으로 거슬러 올라가 우리 교육과정의 형성과 관련된 긍정적, 부정적 영향을 설명하려는 다양한 연구와 탐색이 이루어지고 있지만, 본격적 의미의 국가교육과정이 정립된 것은 해방 이후이다. 해방 이후 1949년 공포된 교육법은 우리 교육과정의 제도적, 형식적 기반을 온전히 갖추는 계기가 되었다고 볼 수 있다.

국가교육과정은 법률적 기반을 갖는 것으로서 개정 과정에 많은 시간과 노력이 소요되므로 종전에는 일정한 주기를 두고 정기적으로 개정되었다. 그러나 학교를 둘러싼 사회적 환경 변화의 속도를 고려한 교육과정 개정이 요청됨으로 인해 근래에는 개정이 필요한 충분한 사회적 요구가 생겼을 때 수시로 교육과정을 개정하는 방식으로 교육과정 개정의 주기가 바뀌었다. 해방 이후 우리 국가교육과정은 교수요목기를 제외하더라도 7차에 걸친 정시 개정과 3차(2007, 2009, 2015)에 걸친 수시 개정을 통하여 현재의 모습을 갖추게 되었다. 이하에서는 우리 국가교육과정의 변천 과정을 살펴보되, 교과, 생활, 경험, 학문중심 교육과정을 대표하는 초창기 교육과정(교수요목, 1, 2, 3차)과 탈중심적 성격의 근래(2015 개정)의 교육과정을 중심으로 개정 시기별 특징을 간략히 살펴보기로 한다.

(1) 군정기와 교수요목기(1945~1954)

해방직후 1년 간(1945. 9. ~ 1946. 9.)의 교육은 미군정청 학무국에서 내린 일반명령 제4호 '신조선의 조선인을 위한 교육'에 근거하여 이루어졌다. 군정청 학무국의 신교육방침은 현대적 형태의 교육과정과는 거리가 멀었다. 이 방침은 포고문의 성격에 가까운 것으로서, 1945년 9월 24일 '전조선 초등학교'의 개교와 학령기 아동들의 학교 등록을 지시하고, 일제 치하의 교육기관이 '조선인 교육기관'으로 변경된다는 사항, 학교의 공식 교수용어가 '조선국어'로 변경된다는 사항, '조선의 이익'에 반하는 교과가 금지된다는 사항, 교원 등록을 촉구한다는 사항을 포괄하고 있다. 학무국 명령에 기반한 군정 초기 교육에 이어 1946년 9월 신학기 개강과 함께 등장한 것이 해방 이후 최초의 교육과정인 '교수요목'이다. 교수요목은 학교에서 교사가 가르쳐야 할 교육내용의 요점을 목록의 형태로 적어 놓은 것이다. 목록이 그러하듯, 교수요목에는 학교에서 가르쳐야 할 전체적인 지식의 구조에 대한 이해나 교육목적과 교육내용과 교육방법 간의 일관성에 대한 전반적인 고려가 부족하다. 이 시기를 편의상 교수요목기라고 부르는데, 교수요목기의 주요 교과로는 이과(과학), 국어, 실업과, 사회, 산수, 영어 등이 있다. 각각의 교수요목은 해당 분야에서 다루어야 할 핵심 내용을 목록의 형태로 담고 있는데, 대부분의 교수요목에는 교수 요지, 교수 방침, 교수 사항, 교수상 주의사항이 수업 내용 목록과 함께 포함되어 교수의 방향을 제시했다.

(2) 제1차 교육과정

해방 이후 전쟁을 거치면서도 법령에 기반하여 교육과정을 제도화하려는 노력이 계속되었고, 그 결실로 나온 것이 1954년 문교부령 제35호 '교육과정 시간 배당 기준령'과 1955년 8월의 '초등학교, 중학교, 고등학교 교육과정'(문교부령 제44, 45, 46호)이었다. 제1차 교육과정은 국민학교, 중학교, 고등학교, 사범학교의 교육과정시간 배당기준을 정하고(기준령), 그 기준을 바탕으로 각 교과의 교육과정을 명문화된 형태로 제시(교육과정)하였다. 이 교육과정은 교육과정의 정의와 편제의 측면에서 교과를 중심으로 교육과정의 성격을 규정하려고 하였다는 점에서 교과중심 교육과정의 성격을 갖는다고 볼 수 있다. 그러나, 이와 동시에, 교육과정을 운영할 때에는 교과와 생활 간의 관련을 중시하였다는 점을 고려하면 실제적 운영의 측면에서 생활중심 교육과정의 성격을 가졌다고 볼 수 있다. 제1차 교육과정은 최초의 본격적인 의미의 국가교육과정으로서 다음과 같은 특징을 갖는다.

첫째, 1차 교육과정은 교육과정에 대한 정의를 담고 있다. 기준령에 의하면, 교육과정은 '각 학교의 교과목 및 기타교육활동의 편제'(1장 2조)로 정의된다. 여기서 교육과정이 학교 교과목의 편제로 정의된다고 해서 1차 교육과정을 '교과중심 교육과정'으로 단정하기는 어렵다. 교육과정 제정의 기본태도에 사회의 개선과 향상을 목적으로 시대와 지역의 요구를 고려해야 한다는 점이 명시되어 있고, 이를 위해 반공, 도의, 실업교육을 강조하기 때문이다.

둘째, 교과교육과 함께 특별활동을 강조하였다. 특별활동은 교육목적 및 교육목표를 달성하기 위하여 필요한 교과 이외의 '기타교육활동'을 뜻하는 것으로 이곳에서 이루어지는 특별활동은 교과 바깥에서 이루어지는 학생활동을 가리키며, 여기에는 직업준비나 학생의 취미 등이 포함된다.

셋째, 교육과정의 기본 방향은 교육과정 제정의 기본 태도에 명시되어 있다. 이 기본 태도는 교육과정 구성과 운영의 기준이 되는 것으로, 여기에는 인격 발전의 도모, 적절하고 필수적인 교육내용 구성을 통한 분량의 최소화, 교육과정의 유기적 통일성의 강조 등이 포함되어 있다.

넷째, 과학, 국어, 실업가정, 미술, 사회, 수학, 영어, 음악, 체육 등 현대적인 형태의 교과 분류가 도입되었다. 여기 포함된 교과들은 기본적인 학문, 예체능 영역과 함께 실업가정으로 대표되는 실제적 활동을 교육내용으로 포함하고 있는 것이었다.

(3) 제2차 교육과정

제2차 교육과정은 1963년 2월 문교부령 제119호를 기반으로 하는 새로운 교육과정을 가리킨다. 이 교육과정은 경험중심 교육과정의 성격을 갖는 것으로 알려져 있다. 이 교육과정은 종전의 교육과정에 대한 문제 의식과 5.16 군사정변을 계기로 시행된 것으로 고시문은 밝히고 있다. 표면상 2차 교육과정은 자주적이고 구체적인 한국고유의 교육목표가 부재하다는 점, 단편지식 주입으로 인격도야에 소홀하다는 점, 실생활과 유리된 교과공부 위주라는 점 등을 기존 교육과정의 문제라고 파악한다. 과연 이러한 문제 사태가 교육과정 개정을 통해 효과적으로 개선되었는가, 표면의 문제 의식과 다른 목적이 개정 교육과정에 포함되지는 않았는가에 관해서는 별도의 판단이 필요할 것으로 보인다. 여기서는 2차 교육과정을 교육과정 개정 취지와 교육과정 구성의 목표 등을 중심으로 살펴보기로 한다.

첫째, 2차 교육과정에서 교육과정은 '학생들이 학교의 지도하에 경험하는 모든 학습 활동의 총화'로 규정한다. 교육과정을 학생이 겪는 경험의 전체로 규정하는 것은 학생의 경험이 곧 학생이 어떤 인간이 되느냐를 결정한다고 가정하기 때문이다.

둘째, 이념교육과 실용교육은 교육목표의 양대 축을 이룬다. 민주적 신념과 반공 정신의 강조, 민족적 기풍과 국제 협조 정신 함양에 도움되는 학습경험의 강조, 실질적 반공/도덕교육의 강조 등은 이념교육의 핵심 내용을 이룬다. 이와 함께, 일상 생활 문제 해결을 위한 지식, 기능, 태도의 강조, 가난 극복과 경제효율성을 위한 학습활동의 강조 등은 실용교육의 성격을 보여준다. 물론, 건전한 신체와 심미적 정서를 위한 학습 활동을 강조하기도 하지만, 이것은 앞의 이념, 실용교육에 비해 부차적 중요성을 갖는다.

셋째, 교육과정 운영면에서, 생활 경험을 중심으로 한 교과의 종합을 추구하였다. 2차 교육과정에서도 기초 학력을 강조하고, 교육과정의 계열성과 일관성에도 관심을 기울였지만, 교과교육 운영의 일차적인 관심사는 교과활동이 생활사태를 통해 종합되어야 한다는 것이었다.

넷째, 국민학교, 중학교 교육과정은 교과활동, 반공/도덕생활, 특별활동의 세 영역으로 구조화되었다. 이러한 구조화가 실제 교육과정의 운영에서 어떤 역할을 수행했는가는 분명하지 않다. 다만, 반공/도덕생활이 독립적인 영역으로 다루어졌음에도 불구하고 시간 배당은 1시간에 불과하여 교육과정상의 비중은 상대적으로 미약했다.

(4) 제3차 교육과정

제3차 교육과정은 1973년 2월 문교부령 제310호를 기반으로 하는 교육과정이다. 이 교육과정은 학문중심 교육과정의 성격을 갖는 것으로 알려져 있다. 3차 교육과정에 포함되는 1979년 3월의 문교부 고시 제424호 이후로 국가교육과정은 문교부령보다 개정이 용이한 문교부 고시 수준으로 법령 수준의 변화를 겪는다. 1972년 10월 유신의 영향을 받은 3차 교육과정은 기본 방침 편에서 조국 근대화, 민족 중흥, 국력 배양 등의 국가주의적 용어를 다수 사용하여, 교육을 통한 국가 이념의 전파를 강조한다. 제3차 교육과정의 성격과 특징은 다음과 같다.

첫째, 국민교육헌장 이념 구현이라는 목적을 달성하기 위해 국민자질 함양, 인간교육 강화, 지식/기술교육의 쇄신을 강조하였다. 지식/기술교육이 무엇을 가리키는지 비교적 분명한 데 비하여, 국민자질이 어떤 자질을 의미하고 인간교육을 통해 기르고자 하는 구체적인 인간상이 무엇인지에 대해서는 일반적인 방향을 제시하는 것 이상으로 내용의 상세화가 이루어져 있지 않다. 민족 주체 의식이니 전통이니 하는 것이 구체적으로 어떤 내용으로 채워져야 하는 것인지, 현대문명의 비인간화를 어떻게 극복하고 어떤 성격의 근면성을 길러야 하는지에 대한 논의가 부족하다. 이럴 경우 교육과정의 자의적 해석이 가능해진다.

둘째, 학문중심 교육과정의 기본 용어들을 사용한 것 이상으로 실질적인 면에서 학문의 정신을 교육과정의 근본으로 여겼는지에 대해서는 의문의 여지가 있다. 기본능력 배양, 지식의 구조를 중심으로 기본 개념 파악 등의 용어를 빈번히 사용한다고 해서 그 교육과정이 학문중심 교육과정의 성격을 갖는다고 볼 수는 없다. 아울러, 판단력과 창의력의 함양, 산학 협동 교육 등을 강조하는 것은 지식교육을 거점으로 삼는 것이 아니라 일반적 능력과 실용을 거점으로 삼는다는 점에서 학문중심 교육과정의 본래적 의미와는 거리가 다소 멀다.

셋째, 교육과정의 일반목표가 구체적인 교육내용과 방법과는 무관하게 제시되어 있다. 자아실현(지적호기심, 합리적 사고, 강인한 의지, 의사소통 능력, 건전한 정신, 정서의 함양, 근검 노작의 정신), 국가발전(사명감, 주제의식, 올바른 국가관, 협동정신, 민족문화의 이해), 민주적 가치의 강조(인격 존중, 질서 존중, 예의범절, 합리적 의사결정, 반공 민주 신념) 등의 목표가 구체적으로 어떤 교과를 통해 발현되는 목표이고, 이것은 어떤 교육방법을 통해 올바르게 가르칠 수 있는지에 대한 교육과정상의 설명도 부족하다.

넷째, 교육과정 편제는 교과 활동과 특별 활동으로 편성되며, 도덕, 국어, 사회, 산수, 자연, 체육, 음악, 미술, 실과의 9교과 체제로 명시되었다. 여기서 교과 및 특별활동은 앞에서 언급한 교육과정 구성의 일반 목표를 달성하기 위한 수단적 역할을 해야 하지만, 구체적으로 어떤 내용을 어떤 방식으로 가르칠 때 어떤 목표가 달성된다고 볼 수 있는지에 대한 설명이 부족하다. 이러한 특징 이외에도, 교과와 특별활동 간의 상호 연계, 초등 저학년의 교과 통합, 종합 등과 같은 교육과정 운영상의 고려사항도 3차 교육과정의 성격을 잘 드러낸다.

(5) 2015 개정 교육과정

2015 개정 교육과정은 교육과정의 수시 개정 체제 도입 후 세 번째(2007, 2009, 2015) 개정된 교육과정으로 교육부 고시 제2015-74호에 기반한다. 2015 개정 교육과정은 크게 보아 교육과정 구성 방향, 학교급별 교육과정 편성 운영 기준, 학교 교육과정 편성 운영, 학교 교육과정 지원 영역의 4개 영역에 대한 규정을 담아 내고 있다. 이 중에서 교육과정의 목적을 확인할 수 있는 부분은 1장 1절 추구하는 인간상 영역이다. 여기에는 홍익인간의 이념과 인격도야, 민주시민자질 함양, 민주 국가 발전 기여 등의 목적이 명시되고, 이를 바탕으로 추구하는 인간상을 도출하고, 인간상 달성을 위한 핵심역량이 제시된다. 이전 교육과정과 달리 교육목적을 역량의 형태로 구체화하였다는 점에서 2015 개정 교육과정은 역량기반 교육과정으로 알려지고 있다. 이하에서는 2015 개정 교육과정의 성격과 특징을 살펴본다.

첫째, 핵심역량 양성을 교육목적으로 삼는 교육과정이다. 이 교육과정은 추구하는 인간상(자주적인 사람, 창의적인 사람, 교양있는 사람, 더불어 사는 사람)을 구현하기 위해 여섯 가지 핵심역량을 길러야 한다고 되어 있기 때문에 역량기반 교육과정으로 불린다. 이념－교육목적－인간상－핵심역량의 순서로 목적의 위계가 구성되어 있지만, 핵심역량이야말로 교육과정 운영을 통해 달성해야 하는 구체적인 목적이라고 볼 수 있다. 다만, 역량기반 교육과정은 여러 방면에서 그 성격에 대한 문제제기가 이루어지고 있다. 이 교육과정이 최소한의 애매성을 제거하려면, 인간상과 역량의 관계가 무엇인지, 역량이 발현되지 않으면 인간상 구현에 실패하였다는 것인지, 왜 교과를 경유하여 역량을 길러야 하는 것인지, 교과를 경유하지 않고 기른 역량은 무슨 문제가 있는지 등의 다양한 질문에 대해 대답할 수 있어야 한다.

둘째, 바른 인성을 갖춘 창의융합형 인재의 양성에 중점을 두는 교육과정이다. 여기서도 이념, 목적, 인간상, 핵심역량의 위계가 반복하여 제시되는데, 이러한 위계가 바른 인성을 갖춘 창의융합형 인재와 어떤 관련을 맺는지에 대한 설명은 상대적으로 부족하다. 학교급별 교육목표를 통해 바른 인성을 가진 창의융합형 인재의 실체를 추론해 볼 수도 있겠지만, 기본 습관, 기초 능력, 바른 인성, 민주 시민 자질 등이 무엇이고 어떻게 길러질 수 있는지에 대한 설명이 여전히 부족하다.

셋째, 교육내용의 선정과 조직, 교수학습의 과정, 평가 등 다양한 교육과정 구성상의 지침을 포함하고 있다. 이 지침을 보다 구체적으로 보면, 균형 있는 기초 소양 함양, 선택 학습 강화, 개념 중심 구조화, 학습량 적정화, 학생 참여형 수업 활성화, 자기주도적 학습 능력 배양, 과정 중심 평가, 목표－내용－교수학습－평가의 일관화, 필요 중심 역량 강화 등의 다양한 중점 사항을 포괄함으로써, 특정 중심과제를 내세운 과거의 교육과정과 기본 성격을 달리한다.

넷째, 다원화, 다양화된 학교급별 교육과정 편성, 운영 기준을 제시하였다. 초1에서 중3까지의 공통 교육과정과 고1에서 고3까지의 선택중심 교육과정의 구분, 학년군 설정을 통한 교육과정의 유연한 편성, 고등학교 교과의 보통/전문 교과 구분, 집중이수제 실시, 창의적 체험활동 강화 등 교과와 비교과를 아울러 다양하고 다원화된 교육과정 편성과 운영이 가능하도록 하였다. 다원화와 다양화는 모든 가치 있는 것을 교육과정에 포괄한다는 점에서 외형적 이익을 가져다주는 것처럼 보이지만, 상충하는 가치의 조정 문제가 그 이면에 자리 잡고 있을 가능성을 항상 염두에 두어야 한다.

Ⅲ 현대 교육과정의 주요 문제

1 교육과정 재구성

교육과정 재구성은 비교적 근래에 등장한 개념으로 이 용어를 사용하는 학자들은 저마다의 문제 의식과 사용 맥락에 따라 이 용어를 다양한 의미로 사용한다. 교육과정이라는 용어가 문제 의식과 사용 맥락에 따라 다양한 의미로 사용될 수 있는 것처럼 교육과정 재구성이라는 용어도 그 의미를 정확하게 이해하려면 용어가 해결하고자 하는 교육과정의 문제 사태와 이 용어가 사용되는 맥락을 고려하여 그 의미를 따져봐야 한다. 이 절에서는 교육과정 재구성이 요청되는 문제 의식에 비추어 이 용어의 의미를 설명한 후 교육과정 재구성의 현대적의의를 간략히 살펴보고자 한다.

먼저, 교육과정 재구성은 국가 수준 교육과정이 원형 그대로 교사 수준에서 사용될 수 없다는 문제 의식에 기반하고 있다. 이 문제 의식은 두 가지 의미로 해석될 수 있다. 하나는 교사가 국가교육과정을 만드는 과정으로부터 소외되어 있기 때문에 국가교육과정의 의미를 직접 알아내는 과정이 필요하다는 것이고, 다른 하나는 국가교육과정은 추상적인 언어와 규정들로 이루어져 있기 때문에 이를 구체적인 현실의 언어, 교실의 언어로 번역하는 작업이 필요하다는 것이다. 대부분의 교사들은 국가 수준 교육과정을 제정하거나 개정할 때 직접 참여할 기회를 갖지 못하기 때문에 어디에선가 만들어져 내려오는 교육과정을 직접

읽어 그 의미를 알아내야 하거나, 교육과정에 적혀 있는 용어들(가령, 자기주도학습)이 실지로 교실의 학생에게 구체적으로 어떤 방식으로 적용되어야 하는지를 스스로 번역해 내야 한다. 따라서 교육과정 재구성은 국가교육과정의 의미를 어떻게 해석하고 구체적인 수업으로 번역할 것인가의 문제에 대한 대답의 성격을 갖는다.

둘째로, 교육과정 재구성은 교과를 잘 가르치는 것이 어떤 일인가에 대한 문제 의식에 기반한다. 교과를 구성하는 지식을 어떻게 가르칠 것인가의 문제는 국가, 지역, 학교 등 교육과정의 수준에 따른 적용의 문제가 아니라 지식을 공부한 교사가 어떻게 하면 지식을 지식답게 가르칠 수 있는가를 고민하는 맥락에서 제기되는 문제이다. 가령, 관성의 법칙을 가르치는 교사는 관성의 법칙이 학생들의 사고방식의 일부가 되도록 하기 위하여 다양한 기법적 조치를 동원한다. 내용을 전달하는 순서를 바꾸는 것, 교과서에 없는 내용을 덧붙이는 것, 불필요한 내용을 포함하지 않는 것, 산만한 내용을 줄여 요약하는 것, 동일한 의미를 가진 다른 내용을 가져오는 것 등등, 다양한 기법을 통하여 교사는 지식을 지식답게, 교과를 교과답게 가르치려고 노력한다. 물론, 교과를 잘 가르치는 일이 기법 수준의 조치로 대답될 수 있는가의 문제와 별도로 기법의 이면에서 교사는 지식을 지식답게 가르치기 위해 어떤 일을 해야 하는가 하는 문제는 여전히 남아 있다. 이와 같이 교육과정 재구성은 교과를 잘 가르친다는 것이 어떤 일인가라는 문제에 대한 대답의 성격을 갖는다.

셋째로, 교육과정 재구성은 어떻게 하면 교과의 내면화를 통하여 학습자의 마음을 형성할 것인가라는 문제 의식에 기반을 둔다(이승은, 2015). 전체로서의 지식과 관련을 맺지 못한 파편적이고 단편적인 지식을 가르치는 문제, 분과화된 지식을 배우는 것 이상으로 지식이 하나의 전체로 통합되지 못하는 문제, 맹목적인 암기나 언어적 표현력의 습득을 지식교육의 전부로 생각하는 문제, 무엇인가를 아는 것이 마음의 힘으로 표현되지 못하는 무기력한 지식의 문제 등은 모두 교과 내면화의 문제와 관련을 맺고 있다. 이러한 문제들은 내면화를 저해하는 요소이지만, 이러한 문제들을 뒤집어 읽는다면 이 문제들은 내면화의 의미를 상세화해주는 것이기도 하다. 우리는 교과를 가르치되 그것이 전체적인 지식 속에서 의미를 갖고, 하나의 마음속에 통합되고, 언어의 표면에 머무르지 않으며, 마음의 힘이 길러지도록 가르쳐야 하는 것이다. 교육과정 재구성은 교과를 마음속에 집어넣는 문제, 보다 정확히 말하면 교과가 마음이 되도록 하는 문제에 대한 일련의 조치를 의미한다. 이와 같이 교육과정 재구성은 어떻게 하면 교과 내면화를 통하여 학습자의 마음을 형성할 것인가라는 문제에 대한 대답의 성격을 갖는다.

교육과정을 실행하는 과정에서 대부분의 교사들은 교육과정을 원본 그대로 전달하는 일을 하기보다는 교육과정을 재구성하여 학생들에게 전수한다. 교사들이 의식적으로 노력을 기울이든 그렇지 않든 간에, 무엇인가를 학생들에게 가르치고자 할 때에는 교육과정을 재구성하지 않고 교육내용을 학생들에게 가르칠 수 없는 것이다. 이런 사실을 고려할 때, 교육과정 재구성이라는 용어가 비교적 근래에 등장한 것과 달리, 교육과정 재구성의 개념은 교육의 역사와 운명을 같이 하였다고 보아도 무방하다. 그렇기에 전통적 교육에서는 교육과정 재구성 없이 교육과정의 원본을 전달한 반면, 현대적 교육에서는 교육과정을 재구성하기 위해 노력하고 있다는 식의 이분법은 성립하지 않는다. 현대적 교육과정과 마찬가지로 전통적 교육과정에서도 교육과정 재구성이 요청된다. 양자 간에 재구성의 성격이나 정도에 차이가 있을 수 있겠지만, 그 차이가 교육의 본질적 성격을 달리할 정도는 아니다.

2 다문화 교육과정

다양한 형태의 국제 교류가 증가함에 따라 우리 사회도 빠른 속도로 다문화 사회의 성격을 갖게 되었고, 학교에 다문화 학생들이 증가함에 따라 우리 교육도 다문화 교육을 보다 본격적으로 고민해야 할 시기가 되었다. 문화의 속성이 본래 다문화적이라는 점을 감안한다면, 근래에 사용되는 다문화 교육이라는 용어는 보다 제한된 의미를 갖는다고 볼 수 있다. 우리 사회가 이미 오래전부터 다양한 문화를 바탕으로 하는 사회가 되었음에도 불구하고 새롭게 다문화 사회라는 용어를 사용한 것은 비교적 근래 들어 해외로부터 이주민이 급증한 데에 원인이 있다. 결혼이나 노동을 위한 이주 이외에도 탈북민이나 학업을 위한 이주 등과 같이 다양한 이유로 다국가와 문화권으로부터 장단기의 이주가 크게 증가하였고, 농어촌과 공단지역의 일선 학교를 중심으로 다문화 배경의 학생 수도 급증하였다. 이러한 다문화 사회의 학교교육은 어디로 나아가야 하는가? 특히, 다문화 사회의 다문화 교육과정은 어떻게 변화해야 하는가? 교육과정이 교육목적, 내용, 방법 간의 일관성을 갖춘 체계적으로 조직되고 구조화된 전체라고 한다면, 다문화 사회의 교육과정은 어떻게 규정될 수 있는가?(이승은, 2014a) 이하에서는 다문화 교육과정의 성격과 특징을 교육목적과 교육내용 면에서 간략히 살펴보기로 한다.

먼저, 다문화 사회의 다문화 교육과정은 무엇을 교육목적으로 삼아야 하는가? 타일러의 교육목표 설정 과정에 비추어 다문화 교육의 목적이 어떤 성격을 갖는지 살펴보자. 다문화 사회가 이질적인 가정 배경의 학습자, 이주 동기나 출신 지역에 따라 상이한 유형의 사회, 그리고 공통 요소와 특수 요소가 혼재된 교과들로 이루어져 있다면, 이러한 배경으로부터 어떤 교육목표를 도출할 수 있는가? 비교적 단순하고 합리적인 타일러의 목표 설정 과정에서도 다문화 사회의 교육목적은 쉽게 합의되기 어렵다. 이것에 더하여, 다문화 교육의 목적이 동화인가, 조화인가, 공존인가, 자립인가에 따라 교육목적의 성격이 달라질 것이다. 동화의 관점에서 비주류 문화의 학생을 주류 문화에 동화하도록 하는 것이 다문화 교육의 목적이라고 생각할 수 있는 반면, 자립의 관점에서 각자의 학생이 자문화에 대한 자의식과 정체성을 갖도록 지원하는 것이 다문화 교육의 목적이라고 생각할 수도 있다. 동화의 관점을 따르면, 비주류 학생은 여러 가지 제약에도 불구하고 우리 사회에 적응하여 우리 사회가 요구하는 직업적, 사회적 경쟁력을 키워나갈 수 있다는 장점에도 불구하고 자신이 누구이며 어디로부터 왔는가에 관한 정체성의 혼란을 겪을 수 있다. 반면, 자립의 관점을 따르면, 비주류 학생은 자신의 고유성을 자각하고 문화적 정체감을 유지할 수 있다는 장점에도 불구하고 자신이 몸담고 살아야 하는 사회의 규범과 규칙을 내면화할 기회를 잃거나 우리 사회 속에서 적응하고 성장할 기회를 놓칠 수도 있다. 이와 더불어, 단일성을 지향하는 국가 교육과정 체재 하에서, 동화를 위한 교육과정 이외에 다른 형태의 교육목적관을 수용하는 데에는 현실적인 어려움이 따른다.

다음으로, 다문화 사회의 다문화 교육과정에서는 어떤 교육내용을 가르쳐야 하는가? 이 문제에 대답하기 위해서는 먼저 다문화라는 말이 다원성을 지향하는 반면 교육과정이라는 말은 동일성을 지향한다는 점을 이해해야 한다. 무엇을 가르칠 것인가의 관점에서 볼 때, 다문화는 다양성을 강조하는 원심력으로 작용하는 반면 교육과정은 공통적 기준을 강조하는 구심력으로 작용한다.

좀더 구체적으로, 교육내용의 선정은 교육목적에 의존하는 것이므로, 뱅크스(Banks)가 제시한 미국 다문화교육의 목적에 비추어 교육내용이 어떻게 선정되어야 하는지 살펴 볼 필요가 있다. 뱅크스(2008)에 의하면, 다문화 교육은 ① 타문화를 통해 자문화를 바라봄으로써 자기 이해를 증진하고, ② 문화, 민족, 언어 면에서 자문화의 대안으로서 타문화가 존재한다는 점을 가르치고, ③ 단일문화 사회와 구별되는 다문화 사회의 지식, 기능, 태도를 배우고, ④ 비주류 문화 출신자들이 받는 차별을 줄이며, ⑤ 현실 직업 세계에 적응하기 위한 기초능력으로서 읽기, 쓰기, 셈하기를 가르치는 것을 교육목적으로 삼아야 한다. 뱅크스는 다문화 사회와 교육과정이 서로 상충할 가능성보다는 문화적 공존의 가능성을 염두에 두고 이러한 교육목적을 제시한 것으로 보인다. 이런 일반적인 수준의 교육목적은 보다 구체적인 교육내용 선정의 맥락에서 다시 논의될 필요가 있다. 가령, 직업 세계를 준비하기 위한 공통요소로서 과학이나 수학을 배우는 데에는 문화적 차이가 큰 영향을 주지 않을 것이지만, 타인의 문화를 배우기 위한 다양한 수준의 수업 활동에 대해서는 의문을 제기할 가능성이 있다. 왜 내가 동남아의 의복과 음식 문화를 배워야 하고, 왜 내가 동북아의 역사를 배워야 하고, 왜 내가 평생 사용하지 않을 낯선 언어를 공부해야 하는가에 대한 물음에 대해 어떤 대답을 할 수 있는가? 교육내용을 선정하기 위해, 타문화에 대한 이해가 어떻게 자기 이해로 연결되는지, 왜 타문화의 존재를 수용하고 타인의 이익을 자기

이익과 동시에 존중하는 것이 좋은지, 우리가 만날 미래는 왜 다문화적 역량을 필요로 하는지에 대한 선이해가 필요하다.

일반적으로, 다문화 교육과정에 관한 논의는 기존의 교육과정이 단일 문화의 가정 위에 서 있다는 점, 그리하여 다문화 사회의 성격을 갖는 현대 사회에 적합하지 않다는 점을 출발점으로 삼는다. 과연 우리 교육과정이 단일 문화의 가정 위에 서 있다는 주장이 현행의 교육과정에 어떤 의미를 갖는지, 다문화 사회에 기반한 교육과정이 어떤 성격의 교육과정을 뜻하는지, 교육과정이 문화적 영향 아래에 놓여 있다는 것이 무엇을 뜻하는지를 이해하는 것이 다문화 사회의 다문화 교육과정을 정립하기 위한 핵심 과제인 것은 분명하다.

3 역량기반 교육과정

종래의 교육과정 이론은 교육과정을 교과나 지식과 동일한 것으로 파악하여 그것을 학생들에게 가급적 원형에 가깝게 전달하는 것을 교사의 주된 임무로 파악했다. 그러나 학습자와의 관련을 도외시하고 교육과정을 교과나 지식 그 자체로만 파악할 때 아동과 교사는 교육과정으로부터 유리될 수밖에 없다. 학습자의 자질과 능력을 기르지도 못하고 학습자의 문제 해결 능력에도 도움이 되지 못하는 교육과정의 문제를 '무기력한 교육과정의 문제'라고 부를 수 있다면, 역량기반 교육과정은 이러한 무기력성을 극복하기 위한 교육과정상의 조치로 볼 수 있다. 그렇다면, '역량'이 무엇이고, 그것에 기반한 교육과정이 어떤 성격의 교육과정이기에 역량기반 교육과정을 통하여 무기력한 교육과정의 문제가 해소되는가? 이하에서는 역량의 의미와 역량기반 교육과정의 성격와 특징을 2015 개정 교육과정을 통해 살펴보기로 한다.

2015 개정 교육과정은 우리 교육과정이 '역량'이라는 목적을 달성하기 위해 노력해야 한다는 점을 명시적으로 표명하고 있다. 2015 개정 교육과정의 총론 1절에는 국가교육과정 구성의 방향이 제시되어 있다. 교육과정 구성 방향은 교육과정이 추구하는 인간상, 교육과정 구성의 중점, 학교급별 교육목표 등을

통해 구체화된다. 역량기반 교육과정이 명시되어 있는 부분은 '추구하는 인간상' 부분으로, 우리 교육과정의 궁극적 목적에 해당하는 '인간상'을 구현하기 위해 여섯 가지 핵심역량을 길러야 하는 것으로 되어 있다. 총론의 표현대로라면, 핵심역량은 인간상 구현을 위한 수단이면서 동시에 교육과정 구성의 중점 목표나 가이드라인 역할을 해야 한다. 총론에서 제시하는 여섯 가지 핵심역량에는 자기관리 역량, 지식정보처리 역량, 창의적 사고 역량, 심미적 감성 역량, 의사소통 역량, 공동체 역량이 포함되어 있으며, 이들 핵심역량은 개별 교과를 어떻게 가르칠 것인가에 대한 방향과 기준을 제공한다. 가령, 국어과에서 '소월의 시'를 가르친다면, 이 시는 '심미적 감성'이나 '의사소통' 등을 기르기 위한 형태로 가르쳐져야 하는 것이며, 특정한 역량과 관련을 맺지 못하는 교과는 그 가치를 인정받을 수 없다. 그러나 여전히 소월의 시를 의사소통 능력을 기르기 위해 가르치려면 어떻게 가르쳐야 하는지의 문제뿐만 아니라, 의사소통 능력을 기르기 위해 소월의 시를 읽는 게 과연 바람직한 방법인가에 대한 의구심이 남을 수 있다(이승은, 2018).

2015 개정 교육과정에 제시된 역량의 개념은 그 자체로 다양한 논의거리가 되고 있다. 한편으로 역량의 개념을 합의된 것으로 보고 역량을 기르기 위한 실천 방안을 모색하는 연구, 역량의 개념이 가진 직업교육적 성격에 주목하여 우리 교육 전체를 역량교육으로 규정하는 것을 비판하는 연구, 역량교육이 가진 포괄적 성격에 주목하여 역량교육으로 우리 교육 전체를 파악하고자 하는 연구들이 존재하는가 하면, 다른 한편으로 역량의 개념적 애매성에 주목하여 역량 개념의 정립이 선행되어야 한다는 연구도 존재한다. 역량에 대한 다양한 연구들이 공통적으로 지적하는 것은 역량 개념이 보다 정교하게 가다듬어져야 한다는 점이다.

역량(competency)의 개념은 기성의 '일반적 정신능력'과 대비하여 좀더 정확히 그 의미를 드러낼 수 있다. 먼저, 역량이라는 것은 기본적으로 특정한 과업(task)의 수행 가능성을 표현하기 위한 개념으로 특수 과업과 분리되어 존재할 수 없다. 가령, 자전거 타는 역량은 자전거 타는 행위와 별도로 규정될 수 없고, 자전거를 탈 수 있을 때에야 그러한 역량이 존재한다고 말할 수 있는 것이다. 일반적 능력과 달리 역량은 과업을 수행함으로써 현실화되는 능력을 가리킨다. 다음으로, 역량은 일반적인 능력(ability)의 형태로 존재하는 것이 아니다. 가령, 창의적 사고 역량은 구체적인 과업과 분리되어 학생의 마음속에 존재하는(혹은 마음을 구성하는) 기성의 능력이 아니다. 창의적 사고 역량은 소월의 시를 읽으며 발현되는 능력이고, 인수분해 문제를 풀거나 관성의 법칙으로 사고하는 가운데에 발휘되는 능력이다. 좀더 정확히 말하면, 기성의 정신능력인 창의적 사고 역량을 활용하여 시를 읽고, 인수분해 문제를 풀고, 관성 개념으로 사고하는 것이 아니라, 시를 읽는 것, 문제를 푸는 것, 개념으로 사고하는 것이 곧 창의적 사고 역량이 발휘되는 사태라는 말이다.

2015 개정 교육과정에 사용된 역량의 개념에도 애매성이 존재한다. 국가 교육과정 체재 안에서 역량의 성격을 구체화하고 역량 개념에 얽힌 여러 유형의 애매성을 제거하기 위하여 다음과 같은 질문에 대한 대답을 해야 한다. 첫째, 추구하는 인간상(자주적, 창의적, 공동체적 교양인)을 구현하기 위해 왜 여섯 가지 유형의 핵심역량을 길러야 하는가? 둘째, 여섯 가지 핵심역량은 무엇으로 길러야 하는가? 교과교육과 더불어 학교 교육의 전체 과정을 통해 핵심역량을 길러야 한다면, 양자를 통해 길러지는 핵심역량의 성격이 서로 상충할 가능성은 없는가? 가령, 물리교과를 통해 길러지는 의사소통 능력과 교우관계를 통해 길러지는 의사소통 능력은 그 명칭만 동일할 뿐 실지로 사용되는 의미는 완전히 다르다. 물리교과의 의사소통은 합리적 가설과 관찰 증거에 기반한 실증을 통하여 이루어지는 것인 반면 학교생활에서 친구들 간의 의사소통은 증거나 증명이 아니라 묵시적, 정서적 유대관계를 통하여 이루어지는 것이기 때문이다.

역량기반 교육과정은 교육과정(혹은 지식교육)의 무기력성을 극복하기 위한 교육과정상의 조치이며, 교육과정의 무기력성은 교육과정과 학습자 간의 분리 문제로부터 비롯된다. 교육과정을 이수하였지만 학습자가 무기력한 상태를 벗어나지 못하는 사태, 혹은 지식교육을 받았지만 지식이 힘을 가지지 못하는 사태는 교육과정과 학습자 간의 분리 문제로부터 비롯된다. 통상적으로 교육과정의 무기력성은 교육과정을 배웠지만 그것이 생활상의 문제를 해결하는 데에 조금도 도움이 되지 못하는 사태나 교육과정 자체에 생활에 유용한 내용이 포함되어 있지 않는 경우를 가리킨다. 그러나 교육과정의 쓸모나 용도, 혹은 교육과정의 힘은 생활상의 문제를 해결하기 위한 유용성의 맥락에서만 설명되는 것은 아니다 (Callahan, 1964). 교육과정의 힘은 생활과 무관하게 학습자의 마음 그 자체가 가진 힘을 길러주는 것이기도 하다. 지식교육의 목적은 지식을 더 잘 학습할 수 있도록 하는 데에 놓여 있다는 말이 뜻하는 것도 바로 그런 점을 강조한 것이다. 무기력한 교육과정의 문제는 생활상의 문제를 해결하는 능력을 기르는 문제로 해석되기도 하지만 우리 삶의 또 다른 맥락을 이루는 지력이나 마음의 힘 자체를 기르는 문제를 뜻하기도 한다. 역량기반 교육과정의 역량이 교육적 의미를 가진 것이 되려면 '무기력한 교육과정의 문제'가 가진 두 방향의 의미를 맥락에 맞게 존중할 수 있어야 한다.

01 (교육목적, 내용, 방법) 교육과정을 이루는 교육목적, 내용, 방법 간의 관련은 대개의 경우 타일러 원리에 따라 설명된다. 타일러에 의하면, 교육목적을 정하는 것이 가장 우선이고, 교육내용은 목적을 달성하기 위한 수단으로, 교육방법은 내용을 목적에 부합하도록 만드는 기법으로 간주된다. 여기서 교육내용과 교육방법은 교육목적에 비해 부차적인 지위를 갖는다. 그러나 타일러와 같은 방식으로 삼자 간의 관련을 파악하는 것이 유일한 방식은 아니다. 교육목적과 내용과 방법 간의 관련에 관한 대안적 입장이 가능하다면, 어떤 방식의 관련이 가능한가? 대안적 입장을 소개한 후, 그렇게 보아야 하는 이유를 설명해 보자.

02 (교육과정의 성격과 구성요소) 목표로서의 교육과정과 결과로서의 교육과정이 항상 일치하는 것은 아니다. 목표와 결과가 일치하지 않는 사태는 교육의 실패를 의미하는가?

03 (잠재적 교육과정과 영 교육과정) 잠재적 교육과정은 가치 유무와 별개로 교사가 의도하지 않았으나 학생이 학습한 것을 가리키는 반면, 영 교육과정은 가치 있는 것이지만 제도나 교사의 의도에 의해 학생이 학습할 기회를 갖지 못한 것을 가리킨다. 잠재적 교육과정과 영 교육과정 개념이 교육과정 논의에서 필요한 이유는 무엇인가? 양자가 기존의 교육과정 논의를 보완한다면 어떤 측면을 보완한다고 볼 수 있는가?

04 (교육과정의 주요 이론) 형식도야 이론, 과학적 교육과정 구성론, 합리적 교육과정 구성론, 지식의 구조론은 각각 (1) 어떤 교육적 문제 사태에 대한 상심을 반영하며, (2) 어떤 교육적 대안을 제시하고 있는가? 이것을 '(A)가 아니라 (B)'의 형태로 표현하면 각각의 이론은 어떻게 표현할 수 있는가?

05 (타일러 모형과 브루너 교육론) 타일러 모형에서 상정하는 '교사'와 브루너 이론에서 상정하는 '교사'는 어떻게 다른가? 양자의 교사관을 가장 극적인 방식으로 대비하여 표현하자면 어떻게 표현할 수 있는가?

06 (교육과정 재구성) 모든 교사는 교육과정 재구성을 하는가? 교육과정 재구성은 몇몇 엘리트 교사들의 전유물인가, 아니면 교사이면 누구나 교육과정 재구성을 한다고 보아야 하는가?

07 (다문화 교육과정) '다문화'는 탈중심적이고 원심력이 작용하는 표현인 반면, '교육과정'은 표준을 추구하고 구심력이 작용하는 용어이다. 그렇다면, 다문화 교육과정은 상반된 개념을 포괄하는 모순적 개념인가?

08 (역량기반 교육과정) 역량은 종전의 능력과 무엇이 다른가? 능력을 역량으로 대체하는 것이 교육과정 논의에 주는 시사는 무엇인가?

❑ 듀이(John Dewey)의 『아동과 교육과정』: 아동과 교육과정을 서로 분리되고 대립된 것으로 보는 관점을 비판하고 양자를 하나의 경험의 성장 과정의 양 끝점으로 파악해야 한다는 관점을 대안으로 제시한 짧은 분량의 저술이다. 이후 듀이의 교육적 관심사를 형성하는 주요 개념인 상호작용, 경험의 성장, 교과 심리화, 흥미 등의 개념이 이 짧은 저술을 통해 구체화되기 시작하였다.

❑ 보비트(Franklin Bobbitt)의 『교육과정』: 교육과정이 독립적인 연구 분야로 자리 잡도록 하는 데에 기여한 저술이다. 이 책은 교육과정의 이론적 관심사를 확립하는 데에 기여한 점보다는 '교육과정'이라는 주제를 독립된 주제로 취급하였다는 점에서 의의가 있으며, 이 책에서 실지로 다루는 내용도 '활동분석법', '과학적 구성법', 효율적 교육과정의 모색 등과 같이 이론적 탐색보다 실제적 처방이 주를 이룬다.

❑ 타일러(Ralph Tyler)의 『교육과정과 수업의 기본 원리』: 목표 중심의 교육과정 모형과 목표 진술 방식의 정립에 기여를 한 저술이다. 교육과정 개발의 기본 모형을 제시하였다는 점에서 고전적 교육과정 개발 이론으로 자리 잡았다. 타일러 원리는 숱한 비판에도 불구하고 모형이 갖는 강력한 절차성과 상식적 문제해결 방식에 힘입어 교육과정의 기본 모형으로 입지를 넓혔다. 목표 설정과 절차가 교육적 실제보다는 합리적 추론에 바탕을 둔다는 점에서 합리적 교육과정으로도 불린다.

❑ 브루너(Jerome Bruner)의 『교육의 과정』: 소련의 스푸트니크 발사에 대한 미국의 교육적 반응으로 시작된 프로젝트의 결과물이다. 종전의 아동중심, 생활중심 교육과정 이론에 대한 대안이라기보다는 기존 지식교육의 성격에 대한 근본적 문제의식을 담고 있는 저술이다. 브루너는 '생활' 대신 '지식'을 가르쳐야 한다는 생각보다는 '지식' 대신 '지식의 구조'를 가르쳐야 한다는 생각을 이 저술을 통해 표현했다고 볼 수 있다.

❑ 이홍우의 『(증보)교육과정탐구』: 기존의 교육과정 이론을 목표모형과 내용모형으로 구분하고, 지식교육의 가치를 온전히 드러내는 내용모형을 교육과정 이론의 지향점으로 제시한 저술이다. 그 외에도 학습자 중심 교육, 교수모형, 잠재적 교육과정, 형식도야이론, 교육평가의 타당도 등 교육과정 이론의 주요 문제를 '잘 가르치는 일'의 의미에 비추어 해석한 교육과정 분야의 고전적 저술이다. 같은 저자의 『교육과정이론』은 교육과정의 관심사를 동양적, 형이상학적, 심성론적 전통으로 깊이와 폭을 확장하는 데에 기여하였다.

01 계획으로서의 교육과정, 과정으로서의 교육과정, 결과로서의 교육과정을 구분하여 설명하라.

02 잠재적 교육과정과 영 교육과정의 공통점과 차이점을 비교하여 설명하라.

03 형식도야 이론의 의의와 한계에 대해 설명하라.

04 보비트의 과학적 교육과정 구성론의 특징과 한계에 대해 설명하라.

05 타일러의 합리적 교육과정 구성론에서 목표 설정의 과정과 목표 진술 방식의 특징에 대하여 설명하라.

06 브루너 지식의 구조론에서 나선형 교육과정, 발견학습, 직관적 사고 대담한 가설 등의 용어를 설명하고 그 이론적 의의를 논하라.

07 계속성, 계열성, 통합성의 원리를 예시를 들어 설명하라.

08 우리나라 교육과정의 시기별 특징을 요약하고, 2015 개정 교육과정이 다른 시기의 교육과정과 구별되는 특징에 대해 설명하라.

09 교육과정 재구성, 다문화 교육과정, 역량기반 교육과정을 각각 정의하고, 교육적 의의에 대해 논하라.

참고문헌

이광우, 정영근(2017). 2015 개정 교육과정의 총론·각론간 연계 양상에 대한 반성적 논의: 국가교육과정 각론조정을 중심으로. **교육과정연구, 35**(3), 59−80.

이승은(2014a). 다문화사회의 다문화교육과정 연구: 이론과 실제. **교육과정 및 수업 연구지, 14**(1), 118−136.

이승은(2014b). 타일러 교육과정 이론의 현대적 의의와 한계. **교육과학연구, 19**, 297−313.

이승은(2015). 해석학적 순환으로서의 교육과정 재구성. **초등교육연구, 28**(4), 241−265.

이승은(2017). 교육과정의 개념과 이론적 과제. **교육과학연구, 22**(1), 64−79.

이승은(2018). 보비트(Bobbitt)의 과학적 교육과정이 미래 교육과정 논의에 주는 시사. **교육과정 및 수업 연구지, 18**(2), 44−67.

이홍우(2003). **교육과정이론.** 서울: 교육과학사.

이홍우(2006). **지식의 구조와 교과.** 서울: 교육과학사.

이홍우(2010). **교육과정탐구.** 서울: 박영사.

Banks, J. A. (2008). An introduction to multicultural education(4th ed). Boston: Allyn & Bacon.

Bloom, B. S. (1956). Taxonomy of educational objectives: The classification of educa−tion goals. NY: Longmans.

Bobbitt, F. (1918). The curriculum. NY: Houghton Mifflin Company.

Bobbitt, F. (1920). The objectives of secondary education. *The School Review, 28*(10), 738−749.

Bobbitt, F. (1924). The new technique of curriculum−making. *The Elementary School Journal, 25*(1), 45−54.

Bobbitt, F. (1926). The orientation of the curriculum makers. In Rugg, H. (ed.), The foundations and technique of curriculum construction. Bloomington, Ill.: Public School Publishing Co..

Bruner, J. S. (1960). The process of education. Cambridge, Mass.: Harvard University Press.

Callahan, R. E. (1964). Education and the cult of efficiency. Chicago: University of Chicago Press.

Dewey, J. (1902). The child and the curriculum. Chicago: The University of Chicago Press.

Eisner, E. W. (1967). Franklin Bobbitt and the "science" of curriculum making. *The*

School Review, 75(1), 29−47.

Eisner, E. W. (1985). The educational imagination: On the design and evaluation of school programs. NY: Macmillan Publishing Co.

Gallagher, S. (1992). Hermeneutics and education. Albany, NY: State University of New York Press.

Hirst, P. H. (1974). Liberal education and the nature of knowledge. In Knowledge and the curriculum. London: RKP.

Hirst, P. H. (1993). Education, knowledge and practices. In Hirst, p. H & White, p. (Eds.) (1998), Philosophy of education: Major themes in the analytic tradition, vol, 1. London: RKP.

Jackson, D. W. (1968). Life in classrooms. NY: Holt, Rinehart & Winston.

Kelly, A. V. (1999). The curriculum: Theory and practice. London: Paul Chapman.

Klielbard, H. M. (1970). The Tyler rationale. *The School Review, 78*(2), 259−272.

Manen, M. (1977). Linking ways of knowing with ways of being practical. *Curriculum Inquiry, 6*(3), 205−228.

Marsh, C. J. (2007). Curriculum: Alternative approaches, ongoing issues. Upper Saddle River, N.J.: Pearson/Merrill Prentice Hall.

McNeil, J. D. (2009). Contemporary curriculum in thought and action. Hoboken, NJ: John Wiley & Sons.

Ornstein, A. C. (2009). Curriculum: Foundations, principles, and issues. Boston: Pearson.

Schwab, J. (1969). The practical 1: A language for curriculum. *The School Review, 78*(1), 1−23.

Schwab, J. (1971). The practical: Arts of Eclectic. *The School Review, 79*(4), 493−542.

Schwab, J. (1973). The practical 3: Translation into curriculum. *The School Review, 81*(4), 501−522.

Schwab, J. (1983). The practical 4: Something for curriculum professors to do. *Curriculum Inquiry, 13*(3), 239−265.

Shulman, L. (1984). The practical and the eclectic: A deliberation on teaching and educational Research. *Curriculum Inquiry, 14*(2), 183−200.

Shulman, L. (1986). Those who understand: Knowledge growth in teaching. *Educational Researcher, 15*(2), 4−14.

Tyler, R. W. (1949). Basic principles of curriculum and instruction. Chicago: University of Chicago Press.

CHAPTER

07

교육평가: 규준참조평가와
준거참조평가*

유진은

┌─┐
│요약│ 교육평가는 평가대상에 따라 크게 학생평가, 교사평가, 학교(기관)평가로 나눌
└─┘ 수 있다. 이중 학생평가를 평가기능에 따라 다시 구분한다면, 상대적 위치를
알려주는 소위 상대평가와 절대적 준거에 대한 도달 여부를 알려주는 절대평
가로 나뉜다. 즉, 학생평가는 상위학교로의 선발을 위한 변별 목적으로 쓰일
수도 있고, 학생의 학습을 돕기 위한 목적으로 쓰일 수 있다. 전자를 선발적
교육관을 따르는 규준참조평가, 후자를 발달적 교육관을 따르는 준거참조평가
라 부른다. 규준참조평가와 준거참조평가는 각자 고유의 역할이 있으며 상호
보완적이다. 국내 교육평가 교재에서 규준참조평가의 백분위 등수, 스테나인,
Z-점수 등은 설명되는 반면, 2019년 현재 전국 중·고등학교에서 '성취평가'
라는 이름으로 시행되고 있는 준거참조평가에 대해서는 그 개념만 소개되는
실정이다. 제7장에서는 규준참조평가는 물론, 준거참조평가의 성취수준명, 성
취수준기술 등의 주요 개념 및 기준설정 절차를 가장 쉽고 널리 쓰이는 방법
중 하나인 Angoff 방법을 통하여 설명하였다. 이 장의 내용을 요약하면 다
음과 같다. 첫째, 규준참조평가와 준거참조평가를 개관하고 각 방법의 특징
및 장단점을 비교하였다. 둘째, 각 방법을 어떻게 학생평가 상황에서 적용할
수 있을지 예시와 함께 쉽게 설명하였다.

주제어: 규준, 준거, 규준참조평가, 준거참조평가, 규준점수, 백분위등수와 백
분위 점수, Z-점수, T-점수, 스테나인, 기준(준거) 설정, 성취수준명,
성취수준기술, Angoff 방법

---

* 이 글은 필자의 다음 책의 4장을 수정·보완한 것이다.
유진은(2019). **교육평가: 연구하는 교사를 위한 학생평가**. 학지사.

I 규준참조평가와 준거참조평가의 개요

학생평가는 상위학교로의 선발을 위한 변별 목적으로 쓰일 수도 있고, 학생의 학습을 돕기 위한 목적으로 쓰일 수 있다. 전자의 경우 선발적 교육관을 따르는 규준참조평가(norm-referenced assessment)가, 후자의 경우 발달적 교육관을 바탕으로 하는 준거참조평가(criterion-referenced assessment)가 쓰인다. 쉽게 말하자면, 규준참조평가는 상대평가, 준거참조평가는 절대평가로 생각할 수 있다. 규준참조평가는 상대적 위치를 알려 주고, 준거참조평가는 절대적 준거에 대한 도달 여부를 알려 준다.

선발적 교육관은 성취도가 높은 학생이 있다면 성취도가 낮은 학생도 있다는 개인 차이를 인정하며, 학생 간 상대적 비교에 방점이 찍히는 관점이다. 독일의 경우 초등학교 4학년 때 우리나라로 치면 인문계 학교인 김나지움으로 진학하느냐 아니면 실업계 학교로 진학하느냐를 결정하는데, 이는 선발적 교육관에 기초한 것이다. 이 경우 인문계 학교로 진학할 학생을 선발해야 하므로, 전체 학생 중 상위권 학생을 가를 수 있는 평가, 즉 규준참조평가가 필수적이다. 규준참조평가는 전체 학생 중 내가 어느 위치에 있는지를 알려 주는데, 내 위치는 그 시험을 본 학생들의 성취도에 따라 상대적으로 변할 수 있다. 그 시험을 본 학생의 성취도가 높다면 내 석차가 아래로 내려가고, 그 시험을 본 학생들의 성취도가 상대적으로 낮다면 내 위치는 상위권일 것이다. 예를 들어, 같은 수학 성취도라고 하더라도, 과학고 학생들로 구성된 집단에서 산출된 석차와 일반고 학생들로 구성된 집단에서 산출된 석차는 판이하게 다르다. 다시 말해, 학생들이 아무리 공부를 열심히 하고 성취도가 높다고 하더라도 규준참조평가에서는 1등부터 꼴찌까지 줄을 세울 수 있다. 정리하자면, 규준참조평가는 선발적 교육관에 기초한 평가로, 상대적으로 내가 어느 위치에 있는지를 알려 준다. 우리나라 수능의 경우 전형적인 규준참조평가라 할 수 있다.

반면, 준거참조평가는 나의 상대적 위치보다는 내가 어떤 절대적인 기준(또는 준거)에 얼마나 도달했는지, 도달하지 못했는지를 알려 주는 평가이다. 따라서 성취도가 높은 학생들로만 구성된 학교의 경우 모든 학생들이 성취도 '상' 집단이 될 수 있는 것이다. 준거참조평가는 발달적 교육관에 기초한 평가다. 발달적 교육관의 경우 근대화 이후 소수를 대상으로 한 교육에서 벗어나 다수를 대상으로 하는 의무교육이 시행되면서 주목을 받기 시작하였다. 우리나라의 경우 대략 70%~80%의 고등학교 졸업생이 대학으로 진학한다. 이렇게 대학교육이 보편화되면서 학생 간 비교를 통한 경쟁 및 소수 상위성취자의 선발보다는 모든 학생이 교육 기회를 갖고 학생 개개인의 학업성취도를 높일 수 있도록 교수학습 정보 제공이 목적인 준거참조평가가 득세하기 시작하였다. 우리나라의 경우 준거참조평가는 '성취평가'라는 이름으로 2019년 현재 전국의 중·고등학교에서 시행되고 있다. 이 장에서는 규준(norm)과 준거(criterion)를 각각 설명하고 규준참조평가와 준거참조평가의 특징을 비교할 것이다. 또한, 다양한 규준점수를 설명하고 준거설정 방법을 논할 것이다.

Ⅱ 규준과 규준참조평가

어느 신문 기고란에 '50%나 되는 학생이 평균 이하였다!'라면서 학교 교육을 비판한 글이 있었다. 어떻게 50%나 되는 학생이 평균 이하일지 언뜻 걱정스러운 상황이라고 생각할 수 있으나, 이때 규준참조평가가 쓰였다는 것을 안다면 말도 안 되는 비판이라는 것을 바로 알 수 있다. 즉, 규준참조평가인 경우 교사가 아무리 열심히 가르치고 학생이 아무리 열심히 공부해도 50%의 학생은 평균 이하가 될 수밖에 없으므로, 규준참조평가에서 '50%나 되는 학생이 평균 이하'라고 학교 교육을 비판하는 것은 잘못된 주장이다.

규준참조평가에서는 보통 정규분포(normal distribution)를 가정하며, 규준(norm)에 따라 학생의 위치가 상대적으로 결정된다. 규준은 말하자면 자(ruler)와 같은 것이다. 규준집단을 정의하고 모집단(population)으로부터 표집하여 검사를 실시한 후 점수 분포를 얻고 평균과 표준편차를 구한다. 규준점수인 Z-점수와 T-점수의 경우 규준집단의 평균과 표준편차를 이용하여 얻는다. 따라서 규준집단을 적절하게 정의하고 규준집단이 모집단을 대표하도록 표집하는 것이 중요하다. 예를 들어, 초등학교 3학년 학생용 수학 성취도 검사를 만들고 전국단위 규준참조평가로 활용하려고 한다면 '전국의 초등학교 3학년 학생'이 모집단이 된다. 규준집단이 모집단을 대표할 수 있도록 모집단의 지역과 성별 비율을 따르도록 표집을 하는 것이 좋다. 만약 충북의 여학생 비율이 전체 초등학교 3학년 학생의 5%라면, 표본에서의 충북 여학생 비율도 5%가 되도록 표집하는 것이다. 이렇게 표집된 학생들에게 검사를 시행하여 점수 분포를 얻고 규준점수 산출에 쓰면 된다. 규준점수로는 백분위 점수, 백분위 등수, 그리고 Z-점수, T-점수, 스태나인과 같은 표준점수가 있다. 각각에 대하여 자세하게 설명하기 전, 이러한 표준점수의 근간이 되는 기술통계를 먼저 설명하겠다.

1 기술통계[1]

1) 중심경향값

중심경향값은 수집된 자료 분포의 중심에 있는 값이 무엇인지 정보를 주는데, 평균(mean), 중앙값(median), 최빈값(mode)으로 알 수 있다. 특히 자료가 정규분포를 따르지 않을 경우 평균, 중앙값, 최빈값을 모두 참조하는 것이 바람직하다.

(1) 평균

평균은 통계치 중 가장 중요한 값이다. 평균(mean)은 다음 공식에서와 같이 전체 자료 값을 더한 후, 사례 수로 나눈 값이다. 평균을 구하는 방법은 모집단이든 표본이든 관계없이 같다.

---

1 기술통계 부분은 유진은(2015), 1장 3절을 인용하여 설명하였다.

- 모집단 평균 공식

$$\mu = \frac{\sum_{i=1}^{N} X_i}{N} \quad (\mu: 모집단\ 평균,\ X_i: 관측치,\ N: 전체\ 사례\ 수)$$

- 표본 평균 공식

$$\overline{X} = \frac{\sum_{i=1}^{n} X_i}{n} \quad (\overline{X}: 표본\ 평균,\ X_i: 관측치,\ n: 표본의\ 사례\ 수)$$

초등학교 수학 시간에도 평균을 구하는 방법을 배운다. 통계에 대하여 잘 모르는 사람들도 평균이 무엇인지, 어떻게 구하는지는 알고 있다. 그런데 어떤 경우에 평균이 적절하지 않은지에 대하여는 의외로 잘 모르는 경우가 많다. 따라서 실제 사례에서 평균이 오용되는 경우가 빈번하다.

저자가 학부에 다닐 때 너무 춥거나 더운 지역을 피하여 교환학생을 가고자 하였다. 미국 대학 자료들을 구하여 검토하던 중, 어느 대학이 1월 월평균 기온이 0도이고, 7월 월평균 기온이 22도라고 한 것을 발견하고는 그 대학을 선택했다. 그런데 막상 가보니, 1월 기온이 영하 15도에서 영상 15도까지 변덕스러웠고, 7월 기온도 30도를 웃도는 날이 빈번하였다. 그러나 어쨌든 한 달에도 기온차가 심하여 1월 월평균은 0도이고 7월 월평균은 22도였던 것이다. 지금 알고 있는 것을 젊었을 때도 알았더라면 세상 살기가 더 쉬웠을 것이다. 이 경우 월평균보다는 월중 최저 온도와 최고 온도가 몇 도인지를 알아보는 것이 더 좋았을 것이다.

특히 정규 분포를 따르지 않는 자료의 경우 이와 비슷한 사례가 많다. S전자에서 일하는 지인이 하소연하기를, 상여금 시즌 때마다 언론에서 떠들어대고 주변에서도 그렇게 알고 있는데, 본인은 한 번도 그만큼 큰 돈을 받아본 적이 없다고 하였다. 언론에서 S전자에서 일하는 사람들의 상여금 평균을 보도하기 때문인데, S전자 회장단 등의 임원들이 받는 거액의 상여금까지 모두 뭉뚱그려 평균을 낸다면 무게 중심이 당연히 오른쪽으로 쏠리기 때문이다. 이 경우 전체 평균이 아니라 직급별 평균을 내는 것이 더 바람직한 기술통계 방법일 것이다.

(2) 중앙값

평균은 극단치가 있을 경우 그 극단치에 의해 영향을 많이 받는다는 단점이 있다. 검사 점수가 50, 50, 50, 90인 자료가 있다고 하자. 이 자료의 최빈값과 중앙값은 모두 50이다. 그런데 4개 값 중 3개가 50이고 나머지 1개 값이 90으로 큰 자료이기 때문에 평균은 60으로 무게 중심이 90쪽으로 쏠리게 된다. 이렇게 극단치가 있는 자료의 경우 중앙값이 적절할 수 있다.

중앙값(median)은 자료를 순서대로 줄 세울 때, 중앙에 위치하는 값이다. 자료가 짝수 개인 경우 중앙값은 중간의 두 개 값의 평균으로 계산된다. 예를 들어, 1, 2, 2, 3, 4, 5, 5, 5, 6, 7인 자료가 있다면, 중앙값은 4와 5의 평균인 4.5가 된다. 이 경우 중앙값인 4.5는 자료에서 아예 없는 값이다. 중앙값은 중앙에 있는 값을 구하기 때문에, 편포, 즉 편향된 분포에서 극단적인 값의 영향을 받지 않으며, 분포의 양극단의 급간이 열려 있는 개방형 분포에서도 이용 가능하다는 등의 장점이 있다.

- 중앙값 공식

  자료 수가 홀수인 경우: $\dfrac{n+1}{2}$ 번째에 해당하는 값

  자료 수가 짝수인 경우: $\dfrac{n}{2}$ 과 $\dfrac{n}{2}+1$ 번째에 해당하는 값의 평균

---

(3) 최빈값

최빈값(mode)은 자료에서 어떤 값이 가장 빈번하게 나왔는지를 알려주는 값으로, 여러 개일 수도 있다. 빈도가 너무 작거나 분포의 모양이 명확하지 않을 때 최빈값이 안정적이지 못하다. 최빈값의 경우 네 가지 척도 모두에 이용할 수 있다. 만일 어떤 강좌에서 부여된 한 학기 학점인 A, B, C, D 중 B학점이 가장 많았다면 'B'가 이 자료의 최빈값이 된다.

꼬리가 오른쪽으로 긴 정적편포와 꼬리가 왼쪽으로 긴 부적편포의 경우 최

그림 7.1   정적편포, 부적편포일 경우 최빈값, 중앙값, 평균

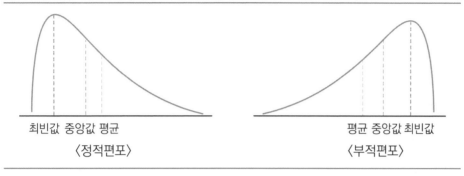

최빈값 중앙값 평균   평균 중앙값 최빈값

〈정적편포〉   〈부적편포〉

빈값, 중앙값, 평균 간 관계는 [그림 7.1]과 같다. 즉, 최빈값은 가장 빈도수가 많은 값이 되며, 중앙값은 전체 분포에서 50% 순서에 있는 값이 된다. 평균은 극단치의 영향을 받기 때문에 정적편포의 경우 중앙값의 오른쪽에, 부적편포의 경우 중앙값의 왼쪽에 위치하게 된다.

2) 산포도

앞서 언급한 미국 대학의 기온 예시에서 월평균을 구하는 것보다 월중 최고 온도와 최저 온도를 구하는 것이 낫다고 하였다. 만약 월중 최고 온도와 최저 온도 간 차이가 30도라면, 이것만으로도 온도 차가 크다는 정보를 주는 것이다. 이렇게 자료의 분포가 얼마나 흩어져 있는지 아니면 뭉쳐져 있는지를 알려주는 통계치들을 통칭하여 산포도(measure of dispersion)라고 한다. 산포도에는 범위(range), 표준편차(standard deviation), 분산(variance), 사분위편차(quartiles), 백분위(percentile) 등이 있다. 어떤 분포에 대하여 이해하려면 중심경향값과 산포도를 모두 고려하는 것이 좋다.

(1) 범위

연속변수인 경우, 범위(range)는 오차한계까지 고려할 때 분포의 최대값에서

그림 7.2 범위의 오차한계

최소값을 뺀 후 1을 더해주면 된다. 어떤 연속변수의 최소값이 50이고 최대값이 70이라면, 그 범위는 70−50+1인 21이 된다. 반면, SPSS의 경우 범위를 구할 때 오차한계를 고려하지 않는다. 즉, 최대값에서 최소값을 뺀 후 1을 더하지 않고 범위를 구하는 것이다. 앞선 예시의 경우라면 SPSS는 범위를 20으로 보고한다.

(2) 분산

분산(variance)은 표준편차를 제곱한 값으로, 모집단과 표본에서의 분산 공식은 다음과 같다.

• 모집단 분산 공식

$$\sigma^2 = \frac{\sum_{i=1}^{N}(X_i - \mu)^2}{N}$$

(σ: 모집단의 표준편차, X_i: 관측치, μ: 모집단 평균, N: 전체 사례 수)

• 표본 분산 공식

$$S^2 = \frac{\sum_{i=1}^{n}(X_i - \overline{X})^2}{n-1}$$

(S: 표본의 표준편차, X_i: 관측치, $\overline{X}$: 표본평균, n: 표본의 사례 수)

분산 공식을 자세히 보면, 분자 부분에 각 관측치에서 평균을 뺀 편차점수 (deviation score)를 제곱하여 합한 값이 들어간다. 분자의 편차점수($X_i - \mu$)는 관측치에서 평균을 뺀 값이므로, 분산은 자료들이 평균에서 얼마나 떨어져 있는지를 정리한 값이라 할 수 있다. 참고로 편차점수는 모두 합하면 0이 되는 값이므로 의미가 없다. 분산 공식에서처럼 편차점수를 제곱한 값을 모두 합해야 자료가 평균에서부터 얼마나 떨어져 있는지를 파악할 수 있는 것이다. 따라서 분산을 구할 때 편차점수를 제곱하여 모두 더한 값을 이용한다.

(3) 표준편차

분산에 제곱근을 씌워주면 표준편차(standard deviation)가 된다. 분산 단위는 확률변수 단위를 제곱한 것이므로 해석을 쉽게 하기 위하여 보통 표준편차를 이용한다.

(4) 사분위편차

사분위편차(quartile)는 자료를 작은 값부터 큰 값으로 정렬한 후 4등분한 점에 해당하는 값이다. 두 번째 사분위편차(Q2) 값은 중앙값과 동일하고 네 번째 사분위편차 값은 제일 마지막 값과 동일하기 때문에, 첫 번째 사분위편차(Q1)와 세 번째 사분위편차(Q3) 값을 구하여 분포가 얼마나 흩어져 있는지 뭉쳐 있는지를 판단한다. 사분위편차 값은 SPSS 등의 통계 프로그램의 상자그림을 통해 시각적으로 확인할 수 있다.

• 사분위편차와 중앙값
  Q1
  Q2=중앙값
  Q3

---

2 규준점수

1) 백분위 점수와 백분위 등수

백분위 점수(percentile score; 퍼센타일)는 자료를 작은 값부터 큰 값으로 정렬했을 때 100등분한 점에 해당되는 값이다. 사분위편차는 백분위 점수 중 25, 50, 75등분에 해당되는 값이므로, 100등분에 해당되는 백분위 점수를 통하여 더욱 더 자세한 정보를 얻을 수 있다. 만일 하위 10%와 상위 10%에 해당되는 값을 구하고자 한다면, 10번째 백분위 점수와 90번째 백분위 점수를 구하면 된다. 만일 이에 해당되는 값이 50점, 89점이라면 이는 10번째와 90번째 백분위 점수가 된다. 참고로, 백분위 등수(percentile rank)는 등수에 대한 것으로 백분위 점수(percentile score)와 다르다. 다시 말해, 백분위 점수는 검사 척도에 따라 달라진다.

2) Z-점수, T-점수, 스태나인

Z-점수, T-점수, 스태나인(stanine) 등을 표준점수(standardized score; 표준화 점수)로 칭한다. 표준점수는 원점수에 평균을 뺀 편차점수(deviation score)를 표준편차(standard deviation)로 나눈 점수들을 통칭한다. Z-점수는 모집단의 분포가 정규분포라고 가정할 때 이용할 수 있으며, 평균이 0이고 분산이 1인 표준정규분포를 따르는 점수다. Z-점수는 이론적으로는 $-\infty$부터 $+\infty$까지 가능하다. Z-점수는 평균이 0으로, 분포의 반은 양수고 반은 음수다. T-점수는 평균을 50으로 하고 표준편차를 10으로 척도만 바꿈으로써 더 이상 음수가 나오지 않도록 Z-점수의 척도를 조정한 점수다. Z-점수와 T-점수는 다음과 같이 구할 수 있다.

• Z-점수와 T-점수 공식

$$Z = \frac{X - \mu}{\sigma}$$

$$T = 10Z + 50$$

그림 7.3 정규분포와 규준점수

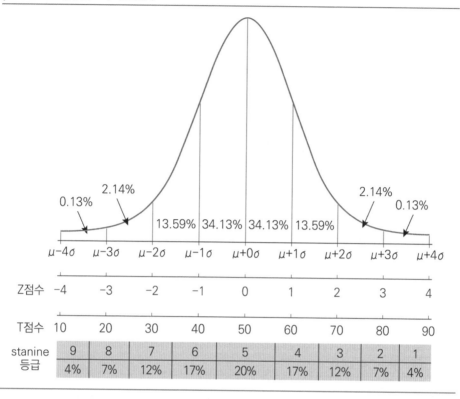

다음으로 자료를 9개 등급으로 나눠주는 스태나인(stanine)이 있다. 스태나인은 'STANdard NINE'의 줄임말로, 자료를 9등급으로 표준화한다는 뜻이다. 스태나인은 자료를 작은 값부터 큰 값까지 정렬한 후, 왼쪽부터 오른쪽으로 1등급부터 9등급을 채워 나간다(이때 1등급이 최하 등급, 9등급이 최상 등급이 된다). 1등급부터 4등급은 각각 4%, 7%, 12%, 17%를 넣어 주고, 가운데 등급인 5등급은 20%, 그리고 다음 6등급부터 9등급은 다시 17%, 12%, 7%, 4%를 넣어 준다. 즉, 스태나인 점수는 5등급을 기준으로 좌우가 대칭임을 알 수 있다. 정규분포를 따르는 경우 스태나인은 평균이 5이고 표준편차가 2가 되며, 공식은 다음과 같다.

- 스태나인

  Stanine = 2*Z* + 5

    Z-점수나 T-점수와 달리, 정규분포를 가정하지 않아도 된다는 점은 스태나인의 장점이다. 그러나 스태나인은 Z-점수나 T-점수에 비해 정보 손실이 있다는 단점이 있다. 예를 들어, 5등급의 경우 전체 자료의 20%가 모여 있는데, 이들은 같은 5등급이라도 4등급에 가까운 5등급인지, 6등급에 가까운 5등급인지에 따라 Z-점수로는 표준편차의 반(0.5점)이나 차이가 나게 된다. [그림 7.3]에 백분위 등수와 스태나인을 정규분포 그래프에 표시하였다.

    [그림 7.4]는 규준점수 예시다. 국어영역의 경우 표준점수가 131점인데 이는 백분위 등수로 93이므로 상위 7%에 해당하는 점수다. 따라서 1~9등급으로는 2등급이 된다. 마찬가지로 생활과 윤리의 경우 표준점수는 53점, 백분위 등수 75로, 이는 상위 25%에 해당하는 점수다. 따라서 등급은 4등급이 되는 것을 쉽게 알 수 있다([그림 7.3] 참고).

그림 7.4   규준점수 예시

수험번호	성명	생년월일	성별	출신고교(반 또는 졸업연도)		
12345678	홍길동	99.09.05.	남	한국고등학교(9)		
구분	한국사 영역	국어 영역	수학 영역 나형	영어 영역	사회탐구 영역		제2외국어 /한문 영역
					생활과 윤리	사회·문화	일본어 I
표준점수		131	137		53	64	69
백분위		93	95		75	93	95
등급	2	2	2	1	4	2	2

2018. 12. 6.

한국교육과정평가원장

Ⅲ 준거와 준거참조평가

　규준참조평가(norm-referenced assessment)는 검사점수로 학생들을 줄을 세워 상대적 비교를 하는 것이 목적이다. 학생들이 학습목표 또는 성취기준을 얼마나 습득했는지 파악하고 교수·학습에 피드백하는 것이 목적이라면 준거참조평가가 적합하다. 규준참조평가에서 규준(norm)에 따라 상대적 서열이 결정된다면, 준거참조평가에서는 준거(criterion)에 따라 학습목표/성취기준 습득 정도를 확인하고 (절대평가 맥락에서의) 등급을 부여하게 된다. 우리나라 초·중등학교의 경우 준거가 성취목표이므로 준거참조평가는 '성취평가'라는 이름으로 시행 중이다. 미국 초·중등학교에서 준거(criterion)는 기준(standards)으로 불리므로 특히 대규모 검사에서 준거참조평가는 'standard setting', 즉 '기준설정'이라는 체계적 절차를 통하여 시행된다.

　기준을 정하는 것은 생각보다 중요할 수 있다. 몇 년 전 1급 발달장애인이 아기를 3층에서 집어던져 살해하였으나, '형법상 심신상실' 상태가 인정되어 대법원에서 사실상 무죄를 선고한 사례가 있다.[2] 법정에서 '심신상실' 여부는 생물학적 방법과 심리학적 방법을 이용한 여러 증거를 토대로 판사가 '형법상 심신상실' 여부에 대한 기준을 세우고 판결한다. 즉, '기준을 정하는 것'은 '사형/무기징역'과 '사실상 무죄'를 가를 수 있을 만큼 중요한 것이다. 의학, 약학, 보건 분야에서도 기준을 어떻게 세워 자격증을 부여할 것인가는 매우 중요한 사안이므로 엄격한 절차를 따르도록 되어 있다. 의사로서의 자격증을 부여하는 의사국가고시(정식 명칭은 의사국가시험)의 경우에도 실기시험 합격 기준은 '의과대학 교수로 구성된 패널(panel)이 결정한 합격 점수 이상 득점'이다. 패널 구성부터 합격 점수 결정까지의 의사결정 과정이 기준설정(standard setting)에 해당한다고 볼 수 있다. 이 때 합격/불합격을 가르는 점수를 분할점수(cut score)라고 한다. 합격/불합격의

2　형법상 심신상실자란 '심신장애로 인해 사물을 변별하거나 의사를 결정할 능력이 없는 자'를 말한다. 심신상실자는 책임능력이 없으므로 책임이 조각돼 무죄가 되므로 형벌은 받지 않는다. 치료감호 등의 보안처분은 가능하다(연합뉴스, 2016.11.24.).

이분법적인 구분보다 좀 더 자세하게 나눌 수도 있다. 이를테면 우수/보통/기초/기초미달과 같은 학생의 성취도 등급은 모두 준거에 따라 결정되며, 각 등급을 가르는 분할점수가 필요하다. 분할점수 수는 집단 수 빼기 하나만큼 필요하다.

이 장에서는 대규모로 시행되는 검사에서 기준(또는 준거)을 설정할 때 이용되는 방법에 초점을 맞추어 먼저 전반적인 standard setting(기준설정) 절차를 설명할 것이다. 이 장에서 설명하는 standard setting 절차 및 방법은 원래 대규모 검사에서 쓰이는 기준설정 방법이므로 학교 단위에서 한두 명의 교사가 실시하기에는 어려움이 따른다는 점을 주의할 필요가 있다.

1 기준설정 절차

교육부에서 전국의 초등학교 3학년 학생을 대상으로 기초학력을 확인할 목적으로 수학 시험을 만들고, 모든 초등학교 3학년 학생에게 그 시험을 치르게 한 결과(시험 점수)가 있다고 하자. 학생이 기초학력을 습득했는지 아닌지를 확인하는 것은 매우 중요하다. 제시간에 대처하지 못할 경우 학습결손이 누적될 수 있기 때문이다. 그렇다면 각 학생의 기초학력 습득 여부를 판정하는 기준을 어떻게 세울 수 있을까? 본 절에서 Cizek & Bunch(2007)를 참고하여 기준설정 절차를 알아보자.

1) 기준설정 목적 고려

기준설정 시 가장 먼저 고려되어야 할 사항은 기준설정 목적이다. 많은 요가 단체 중 어떤 단체가 요가강사 자격증에 대한 기준설정을 한다고 하자. 요가강사 자격증 부여를 위한 절차가 모두 같다고 하더라도, 그 목적이 기준을 엄격히 적용하여 수준 높은 강사만을 엄선하는 것인지, 아니면 해당 단체의 양적 성장을 위하여 어떤 일정 수준만 통과하면 쉽게 자격증을 부여할 것인지에 따라 기준설정 결과는 크게 달라질 것이다.

2) 기준설정 방법 결정

다음으로 기준설정 방법을 정해야 한다. 검사 목적, 검사 유형, 검사 특성을 고려한 매우 다양한 기준설정 방법이 있다. 이를테면 Angoff와 Ebel 방법은 맞혔냐 틀렸냐의 선다형 문항으로 구성된 검사만이 아니라 단답형, 서술형과 같이 부분정답이 가능한 문항이 포함된 검사에도 활용할 수 있다. Bookmark 방법도 선다형뿐만 아니라 부분정답이 가능한 문항이 포함된 검사에 활용 가능하다. Angoff 방법과 비교한다면, Bookmark 방법은 문항반응이론을 써야 하는 대신 패널의 측면에서는 일이 줄어든다는 장점이 있다. 포트폴리오와 같은 형식의 검사는 Body of Work 방법을 주로 활용한다. 다양한 기준설정 방법에 대하여 더 공부하고 싶다면 Cizek & Bunch(2007)를 참고하기 바란다.

3) PLL(Performance Level Label; 성취수준명) 선정

PLL은 학생/학부모/교사가 기준설정 결과로 가장 먼저 확인하는 이를테면 등급과 같은 것이다. PLL은 '합격/불합격', 'A/B/C/D/E', 또는 '우수/보통/기초/기초미달'과 같이 기준설정 결과를 한 단어로 정리하여 보여주는 역할을 한다. 검사 시행 및 기준설정 전 교사, 교육과정 전문가, 학교 행정가, 학부모 등의 이해당사자로 구성된 위원회(committee)에서 PLL을 미리 결정하는 것이 일반적이다. 다음은 우리나라 중학교 교과목별 성취수준명인 A, B, C, D, E(체육, 예술 교과의 경우 A, B, C)에 대한 기준 설명이다(학교생활기록 작성 및 관리지침(교육과학기술부 훈령 제282호)).

표 7.1 중학교 교과목별 기준성취율

성취수준	성취율(원점수)	
	일반 교과	체육, 예술 교과
A	90% 이상	80% 이상 ~ 100%
B	80% 이상 ~ 90% 미만	60% 이상 ~ 80% 미만
C	70% 이상 ~ 80% 미만	60% 미만
D	60% 이상 ~ 70% 미만	–
E	60% 미만	–

4) PLD(Performance Level Descriptions; 성취수준기술) 선정 또는 작성

PLD는 '우수/보통/기초'와 같이 하나의 단어로 표현되는 PLL이 전달하고자 하는 뜻을 보다 자세하게 설명하는 문장들로 구성된다. 검사 전 PLD가 결정되었다면 PLD를 참고하여 검사를 만들어야 한다. 그러나 검사 후 실제 결과를 보고 그 결과에 맞게 PLD를 수정하는 경우도 많다. 이를테면 우리나라 국가수준 학업성취도평가의 경우 검사 결과를 보고 PLD를 수정한다.

PLD는 교육과정상 성취기준에 맞춰 작성하는 것이 좋다. 우리나라 초등학교 6학년 수학의 '자료와 가능성' 단원을 예시로 들어보겠다. 이 단원의 성취기준 중 하나인 '[6수05 – 02] 실생활 자료를 그림그래프로 나타내고, 이를 활용할 수 있다'는 다음과 같은 상, 중, 하의 평가기준으로 평가할 수 있다([표 7.2] 참조). 즉, 실생활 자료를 그림그래프로 나타낼 수 있으면 중 수준인데, 그림그래프에서 여러 가지 사실까지 찾을 수 있으면 상 수준이며, 안내가 있어야 그림그래프가 가능하다면 하 수준이다.

표 7.2 성취기준과 평가기준 예시

교육과정 성취기준		평가기준
[6수05-02] 실생활 자료를 그림그래프로 나타내고, 이를 활용할 수 있다.	상	실생활 자료를 그림그래프로 나타내고, 그림그래프에서 여러 가지 사실을 찾을 수 있다.
	중	실생활 자료를 그림그래프로 나타낼 수 있다.
	하	안내된 절차에 따라 실생활 자료를 그림그래프로 나타낼 수 있다.

이렇게 같은 단원의 다른 성취기준에 대한 평가기준을 종합하여 우리나라 초등학교 6학년 수학 '자료와 가능성' 단원의 A, B, C에 대한 PLD(성취수준기술)는 각각 다음과 같이 정리되었다([표 7.3] 참조).

| 표 7.3 | PLD 예시 |

성취수준	일반적 특성
A	평균의 의미를 알고 평균을 구하고 활용할 수 있으며, 가능성을 상황에 맞게 말이나 수로 표현하고 비교할 수 있다. 자료를 수집, 분류, 정리하여 자료의 특성이나 목적에 맞게 그림그래프, 띠그래프, 원그래프 등으로 나타내고, 그래프를 해석할 수 있다.
B	주어진 자료의 평균을 구하고 평균을 활용한 간단한 문제를 해결할 수 있다. 실생활에서 가능성과 관련된 상황을 찾을 수 있으며, 가능성을 말이나 수로 나타낼 수 있다. 주어진 자료를 그림그래프, 띠그래프, 원그래프로 나타낼 수 있으며, 그래프에서 여러 가지 사실을 찾아 말할 수 있다.
C	안내된 절차에 따라 평균을 구하고 가능성을 표현할 수 있으며, 주어진 자료를 그림그래프, 띠그래프, 원그래프 등으로 나타낼 수 있다.

5) 패널구성

기준설정 시 패널(panel)구성 및 역할이 매우 중요하다. 패널이 분할점수(cut score)를 결정하기 때문이다. 물론, 패널이 정한 분할점수를 교육청에서 받아들이지 않는 경우도 있으므로 '기준설정(standard setting)'이 아니라 '기준권고(standard recommending)'라고 해야 한다는 의견도 있다(Cizek & Bunch, 2007). 그러나 패널이 정한 분할점수가 기준설정 시 이용되는 것이 일반적이므로 패널을 처음부터 잘 구성하여 잘 훈련시키는 것이 성공적인 기준설정을 위하여 필수적인 요소가 된다. 기준설정 결과가 주관적이라는 비판이 가능한데, 패널의 학력 · 경력 자격기준을 엄격하게 정하고 지역 · 성별 등에 있어 대표성을 지니는 패널을 모집하여 기준설정을 실시한다면 기준설정 절차에 대한 정당성 확보에 큰 도움이 된다.

패널은 보통 내용영역의 전문가가 다수를 차지한다. 미국의 주 단위 검사의 경우 동네 주민, 학부모까지도 패널로 초청하는 것을 보았으나, 패널은 해당 학년 학생들을 머릿속으로 그리며 검사 문항의 문항난이도(item difficulty)를 추측할 수 있어야 하므로 대부분 해당 학년을 가르쳐 본 경험이 있는 교사가 다수를 차지한다. 아니면 적어도 해당 학년 학생의 성취수준 설정과 관련하여 직접적인 경험이 있는 사람들로 구성할 수 있다. 초등학교 6학년 수학 교과에 대한 기준설정을 한다면, 교육대학을 졸업한 10년 이상 경력의 초등교사, 관련 전공 석사학위를 소지한 경력 5년 이상의 초등교사, 초등수학교육 박사학위를 소지한 교육과정 전문가(국공립 연구기관 연구원 및 대학의 전임교원) 등이 패널 선정 시 자격기준이 될 수 있다. 미국 주 단위 검사에 대한 기준설정 시 한 교과당 보통 20명이 넘는 패널에게 2~3개 학년(예: 3, 4, 5학년)의 기준설정을 맡기는 것이 일반적이다.

6) 기준설정 실시

본 장은 가장 쉽고 널리 쓰이는 Angoff 방법으로 기준설정을 설명하겠다. 더 자세한 내용은 유진은(2019)의 4장을 참고하기 바란다. 원래 (pure) Angoff 방법은 검사 결과 없이도 패널이 문항만을 보고 판정을 하는 방법이었는데, modified Angoff, 즉 수정된 Angoff 방법에서는 실제 검사 결과까지 종합하여 수준을 설정하도록 한다. Angoff 방법에서는 '가까스로 기준을 통과하는 학생', 즉 MCP(minimally competent person)에 대한 정의가 필요하다. 수학 기초학력검사 예시로 본다면, 가까스로 수학 기초학력을 가지는 학생, 즉 이 학생까지만 기초학력이고 그 아래로는 기초학력 미달이라고 판정할 만한 그런 학생이 어떤 학생인지 정의해야 한다. MCP에 대한 패널 간 공감대가 어느 정도 형성되었다면, 각 패널은 각 문항에 대하여 정답률을 판정한다.

[표 7.4]에서 2라운드에 걸쳐 시행된 '수정된 Angoff 방법의 예시'를 제시하였다. 첫 번째 표는 5명의 패널이 10개 문항에 대하여 정답률을 판정한 1라운드 결과다. 패널은 10번 문항이 가장 어렵고(난이도 56%) 5번 문항이 가장 쉽다고(난이도 86%) 판정하였다. 첫 번째 패널(Rater ID=1)이 89%에 해당하는 점수가 필요하다고 판단함으로써 해당 검사가 가장 쉽다고 생각한 반면, 두 번째 패널(Rater ID=2)은 62%만 맞히면 된다고 판단하여 해당 검사를 가장 어렵게 생각한 것을 알 수 있다. 1라운드 결과를 정리하면, 패널은 74.2%에 해당되는 점수를 받아야 기초학력에 도달한다고 판단하였으며, 이때 패널 간 표준편차는 10.13이었다.

표 7.4　수정된 Angoff 방법 예시

1라운드

문항번호

패널ID	1	2	3	4	5	6	7	8	9	10	평균	표준편차
1	80	100	100	100	90	90	90	90	90	60	89.0	11.97
2	60	80	60	60	70	90	70	60	30	40	62.0	17.51
3	90	70	80	80	100	60	80	80	80	60	78.0	12.29
4	70	60	70	80	90	80	80	70	70	60	73.0	9.49
5	90	60	90	40	80	60	80	70	60	60	69.0	15.95
평균	78.0	74.0	80.0	72.0	86.0	76.0	80.0	74.0	66.0	56.0	74.2	10.13

2라운드

문항번호

패널ID	1	2	3	4	5	6	7	8	9	10	평균	표준편차
1	80	90	100	100	90	90	100	90	80	60	88.0	12.29
2	70	80	70	70	80	90	80	70	40	50	70.0	14.91
3	90	80	90	70	90	60	70	80	80	60	77.0	11.60
4	70	70	60	70	90	80	70	70	70	70	72.0	7.89
5	80	70	90	70	80	60	80	70	70	60	73.0	9.49
평균	78.0	78.0	82.0	76.0	86.0	76.0	80.0	76.0	68.0	60.0	76.0	7.18

　　[표 7.4]의 두 번째 표는 2라운드 결과다. 2라운드에서는 1라운드 결과를 무기명으로 정리하여 전체 패널 간 토론에서 공유하고 토론한다. 패널은 1라운드 결과를 토대로 조별로 모여 다시 MCP에 대한 정의를 정교화하고, 각자 문항에 대한 정답률을 재산정한다. 이 2라운드 결과는 다음과 같다. 패널은 여전히 10번 문항이 가장 어렵고(60%) 5번 문항이 가장 쉽다고(86%) 생각했고, 첫 번째 패널과 두 번째 패널이 해당 검사를 각각 가장 쉽고(88%) 가장 어렵다고(70%) 판단하였다. 즉, 2라운드 결과는 1라운드 결과와 비슷하였으나, 그 차이는 1라운드에 비해 좁혀졌다. 2라운드 결과 패널은 기초학력에 도달하려면 76%에 해당되

는 점수를 받아야 된다고 판정함으로써 1라운드의 74.2%보다 합격선이 다소 올라간 것을 알 수 있다. 그러나 표준편차는 7.18로 1라운드의 10.13보다 작아졌다. 즉, 2라운드를 거치며 패널 간 합의가 이루어지고 있는 것을 결과에서 확인할 수 있다.

Angoff 방법의 변형인 확장된 Angoff(extended Angoff) 방법을 통하여 서술형 문항에 대한 기준설정 또한 가능하다. 선다형 문항에 대한 기준설정 시 패널은 각 문항에 대한 난이도를 퍼센트로 추정하였는데, 확장된 Angoff 방법으로 서술형 문항에 대한 기준설정을 실시할 때 각 문항의 점수를 추정한다. 예를 들어 MCP, 즉 가까스로 기준을 통과하는 학생이 3점 만점인 1번과 2번 서술형 문항에서 각각 2점과 3점을 받을 것이라고 추정하는 것이다. 선다형 문항과 서술형 문항이 혼합된 형태의 검사의 경우 각 문항에 대하여 추정한 점수들을 합산하여 분할점수를 산출하면 된다.

01 검사 결과를 토대로 Z-점수, T-점수, 스태나인을 구하고 토론해보자.

02 수강생들을 4~5명의 조로 나누어 어느 검사에 대하여 어떤 등급(예: A)을 받으려
    면 몇 점을 받아야 할지 최소 2라운드에 걸쳐 기준설정을 실시하고 분할점수를
    산출해보자.

03 우리나라 학교 상황에서 성공적인 준거참조평가 시행을 위하여 어떤 방안을 강구
    할 수 있을지 토론해보자.

참고문헌

유진은(2015). **한 학기에 끝내는 양적연구방법과 통계분석.** 서울: 학지사.
유진은(2019). **교육평가: 연구하는 교사를 위한 학생평가.** 서울: 학지사.
Cizek, G. J., & Bunch, M. B. (2007). *Standard setting.* Thousand Oaks, CA: Sage.

PART

2

교육과 교육학의 실천

CHAPTER 08 교육행정: 교육활동의 효과적 실현을 위한 조율
CHAPTER 09 교육공학: 수업과 교육방법의 체제적 설계
CHAPTER 10 상담심리학: 인간의 변화를 돕는 기술
CHAPTER 11 상담심리학: 학교상담의 이해
CHAPTER 12 평생교육의 이해: 개념과 실제
CHAPTER 13 특수교육: 학습자의 다양성과 교육의 형평성

교육행정: 교육활동의 효과적 실현을 위한 조율

김도기 · 김갑성

요약

제8장은 교육행정을 처음 접하는 이들을 위한 개론적 성격을 지니며, '교육행정'이 무엇인지 전반적으로 이해하는 데 목적이 있다. 본 장은 교육행정을 쉽게 이해하기 위해 크게 교육행정의 개념 및 이론 발달사를 다루는 총론과 교육행정의 실제를 다루는 각론으로 구성하였다. 우선, 교육행정의 총론이다. 총론에서는 교육행정을 "교육목적 달성을 위한 교육활동이 효과적으로 이루어지기 위해 필수적으로 수반되는 협동 혹은 협력과정에 대한 조율"로 정의하였다. 교육행정은 교육활동이 효과적으로 이루어지기 위해 필요한 일상적 행위이기에, 그 자체로 중요성을 지닐 수밖에 없다. 단, 교육행정은 조율의 형태에 따라 보는 관점이 달라질 수 있으며, 그에 따라 다양하게 정의될 수 있는 다의적 개념이다. 교육행정은 미국 교장직의 출현과 밀접하게 연관되어 있으며, 공교육 시스템의 도입이 교육행정의 시작점이었다. 교육행정이 태동한 이래 교육행정 이론은 지속적으로 발달하기 시작했으며, 크게 고전 이론, 인간관계론, 행동과학론, 다원론 시기로 구분한다. 다음으로, 교육행정의 각론이다. 교육행정은 교육활동의 효과적 실현을 위한 조율이며, 그 과정에서 다양한 분야의 도움이 필요할 수밖에 없다. 교육행정은 행정단위, 교육, 행정기능의 측면에서 다양한 영역으로 구분되며, 행정기능의 측면과 연계되어 교육행정이 관심을 가지는 세부 분야가 다양하게 존재하고 있다. 이러한 교육행정의 이해를 위해 본 장이 독자에게 많은 도움이 되길 바라며, 교육행정을 둘러싼 다양한 교육주체들이 교육행정에 대해 많은 관심을 가지길 기대한다.

주제어: 교육, 행정, 교육활동, 교육행정, 조율

I   교육행정의 개념과 중요성

1 내게는 너무 먼 교육행정

'교육행정'이라는 단어를 들으면 무슨 생각이 떠오르는가? 물론 사람마다 다양한 생각을 가지고 있겠지만 기본적으로 교육행정에 대한 생각은 기존의 교육행정학을 다루는 이론서들을 읽으면서 가졌던 인식에서 비롯되었을 것이다. 그리고 그 인식은 아마 "어렵다, 딱딱하다, 지루하다." 등의 단어들로 묘사될 것이다. 교육행정학 이론서들을 접하면서 갖게 된 이러한 선입견들은 교육행정에 대한 인식 역시 어렵고 지루한 것으로 만들 수 있다.

사람들이 교육행정학에 대해 이러한 인식을 갖게 된 이유를 살펴보면, ① 교육행정학이 매우 이론 중심적이라서, ② 생소한 개념과 이론들이 다수 등장해서, ③ 교육행정학이 다루는 학문의 영역과 주제가 매우 다양해서, ④ 교육행정학 자체를 잘 몰라서 등이 대표적일 것이다. 특히 교육행정을 잘 모르는 경우에는 교육행정학 이론서들을 통해 교육행정을 이해하는 데 다소 어려움을 느낄 수 있으며, 일부 미디어들을 통해 느끼는 것들로 교육행정을 이해하고 있을지 모른다. 즉, 교육행정은 교육정책과 연관된 그 어떤 것이며, 교육행정가(학교장, 교육부 혹은 시도교육청의 교육전문직원 등)들이 하는 그 어떤 것이기에 나와는 크게 상관없는, 동떨어진 것으로 이해되는 경우도 다반사일 것이다. 또한 내가 소속되어 있는 조직에서 행정업무를 담당하는 사람들 혹은 행정의 과정 등에 대한 인식을 기초로 교육행정을 이해하는 경우도 있을 것이다.

이러한 인식들은 한편으로는 교육행정을 잘 모르기 때문에 발생하는 것이기에 교육행정이 무엇인지 정확하게 이해하는 것이 필요하다고 볼 수 있다. 교육행정은 대단히 추상적인 용어이기 때문에 "교육행정은 무엇이다."라고 바로 설명하는 것은 힘들지도 모른다. 그럼에도 불구하고, 본서에서는 독자들이 교육행정에 대해 조금이나마 쉽게 이해하고 다가갈 수 있도록 설명하고자 한다. 교육행정학은 총론과 각론으로 구성될 수 있다. 총론은 교육행정의 이론을 다루는 것으로, 크게 ① 교육행정의 개념 및 중요성과, ② 교육행정 이론의 발달사가 포함된다. 그리고 각론은 교육행정의 실제를 다루는 것으로, 교육행정에 대해 전체적으로 그리고 개략적으로 이해하는 데 필요한 것들이자 교육행정의 영역과 세부 분야라 볼 수 있다. 여기에서는 교육행정학의 총론과 각론의 순서로 교육행정을 소개하고자 한다.

■2■ 교육행정의 개념

앞에서 말했던 교육행정에 대한 사람들의 인식은 어쩌면 교육행정에 대한 그릇된 인식으로부터 기인했을 수 있다. 이는 교육행정이 무엇인지 그 개념을 제대로 이해한다면 해결될 수 있는 문제이다. 교육행정이 무엇인지를 이해하기 위해서는 그 첫걸음으로 교육행정의 개념을 알 필요가 있다.

교육행정은 '교육'과 '행정'이라는 두 개념이 합쳐진 합성어이다. 먼저 교육에 대해서 살펴보면, 교육에 대한 정의는 교육을 보는 관점이나, 학자들마다 다양하게 존재한다. 여기에서는 교육에 대한 다양한 정의를 살펴보는 것보다는 교육행정이 내포하고 있는 교육이 일반적으로 무엇인지 살펴보는 데 집중하고자 한다. 교육행정학적으로 교육이라 함은 사회적·공공적·조직적 활동으로서의 교육활동(김종철, 1985; 진동섭 외, 2018)을 지칭한다. 교육의 사회적 성격이란 교육의 목적, 내용, 방법이 사회적으로 규정되는 것을 말하며, 공공적 성격은 교육이 공권력을 가진 교육행정의 공적인 책임으로 집행됨을 뜻하고, 조직적 성격은 교육의 운영이 계획적, 합목적적, 협동적으로 이루어지는 것을 의미한다(강상진 외, 2019: 187–188). 이러한 교육의 성격은 교육행정이라는 학문 자체가 미국 내 공교육 시스템이 들어오면서부터 시작된 역사적 배경에서 기인한 것이라고 볼 수 있다. 정리하면, 교육행정에서 교육은 교육행정의 대상으로서 사회적·공공적·조직적 활동으로서의 교육활동을 지칭한다고 볼 수 있으며, 대표적인 예로 단위학교 내의 교수–학습(수업) 활동을 들 수 있다. 여기에서 주목해야 할 점은 대다수의 사람들이 "교육은 학생을 가르치는 교수–학습(수업)활동이다."라고 생각할 수 있지만, 그것은 사회적·공공적·조직적 교육활동의 대표적인 예라는 것이다.

다음으로 행정이 무엇인지 살펴보도록 하자. 교육과 마찬가지로, 행정도 학자들마다 다양하게 정의하고 있다. 많은 학자들 중에서 고윈(Gowin, 1981)은 교육행정적 관점에서 행정을 ① 사회적 환경에서 수업, 교육과정, 학습을 한데 묶는 데 요구되는 영향력, ② 교육당사자가 기울이는 노력을 조율하는 의미의 통제라고 설명하였다. 즉, "조율", "의미의 통제" 등의 단어로 행정의 개념을 제시하고 있다. 단편적인 설명으로서 "행정=조율"이라는 등식은 완전히 성립되지 않을 수 있으나, 조율이라는 단어가 내포하고 있는 의미가 행정이라는 거대하고 다의적인 개념을 이해하는 데 어느 정도 도움이 될 수 있을 것이다.

행정에 대해 좀 더 구체적으로 살펴보도록 하자. 사람들은 매일 사회적 혹은 조직적 활동을 하며 살아간다. 우리가 매일 하는 일들은 한 사람이 혼자서 하기보다는 여러 사람들이 협동 혹은 협력해서 하는 일들이 많기 때문에 그 속에서 행정이라는 현상은 다수 발생한다. 행정은 사전적 의미로 정부(국가 주도)를 중심으로 이루어지는 공적 활동으로서 "법 아래 법의 규제를 받으면서 국가 목적 또는 공익을 실현하기 위해 행하는 능동적이고 적극적인 국가 작용"을 지칭한다. 이는 협의의 행정으로 볼 수 있다. 한편, 광의의 개념으로서 행정은 "고도의 합리성을 수반한 협동적 인간 노력의 한 형태"로 볼 수 있다. 즉, 개별적인 인간이 공적 활동을 수행함에 있어 협동 혹은 협력은 수반될 수밖에 없으며, 그 속에서 효과적으로 협동 혹은 협력하기 위해 행정적 조율이 필요한 것이다. 따라서 행정은 쉽게 말해 "여러 사람들이 효과적으로 협력 혹은 협동하기 위해 필요한 조율"로 설명할 수 있다. 예를 들어, 대학생들은 어느 누구든지 특정 학과에 소속될 것이고, 학과에서 일어나는 공식적 활동을 수행함에 있어 사람들 간의 협동 과정에는 조율이 필요하다. 그러한 조율을 우리가 익히 알고 있는 과의 대표가 수행한다면, 과대표는 학과 내의 행정가라고 볼 수 있는 것이다.

앞에서 살펴본 교육과 행정의 개념을 토대로 정리하면, 교육행정은 "사회적·공공적·조직적 성격의 교육활동(예: 교수-학습활동)이 효과적으로 이루어지기 위해 필수적으로 수반되는 협동 혹은 협력과정에 대한 조율"이라고 설명할 수 있을 것이다. 구체적으로는 교수-학습활동 등의 교육활동이 효과적으로 이루어지기 위한 지원과정의 형태(Supporting; Going)일 수도 있으며, 교육활동이 제대로 이루어지기 위한 통제과정의 형태(Controlling; Stopping)일 수도 있다.

교육활동이 이루어지는 과정에는 필수적으로 여러 사람의 협동 혹은 협력이 수반될 수밖에 없다. 이 협동 혹은 협력과정을 모두 다 일일이 나열하기는 힘들겠지만, 이러한 과정이 효과적으로 이루어질 수 있게끔 누군가 조율하는 것은 대단히 중요하다. 전술했듯이, 교육활동이 잘 이루어질 수 있게끔 재정적·인적·물적 지원활동이 필요한 경우도 생길 수 있고, 다른 한편으로 재정적·인적·물적 지원을 통제해야 하는 경우도 생길 수 있다. 이처럼 교육행정은 교육활동이 효과적으로 이루어지기 위해 필요한 일상적 행위라고 볼 수 있으며, 효과적인 교육활동의 실현에 있어 대단히 중요한 의미를 가질 수밖에 없다.

3 교육행정을 보는 관점

교육행정은 "교육목적 달성을 위한 교육활동이 효과적으로 이루어지기 위해 필수적으로 수반되는 협동 혹은 협력과정에 대한 조율"로서 설명될 수 있다. 즉, 조율의 형태에 따라 교육행정을 바라보는 관점이 다를 수 있으며, 이를 토대로 교육행정의 개념 또한 학자들마다 상이하게 정의되고 있다.

우선 조율에 대한 지원(Supporting; Going)의 관점이다. 이는 일반적인 용어로 기능론(혹은 기능주의론), 조건정비설 등으로 불리고 있다. 이는 교육을 위한 행정에 있는 입장으로서, 행정보다 교육을 우위에 두는 입장이다. 그리고 교육활동을 위한 각종 지원, 봉사, 수단적 성격이 강한 관점이다. 또한 교사의 전문성이 강조되는 교단 중심의 행정으로서, 행정은 보조적 역할이며 교육본위의 행정이라 일컬을 수 있다.

다음으로 조율에 대한 통제(Controlling; Stopping)의 관점이다. 이는 보편적인 용어로 국가공권설(혹은 국가통치권론), 법규해석적 정의, 행정 영역 구분론, 분류체계론 등으로 불리고 있다. 이는 교육에 관한 행정에 있는 입장으로서 교육보다

행정을 우위에 두는 입장이다. 이는 교육활동에 대한 각종 통제, 감독, 감시, 관리적 성격이 강한 관점이며, 교육의 공공성을 강조하는 중앙집권적 형태로서, 행정 중심의 교육행정이라고 일컬을 수 있다.

그리고 교육을 위한 행정으로서의 조건정비론과 교육에 관한 행정으로서의 국가공권설 관점을 통합한 협동행위설(행정행위설)(Going & Stopping)이 있다. 이는 교육 및 행정에 대해 어느 한 쪽으로 치우치지 않고 균형잡힌 시각을 유지하자는 성격이 강한 관점이다. 하지만 실제 교육행정이 발생하는 실제적 현상을 보면, 균형잡힌 시각을 유지하기 힘들며, 조건정비론적 입장이든지 아니면 국가공권설적 입장이든지, 어느 한 쪽의 입장을 취하는 경우가 많은 편이다.

그 밖에 정책실현설, 교육행정관리론(행정과정론), 교육지도성론 등 다양한 관점이 존재하고 있으나 여기에서는 가장 많이 언급되는 위의 세 가지 관점에 대해서만 논하고자 한다. 다만, 최근에는 신자유주의의 영향으로 인해 경영의 관점이 교육조직에 반영됨으로써 교육행정에서 나아가 교육경영의 관점이 많이 활용되고 있는 추세이다. 이는 교육행정을 보는 관점이 시대적 변화의 영향을 받으며, 동시에 시대적 변화에 따라 교육행정이 다양한 관점으로 이해될 수 있다고 볼 수 있다.

Ⅱ 교육행정의 이론 발달

1 교육행정의 태동

우리가 어렸을 때부터 읽어 왔던 위인전에는 그 사람이 지나온 유년시절, 학창시절, 사회에 나와 보낸 시간과 경험들 등, 그 위인의 일대기가 쭉 펼쳐진다. 그 일대기는 우리가 그 사람을 이해하는 데 유용한 자료가 된다. 이처럼 교육행정을 정확하고 제대로 이해하기 위해서는 교육행정이 지나온 역사를 살펴볼 필요가 있다.

교육행정의 출현 배경에는 미국의 교장직 출현이 밀접하게 연관되어 있다. 교육행정은 18세기 중후반에 영국에서 처음으로 시작된 산업혁명의 영향에 기인하여 태동하였다. 산업혁명 이후 서유럽을 중심으로 유럽 세계 전반에 대규모 산업사회가 속속들이 등장하였고, 대량의 인구들이 도시로 모여드는 도시중심화 현상이 발생하였다. 산업사회의 발달은 대량생산체제를 가능하게 했으며, 이를 위한 대규모 노동력의 필요성을 함께 요구하게 되었다. 일정 수준의 노동력을 지닌 대규모 노동자를 양성할 필요성이 생겨났으며, 이에 따라 대규모 노동자를 양성할 국가 주도의 공적 시스템이 필요하게 되었다. 이것이 이른바 공교육 시스템이라고 불리는 교육행정의 시작점이라고 볼 수 있다. 즉, 폭발적으로 늘어나는 도시 아동들을 위해 학교를 짓고 자격을 갖춘 교사를 공급하고 일정한 교육과정을 만들어 교실에서 교수-학습이 이루어지도록 하는 일이 필요해졌으며, 그러한 역할을 수행하는 것이 바로 교육행정이었다(강상진 외, 2019).

　　미국은 공교육제도가 발달하면서 큰 변화가 시작되었다. 1840년대부터 1900년대까지 미국 내 이민자 수의 증가는 산업사회의 발달과 함께 미국의 도시화 현상을 초래하였고 인구의 증가를 가져왔다. 이에 따라 가족 단위의 이민자 수가 함께 증가함에 따라 자녀를 교육시키고자 하는 교육적 수요가 함께 증가하게 되었다. 이는 시민들이 중심이 된 '학교'라는 공간을 만들게 된 계기가 되었다([톡톡 Box] 참조). 애초에는 학교라는 공간이 소규모였으며, 단일 학급 중심이었다. 하지만 학교에 다니는 학생들이 점차 많아지면서 단일 학급 중심의 학교에서 학년제 학교로 성장하게 되었고 공교육 운동이 점차 확산되었다. 이에 따라 학교 전체를 관리해야 할 대표교사 혹은 책임교사가 필요하게 되었으며 이에 현재와는 다소 차이가 있는 교장(Principal)직이 등장하게 되었다(박상완, 2018). 1900년대 들어서 미국은 급격한 도시화, 현대화를 이루었고, 대량생산체제 및 경제적 효율성이 강조되기 시작하였다. 이후 1900년대부터 1940년대까지 학교의 대규모화가 진행되면서 공교육 체제의 관리자, 행정가, 감독자로서 현재와 같은 교장(Principal)직이 생겨났으며, 이에 따라 교장과 교사 업무의 구분과 전문화가 이루어졌고, 학교의 공식적인 권한의 위계 확립이 이루어짐에 따라 관료제가 심화되었다(박상완, 2018).

철수의 가족은 엄마, 아빠, 누나랑 해서 4인 가족이다. 철수 가족은 1800년대 중반 아메리칸 드림을 꿈꾸고 서유럽 지역에서 미국으로 이주하였다. 미국으로 이주하고 난 뒤, 철수의 부모님은 돈을 버느라 자녀들의 교육에 대해서 신경을 잘 쓸 수 없었기에, 자녀들의 교육이 항상 걱정이었다. 그런데 어느 날, 옆집 영희네 가족도 비슷한 상황에 있는 것을 알게 되었다. 철수의 부모님은 주위 동네에 같이 살고 있는 다섯 가족들이 똑같은 고민을 하고 있었다는 것을 알게 되었고, 서로 의기투합하여 일주일에 하루씩 부모 중 한 사람이 다섯 가족의 자녀들을 교육시키기로 협의하였다.

　하지만 이러한 소문이 주변에까지 퍼지게 되면서 부모 중 한 사람이 담당해야 할 학생이 40명까지 불어났다. 부모 한 사람이 감당하기에 자녀 40명이라는 숫자는 너무나 컸고, 한 가정에 모든 인원을 수용하기가 힘들어지게 되었다. 한편, 부모들 중 학생을 담당하는 것이 본인의 적성에 맞지 않는다며 불평을 늘어놓는 부모가 생기기도 하였다. 이에 따라 이제는 좀 더 자녀들을 잘 돌보고 교육시킬 수 있는 사람을 아예 전문가로 정하자는 분위기가 형성되었다. 아울러 동네에서 적당한 곳에 건물을 지어서 자녀들을 교육시키자는 분위기가 함께 형성되었다. 이를 통해 시민들이 중심이 된 학교라는 건물이 생겨났으며, 학교 안에 자녀들을 전문적으로 교육시키는 교사, 그리고 교장이 생겨나기 시작하였다.

2 교육행정 이론의 발달

　교육행정이 태동한 이래, 교육행정 이론은 지속적으로 발달했다. 특히, 공교육 체제의 관리자, 행정가, 감독자로서 현재와 같은 교장직이 생겨나면서부터 교육행정 이론에 대한 수요가 증가하기 시작하였으며, 교육행정 이론의 발달이 필수적으로 요청되었다. 교육행정 이론의 발달사는 크게 두 시기로 대별된다. 교육행정 나름의 독자적 이론체계를 갖추지 못하여 타 학문의 이론들을 차용한 시기와 교육행정의 고유한 이론체계를 갖추어 나간 시기이다. 전자의 시기는 ① 고전 이론 시기(1900~1930), ② 인간관계론 시기(1930~1950), 후자의 시기는 ① 행동과학론 시기(1950~1970), ② 다원론 시기(1970~)로 구분될 수 있다. 즉, 교육행정 이론의 발달사는 ① 고전 이론, ② 인간관계론, ③ 행동과학론, ④ 다원론 시기 등 크게 4개의 시기로 구분될 수 있다.

1) 고전 이론 시기

고전 이론 시기는 타 학문의 이론을 차용하여 교육행정에 적용한 시기로서, 이때 경영학 및 행정학 등에서 이론을 다수 차용하였다. 이 시기는 1900년대 초 미국의 산업사회를 배경으로, 인간을 기계처럼 간주하여 조직의 생산성을 높이는 데 관심을 가졌다. 즉, 이 시기는 조직의 생산성을 어떻게 하면 향상시킬 수 있을지에 대한 효과와 개인보다는 조직을 강조한 시기이다. 조직 생산성이 증가하면 조직구성원들의 행복이 향상될 것이라고 전제하였으며, 최소의 비용으로 최대의 효과를 내는 경제적 합리주의가 이론적 토대가 되었다. 이 시기의 대표적인 이론으로는 과학적 관리론, 관료제론, 행정관리론 등을 들 수 있다.

우선, 과학적 관리론은 테일러(Taylor, 1911)가 제안한 이론이다. 그는 인간을 기계와 같이 프로그램화할 수 있다고 보았으며, 이에 따라 작업과정의 과학화 및 표준화를 위해 시간−동작 연구를 수행하였다. 또한 그는 과학적 관리의 원리를 함께 제시하였으며, ① 최대의 일일작업량 및 표준화된 조건, ② 성공에 대한 높은 보상 및 실패에 대한 책임, ③ 과업의 전문화가 그 핵심이다.

과학적 관리론을 교육행정적 관점을 바탕으로 학교행정에 적용하려고 했던 사람으로 보비트(Bobbit, 1912)를 들 수 있다. 보비트(1912)는 '교육에서의 낭비 추방'이라는 논문을 통해 다음의 몇 가지 과학적 관리의 원칙을 제시하였다. 구체적으로 ① 가능한 모든 시간에 교육시설을 활용한다, ② 교직원의 작업능률을 최대로 유지하며, 교직원의 수를 최소로 유지한다, ③ 교육에서의 낭비를 최대한 제거한다, ④ 교사들에게는 학교행정을 맡기기보다 학생들을 가르치는 데에 전념하도록 한다가 그것이다(진동섭 외, 2018). 추가적으로 학년 및 학급편제, 수업시간, 교과의 엄격한 구분, 성과급 등이 교육행정에의 적용사항이라 볼 수 있다.

다음으로 고전 이론 시기의 가장 대표적인 이론으로서 베버(Weber)의 관료제론을 들 수 있다. 베버(1947)는 조직에는 반드시 통제가 존재하기 마련이며, 그러한 통제의 기반은 권위라고 주장하였다. 명령이 일정 집단 사람들에 의해 준수될 가능성을 권위로 보았으며, 전통적 권위(예: 세습조직), 카리스마적 권위(예: 부족국가), 합법적 권위(예: 법에 의한 지배) 등 세 가지의 권위를 제시하였다. 현대 조직에는 합법적 권위가 적합하다고 하였으며, 합법적 권위에 의한 관료적 통제 혹은 지배가 관료제론의 핵심이라고 주장하였다.

베버는 관료제의 특성을 ① 분업과 전문화, ② 몰인정성, ③ 권위의 위계, ④ 규정과 규칙, ⑤ 경력지향성 등 다섯 가지로 제시하였다. 각각의 특성은 조직 내에서 상황에 따라 순기능과 역기능을 함께 내포할 수 있다고 보았다. 혹자들이 "관료주의" 혹은 "관료주의적이다."라고 말을 하는 것은 관료제의 특성이 역기능을 발휘하는 모습들을 자주 관찰한 것에서 비롯되는 것이라고 볼 수 있다. 관료제의 학교행정에의 적용사항으로는 대표적으로 학교조직의 분업화(교과별 조직분장, 학년별 조직분장 등)를 들 수 있다.

마지막으로 행정관리(과정)론이다. 행정관리론의 대표적인 학자는 페욜(Fayol)이며, 그는 행정을 주먹구구식으로 하는 것이 아니라 세련된 절차에 의해 수행해야 함을 주장하였다. 구체적으로 산업조직의 목표 달성을 위한 과정으로서 기획(Planning) – 조직(Organizing) – 명령(Commanding) – 조정(Coordination) – 통제(Controlling) 등 P–O–C–C–C 이론으로 불리는 행정관리론을 제시한 바 있다. 이후 굴릭(Gulick)과 어윅(Urwick), 시어즈(Sears), 미국학교행정가협회, 그레그(Gregg), 캠벨(Campbell) 등 많은 학자들이 용어나 강조점을 달리하는 행정의 과정 요소들을 제안한 바 있다(성태제 외, 2012).

하지만 찰리 채플린(Charlie Chaplin)이 주연한 『Modern Times』(1936) 영화에서 나타나듯이, 고전 이론 시기는 기본적으로 인간을 기계 취급하고 조직 운영상의 인간적 요소를 경시했다는 비판을 받았다. 이는 인간관계론이 태동하게 되는 계기를 마련해 주었다.

2) 인간관계론 시기

과학적 관리론이 중심을 이루던 시기인 1930년대에는 인간을 기계처럼 취급하고, 조직 운영의 인간적 요소를 경시하던 풍조에 대한 많은 비판과 회의론이 제기되었다. 이에 따라 고전 이론에 대한 문제점을 개선하고, 노동자의 비인간화에 대한 반성으로 인간관계론이 태동하게 되었다. 폴렛(Follet, 1924)은 조직의 원리로서 가장 중요한 것으로 조화로운 인간관계 유지의 중요성을 제기하며, 행정에서 심리적인 측면을 인정하고 인간관계론의 가능성을 열었다(진동섭 외, 2018에서 재인용). 즉, 이 시기는 생산성 향상을 위한 고전 이론의 개선을 목표로 하였다고 볼 수 있다.

이 시기에는 메이어(Mayo)와 뢰슬리스버거(Roethlisberger)의 호손(Hawthorne) 실험이 대표적으로 언급된다. 이 실험은 1924년부터 1932년까지 이루어진 장기간의 연구로서, 미국 시카고 교외 서부전기회사의 호손 공장에서 연구가 수행되었기 때문에 호손실험이라고 불린다. 특이한 점은 호손 공장에서 과학적 관리의 원리를 검증하기 위해 일련의 실험연구인 호손실험 연구를 수행했으나, 우연한 계기를 통해 역설적이게도 이 연구로 조직 내 인간관계의 중요성을 발견했다는 점이다(진동섭 외, 2018).

호손실험은 조명실험, 전화계전기조립실험, 면접프로그램, 건반배선조립관찰실험 등 크게 네 가지 실험으로 구성되었다. 이러한 실험을 통해 얻은 결과는 조직구조보다는 구성원의 심리적 요인이 생산에 기여하며, 생산성은 고전 이론 시기에서 강조했던 효과 측면보다는 인간관계 중심의 능률 측면에 의해 좌우된다는 것이었다. 또한 고전 이론 시기에 강조되었던 공식적 구조 외에도 조직구성원들의 비공식적 조직이 존재할 수 있으며, 이러한 비공식조직의 힘이 공식조직의 힘보다 더 강할 수 있음을 제시하기도 하였다.

인간관계론은 조직 내 구성원의 심리적 요인과 비공식조직의 발견 등을 강조하면서 교육행정의 민주화 및 민주장학에 기여했다는 평가를 받고 있다. 하지만 인간관계론은 고전 이론 시기와 마찬가지로 조직 내부의 문제에 대해서만 관심과 노력을 집중했으며, 조직 내 갈등에 대해서는 중요하게 다루지 않았다는 비판을 받고 있다.

3) 행동과학론 시기

　고전 이론과 인간관계론 시기는 타 학문에서의 이론들을 차용한 시기였다면, 행동과학론 시기는 교육행정의 독자적인 이론을 구축해 나가는 시기라고 볼 수 있다. 또한 고전 이론과 인간관계론 시기에는 조직 내부의 문제에만 관심과 노력을 집중한 폐쇄체제적 접근 방식이 주를 이루던 시기였다면, 행동과학론 시기는 조직 내부뿐만 아니라 조직 외부의 문제에도 관심을 가진 개방체제적 접근 방식이 적용된 시기였다. 더불어 고전 이론과 인간관계론 시기는 타 학문의 이론을 차용하여 문제를 해결하기 위한 실제적 처방 중심의 시기였다면, 행동과학론 시기는 일반적 법칙을 찾고자 하는 이론 중심의 학문으로 발전시키기 위한 시기였다고 볼 수 있다.

　전술했듯이 고전 이론 시기는 조직구조와 효과를, 인간관계론 시기는 개인과 능률을 강조한 반면, 행동과학론 시기는 정반합을 이루는 것처럼 개인(인간관계론 시기에 강조했던 능률 측면)과 조직(고전 이론 시기에 강조했던 효과 측면)의 조화로서 효율을 추구하는 것을 목표로 삼았다. 행동주의로부터의 영향을 받아 객관적 관찰, 기술, 설명, 예언에 초점을 두었으며, 조직 내 인간의 행동을 과학적 이론을 통해 설명하고자 하는 과학적 이론화가 중심이 되던 시기라고 볼 수 있다. 정리하면, 교육행정학을 다른 사회과학 분야처럼 이론 중심의 학문으로 발전시키기 위한 노력의 일환으로서 '신운동(New Movement)'이라 불리는 교육행정의 이론화 운동이 추구되었던 시기이다.

　행동과학론이 시작되었던 1950년대 이후부터 교육행정학은 독자적인 학문으로 성립되고 확산되기 시작하였다. 조직행동론, 체제이론, 사회과정이론, 지도성론, 의사결정론 등, 이 시기에는 대표적인 교육행정학 이론들이 체계화되었다고 볼 수 있다. 행동과학론 시기에 많은 교육행정학 이론들이 발전하는 데 있어 가장 토대가 된 대표적인 이론은 조직행동론 및 체제이론이라고 볼 수 있다. 조직행동론은 인간 행동의 원인들에 주목하여 조직 내 인간 행동을 예측하여 설명하고자 하였으며, 체제이론은 개방체제적인 시각에 입각하여 투입, 과정, 산출, 환경, 환류(피드백)라는 과정을 통해 전체적이고 종합적인 시각으로 조직 현상을

그림 8.1 고전 이론, 인간관계론, 행동과학론의 비교

효과
(조직)

＋

능률
(개인)

＝

효율
(개인/조직의
조화)

고전 이론   인간관계론   행동과학론

파악하고자 하였다.

행동과학론 시기는 교육행정학의 학문적 정립을 위한 이론화 운동이 일어
났던 시기로서, 현재와 같은 교육행정학이 체계적으로 정립되는 데 상당한 기여
를 하였다는 평가를 받고 있다. 교육행정학을 이루는 다수의 이론들이 이 시기
에 발달하였으며, 현재까지도 교육행정 내에서 주류를 이루고 있다.

4) 다원론 시기

1950년 이후 행동과학론이 주류를 형성했으나, 1970년대 이후부터는 이전
과는 다른 새로운 관점들이 나타나기 시작하였다. 고전 이론, 인간관계론, 행동
과학론 시기는 조직을 보는 관점이 객관적 인식론에 근거하였다. 이는 객관적
실체로서 조직이 존재하고 있으며, 이에 따라 객관적 실체로서의 조직(예: 학교)을
객관적, 사회과학적으로 연구할 수 있다고 가정한 시기들이었다. 하지만 이와
반대로 주관적 인식론에 근거하여 객관적 실체로서의 조직은 없으며 조직구성
원이 주관적으로 체험하는 조직만 존재한다는 해석학적 관점이 나타나기 시작
하였다. 이는 Griffiths-Greenfield 논쟁이라는 유명한 논쟁 이후에 더 두드러지
기 시작하였다.

다원론 시기는 인간행동에 대한 맥락적 이해를 목표로 추구하였으며, 현상
학, 해석학, 비판이론, 포스트모더니즘 등을 대표적인 세부이론으로 볼 수 있다.
논리실증주의, 객관적/행동과학적 접근 방식에 기초하여 인간행동의 원인을 과
학적으로 이론화하고자 하던 기존의 관점과 달리, 해석학적 관점에서는 인간행

동의 과학적/일반적 법칙을 찾아내는 일은 탈맥락적이며, 개별적으로 특수한 상황에 맞는 맥락적합적인 인간행동의 이해가 바람직하다고 주장하였다. 이에 따라 개별적 사례에 담긴 특수한 맥락을 보고자 하는 관점이 나타나게 되었으며, 이러한 맥락적 이해 및 해석을 추구하고자 하였다.

　1980년대 이후에는 다원적 접근의 연장선으로 기존의 방식과는 또 다른 비판적 패러다임을 가진 이론들이 등장하게 되는데, 비판이론과 포스트모더니즘이 바로 그것이다. 비판이론에서는 인간의 소외와 억압, 불평등에 가장 주목하고 있다고 볼 수 있으며, 포스트모더니즘은 모더니즘에 대한 비판의 흐름으로서 기존 구조들의 해체, 상대성에 주목하고 있다. 교육행정학이 학문적으로 정립된 시기로서 1950년대부터 현재까지는 행동과학론과 다원적 접근에 입각한 여러 이론들이 공존하고 있다고 볼 수 있다. 교육행정 이론의 발달사를 정리하면 [표 8.1]과 같다.

표 8.1　교육행정 이론의 발달 정리

범주		시기	세부 이론	초점(혹은 강조점)
타 학문을 차용한 시기	고전 이론	1910-1930년대	과학적 관리론 관료제론 행정과정(관리)론	조직구조 및 효과
	인간 관계론	1930-1950년대	인간관계론	개인 및 능률
학문이 정립된 시기	행동 과학론	1950년대-현재	조직행동론 체제이론	효과와 능률의 조화(효율)
	다원론	1970년대-현재	해석학 현상학 비판이론 포스트모더니즘	특수한 맥락 및 맥락적합성 / 비판적 패러다임

Ⅲ 교육행정의 영역과 세부 분야

1 교육행정의 영역

앞에서는 교육행정의 총론으로서 교육행정의 개념 및 중요성, 교육행정의 이론적 발달사를 살펴보았다. 이제 교육행정이 적용되는 현실적 상황과 관련하여 교육행정의 실제를 다루고자 한다. 교육행정의 영역, 즉 교육행정이 영향을 미치고 있는 영역 혹은 범위를 3차원적으로 나타내면 [그림 8.2]와 같다.

먼저 행정단위 측면에서 교육행정을 살펴보면, 중앙행정 수준부터 지방행정 수준까지 중앙교육행정, 지방교육행정, 단위학교교육행정으로 구분될 수 있다. 중앙교육행정은 중앙교육행정조직에 의해 수행되고 있으며, 헌법 및 정부조직법에서 규정한 국가행정조직 체제의 하위 체제 성격으로서 대통령→국무총리

그림 8.2 **교육행정의 영역**

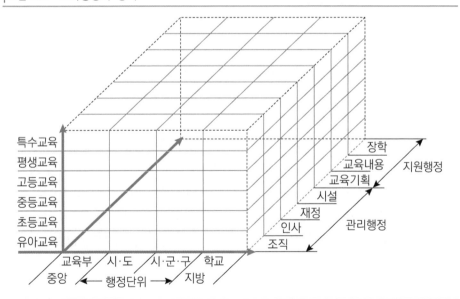

→국무회의→교육부로 이어지는 체계로 이루어진다. 중앙교육행정조직의 핵심은 주로 교육부를 지칭한다고 볼 수 있다. 지방교육행정은 지방교육행정조직인 시도교육청, 지역(시·군·구)교육지원청에 의해 수행되는 교육행정을 말하며, 최근에는 지방교육자치제의 원리(주민자치의 원리, 지방분권의 원리, 자주성의 원리, 전문적관리의 원리)에 따라 이루어지고 있다. 단위학교교육행정은 단위학교조직에 의해 수행되고 있으며, 최근 학교민주주의 실현을 위한 교육자치 흐름의 일환으로서 기존에 교육부 및 시도교육청 수준에서 지니고 있던 교육적 권한을 단위학교로 이양하는 추세 및 흐름이 강화되고 있다. 정리하면, 교육행정의 실제를 이해하기 위해서는 교육행정이 작동되고 있는 교육행정적 구조와 연계된 교육행정조직, 즉 교육부, 시도교육청, 지역(시·군·구)교육지원청, 단위학교조직의 구조적 체계를 살펴보는 것이 효과적이다.

교육의 측면에서 교육행정을 살펴보면, 교육행정은 유아교육, 초등교육, 중등교육, 고등교육, 평생교육, 특수교육 등 모든 교육 분야에 걸쳐 영향을 미치고 있다. 교육행정의 개념에서도 보았듯이, 교육행정은 교육적 목적을 달성하기 위한 사회적·공공적·조직적 성격의 교육활동을 대상으로 하는 학문이기에 공교육적 활동과 관련된 모든 교육 분야를 아우르는 것이다. 이를 볼 때, 교육행정이 다루는 내용 및 범위는 상당할 수밖에 없음을 짐작해 볼 수 있다.

행정기능의 측면에서 교육행정을 살펴보면, 교육행정은 조직, 인사, 재정, 시설 등으로 대표되는 관리행정과 교육기획, 교육내용, 장학으로 대표되는 지원행정으로 구분될 수 있다. 이러한 구분에 따라 교육행정에 포함되는 세부 분야들이 나누어질 수 있다. 다시 말하면, 관리행정 내에서는 조직적 측면으로 교육조직론, 인사적 측면으로 교육인사행정론, 재정적 측면으로 교육재정론, 시설적 측면으로 교육시설론 등이 있으며, 지원행정 내에서는 교육기획 측면으로 교육기획론과 교육정책론, 교육내용적 측면으로 교육과정행정론, 장학적 측면으로 장학론과 학교컨설팅 등이 있다. 그리고 관리행정과 지원행정을 아우르는 측면으로는 교육정치학과 교육지도성론을 들 수 있다.

2 교육행정의 관심 분야

　　교육행정은 교육학 내 어느 타 영역보다도 다양하고 세부적인 분야들을 포괄하고 있다. 이는 교육행정의 개념적 특성에서도 알 수 있듯이, 교육행정은 교수–학습활동으로 대표되는 교육활동이 효과적으로 실현될 수 있도록 조율하는 것이며, 그것의 구체적인 형태는 대표적으로 인적·물적·재정적으로 지원하는 경우 혹은 통제하는 경우로 구분될 수 있다. 지원 혹은 통제가 이루어지기 위해서는 서로 다른 다양한 분야의 도움이 필요할 수밖에 없다. 이러한 다양한 분야는 교육행정이 특히 관심을 가지는 분야들이며, 이는 위에서 제시한 행정기능의 측면에서 살펴본 교육행정의 영역과 맥을 같이 하고 있다. 그렇다면 사회적·공공적·조직적 성격의 교육활동이 효과적으로 실현되기 위해 도움을 주는 세부 분야들을 구체적으로 살펴보도록 하자.

　　우선 관리행정 분야를 살펴보면, 조직과 연계된 '교육조직론'은 학교라는 조직이 어떠한지, 타 조직과는 어떠한 차이가 있는지 등, 학교의 고유한 특성 및 성격을 규명하고, 학교조직 내 구성원들의 행동을 살펴보고자 하는 분야이다. 인사와 연계된 '교육인사행정론'은 교원의 채용(교원양성, 선발, 임용), 능력계발(연수, 평가), 사기 진작(전직, 전보, 승진, 보수) 등과 관련된 분야이며, 재정과 연계된 '교육재정론'은 교육활동이 실시되기 위해 필요한 재원의 확보, 배분, 지출, 평가와 관련된 분야이다. 그리고 시설과 연계된 '교육시설론'은 교육활동이 실시되기 위한 시설의 확보, 증축, 개선 등과 관련된 분야이다.

　　다음으로 지원행정 분야를 살펴보면, 교육기획과 연계된 분야로 '교육기획론'과 '교육정책론'이 있다. '교육기획론'은 미래의 교육활동에 대한 사전 준비 과정으로서 미래의 교육활동에 대해 보다 나은 상태로 만들기 위한 목적을 설정하고 그 목적을 효율적으로 달성하기 위한 방법과 행동의 절차를 합리적으로 설계하는 것과 관련된 분야이다. 아울러 '교육정책론'은 교육기획의 산물이 교육정책인 점을 볼 때 '교육기획론'과 밀접한 연계성을 가지고 있다고 볼 수 있다. 교육행정을 정의하는 관점 중에 "정책실현설"은 교육정책을 기획, 수립, 집행, 평가하는 것 자체를 교육행정으로 간주할 만큼 '교육정책론'은 교육행정 내에서 많은 부분을 차지하고 있다. 교육내용과 연계된 '교육과정행정'은 교육과정과 관련된 분야로서, 매우 중요함에도 불구하고 교육행정 내에서 크게 관심을 받지 못하고 있는 분야이다. 장학과 연계된 분야는 '장학론'과 '학교컨설팅'을 들 수 있다. '장학론'은 학생의 학습행위를 돕는 교사의 교수활동을 향상시키는 등 교원의 전문성을 신장하기 위해서 실시하는 전문적 지도 활동과 관련된 분야이며, '학교컨설팅'은 학교교육을 개선하기 위해 일정한 전문성을 갖춘 사람들이 학교와 학교 구성원들의 요청에 따라 제공하는 독립적인 자문활동과 관련된 분야이다.

그 밖에 관리행정 및 지원행정 분야를 아우르는 것으로서 '교육정치학'은 교육체제 내에 교육을 둘러싼 다양한 이해관계자들 사이의 권력관계 혹은 권력 배분과 관련된 문제를 규명하고자 하는 분야이다. 마지막으로 '교육지도성론'은 리더십 이론으로서 교육적 리더가 어떠한 리더십을 기르고 발휘해야 하는지에 관련된 분야로, '교육정책론'과 마찬가지로 교육행정 내에서 상당한 중요성을 차지하고 있다. 교육행정의 일차적인 관심이 교육행정가라고 본다면, '교육지도성론'은 교육행정 내에서 가장 최우선순위의 관심 분야라 볼 수 있다.

Ⅳ 교육행정이 나아가야 할 미래

교육행정은 교육학 내에서 타 학문과는 달리 융합학문적 성격을 지니고 있다. 그렇기에 교육행정이 제대로 이루어지기 위해서는 교육행정 내에 포함되는 다양한 세부 분야들이 상호 밀접하게 연계되어 교육행정이 추구하는 바를 이루어나가야 할 것이다. 전술했듯이, 교육행정은 "사회적·공공적·조직적 성격의 교육활동(예: 교수–학습활동)이 효과적으로 이루어지기 위해 필수적으로 수반되는 협동 혹은 협력과정에 대한 조율"이라고 설명할 수 있다. 따라서 교육행정이 추구하는 바는 교육활동이 효과적으로 이루어지기 위한 세련되고 균형감 있는 조율이라고 볼 수 있다.

　하지만 교육현장에서 이루어지고 있는 교육행정의 모습은 세련되고 균형감 있는 조율보다는 다소 통제적이거나 혹은 실적 위주의 형식적인 예산 집행을 중요시하는 지원 정책을 펼치는 경우가 많아 보인다. 이는 교육행정이 본래 추구하는 바와는 사뭇 거리가 있는 행태이기에 개선되어야 할 필요가 있다.

　이를 위해서는 교육행정을 둘러싼 다양한 교육주체들이 교육행정에 대해 많은 관심을 가져야 한다. 우선 교육현장에서 교육행정을 실천하기 위해 준비하고 있는 교육학 전공의 교육학도들은 교육행정에 대한 이론 및 실천 연구에 보다 더 노력을 기울여야 하겠다. 향후 현장에서 올바른 교육행정을 실천하기 위해서는 무엇보다도 교육행정에 대한 바른 이해가 선행되어야 하기 때문이다. 다음으로 현재 교육행정을 현장에서 실천하고 있는 교육행정가들은 따뜻한 마음을 가지고 교육행정을 실천해야 한다. 세련되고 균형감 있는 교육행정적 조율은 교육을 받는 사람들에 대한 따뜻한 마음과 그것에서 비롯되는 관심 및 배려에서부터 출발하기 때문이다.

　마지막으로 저자는 독자들이 본 장을 토대로 교육행정에 대한 이해를 한층 더 높일 수 있는 계기가 되기를 바라며, 더불어 독자뿐만 아니라 교육행정을 공부하는 많은 사람들이 교육행정에 대한 깊은 이해를 바탕으로 어느 곳에서나 세련되고 균형감 있는 교육행정을 일상적으로 펼치는 그 날이 빨리 오기를 기대한다.

더 생각해 볼 문제

01 본 장에서는 교육행정을 "교육목적 달성을 위한 교육활동이 효과적으로 이루어지기 위해 필수적으로 수반되는 협동 혹은 협력과정에 대한 조율"이라고 설명하고 있다. 교육행정은 교육행정을 보는 관점에 따라, 학자마다 다르게 정의되고 있다. 독자가 생각하는 교육행정은 무엇인가?

02 교육행정은 교육학 내에서 타 학문과는 달리 융합학문적 성격을 지니고 있다. 이는 교육행정만의 독특한 성격이라고 볼 수 있으며, 교육행정을 둘러싼 다양한 세부 분야들은 상호 밀접하게 연계되어 있다. 독자가 경험한 혹은 경험할 만한 교육행정적 현상에는 어떠한 것들이 있는가?

03 교육행정은 흔히 교육행정가들이 하는 학문이라고도 말한다. 교육행정가의 대표적인 인물이라고 한다면 단위학교의 학교장이며, 그들은 곧 학교조직의 리더이다. 또한 학급의 행정가이자 리더는 곧 담임교사라고 볼 수 있다. 독자가 생각하는 리더십이란 무엇인가? 더불어 바람직한 리더의 상은 무엇인가?

04 학교조직은 다른 조직과는 달리 독특한 특성을 지니고 있다고 말한다. 일반적으로 학교는 어떠한 조직인가? 또한 한국의 학교조직은 어떤 조직적·문화적 특성을 지니고 있는가? 한국의 학교조직이 나아가야 할 방향은 어떠해야 하는가?

05 최근 교사들의 전문성 향상에 대한 관심이 증가하고 있다. 한편 사회적으로 교직이 전문직이라는 견해에 대해 의문을 제기하는 분위기도 일부 형성되고 있는 것이 사실이다. 독자가 생각하기에, 교육행정적으로 교사들의 전문성을 어떻게 향상시킬 수 있을까? 예비교사를 양성하는 교원양성기관에서 전문성을 갖춘 교사들을 양성하기 위해 어떠한 노력을 기울여야 하는가?

❑ 로티(Lortie, 1975)의 『Schoolteacher – A Sociological study』: 미국 시카고 대학 교육학과 교수인 로티(Dan C. Lortie)가 저술한 것으로서, 교직의 조직적 · 구조적 특성, 교사의 직업 사회화, 교사의 성향, 감정, 사고방식 등에 관해 로티의 독창적인 생각들을 무궁무진하게 보여주고 있다. 미국의 교직과 교사에 관한 책으로서 한국의 교직 및 교사에 관한 이해에 도움을 줄 수 있는 책이기도 하다. 본 도서와 관련하여 진동섭(1993)이 번역한 『교직사회: 교직과 교사의 삶』을 참고해도 좋을 것이다.

❑ 진동섭 외(2005)의 『한국 학교조직 탐구』: 한국의 학교조직 연구와 더불어 학교교직 구조 및 활동 등, 한국의 학교조직 전반에 관한 이해에 도움을 줄 수 있는 내용을 담고 있다. 교육행정이 미국의 공교육 시스템 도입을 계기로 태동한 학문인 점을 볼 때, 교육행정을 이해함에 있어 단위학교조직을 이해하는 것은 매우 중요하다고 볼 수 있다.

❑ 윤정일 외(2015)의 『교육행정학원론』: 교육행정학에 대한 개론서이다. 교육행정의 개념과 주요 이론, 교육행정의 실제로서 교육행정의 세부 분야들, 학교 및 학급행정 등에 관한 기초적이고 일반적인 내용을 담고 있다. 교육행정 및 교육행정학을 처음 접하는 독자는 많은 도움을 받을 수 있을 것이다.

❑ 진동섭 외(2018)의 『교육행정 및 학교경영의 이해』: 교육행정 및 학교경영에 관한 전반적 이해에 도움을 줄 수 있는 책이다. 교육행정 분야에서 이루어졌던 최근의 많은 변화들을 반영하였고, 교육행정의 이론과 실제를 잘 연계시켜 독자들이 교육행정을 이해하기에 용이할 것이다. 더불어 최근의 교육행정 및 학교경영의 주요 과제들도 함께 확인할 수 있어 교육행정이 나아가야 할 방향에 대한 지침서 역할도 해줄 수 있을 것으로 기대한다.

참고문헌

강상진·김성원·김혜숙·박순용·서영석·오석영·이규민·이명근·이병식·이희승·장원섭·홍원표·황금중(2019). **미래를 여는 교육학**. 서울: 박영사.

김종철(1985). **교육행정신강**. 서울: 세영사.

박상완(2018). **학교장론**. 서울: 학지사.

성태제·강대중·강이철·곽덕주·김계현·김천기·김혜숙·봉미미·유재봉·이윤미·임웅·홍후조(2012). **최신 교육학개론**. 서울: 학지사.

진동섭·이윤식·김재웅(2018). **교육행정 및 학교경영의 이해(3판)**. 서울: 교육과학사.

Bobbit, J. F. (1912). The elimination of waste in education. *Elementary School Teacher, 12*(6), 260−269.

Follet, M. p. (1924). *Creative experience*. London: Longmans, Green & Co.

Gowin, D. B. (1981). *Educating*. New York: Cornell University Press. 임연기 역(2005). **교육학의 이해**. 공주대학교 출판부.

Taylor, F. W. (1911). *principles of scientific management*. New York: Harper & Row.

Weber. M. (1947). *The theory of social and economic organization*. (Henderson, A. M., & Parsons, T. Eds. and Trans.). New York: Free Press.

교육공학: 수업과 교육방법의 체제적 설계

김현진·이영주

요약 국내 교육공학(Educational Technology)이 소개된 것은 1963년 시청각교육(Audiovisual Education)으로 오래되었으나, 교육공학의 명칭은 80년대로 다른 교육학의 분야에 비해 비교적 최근이다. 그래서인지, 교육공학이 무엇이고, 어떠한 실천과 연구를 하는지 이해하는 사람은 많지 않다. '공학'이라는 단어 때문에 교육공학을 단지 첨단기술을 교육적으로 활용하는 분야라고 국한하지만, '교육방법'을 포함한 '설계(design)'는 이 분야의 중요한 핵심 키워드이다.

따라서 이번 장에서는 교육공학에 대한 이해를 높이는 데 초점을 둔다. 이를 위해 1~3절까지, 교육학과의 관계, 교육공학의 정의와 연구 및 실천의 영역, 교수설계를 살펴본다. 이후 4~5절에서는 교육방법과 교육공학의 관계, 교육방법의 유형과 선정 전략, 교수-학습 매체의 역할과 유의미 학습을 위한 테크놀로지 활용 전략을 살펴보도록 한다.

요컨대, 교육공학과 교육방법은 교육을 문제해결의 맥락에서 체제적, 실천적 접근으로 새롭게 해석 발전시킨 분야이다. 학교 교육뿐만 아니라 기업 교육, 이러닝 원격교육, 평생 교육 등 사회의 다양한 영역의 교육 활동에 유의미한 실천적 지식과 전략을 제공하고 있다.

주제어: 교육공학, 교육방법, 교수설계, 교수-학습 매체, 테크놀로지 활용

Ⅰ 교육학과 교육공학의 관계

기초학문 분야가 해석, 실험, 분석의 연구를 통해 진리를 탐색하고 기초 이론을 만드는 것이라면, 응용학문은 기초학문의 이론을 적용하여 실제 세계의 문제해결과 산출물을 도출해 세상과 사람을 이롭게 하는 것이다. 이런 측면에서 교육공학은 응용학문이다. 예를 들면, 교육공학은 인간의 학습과 수업을 해석하고 관련 교수·학습이론을 활용하여 효과적인 교수와 학습이 되도록 문제해결방법과 산출물을 만든다. 교육공학이 기반을 두는 이론은 교육심리뿐만이 아니며, 교육매체의 효과적인 사용을 도와주는 통신이론, 체제이론에서부터 최근 학습자 중심 수업을 설계하기 위해 사회문화심리학에 이르기까지 다양하다. 즉, 인간의 수행 및 교수·학습을 이해하고 설계하는 데 도움이 되는 이론은 모두 활용한다.

이러한 측면에서 교육공학은 교육학의 다른 분야와도 관련되어 있다. [그림 9.1]을 보면 교육학과 교육공학의 관계를 이해할 수 있다. 음영으로 처리된 부분은 교육공학과 연계된 교육학의 다른 분야이다.

교육공학 분야가 활용하는 이론은 대부분 인간이 어떻게 배우는지에 대한 학습이론으로 주로 교육심리학의 학습이론과 관련이 된다. 특별히, 교육심리학의 행동과학과 인지과학의 이론들은 교육공학의 교육매체 개발, 교수설계와 교수전략을 개발하는 데에 영향을 주었다. 이러한 이론의 특징은 개인의 학습과정을 설명하며, 인간이 기억을 저장, 활용하는 사고과정에 초점을 두고 인간의 학습 결과는 인지 구조의 변화라고 하였다.

한편, 구성주의의 용어는 철학과 인식론, 그리고 이론적 수준을 포괄하여 사용되어지는데, 이와 관련된 학습이론은 교육심리학 이론이 아닌, 교육철학이나 교육사회학과 평생교육 등과 연계된 사회문화심리학 이론들이다. 즉, 상황학습, 활동이론, 분산인지, 생태심리학 등과 같은 이론은 개인과 그를 둘러싼 환경, 즉 다른 사람, 테크놀로지, 책 등 사회적, 물리적 환경을 포함한 체제 속에서의 상호작용을 통해 학습과정을 설명한다. 인간의 학습 결과는 객관적인 지식보

그림 9.1   교육공학과 교육학 분야와의 관계

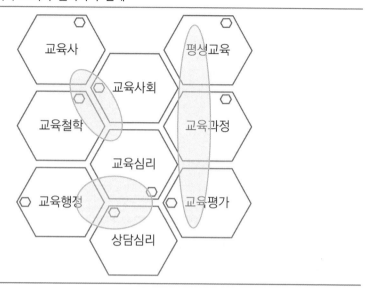

다는 학습자에 의해 구성되는 의미 창출이며, 이를 위해서는 학습자의 경험이 중요하다고 하였다. 이러한 이론은 교육공학 분야의 교수학습 설계와 테크놀로 지 기반 교육프로그램을 개발할 때 유용하게 활용된다.

교육공학의 실천 특별히, 교수설계의 내용은 교육과정, 교육행정, 평생교육, 교육평가와 연계된다. 예를 들면, 교수설계의 과정은 교육과정의 교육과정개발 이론과 연계되며 개발되었다. 그러나 교육공학에서는 더욱 전문적이고 다양한 방법론으로 교수설계 모형을 개발하여 왔다. 또한, 교육행정과는 인적자원개발 부분에서 비슷한 내용을 활용하는데, 교육행정이 관련 제도와 정책에 초점을 둔 다면 교육공학 분야는 역량기반 교육과정 개발 등의 실제 인적자원 개발을 위해 교육프로그램 및 테크놀로지의 설계를 하는, 보다 현장에서 활용되는 구체적인 산출물을 제공한다. 마지막으로 교육평가의 학생대상 평가이론 및 프로그램 평 가이론은 교수설계 절차 중 평가 단계를 설계하고자 할 때 활용된다. 또한, 교수 설계의 효과를 평가하기 위해 학생의 학업성취도, 만족도 및 수행평가 개발을 포함하여, 비용-효과적 측면에서의 평가까지 다양한 측면에서 교수설계의 효과를 살펴본다. 이러한 측면에서 교육학 각 분야와 내용은 전공에 따라 분리되기보다는, 상호 보완되고 활용된다는 측면을 이해하여 교육학에 대한 총체적인 시각을 가질 필요가 있다.

II 교육공학의 정의와 영역

교육공학의 정의는 하나만으로 이해되지 않는다. 왜냐하면 교육공학의 정의는 중요한 역사적인 변화에 따라 몇 번에 걸쳐 재정의 되었기 때문이다. 이러한 변화의 방향은 교육의 문제 중 교수·학습의 문제를 해결하기 위한 노력과 같다고 볼 수 있다. 그 범위는 처음 교수매체(instructional media)로 출발해서 교수설계(instructional design)로 확장되며, 교육공학이라는 분야의 명칭은 시각교육(Visual Education)으로 시작해서 교육공학(Educational Technology)으로 변화되었다. 즉, 1920년대 시각교육 또는 시청각교육 시대에 교육공학 분야의 초점은 교육매체를 효과적으로 사용하면서 언어적 전달의 한계를 극복하고자 하였다. 그러나 교육매체는 교수·학습의 복잡한 상황에서 효과적인 학습을 위한 보조적인 수단임이 밝혀졌다. 이후 교육매체뿐만 아니라 교육내용이 전달되는 교사와 학생의 의사소통 과정, 즉 통신의 과정에 초점을 두고 교육매체를 개발하고자 하였다. 그러나 이러한 노력 또한 제한적인 노력임을 깨닫고 초점을 더욱 확장하였다. 교수·학습 상황을 '체제(system)'라고 보고 교육매체를 포함하여, 교육내용(교육과정), 학생의 특성, 교육방법, 평가, 환경 등의 요소를 포괄적으로 고려하여 수업을 설계하는 체제적 설계에 초점을 두었다. 이렇게 교육공학 분야의 교수·학습에 대한 '체제적 설계(systems design)' 접근은 교과내용 중심의 설계와 구별되는 고유한 역량이며 특징이다. 이러한 '체제적 설계' 방법은 학교교육의 수업뿐만 아니라 기업교육 프로그램, 이러닝 콘텐츠 등 다양한 교육프로그램의 설계와 개발에 사용되어지고 있다. 교육공학의 역사적인 발전에 따라 이 분야의 정의도 확장되며 수정되었는데, 2008년 가장 최근의 교육공학 정의는 아래와 같다.

교육공학이란 적절한 기술공학적(technological) 과정과 자원을 창출하고, 활용하며, 관리하여 학습을 촉진하고 수행을 향상시키기 위한 연구와 윤리적 실천이다.'

Jauszewski & Molenda, 2008, p. 1.

표 9.1   교육공학의 영역

영역		활동 및 의미
창출	설계	교육 프로그램 및 수업 창출을 위해 거시적, 미시적 계획과 안내 • 체제적 교수설계(절차) 방법론 개발(예: ADDIE, 딕과 캐리 모형) • 교수전략, 교육방법 및 교수설계 모형 개발(예: 켈러의 ARCS 학습동기 교수전략 모형) • 자료 개발 시 교육내용 구성 및 상세 설계에 적용되는 교수메시지 설계(예: 컴퓨터 자료 개발 원리)
	개발	설계 결과에 근거하여 물리적인 자료 및 프로그램 개발 • 인쇄, 방송, 디지털, 멀티미디어 등 매체 특성에 맞는 자료 개발 • 학습자용 교재, 교수자용 안내서, 유인물, 교구 등 총체적 개발
	평가	학습자의 학습과 교육프로그램 및 수업의 효과 측정 • 수업설계의 목적을 설정하기 위한 교육 문제 분석(예: 요구분석) • 교육목표에 일관된 학습효과에 대한 평가계획 • 창출된 교육 전체에 대한 평가로서 교육 실행 전 형성평가(프로그램 수정 목적)와 실행 후 총괄평가(교육의 총체적 효과 판단 목적)
활용		효과적인 활용을 촉진하고 보다 나은 설계 시사점 제시 • 교육매체의 효과적인 활용 방법을 안내 • 설계된 혁신적인 교육과 교수매체 확산을 위해 정책 및 제도적 노력
관리		설계 활동 및 교육 매체의 효과적 관리 • 설계 프로젝트의 효과적 수행을 위한 프로젝트 관리 • 교수매체인 기자재, 프로그램 등에 대한 관리 및 서비스 업무

위 정의에서 '기술공학적(technological) 과정과 자원'은 교육공학의 성격을 잘 보여준다. 기술공학적인 용어의 의미는 과학적이고도 공학적이며 체제적인 방법을 의미한다. 정의에서 표현된 '과정'은 수업설계의 과정이며, 그러한 설계 과정을 통해 산출된 '자원'은, 즉 교수매체이자 테크놀로지이다. 교육공학의 분야가 교수매체에서 시작하여 교수·학습 설계로 확장되었으나, 이 분야의 초점은 여전히 이 두 가지 키워드를 모두 중시하며 함께 다루고 있다. 이러한 교육공학의 노력은 결국 '학습을 촉진하고, 수행을 향상시키기' 위한 궁극적인 목적이며, 이는 다른 교육학 분야와도 유사할 것으로 보인다.

'창출, 활용, 관리'는 교육공학 분야의 실천과 연구의 영역을 의미한다. 즉, 교육공학 분야는 기술공학적 수업설계 방법론(과정)을 창출, 활용, 관리하며, 기술공학적 교육용 테크놀로지(자원)를 창출, 활용, 관리하는 것이다. 교육공학의 영역은 역사와 맥락에 따라 보다 확장되거나 초점이 되는 경향이 있지만 [표 9.1]에서는 문헌에서 소개되었던 교육공학 영역의 주요 활동 및 의미를 정리한 것이다.

Ⅲ   교육공학과 수업설계

교수설계는 교육공학에서 가장 중요한 영역 중 하나이다. 교수설계를 사전적으로 풀면, 의도된 교육의 상황을 미리 계획하는 것이다. 그러나 교육공학에서 교수설계의 의미는 단순히 수업을 준비하는 과정과는 다르다. 교육공학의 교수설계는 인간의 수행과 수업의 문제를 교육을 통해 과학적으로 해결하는 과정, 즉 문제해결의 과정이라고 하겠다. 따라서 교수설계란 매일의 수업을 준비하는 과정과는 달리, 수행이나 수업의 문제에 따라 목적적으로 수업을 설계하는 것이다. 또한, 교수설계는 교육 현장에서 자주 말하는 '교육과정 재구성'과도 다른데, 교육과정 재구성이 국가수준 교육과정이라는 틀에서 교과 간 통합에 초점을 두며 수정, 즉 재구성한다면, 교수설계는 기존에 주어진 틀이 없더라도 교육의 요구에서부터 시작하여 교육과정을 포함하는 총체적인 요소들을 창출하기 때문이다. 이런 이유로 교육공학의 교수설계는 기존에 없던 새로운 교육프로그램을 창출하고자 할 때, 기존 교육의 문제를 해결하거나 재설계하고자 할 때 모두 활용된다. 교육공학 분야에서는 교수설계(Instructional Design)라는 용어가 전통적으로 사용되어 왔지만, 이 책에서는 학교 현장에서 익숙한 용어인 수업설계라는 용어로 대체하여 사용한다.

교육공학 분야에서는 교사 및 교육프로그램을 개발하는 사람들이 보다 과학적이고 효율적으로 교육을 설계하고 실행할 수 있도록 관련된 수업설계모형을 개발하여 왔다. 이 모형의 종류로는 어떻게 수업설계를 하는지 순서와 활동을 안내하는 체제적 수업설계모형(예: ADDIE 모형)과 특정 교육 목적에 초점을 두고 수업의 구조를 제시하는 수업모형 틀(예: 문제해결력을 향상시키기 위한 목적지향 시나리오 모형)과 수업모형 틀의 형태는 아니지만, 교사들의 수업 활동을 안내하는 모형인 교수전략 모형(예: 켈러의 ARCS 모형)이 있다. 이렇게 수업설계모형의 형태는 다르지만, 상호적으로 사용할 수 있다. 예를 들어, 분석(Analysis) - 설계(Design) - 개발(Development) - 실행(Implementation) - 평가(Evaluation)라는 체계적인 수업설계모형 틀 속에서 학습동기의 문제를 해결하고자 설계(Design) 단계 중 교육방법을 선택할 때 ARCS 모형의 교수전략을 사용할 수 있다. 다양한 수업설계모형 중 여기에서는 체제적 교수설계모형인 ADDIE 모형을 좀 더 소개한다.

체제적 교수설계모형은 효과적인 수업에 영향을 주는 요소를 총체적으로 고려하며 독립된 교육프로그램 또는 수업을 개발하는 과정을 제시한 것으로, 대표적으로 ADDIE 모형과 딕과 캐리모형(Dick, Carey, & Carey, 2005) 등이 있다. ADDIE 모형은 본래 상품 및 소프트웨어 개발 등 체계적인 창출이 필요한 분야에서 활용되는 기본적인 개발 틀이다. 분야마다 'A-D-D-I-E'라는 개발 순서는 공통되지만, 교육공학 분야는 각 단계별로 효과적인 수업설계에 도움을 주는 설계 방법들을 적용하였다. [그림 9.2]는 ADDIE 모형 안에서 수업설계를 위해서 수행하는 상세 활동을 정리하였다.

그림 9.2　ADDIE 교수설계 모형의 활동

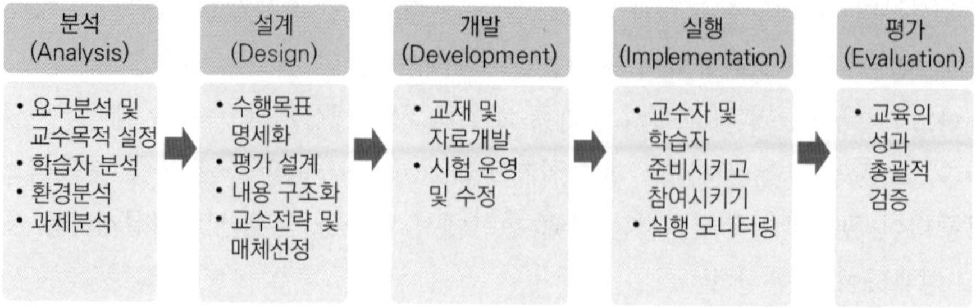

분석 (Analysis)	설계 (Design)	개발 (Development)	실행 (Implementation)	평가 (Evaluation)
• 요구분석 및 　교수목적 설정 • 학습자 분석 • 환경분석 • 과제분석	• 수행목표 　명세화 • 평가 설계 • 내용 구조화 • 교수전략 및 　매체선정	• 교재 및 　자료개발 • 시험 운영 　및 수정	• 교수자 및 　학습자 　준비시키고 　참여시키기 • 실행 모니터링	• 교육의 　성과 　총괄적 　검증

출처: https://casel.org/what-is-sel/approaches/

　　분석(Analysis)의 단계에서는 수업이나 특정 교육프로그램의 체제적인 맥락을 분석하며, 설계의 방향 및 교육과정과 같은 내용 틀이 생성된다. 분석의 결과들은 후속 설계 단계에 체계적으로 연계된다. 설계(Design)의 단계에서는 가장 중요한 의사결정들이 일어난다. 수행목표 명세화는 요구분석에서 나온 교육의 큰 방향을 좀 더 세밀하게 나누는데 수행목표의 내용은 이후 개발될 평가, 교육방법 등의 기준이 된다. 이후, 수행목표를 달성하였는지 판단하는 평가계획을 세운다. 또한, 수행목표마다의 교육방법, 즉 교수전략과 매체 선정을 하게 되며, 차시 구성 및 세밀한 수업활동을 마련한다. 이러한 설계의 틀을 기반으로 개발(Development) 단계에서는 물리적인 모든 교수·학습 자료를 개발하게 되는데, 여기에는 학생용 교재, 교사용 교재 및 발표자료, 유인물 및 매체 등 교육 실행에 필요한 모든 일체가 포함된다. 개발단계에서 중요한 활동으로는 모든 개발이 완료되고 수업 실행 전의 시점에서 완성된 수업 또는 교육프로그램을 바탕으로 파일럿 테스트를 실시하는 것이다. 이는 교육 프로그램에 대한 형성평가라고도 하며, 프로그램을 수정하여 완성도를 높이는 목적이 있다. 다음 실행(Implementation)단계에서는 설계된 수업 또는 교육프로그램이 잘 진행되고 있는지 모니터링하며, 실행이 모두 끝난 뒤 평가(Evaluation)단계에서 최종적으로 설계된 수업의 효과를 총체적으로 평가하여 검증하게 된다.

　　이러한 체제적 수업설계모형은 교육 분야의 이론 및 연구를 기초하여 만들어진 과학이자, 분석 결과를 창의적으로 교육프로그램으로 담아내는 예술의 종합이다. 때문에, 수업설계, 즉 교수설계의 전문성은 학위 과정의 공부와 실무적인 경험을 통해 계발된다. 교육공학 전공자들은 학교에서 뿐만 아니라 기업 연수원, 교육콘텐츠 개발 업체 등 다양한 교육 분야에서 '교수설계자(Instructional Designer)'로 종사하고 있다. 무엇보다 학교교육에서 학습자 중심의 수업과 융합적인 주제가 중시되는 역량기반 교육과정에서 교사의 수업설계 능력은 매우 중요하다.

Ⅳ 교육방법과 교육공학

1 교육방법의 의미와 교육공학과의 관계

교육을 교육 목적, 교수자, 학습자, 교육 내용, 교육방법, 교육 환경 등의 구성 요소가 서로 역동적으로 상호작용하는 하나의 체제로 인식한다면, 체제의 구성 요소로서 교육방법은 '교육 목적에 도달하기 위해 적절한 교육 내용을 효과적, 효율적으로 전달하기 위한 의도적이고 계획된 활동'이다(한국교육공학회 교육공학용어사전 편찬위원회, 2005, p. 75).

교육방법(educational methods)은 교수 방법(instructional methods), 수업 방법(teach-ing methods)과 흔히 혼용되어 사용되고 있고, 교육(education)과 교수(instruction)의 의미가 어떻게 정의되느냐에 따라 교육방법의 의미와 범위가 명료하게 된다. 예를 들어 인간의 삶이 교육이라고 인식한다면, 교육의 범위는 단지 학교 교육에만 해당하지 않고, 가정, 사회 활동과 조직을 모두 포함하며 인간이 살아가기 위한 모든 방법이 교육방법이 된다.

한편, 교육방법과 교수 방법은 교수 전략(instructional strategies)과도 때로는 유사한 의미로 인식되기도 한다. 라이겔루스(Reigeluth, 1999)는 교수 방법은 '학습 또는 인간 발달을 촉진하기 위해 의도적으로 행해지는 모든 것'으로 정의하였고, 교수 방법과 교수 전략과의 관계는 교수 방법의 하위 구성 요소로 교수 전략을 개념화하였다. 교수 전략은 수업에서 활용할 수 있는 다양한 방법들로 상세한 수준의 방법을 포함하는 의미로서 교육방법과 구분되는 특징을 지닌다(한국교육공학회 교육공학용어사전 편찬위원회, 2005).

교육방법과 교육공학은 교육 내용을 '어떻게' 가르쳐야하는가에 관한 효과적이고 효율적인 방법을 탐구하는 측면에서 공통의 목적을 공유한다. 한편, 학자에 따라서 교육방법과 교육공학의 관계를 구분하여 독립적으로 인식하기도 한다. 교육방법은 소크라테스(Socrates)의 문답법, 루소의 아동중심교육, 듀이(Dewey)의 경험중심 학습까지 교육공학이 학문적으로 정립되기 이전부터 역사적으로 존재해왔기에 교육방법을 교육공학보다 더 넓은 범위로 인식하는 관점이 있다. 이때, 교육방법은 교육의 전 과정을 의미한다. 한편, 교육공학의 하위 영역으로 교육방법을 포함하는 시각도 존재한다. 이때, 교육방법은 효과적 수업을 위해 학습자에 따라, 가르치는 내용에 따라 최적의 방법을 선택하는 체제적 접근의 일환으로 교육방법을 교육공학의 하위영역에 포함한다.

교육공학과 교육방법의 관계에 관해 조규락과 김선연(2006)은 마치 동전의 양면과 같다고 설명하며 통합적 시각을 제안하였다. "교육공학적 관점이 수업현장에서 눈에 보이는 현실로 드러나는 것이 교육방법이며 교육방법을 통해 교육공학적 관점이 드러난다. 구체적으로 말하면, 어느 상황에 어떤 교육방법이 효과적인지 살피고 구체적으로 어떻게 적용할지를 결정하려 한다면 교육공학적 관점을 고려하지 않을 수 없고, 교육공학이 무엇인지를 구체적으로 설명하려 한다면 교육방법을 다루지 않을 수 없다(조규락, 김선연, 2006, p. 29)."

2 교육방법의 유형

교육방법, 교수 방법의 종류와 유형은 구분의 준거가 무엇이냐에 따라 다양하게 분류될 수 있다. 교육방법의 중심 주체가 누구냐, 학습의 목적과 내용, 평가에 대한 통제권을 누가 갖고 있느냐에 따라 교수자 중심과 학습자 중심 교육 방법으로 구분할 수 있다. 스말디노, 로더와 러셀(Smaldino, Lowther & Russel, 2012)은 교수자 중심 교육방법으로 강연(presentation), 시연(demonstration), 반복연습(drill-and-practice), 튜토리얼(tutorials), 학습자 중심 교육방법으로 토의, 협동학습, 게임, 시뮬레이션, 발견학습, 문제기반학습(problem-based learning)으로 나누었다. 또한 수업을 통해 달성하고자 하는 학습의 유형(정보의 기억, 내용의 이해, 기술의 적용, 정의적 발달 등)에 따라, 학습자 수(개인, 짝궁, 소그룹, 대그룹)에 따라, 학습 주제의 초점(토픽이나 문제, 한 영역이나 교과, 다학문적 영역과 교과)에 따라, 학습자의 상호작용 유형(학생-교사, 학생-학생, 학생-다른 사람들, 학생-정보, 학생-환경 등)에 따라, 학습을 위한 지원 유형(인지적 지원, 정서적 지원)에 따라 다양하게 분류할 수 있다(Reigeluth, 1999).

한편, 교육사조의 역사적 흐름에 따라 철학적 접근, 심리학적 접근, 교육공학적 접근으로 구분할 수 있다(교육공학회 교육공학용어사전 편찬위원회, 2005). 철학적 접근의 교육방법은 소크라테스의 문답법, 몬테소리(Montessori)의 감각, 실물 교육, 듀이의 경험주의 학습 등이 해당된다. 심리학적 접근은 20세기 중반 이후 학습 현상에 대한 과학적 접근으로 행동주의, 인지주의, 구성주의 기반 교육방법을 포함한다. 한편, 기존의 철학적 접근과 심리학적 접근과 구분되는 교육방법에 관한 교육공학적 접근의 특성으로 박성익, 임철일, 이재경, 최정임(2015)은 ① 체제적, ② 처방적, ③ 학습자지향적 특징을 강조하였다. 수업과 관련된 요소들은 효과적인 수업 달성이라는 목표에서 고려할 다양한 교수-학습적 상황 요인들(예: 목표의 명료성, 학습자 요구 반영, 학습 과제 분석, 평가 문항의 적합성 등)을 하나의 통합적 체제로 파악하며 교수 방법 자체의 효과성에만 초점을 두지 않고, 교육 목적 달성에서 문제 해결적 접근으로 이해하고자 한다.

라이겔루스와 카 첼맨(Reigeluth, Carr-Chellman, 2009)은 교육방법을 ① 교수 접근(instructional approach), ② 교수 요소(instructional components), ③ 내용적 배열(content sequencing), 세 가지로 유형화하였다. 첫째, '교수 접근'은 수업에 대한 일반적 방향과 궤도를 정하며 보다 상세하고 구체적인 교수 요소(components)로 구성되어 있다. 예를 들어, 문제기반학습(problem-based learning), 경험학습(experiential learning),

직접교수법(direct instruction), 발견학습(discovery-based learning), 시뮬레이션 등이다. 둘째, '교수 요소'는 수업 상황에 따라 개별적으로 선택될 수도 있고, 교수 접근의 부분으로 사용될 수도 있다. 교수 요소의 예로는 시범(demonstration), 코칭(coaching), 선행조직자(advance organizer), 예시(examples), 피드백, 성찰(reflection), 복습(review) 등이 있다. 셋째, '내용적 배열'은 교수 접근과 교수 요소 모두에게 적용 가능하며 교수 내용의 배열 방식으로 예를 들면, 구체적 내용에서 추상적 내용 순서로(귀납적 배열, inductive sequencing) 제시하는 방법이나, 쉬운 내용에서 어려운 내용 순서로 배열하거나, 일반적 개념에서 상세한 개념으로 점진적 파생 배열(progressive differentiation sequence)하는 것 등이 해당된다.

3 교수방법의 선정

수업을 성공적이고 효과적으로 달성하기 위해서는 학습 목표와 내용, 학습자 특성과 수업 환경 등 상황에 적합한 최선의 방법을 선택해야 한다. 그러나 실제로 수업을 계획할 때, 어떤 교수 방법이 적합한지 판단하기는 생각보다 간단하지 않다. 이에 교사들의 교수 방법 선정에 유용한 도움을 주기 위해 뉴비(Newby)와 동료들(Newby, Stepich, Lehman, Russell, & Ottenbreit-Leftwich, 2011)은 교수 방법 선정 체크리스트를 제시하였다. [표 9.2]의 체크리스트를 살펴보면, 왼쪽 행은 학습자 수, 학습 시간, 상호작용 정도, 학습 목표와 주제, 학습 환경적 특성을 제시하였고, 오른쪽 상단에 10개의 교수 방법(강의, 시범, 토의, 게임, 시뮬레이션, 협동학습, 발견학습, 문제해결학습, 반복연습, 튜토리얼) 목록을 제시하였다. [표 9.2]에서 음영 부분은 왼쪽에 제시된 교수 상황에 적합하지 않은 교수 방법으로 선택의 고려 대상에서 제외됨을 나타내고, 나머지 흰색 부분은 특정 교수 상황에 선택 가능한 교수 방법을 의미한다. 뉴비와 동료들(2011)은 교수 방법 선정 체크리스트에 해당하는 교수 상황별 교수방법을 흰색 박스에 ✓ 체크표시를 하여 가장 많은 ✓ 체크표시를 받은 교수 방법을 선정하도록 권장하고 있다. 예를 들면, 수업 활동이 주로 학습자 중심적이면서, 상호작용성이 높고, 상위수준 지적 영역 향

표 9.2　교수 방법 선정 체크리스트

학습자들의 학습은 아래의 문항에 적합한 교수 방법에 의해 향상될 수 있다.	강의	시범	토의	게임	시뮬레이션	협동학습	발견학습	문제해결학습	반복연습	튜토리얼
1. 주로 학습자 중심인가?	○	○								
2. 주로 교사 중심인가?			○							
3. 높은 수준의 상호작용을 제공하는가?				○						
4. 학습자 스스로의 자가/독자적 학습을 허용하는가?										
5. 소수(2~5명)의 학생이 동시에 참여하는가?										
6. 소그룹 및 중간그룹(6~15명)에 적절한가?				○				○		
7. 대그룹(16명 이상)이 참여하는가?	○									
8. 정보와 콘텐츠를 제공하는가?										
9. 연습과 이에 대한 피드백을 제공하는가?									○	
10. 발견학습을 위한 환경을 제공하는가?								○		
11. 전략을 요구하는 환경을 제시하는가?										
12. 짧은 시간 내(20분 이내)에 완수될 수 있는가?	○									
13. 짧은 시간 내에 많은 내용을 전달하는가?	○									
14. 상위 수준의 지적 영역의 기술을 향상시키는가?										
15. 낮은 수준의 지적 영역의 기술을 향상시키는가?										
16. 운동기능적 영역의 기술을 향상시키는가?		○								
17. 정의적 영역의 기술을 향상시키는가?										
18. 비경쟁적 환경에 적합한가?								○		
19. 의사결정을 촉진하는가?						○				
20. 학습을 위한 실제적 맥락을 제공하는가?										
21. 높은 수준의 동기를 유발하는가?								○		
22. 정보의 기억 및 유지에 도움이 되는가?										
23. 귀납적 혹은 탐구적 접근을 학습에 활용하는가?										

출처: Newby, Stepich, Lehman, Russell, & Ottenbreit-Leftwich, 2011, p. 115.

상에 수업 목표가 있으며, 학습자의 의사결정을 촉진하고, 탐구적, 귀납적 접근을 통한 학습을 강조하는 교수 상황에서 가장 최적의 교수 방법은 '협동 학습'이다. 또한 이 체크리스트는 교수 설계 시 교수자가 선택한 교수 방법이 적합하였는지 확인하는 방식으로도 사용될 수 있다. 예를 들어, 강의형으로 수업을 계획했을 때, 체크리스트의 왼쪽 행의 교수 상황적 특징들인 교수자 중심 수업인지, 학습자 수가 대그룹인지, 수업이 정보와 콘텐츠 내용을 제시하는 것인지, 짧은 시간에 많은 양을 다루는지, 수업 목표가 낮은 수준의 지적 기술 향상인지를 확인해봄으로써 교수 방법의 선택의 적절성을 평가할 수 있다. 결론적으로, 교수 방법 선정 체크리스트는 교사와 교수설계자에게 교수 상황에 영향을 줄 수 있는 다양한 맥락 요소를 고려한 합리적 교수 방법을 선택하도록 지원한다는 점에서 유용한 가치가 있다.

그림 9.3　교수설계이론의 구성

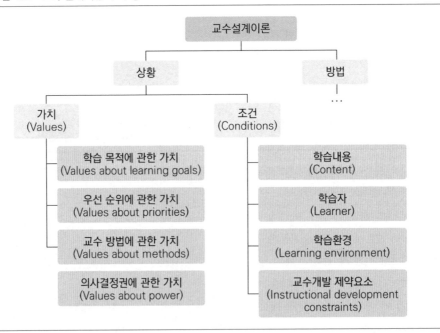

출처: Reigeluth & Carr-Chellman, 2009.

특정한 교수 방법을 언제 쓰고, 쓰지 않을지에 관한 의사결정의 교수적 맥락의 측면을 교수 상황(instructional situation)이라고 한다(Reigeluth & Carr-Chellman, 2009). 교수설계이론(instructional design theories)은 교수 방법들을 언제 사용해야 하고, 언제 사용하지 않아야 하는지 그 상황에 관한 교수 원리와 전략을 제시해야 한다(Reigeluth & Carr-Chellman, 2009). 교수 방법의 선택과 교수 방법의 효과성에 영향을 줄 수 있는 상황적 변인으로 가치(values)와 조건(conditions)이 있다([그림 9.3] 참조). 교수 상황의 하위 요인으로 가치에는 a) 학습의 목적에 관한 가치(values about learning goals), b) 수업의 우선순위에 대한 가치(values about priorities), c) 수업 방법에 관한 가치(values about methods), d) 학습의 목적, 수업의 우선순위, 수업 방법에 관한 의사결정권(values about power)에 관한 가치를 포함한다. 교수 상황의 하위 요인으로 조건에는 a) 학습 내용(content), b) 학습자 특성(learner), c) 학습 환경(learning environment), d) 교수 개발 제약 요소(instructional development constraints)가 있다.

구체적으로 가치의 네 가지 항목([표 9.3] 참조)을 살펴보면, 첫째, '학습 목적에 관한 가치(values about learning goals)'는 수업의 결과가 어떤 학습 결과를 얻고자 지향하였는가에 관한 것이다. 이는 교수 활동의 주체가 교수-학습에 관한 어떤 교육철학적 입장을 취하느냐에 따라 어떠한 학습 목적을 가치롭게 생각하느냐의 판단에 영향을 줄 수 있고 학습 목적의 가치를 어떤 것에 두느냐에 따라 최적의 교수 방법은 달라질 수 있다. 둘째, '우선순위에 대한 가치(values about priorities)'는 수업 성공의 평가를 효과성(effectiveness), 효율성(efficiency), 매력성(appeal) 중에 어디에 상대적 중요성을 두어 판단하는가에 관한 가치이다. 어떤 사람은 수업의 성공을 학습자의 학업성취 향상이 있을 때(효과성)로 평가하지만, 어떤 사람은 수업 성공을 시간, 노력, 비용의 투자 대비 효과(효율성)로 평가하기도 하고, 어떤 사람은 비록 수업이 효과적이거나 효율적이지 못했으나 학습자가 즐겁게 참여했음(매력성)에 가치를 두고 수업의 성공을 평가한다. 즉, 수업 성공의 우선순위에 대한 가치는 교수 방법의 선택에 영향을 준다. 셋째, '교수 방법에 관한 가치(values about methods)'는 특정 교수 방법을 다른 교수 방법들에 비해 더

의미 있고, 가치롭게 생각하는 인식과 가치관을 의미한다. 넷째, '의사결정권에 관한 가치(values about power)'는 이제까지 언급된 ① 학습 목적, ② 우선 순위, ③ 교수 방법에 대한 결정권, 힘이 누구에게 있는지에 관한 것이다.

교수 방법에 영향을 줄 수 있는 교수 상황은 가치뿐만 아니라 조건이 있다. 구체적으로 네 가지 조건의 항목([표 9.3] 참조)을 설명하면 다음과 같다.

표 9.3 교수 상황(instructional situations)의 구인

가치(values)	정의	예시
a) 학습 목적에 관한 가치 (values about learning goals)	교육철학에 따라 어떤 학습 결과를 얻고자 하는지에 대한 가치를 진술	수업 주제는 학습자가 열정적으로 참여할 수 있는 것이어야 한다.
b) 우선순위에 관한 가치 (values about priorities)	수업의 성공을 효과성(effectiveness), 효율성(efficiency), 매력성(appeal)에서 상대적 중요성에 대한 가치를 진술	수업의 가치는 학습자가 즐겁게 참여하는 것이다.
c) 교수 방법에 관한 가치 (values about methods)	교육철학적 관점에서 어떤 교수 방법에 더 가치를 두는지에 관한 진술	프로젝트기반 학습은 학습자 중심 수업으로 적극적으로 활용되어야 한다.
d) 의사결정권에 관한 가치 (values about power)	학습 목적, 수업의 우선순위, 교수 방법에 관한 의사 결정권의 힘을 누가 가지고 있는지에 관한 진술	학생들이 학습 목표를 창출할 수 있어야 한다.
조건(conditions)	정의	예시
a) 학습 내용(content)	지식, 기술, 이해뿐만 아니라, 고등사고능력, 메타인지능력, 태도, 가치 등을 포함한 학습의 내용적 특성	세계 전쟁 발생의 원인을 이해하는 것
b) 학습자(learner)	학습자의 선수 학습 능력, 학습 스타일, 학습 전략, 동기, 흥미 등의 학습자 특성	지적 수준은 높으나 동기가 낮은 초등학교 6학년 학생들
c) 학습 환경 (learning environment)	인적자원, 자원, 조직 구조 등 학습이 발생하는 환경적 특성	멀티미디어 컴퓨터실과 학교 도서관 사용

d) 교수 개발 제약 요소 (instructional developm ent constraints)	교수 설계, 개발, 실행에 필요한 재정적 지원, 시간적, 인적 자원의 확보	수업 공개발표까지 1달 남음.

출처: Reigeluth & Carr-Chellman, 2009

    첫째, '학습 내용(content)' 조건이다. 수업에서 다루어질 내용으로 지식, 기술, 태도뿐만 아니라 고등사고능력, 메타인지능력 등도 포함된다. 즉, 학습 내용이 어떤 것이냐에 따라 교수 방법의 선택은 달라질 수 있다. 둘째, '학습자(learner)' 조건이다. 학습자의 사전 지식수준, 동기 수준, 선호하는 학습 양식 등으로 학습자 특성은 교수 방법 선택에 매우 중요한 고려 사항이다. 셋째, '학습 환경(learning environment)' 조건이다. 학습이 발생하는 상황의 인적, 물적 자원과 구조를 지칭한다. 학습 환경에 따라 특정 교수 방법이 선호되거나 특정 교수 방법이 적용되기 어려운 경우도 발생한다. 예를 들어, 토의와 협동학습을 적용하여 수업을 진행하려고 하나 학생수가 많고, 책상 구조가 고정형이라 움직이기 어려워, 소그룹 활동에 부적합한 교실 자원과 구조는 교수 방법 선택에 영향을 주는 학습 환경 조건이 된다. 넷째, '교수 개발 제약 요소(instructional development constraints)' 조건이다. 교수 방법을 선정하고, 실행하기 위해 필요한 자원을 수집하고 제작하는 교수 개발 과정에 영향을 줄 수 있는 요소이다. 교수 개발에 소요되는 경제적 비용, 시간적 여력, 개발자의 역량 등이 해당된다.

    결론적으로, 최적의 교수 방법의 선택은 절대적이지 않고, 어떤 교수 상황(instructional situation)인지에 따라 상대적으로 평가된다. 교수 상황에는 어떤 가치(values)를 지향하는지, 어떤 조건(conditions)이 주어졌는지를 교수 설계자는 현명하게 판단하고, 상황을 고려한 교수 방법의 선정이 중요하다.

V 교수-학습 매체와 테크놀로지의 활용

1 교수-학습 매체의 의미와 역할

현대 사회에서 우리는 매일 컴퓨터, 핸드폰, TV, 태블릿 등 다양한 테크놀로지를 사용하며 살아가고 있다. 학교 교육에서도 컴퓨터, 프로젝터, IPTV, 전자 칠판 등 다양한 교수−매체의 활용을 흔히 접할 수 있다. 매체(media)는 'medius'라는 라틴어에서 유래되어 '무엇과 무엇 사이(between)'의 사전적 의미를 갖는다. Smaldino와 동료들(Smaldino, Lowther, Russell, 2012)은 매체란 '의사소통의 통로이며, 정보원과 수신자 사이의 정보 운반자이다(p. 4)'라고 정의하였다. 요약하면, 교수−학습 매체는 교수 학습 상황에서 교수자와 학습자, 혹은 학습자와 학습자 간의 상호작용을 위한 매개체로 인식된다.

역사적으로 교육공학에서는 초기 매체는 주로 교수자의 수업 내용을 전달, 보조하기 위한 수단으로 사용했으나, 근래에 이르러는 학습자의 학습을 지원하는 인지적 도구로서의 매체 역할을 강조하고 있다. 이에 이 책에서는 '교수−학습 매체' 용어가 학습자 중심적 매체 활용의 목적과 의미를 포괄하여 교육공학에서 매체 활용에 관해 보다 적절하게 표현할 수 있으므로 '교수 매체'라는 용어를 '교수−학습 매체'로 확장하여 사용하고자 한다.

교수−학습 매체의 유형에는 그림, 사진, 도표, 슬라이드, 필름 등 시각 자료뿐만 아니라 오디오 매체와 비디오 매체를 포함한 멀티미디어 매체도 있다. 최근의 교수−학습 매체는 컴퓨터 기술의 발달로 정보의 가공과 저장이 수월한 디지털 형태가 많은 비중을 차지한다. 그러나 전통적으로 교수−학습에서 사용되어 온 텍스트 매체의 종이, 책, 실물 모형, 칠판 등의 아날로그 형태도 교수−학습 매체 범주에 해당된다. 현대의 교수−학습 매체는 컴퓨터를 중심으로 통합되는 경향이 있다. 2000년대 이후 인터넷 네트워크 기술의 발전에 따라 무선화, 소형화되는 추세를 보여 핸드폰, 태블릿을 활용한 무선 모바일 기반 교수−학습 매체가 보편화되었다. 끝으로, 미래교육을 대비하는 첨단 교수-학습 매체로는 가상 현실(virtual reality)과 증강 현실(augmented reality), 3D 프린터와 레이저커터기, 학습 로봇 등이 주목받고 있다.

　　교수-학습 상황에서 교수-학습 매체를 활용하는 이유는 무엇일까? 교수-학습 매체는 교육에서 어떤 역할과 기능을 할까? 학자들은 교수-학습 매체가 지닌 기능과 역할에 관해 ① 정보전달의 기능, ② 학습경험구성의 기능, ③ 교수 기능, ④ 매개적 보조 기능, 네 가지로 구분하고 있다(권성연 외, 2018; 권성호, 1990). 구체적으로 네 가지 기능을 설명하면, 다음과 같다. 이 기능들은 특정 교수-학습 매체에만 국한되지 않고, 모든 매체가 보편적으로 지닌 특성이며, 어떤 유형의 매체는 네 가지 기능 중 여러 기능을 동시에 수행할 수 있다(조규락, 김선연, 2006).

　　첫째, 정보전달 기능이란 교수-학습 매체를 이용하여 교수 내용을 전달하는 기능이다. 수업 내용을 전달하는 방법과 형식은 다양하다. 수업 내용을 담는 그릇의 형태가 언어적 형식인지, 시각적 형식인지, 멀티미디어 형식인지에 따라 내용 전달에 관한 학습자의 이해와 기억의 수준이 달라질 수 있다. 즉, 교수-학습 매체별 상징체계의 독특한 특성이 정보 전달 방식을 다르게 하고, 궁극적으로 학습자의 인지 활동과 학업 성취에 영향을 준다. 둘째, 학습경험 구성 기능이란 교수-학습 매체 그 자체가 학습자가 경험할 학습 대상이 되어 기능을 수행하는 것을 말한다. 예를 들어, 학생들이 스크래치(Scratch)라는 코딩 프로그램을 이용하여 프로그래밍 언어를 학습하고, 교사가 매체 활용 수업을 하기 위해, 전자 칠판 메뉴와 기능을 익히고 배우는 것이다. 셋째, 교수 기능이란 교수-학습 매체가 교사 대신 수업 내용을 가르치고, 교사처럼 학습자의 지적 기능을 개발시키는 것이다. 예를 들면, 컴퓨터보조수업(computer assisted instruction)에 사용되는 교육용 소프트웨어나 이러닝 환경에서 교육용 앱이나 온라인 강의를 통해 학습하는 경우가 해당된다. 넷째, 매개적 보조 기능이란 교사가 수업 내용을 전달할 때, 교수의 보조수단으로 매체를 사용하는 것이다. 예를 들어, 지구의 자전과 공전에 관한 과학 수업에서, 교사의 설명식 강의에 보조적인 수단으로 천체 모형

을 이용하여 태양의 황도면을 따라 지구가 자전하면서 공전하는 과정을 제시할
수 있다.

2 테크놀로지의 유의미한 통합

테크놀로지는 기술, 기능, 공예를 의미하는 그리스어 'techne'에서 유래하였
다. Galbraith(1967)는 테크놀로지를 철학과 대비되는 인간의 합리적 제작 활동에
대해 과학적이며 조직적인 지식을 체계적으로 적용하는 것으로 정의하였다. 테
크놀로지의 협의의 의미는 기계나 매체 그 자체를 지칭하는 하드웨어적 의미로
사용되지만, 테크놀로지의 광의의 의미는 문제해결과정의 과학적 접근을 의미한
다. 근래에는 수업에서 테크놀로지가 설계와 분리되어 단편적으로 활용하는 것
을 넘어 학습자, 학습 목표, 학습 내용, 평가 등 구성 요소 간 상호작용적 관계
를 이해, 고려한 테크놀로지의 통합적 접근이 강조되기 시작했다.

테크놀로지의 유의미한 통합(meaningful integration of technology)이란 학습을 촉
진하기 위해 특정 테크놀로지가 언제, 왜, 어떻게 사용하는지를 잘 알고 선정하
여 수업을 계획하고 테크놀로지 활용에 관한 수업의 효과성을 적절히 평가하는
것을 의미한다(Newby, Stepich, Lehman, & Russell, 2006). 테크놀로지의 유의미한 통
합은 ① 통합 계획, ② 통합 실행, ③ 통합 평가라는 세 단계의 과정으로 이루어
진다. 첫째 '통합 계획'은 학습자, 학습내용, 학습 환경을 고려하여 유의미한 학
습경험을 창출하기 위해 최적의 테크놀로지를 선정하는 과정이다. 둘째, '통합
실행'은 테크놀로지를 학습경험에 실행하는 것이다. 셋째, '통합 평가'는 실행된
테크놀로지 통합의 효과성을 평가하고, 미래의 테크놀로지 통합을 실행하기 위
한 방법을 모색해보는 과정이다. 테크놀로지 통합 과정 설계 시 각 단계별 확인,
고려해야 할 핵심 질문들은 [표 9.4]에 제시하였다.

| 표 9.4 | 테크놀로지 통합 과정 |

테크놀로지 통합 과정	고려해야할 핵심 질문
① 통합 계획	• 학습 경험의 목표는 무엇인가? • 학생들이 학습할 필요가 있는 학습 내용은 무엇인가? • 학습자는 누구이며 학습경험을 위해 학습자에게 필요한 배경지식과 사전 경험은 무엇인가? • 학생들이 학습 내용을 학습할 만큼 동기화되어 있는가? • 학생들의 동기를 증진하고 유지할 수 있는가? • 학생들이 경험할 수 있도록 가능한 방법은 무엇인가? • 학습 경험은 어디에서 어떤 조건에서 발생할 수 있는가?
② 통합 실행	• 학생, 학습 내용, 학습 환경에 대한 정보에 근거하여, 학습 상황에서 가장 효과적으로 활용될 수 있는 잠재적 테크놀로지 유형은 무엇인가? • 잠재적 테크놀로지 각각을 선정하고 사용함으로써 얻을 수 있는 이점과 비용은 무엇인가? • 테크놀로지 통합과 관련된 단계와 순서는 무엇인가? • 테크놀로지의 사용을 어떻게 실행하고 모니터링 할 것인가?
③ 통합 평가	• 실행된 테크놀로지가 학습자의 학습경험을 어느 정도 향상시켰나? • 향상된 학습경험의 영향력을 평가하기 위해 어떤 절차가 필요한가? • 테크놀로지 활용과 학습의 최적화에 도움을 주는 피드백은 무엇인가? • 테크놀로지 통합을 방해하는 장애 요인은 무엇인가?

출처: Newby, Stepich, Lehman, & Russell, 2006.

3 유의미 학습의 인지적 도구로서의 테크놀로지

교수-학습 환경에서 테크놀로지 사용은 '교사 중심의 정보 전달 도구'에서 '학습자 중심의 인지적 도구'로 그 역할이 변화되고 있다. 기존의 교수 매체와 테크놀로지 사용 방식은 교사가 전달하고자 하는 수업 내용을 담는 그릇으로, 슬라이드, 라디오, 영화, 프로젝터 등의 하드웨어를 활용하는 측면이 강하였다. 그러나 1990년대 이후 컴퓨터의 워드프로세서, 스프레드시트 등 소프트웨어 프로그램이 발달하면서 업무의 생산을 위한 도구로 사용되었고, 인터넷의 발달과 웹 2.0시대의 도래는 커뮤니케이션 도구(소셜 네트워킹 서비스, 이메일, 컴퓨터 화상회의)의 사용과 더불어 학습자가 정보의 생산자로 적극적으로 콘텐츠를 생산, 공유, 협동할 수 있게 변화되었다.

이러한 교육 패러다임과 과학 기술의 혁신적 변화에 따라 하울랜드, 요나센과 마라(Howland, Jonassen & Marra, 2012)는 우리의 교육이 '테크놀로지로부터의(from)의 학습'에서 벗어나 '테크놀로지와 함께하는(with) 학습'으로 변화되어야 한다고 주장하고 있다. 테크놀로지로부터의 학습은 더 이상 유의미한 학습(meaningful learning)을 지원하기 어렵다. 이때, 유의미한 학습은 학생들의 ① 활동적(active), ② 건설적(constructive), ③ 의도적(intentional), ④ 실제적(authentic), ⑤ 협동적(cooperative)인 학습의 특징을 지닌다(Howland, Jonassen, & Marra, 2012, [그림 9.4] 참조).

그림 9.4 유의미 학습의 특징

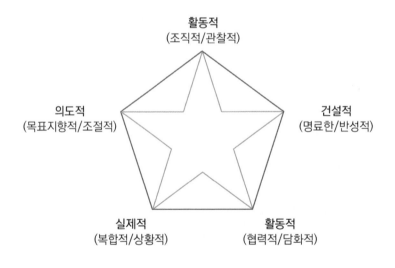

출처: Howland, Jonassen, & Marra, 2012.

하울랜드, 요나센과 마라(2012)는 테크놀로지가 학습자의 유의미학습의 도구가 되기 위한 전략으로 ① 학습자의 지식 구성을 지원하는 도구로서 테크놀로지, ② 지식을 탐구하는 정보 도구로서의 테크놀로지, ③ 체험 학습을 지원하기 위한 실제적 맥락으로서의 테크놀로지, ④ 대화를 통한 협력을 지원하기 위한 사회적 매개체로서의 테크놀로지, ⑤ 반성을 통한 내적 협상과 의미 창출을 위한 테크놀로지를 제안하였다.

'테크놀로지와 함께하는 학습'의 관점은 교수-학습에서 테크놀로지 활용에 관한 구성주의 이론의 적용으로 비판적 사고(critical thinking), 협업(collaboration), 의사소통(communication), 창의력(creativity), 21세기 미래 핵심 역량 4C 강화를 위한 테크놀로지의 역할과 기능을 제시하여 교사와 교수 설계자에게 유용한 프레임워크를 제시하는 데 그 의의가 있다.

참고문헌

권성연, 김혜정, 노혜란, 박선희, 박양주, 서희전, 양유정, 오상철, 오정숙, 윤현, 이동엽, 정
효정, 최미나 (2018). **교육방법 및 교육공학.** 서울: 교육과학사.

권성호(1990). **교육방법 및 교육공학의 이론과 실제.** 서울: 양서원.

박성익, 임철일, 이재경, 최정임(2015). **교육방법 및 교육공학**(5판) 서울: 교육과학사.

조규락, 김선연(2006). **교육방법 및 교육공학: 교육공학의 3차원적 이해.** 서울: 학지사.

한국교육공학회 교육공학용어사전 편찬위원회(2005). **교육공학용어사전.** 서울: 교육과학사.

Dick, W., Carey, L., & Carey, J. O. (2005). *The systematic design of instruction.*

Galbraith, J. K. (1967). *The new industrial state.* Boston, MA: Houghton Mifflin.

Howland, J. L., Jonassen, D. H., Marra, R. M. (2012). Meaningful learning with tech-
nology (4th ed.). Boston, MA: Pearson Education: 이영주, 조영환, 조규락, 최재
호 공역 (2014). **테크놀로지와 함께하는 유의미학습.** 파주: 아카데미프레스.

Januszewski, A. & Molenda, M. (ed.)(2008). *Educational technology: A definition with
commentary.* New York: Lawrence Erlbaum Associates: 한정선, 김영수, 강명희,
정재삼 공역 (2008). **교육공학: 정의와 논평.** 서울: 교육과학사.

Newby, T., Stepich, D., Lehman, J., & Russell, J. (2006). *Instructional technology for
teaching and learning* (3th ed.). Boston, MA: Allyn & Bacon: 노석준, 오선아, 오
정은, 이순덕 공역 (2008). **교수 · 학습을 위한 교육공학.** 서울: 학지사.

Newby, T., Stepich, D., Lehman, J., Russell, J., & Ottenbreit-Leftwich, A. (2011).
Instructional technology for teaching and learning (4th ed.). Boston, MA: Allyn
& Bacon.

Reigeluth, C. M. (Ed.). (1999). *Instructional-design theories and models: A new
paradigm of instructional theory* (Vol. II). Mahwah, NJ: Lawrence Erlbaum
Associates: 최욱, 박인우, 변호승, 양영선, 왕경수, 이상수, 이인숙, 임철일, 정현미
공역 (2005). **교수설계 이론과 모형,** 파주: 아카데미프레스.

Reigeluth, C. M., & Carr-Chellman, A. A. (Eds.). (2009). *Instructional-design theories
and models: Building a common knowledge base* (Volume III). New York:
Routledge.

Smaldino, S, E., Lowther, D. L., & Russell, J. D. (2012). *Instructional technology and
media for learning* (10th ed.). Upper Saddle River, NJ: Pearson.

상담심리학: 인간의 변화를 돕는 기술

김희정 · 정여주 · 선혜연

요약 이 장에서는 상담심리 이론 중 가장 기본적인 '정신역동적 접근, 행동주의 접근, 인본주의 접근, 인지주의 접근'을 살펴보고, 각 이론에서 중요하게 여기는 인간관과 개념, 상담의 과정과 기법이 무엇인지를 살펴볼 것이다. '정신역동적 접근'은 인간 속에 있는 무의식에 관심을 가지면서, 어린 시절의 중요한 경험을 해석하고 분석하여 현재 문제와 어떤 연관이 있는지를 찾아보는 이론이다. 이 이론에서는 방어기제를 찾아서 해석하고, 전이와 저항을 해석하는 등의 작업을 하면서 상담을 진행한다. '인본주의 접근'은 인간은 자기실현 가능성을 가지고 있으므로 안전하고 편안한 환경을 만들어주면 이를 발현할 수 있다고 본다. 따라서 일치성, 무조건적 긍정적 존중, 공감적 이해를 상담의 가장 중요한 요소로 본다. '행동주의 접근'은 과학적인 인간 행동의 조작을 강조하는 이론이다. 따라서 상담에서도 적절한 강화를 사용하여 내담자가 어떤 문제 행동을 변화시켜 나가도록 도와주는 방식을 취한다. '인지주의 접근'은 인간이 어떻게 사건을 바라보면서 해석하고 생각하느냐가 문제를 야기한다고 보았다. 따라서 상담에서는 비합리적인 신념을 논박하여 바꿔주는 방식으로 문제를 해결하고자 한다. 이러한 상담심리 이론은 각각 특징적인 상담 과정, 상담 기법을 가지고 있다. 통합적으로 상담을 진행하는 순서를 살펴보면, 상담구조화 및 라포형성, 목표설정, 진정한 자신의 소망 확인, 인지, 정서, 행동적 패턴 확인, 선택, 기술 연습, 상담종결이다.

주제어: 상담심리 이론, 정신역동, 인본주의, 행동주의, 인지주의

I   상담심리 이론 개관

상담심리 이론은 상담을 진행하는 데 있어 필요한 주요 철학과 인간관, 사람을 이해하도록 돕는 주요 개념, 상담의 과정, 상담기술 등을 제공하는 이론이다. 상담을 진행하는 사람을 상담자, 심리적 어려움을 가지고 상담에 찾아온 사람을 내담자라고 하는데, 각 상담심리 이론은 이러한 상담자가 내담자의 변화를 도울 수 있도록 안내해준다. 이러한 상담심리 이론을 이해하고 상담 현장에서 적용하는 것은 상담심리를 공부하는 학생들에게 가장 기초적이면서도 중요한 작업일 수 있다. 따라서 이 장에서는 상담에서 많이 활용되는 대표적인 상담심리 이론들을 소개하고자 한다.

상담심리 이론은 시간적 흐름에 따라 정신역동적 접근, 행동주의 접근, 인본주의 접근, 인지주의 접근의 순서로 등장하였다. 먼저, 정신역동적 접근은 인간의 보이지 않는 무의식적 측면에 초점을 두고, 한 인간의 어린 시절의 중요한 경험이 무의식 속에 남아 이후의 성격 형성에 영향을 미친다고 보는 접근이다. 특히, 이와 같이 무의식에 잠재해 있는 경험들은 인간에게 불안을 형성하기도 하며, 자아를 구성하도록 해준다는 것이 전반적인 개념이다.

반면, 행동주의 접근은 이러한 정신역동적 접근을 비판하면서 등장하였다. 즉, 인간의 무의식이라는 것은 눈에 보이지 않으며, 이를 분석하고 해석하는 것은 비과학적이라는 것이다. 행동주의 접근은 동물 실험에 기초해서 인간의 행동을 이해하려는 시도에서 시작되었다. 인간이 어떤 문제행동을 하게 되는 것은 환경을 어떻게 통제하고 조작하느냐에 따라 달라질 수 있다고 생각한 것이 행동주의 접근의 큰 특징이다.

다음으로 등장한 인본주의적 접근은 인간의 행동을 조작할 수 있다고 바라보는 행동주의 접근에 대한 반발로 등장하였다. 인본주의 접근은 인간의 의지와 잠재력, 능력에 초점을 두었다. 인간은 모두 자기실현 경향성을 가지고 있으며, 이러한 인간이 만약 심리적 문제를 가지고 있다면 이는 그 사람이 충분히 자신의 잠재력을 실현할 수 있도록 도와주지 못했기 때문이라고 본다.

인지주의적 접근은 인간의 사고가 그 사람의 정서와 행동에 영향을 미친다고 보았다. 즉, 인간이 어떤 심리적 문제를 가지게 된 것은 일어난 사건이 문제가 아니고, 사건을 해석하는 사고가 문제라고 생각하는 것이다. 따라서 비합리적이고 자동적인 사고를 가진 사람이 이러한 사고를 수정할 수 있도록 도와준다면 심리적 문제를 해결할 수 있을 것이라고 본다.

이와 같은 정신역동적 접근, 인본주의적 접근, 행동주의적 접근, 인지주의적 접근이 내담자의 문제를 어떻게 다루는가에 대해 좀 더 자세히 살펴보기 위해 다음의 [표 10.1]을 읽어보도록 하자. 청소년들을 상담할 때 가장 많은 주제 중 하나는 친구들과의 관계 문제이다. 그 중 친구들과 관계를 맺는 데 있어서 너무 불안한 마음이 먼저 올라와서 친구들에게 말을 걸기 힘들어하는 내담자가 있다고 가정해보자. 이 내담자를 상담할 때 각 접근은 어떤 방식을 취할까?

먼저, 정신역동적 접근은 지금 현재 문제가 나타난 관계의 모습이 과거 초기 관계에서 기인한 것이라고 생각한다. 따라서 정신역동적 상담에서는 내담자가 특히 어떤 친구들과 관계맺기를 어려워하는지, 왜 그러한지를 분석하면서, 내담자의 초기 가족관계를 탐색할 수 있다. 즉, 초기 가족관계나 중요한 타인과

표 10.1 상담심리 이론 접근별 상담방법 요약

	정신역동	인본주의	행동주의	인지주의
상담에 사용하는 방법	• 무의식 속 방어기제 확인 • 전이, 저항 분석 • 초기 가족관계 분석	• 일치성 • 무조건적 긍정적 존중 • 공감적 이해	• 강화 형성 • 모델링 • 연습	• 비합리적 신념 확인 • 비합리적 신념 변화
접근방식 예시 (친구들과 관계를 맺는데 있어서 불안감이 너무 큰 내담자)	• 친구와의 관계에서 나타나는 양상이 초기 가족관계에서의 문제와 어떻게 연결되는지 전이를 분석하여 찾음.	• 친구들과 관계를 맺을 때 힘들고 걱정되는 마음을 깊이 공감해주며, 그럴 수 있다고 타당화해줌.	• 친구들과 관계를 맺는 대인관계 기술을 가르쳐주고 모델링 하도록 연습시킴.	• 친구들과 만날 때 머릿속에 떠오르는 비합리적 신념이 무엇인지를 찾아내서 이를 논박함.

의 관계에서 상처받은 경험이 무의식에 잠재되어 방어기제가 나타나게 하는 것은 아닌지 확인할 수 있다.

반면, 인본주의적 접근에서는 내담자가 관계 맺기 어려워하는 이유를 과거 문제에서 찾아내기보다는 현재 내담자가 느끼는 불안감, 소외감, 두려움 등의 감정을 깊이 공감해주고, 내담자의 옆에서 그 마음을 함께 느끼면서 그럴 수 있다고 타당화 하는 방식으로 상담을 진행한다. 내담자가 충분히 공감받고 안전하다고 느끼면 내담자 스스로 문제를 해결하는 힘을 가질 수 있다고 본다.

행동주의적 접근에서는 내담자가 관계 맺기 어려워하는 요소를 행동적인 특성에서 찾아내고, 내담자의 긍정적 특성을 강화하면서, 내담자에게 필요한 대인관계 행동 기술을 연습하도록 할 수 있다. 내담자는 지속적인 강화를 받으면서 이러한 기술을 실제 장면에서 시도해보고 올 수 있다.

마지막으로 인지주의적 접근에서는 내담자가 친구들과 만나려고 할 때 스스로 어떠한 생각을 많이 하는지 살펴볼 수 있다. 예를 들어, 친구들에게 다가가려고만 하면, '저 친구는 나를 별로 좋아하지 않을거야.', '저 친구와 관계를 잘 맺지 못한다면 이번 한해는 실패한거야.'와 같은 생각을 떠올린다면 이는 비합리적 신념에 속한다. 따라서 이러한 신념이 타당하지 않다는 것을 논박하여 바꿔주려고 시도할 것이다.

이처럼 상담이론의 대표적인 네 가지 접근은 내담자의 문제를 해결하고 내담자가 좀 더 행복한 방향으로 성장하도록 이끌어주려고 한다는 점에서는 같지만, 이를 실현하기 위한 방법이 매우 다르다. 이 장에서는 이러한 상담심리 이론들을 자세히 살펴볼 것이다. 이 네 가지 접근을 살펴보면서 자신에게 잘 맞고 내담자를 만날 때 사용할 수 있을 것 같은 이론을 찾아 이를 더욱 공부한다면 상담에 대한 자신감이 향상되는 것을 느낄 수 있을 것이다.

II 정신역동적 접근

정신역동(psychodynamics)이란 개인의 어린 시절, 즉 인생 초기에 부모 또는 중요한 주변 인물과의 관계에서 경험한 갈등이 그 사람의 행동, 인지, 정서에 지속적인 영향을 미치고, 항상 영향을 주며 움직이는 속성을 말한다. 이와 같은 정신역동에 기초하여 내담자를 치료하고자 하는 상담접근을 '정신역동적 상담이론'이라고 한다. 정신역동적 상담에는 대표적으로 세 가지, 즉 프로이트의 정신분석적 상담, 아들러의 개인심리학적 상담, 융의 분석심리학적 상담을 들 수 있다. 이 외에도 비교적 나중에 등장한 클라인의 대상관계이론, 호나이의 심리분석적 사회적 이론, 설리번의 대인관계이론을 정신역동적 상담에 포함시킬 수 있으나, 여기서는 대표적인 정신분석, 개인심리학적, 분석심리학 상담 접근에 대해 살펴보도록 하겠다.

1 정신분석적 상담

1) 대표자

프로이트(S. Freud: 1956~1939)는 정신역동적 상담의 대표적인 인물로서, 정신분석적 접근(psychoanalysis)을 창시하였다. 프로이트는 자신의 생각과 꿈, 환상과 인생사에 대한 세심한 고찰을 통해 이론을 정립하였는데, 1895년 「히스테리에 대한 연구」, 1900년 「꿈의 해석」이라는 저서를 발간하며 유명해지기 시작하였으며, 샤르코(J. Charcot)와 브로이어(J. Breuer)와의 교류를 통해 최면과 대화를 통한 상담기법을 개발하였다.

그림 10.1 정신분석적 상담 학자

프로이트

2) 인간관

정신분석적 상담이론에서는 인간은 본능을 가지고 태어나며 따라서 본능을 통해 쾌락을 추구하는 생물학적 존재로 보았다. 또한 인간은 본능과 충동에 따라 움직이는 원초아(id), 본능에 대비하여 양심과 도덕성의 원리에 의해 움직이는 초자아(superego), 그리고 이 원초아와 초자아 사이를 중재하는 현실적이고 이성적인 자아(ego)로 구성되어 있으며, 자아의 세 부분 사이에서 끊임없이 갈등하는 존재를 인간이라고 보았다. 또한 정신분석적 상담이론에 의하면 인간은 결정론적인 존재이다. 본능적 추동과 무의식적 동기가 인간의 행동을 결정하기 때문이다.

3) 주요 개념

(1) 성적 욕구(libido)

성적 욕구, 즉 리비도(libido)는 정신에너지를 말하며 이는 삶의 본능이 된다.

(2) 아동발달단계

프로이트는 성적 욕구, 즉 리비도가 어디에 집중되는가에 따라 아동의 발달단계를 5단계로 나누었다. 이 중에서 가장 중요한 시기는 구강기부터 성기기에 이르는 1~6세 사이의 발달 단계이다.

- 구강기: 생후 18개월까지 인간 생애의 가장 초기 단계로서 리비도의 만족이 먹는 것과 먹는 기능과 연관된 신체기관 —즉, 입, 입술, 혀— 에 집중되어 있으며, 이를 통해 안전감을 형성하는 시기이다. 구강기에 만족을 이룬 사람은 낙관적이지만 만족하지 못한 사람은 회의적인 성격을 형성하게 된다.
- 항문기: 생후 18개월부터 3세까지의 시기로 리비도의 만족이 배설물 내보내기 또는 보유와 관련되는 단계이다. 즉, 배설물은 자기의 일부분으로써 귀중한 것이며 자랑스러운 소유물이다. 그러나 배설과 관련하여 수치심을 배운 유아는 낮은 자존감을 갖게 되며, 반동형성으로 청결이나 시간에 강박적이거나 인색한 성격이 될 수 있으며, 공격성, 강박충동, 편집증 형성에 영향을 받을 수 있다.

- 성기기: 3세부터 6세에 이르는 시기로 리비도의 만족이 성기로 옮겨가서 남녀 유아들은 성 차이에 호기심을 갖게 되며, 그들이 동일시하고 필요로 하며 원하는 사람을 사랑하고 사랑받기를 원하는데, 이는 이성 부모에 대해 강렬한 성적 열망을 발달시키며 동성의 부모에 대해서는 적대적이고 경쟁적인 성향을 발달시킨다. 우호적인 환경에서는 이러한 오이디푸스 소망이 사라지고 억압되며 무의식적이 되지만 완전히 사라지는 것이 아니라 성인이 되었을 때의 성적 취향, 성격, 신경증, 나아가 직업이나 예술성에까지 중요한 영향을 준다.
- 잠복기: 성기기의 오이디푸스 콤플렉스를 지나 비교적 조용한 시기로, 사춘기가 오기 전까지의 단계이다. 아동들은 더 큰 세상에 관심을 보이고 사회화되기 시작한다.
- 생식기: 생식기에 들어서 아동들은 이제 청소년이 된다. 이들은 신체적·심리적 변화와 함께 성인의 역할을 받아들이려 하며, 어린 시절의 소망으로부터 발생하는 갈등을 해결하려 한다. 이러한 갈등을 해결함으로써 그들은 성적 역할에 대한 정체성을 형성하며 더 큰 책임을 받아들이며 직업을 선택해 나가게 된다.

(3) 무의식

프로이트는 인간의 마음은 의식, 전의식, 무의식으로 구성되어 있으며, 의식은 우리가 경험하는 것을 느끼고 인지하는 상태, 무의식은 인간의 사고와 행위를 통제하는 보이지 않는 힘, 전의식은 의식과 무의식의 중간이며 조금만 노력하면 의식으로 불러올 수 있는 무의식이라고 보았다. 프로이트에게 인간은 "어두운 지하실에서 끊임없이 갈등하는 존재이다."

(4) 자유연상, 꿈의 해석

자유연상, 꿈의 해석을 통해서 무의식을 탐구할 수 있다. 프로이트는 "무의식에 이르는 왕도는 꿈이다."라고 하며 무의식에 담긴 내용을 알기 위해서는 꿈을 해석하여야 한다고 보았다. 그리고 꿈을 대신할 수 있는 자유연상 방법을 치료에 도입하였다.

4) 상담 목표

상담자는 내담자가 자신의 내면의 갈등 욕구들을 더 잘 이해하고 그것을 보다 성숙하고 이성적으로 다루도록 함으로써 더 적응적으로 욕구들을 절충시켜 나갈 수 있도록 돕는다. 그리고 상담자는 내담자 마음의 세 가지 요소—자아, 원초아, 초자아—간의 상호작용을 보다 객관적으로 연구하고, 내담자의 어떤 생각과 행동이 내적 욕구와 갈등, 환상에 의해 결정되었으며 어떤 부분이 객관적 실제에 대한 성숙한 반응인지를 알게 한다. 또, 상담자의 객관적이고 조력적이며 치료적인 태도는 내담자에게 모델이 된다.

5) 정신분석적 상담의 공헌점

감정, 무의식, 성적욕구가 행동을 설명하는 핵심적인 개념이 되는 데 기여하였다. 그리고 감정과 갈등을 자연적인 현상으로 받아들이는 계기가 되었으며, 여러 상담기법을 도입—경청, 해석 등의 기법들을 사용하게 되었다. 더불어 이후의 상담기법들에 지대한 영향을 미쳤다.

6) 비판

과학적 증거를 마련하기 어려운 점이 있고, 인간을 수동적인 존재로 보았다는 결정론적 관점에 대한 비판이 있다. 그리고 남성 우월주의적 시각에 대한 비판이 있다. 남근선망이나 오이디푸스 콤플렉스 등의 개념은 남성 중심적인 사고라는 비판이다.

2 개인심리학적 상담

1) 대표자

개인심리학적 상담을 주창한 사람은 아들
러(A. Adler: 1870~1937)이다. 아들러는 폐렴 등
으로 병약했던 어린 시절을 극복하고 당시에
지성인으로 인정받던 의사가 되는데 성공하였
다. 그의 이러한 경험은 인간이 열등감을 가진
존재이나, 그것을 극복하고자 하는 의지를 통
해 더 나아지려고 하는 존재로서 바라보게 만
든다. 프로이트의 초대로 정신분석적 이론에

그림 10.2 개인심리학적 상담 학자

아들러

합류하였으나 프로이트가 성(sexuality)을 너무 강조한 것과 다른 의견을 가지게 됨
에 따라, 그로부터 분리하여 나와 개인심리학을 창시하였다.

2) 인간관

자신의 신체적인 열등감을 극복한 경험을 통해 인간은 누구나 열등감을 가
지고 있으나 자기완성을 위해 이를 극복해야 한다고 보았다. 이처럼 더 나은 존
재가 되고자 하는 인간의 특성을 '우월성 추구'라고 하였다. 더 나은 인간이 되
고자 하는 것은 인간의 자유의지와 선택이며, 따라서 책임이 강조된다. 이러한
점을 통해 아들러가 가진 인간관이 낙관적이었음을 알 수 있다. 또한 프로이트
가 성을 지나치게 강조한 것과 인간을 세 가지 자아로 나눈 것에 반발하여, 개
인은 나눠질 수 없는 전체라고 보았다. 또한 무의식보다는 의식을 강조하고, 인
간은 사회 속에서 살아가는 존재라고 보았다.

3) 주요 개념

(1) 사회적 관심

아들러는 인간은 사회 속에서 살아가는 존재라고 보고, 사회적 관심과 동기

가 중요하다고 하였다. 따라서 사회적 관심이 결여된 사람에게는 문제가 발생한다고 보았다.

(2) 생활양식

삶을 영위하는 근거가 되는 기본적인 전제와 가정이 생활양식이다. 생활양식은 "나는 ~이다", "세상은 ~하다", "그러므로 나는 ~하다"는 것으로 이루어지며, 생각과 느낌, 행동의 기초가 된다. 즉, 이는 개인의 태도와 성격을 형성하는 기초가 된다. 생활양식은 열등감을 극복하려는 노력 중에 형성되는데, 대체로 4~5세 사이에 형성된다고 보았다. 활동수준에 따라 지배형, 기생형, 회피형, 사회적 유용형으로 나뉜다.

(3) 허구적 최종목적론

'허구적 목적'이란 인간의 행동을 유도하는 상상의 중심 목표이다. 인간은 약하고 힘이 없기 때문에 이를 보상, 보충하기 위해 목적을 세우고 실천한다. 따라서 허구나 이상은 존재하지 않거나 실현 가능하지 않을지라도 현실을 보다 더 효과적으로 움직인다. 인간은 현실적으로 전혀 실현 불가능하며 가공적인 많은 생각에 의해 살아가고 있다. 즉, 인간은 허구적 목적 때문에 앞으로 움직이게 된다. 또한 인간은 과거 경험보다는 미래에 대한 기대에 의해 더 좌우된다는 점에서 허구적 최종목적은 인간을 미래 지향적으로 만든다.

(4) 열등감

아들러에게 열등감은 부정적인 것이 아니다. 열등감은 자기완성을 위한 필수요인이다. 따라서 개인심리학 접근은 열등감을 긍정적인 측면에서 바라본다. 다만 열등감에 사로잡혀 열등감에 지배당하는 사람이 갖는 문제를 '열등감 콤플렉스'라고 하고, 사회에 유용한 방식으로 해결하기에 충분히 강하지 않은 사람에게 문제가 발생한다고 보았다.

(5) 우월성 추구

우월성 추구란 자기완성과 자아실현을 의미하며, 문제에 직면했을 때 부족한 것을 보충하며, 낮은 것은 높이고, 미완성의 것은 완성하며, 무능한 것은 유능한 것으로 만드는 경향성을 말한다. 아들러는 인간은 이러한 우월성을 추구하는 선천적인 경향성이 있으며, 이것이 인간의 마음을 안내하는 동기가 된다고 보았다.

(6) 가족구도 / 출생순위

아들러에 의하면 부모, 형제자매와의 관계, 즉 가족구도와 출생순위가 생활양식 형성에 중요하다. 이렇게 어린 시절에 가족 속에서 형성된 가족구도와 형제 간의 서열은 성인이 되었을 때 세상과의 상호작용에 영향을 미친다.

4) 상담 목표

인간의 세 가지 주요문제(사회적 관심의 결여, 상식의 결여, 용기의 결여)를 치료하는 것이 목표이다. 그리고 격려치료, 생활양식의 변화를 목표로 한다.

5) 상담과정

1단계는 상담관계를 형성하는 단계로 개인심리학적 접근은 상담자와 내담자가 협력적이고 대등한 관계를 형성하도록 한다.

2단계는 분석과 평가의 단계로 내담자의 생활양식(life-style)을 분석하고, 이 생활양식이 내담자의 현재 기능에 어떤 영향을 주었는지 이해한다. 또한 가족구도(family constellation)를 탐색하고 내담자가 가족 안에서 어떤 위치에 있는지, 내담자가 가족, 학교, 동료 안에서 자신의 자리를 어떻게 찾아내고자 했는지 평가한다. 그리고 내담자의 초기 회상을 해석한다.

3단계는 상담자가 내담자의 일상의 대화나 꿈, 환상, 행동, 증상, 대인관계 등을 해석하고, 내담자가 자신의 행동과 잘못된 생각의 목적을 이해하고 통찰하도록 돕는 단계이다.

4단계는 상담자가 내담자를 설득하는 것이 아니라 내담자가 변화에 관심을 기울이는 단계로서, 내담자가 더 큰 행복과 자기 충족을 위해 모험을 할 수 있는 재정향(reorientation) 단계이다.

3 분석심리학적 상담

1) 대표자

분석심리학적 상담을 주창한 융(C. G. Jung: 1875~1961)은 정신의학과 철학, 종교, 심령술 등 다양한 분야에 관심을 기울인 사람이었다. 그는 동양학자 또는 고전학자라고도 할 수 있으며, 조부모의 영향을 받아 영적인 부분에 많은 관심이 있었다. 그의 풍부한 지식과 관심 때문에 한때 프로이트와 밀접한 관계를 유지하며 프로이트의 정신분석 모임에 관여하기도

그림 10.3 분석심리학적 상담 학자

융

하였으나, 지나치게 성(sexuality)과 성 에너지(리비도, libido)를 강조하는 정신분석 이론에 반대하여 '정신에너지' 또는 '영적 에너지'를 강조하였다. 그는 무의식은 개인 무의식과 집단 무의식으로 이루어져 있다고 보았으며, 무의식에 있는 잠재력, 즉 '자기(self)'를 실현하는 것을 상담의 목표로 보았다.

2) 인간관

융은 인간은 평생에 걸쳐 성장한다고 보았다. 이런 융의 인간관 때문에 분석심리학은 중년의 심리학이라고도 불린다.

3) 주요 개념

(1) 무의식

융은 프로이트가 말했던 무의식의 개념을 개인 무의식과 집단 무의식으로 확장시켰다. 개인 무의식은 프로이트가 말한 전의식과 비슷한 개념이며, 집단 무의식은 조상으로부터 물려받은 의식, 관습, 문화 등의 잠재적 기억 저장소를 말한다. 즉, 집단 무의식은 인류의 역사를 통해 모든 인간이 유전적으로 물려받은 무의식을 말하며, 많은 세대를 거쳐 반복된 경험들의 결과가 축적된 것이다.

예를 들면, 어머니가 그의 어머니처럼 행동하는 것, 어린아이가 뱀을 무서워하는 것과 같이 우리가 조상과 같은 방식으로 느끼고 생각하는 경향성을 말하며, 원형으로 구성되어 있다.

(2) 원형(archetype)

원형은 인류 역사를 통해 물려받은 정신적 소인을 말하며, 인간이 갖는 보편적, 집단적, 선험적 심상 또는 이미지이다. 그리고 내용은 상징을 말한다. 원형은 꿈, 신화, 동화, 예술을 통해 찾아볼 수 있으며, 대표적인 원형은 페르소나, 아니마와 아니무스, 그림자 등을 들 수 있다.

(3) 꿈 분석

융은 환자의 무의식을 이해하기 위하여 꿈을 사용하였다. 그러나 프로이트의 정신분석에서는 꿈을 무의식적 소망을 이루는 것이라고 본 것과 달리, 융은 꿈이 미래를 예견해 준다고 보았다. 즉, 꿈은 미래를 준비하도록 해준다고 본 것이다. 또한 꿈은 보상적이어서 내성적인 사람이 활발한 파티를 하는 꿈을 꾼다거나, 사업에 실패한 사람이 큰 성공을 거두는 꿈을 꾸는 것이 바로 이러한 이유때문이라고 보았다. 융은 꿈을 일련의 확충법으로 분석하였는데, 꿈에서의 이미지를 중심으로 이미지에 대한 연상을 집중적으로 모으는 방식을 사용하였다.

(4) 성격유형론

융은 정신에너지가 대립, 등가, 균형의 원리에 따라 움직인다고 보았다. 이에 기초하여 성격유형을 내향 대 외향, 감각 대 직관, 사고 대 감정으로 나누었다. 후에 마이어스(I. B. Myers)와 브릭스(K. C. Briggs) 모녀는 융의 성격유형론에 판단 대 인식 유형을 추가하여 MBTI 성격유형검사를 제작하였다.

4) 상담목표

(1) 개성화와 자기실현

분석심리학적 상담의 목표는 내담자의 자기실현(self-actualization)이다. 즉, 내담자가 자신의 잠재력을 최대한 발견하고 그것에 따라 살아가게 되는 것을 목표로 한다.

(2) 자아의 분화에서 자기로의 통합

분석심리학적 상담은 내담자가 자신의 의식적 마음, 자아 발달, 정신세계를 이해하는 것을 목표로 한다. 이를 통해 개인은 자신에 대해 더 잘 이해하게 되고 타인과의 관계를 향상시킬 수 있게 된다.

(3) 꿈의 해석을 통한 무의식의 이해

5) 상담과정

(1) 1단계: 고백

내담자는 자신의 상담자에게 의식적, 무의식적 비밀을 꺼내놓음으로써 감정의 정화를 경험하며, 상담자는 무비판적이고 공감적으로 경청하며 이를 수용해 준다. 이를 통해 내담자는 상담자와 전이를 형성하게 된다.

(2) 2단계: 명료화

상담자는 내담자가 일으키는 전이뿐만 아니라 꿈, 환상 등을 통해 그 유아기적 근원을 밝히며, 이를 통해 내담자가 지적·정서적 수준에서 통찰을 얻도록 한다.

(3) 3단계: 교육

내담자를 사회적으로 적응적인 존재의 단계에 이르도록 하는 단계이다. 고백과 명료화가 무의식적 수준에 있다면 이 단계에서 상담자는 내담자가 적극적이고 건강하게 살아가도록 격려한다.

(4) 4단계: 변형

대부분의 사람들이 3단계에서 상담이 끝날 수 있으나 어떤 사람들, 특히 중년기 이후에 접어든 내담자들은 더 나아가 더 많은 지식과 통찰을 얻고자 하는 경우가 있는데, 이들은 자기 실현의 단계에까지 이르고자 하는 특성이 있다. 이 단계에 이른 개인의 전이나 꿈 또는 환상 속에는 자기에 대한 원형적 이미지가 드러나게 되는데, 그 원형적 이미지는 의식과 무의식 모두에 관심을 가지며 자신이 될 수 있는 모든 것을 망라하여 독특하고 개별적인 자기, 그러나 책임감 있는 통합된 감각을 지닌 사람이 되는 것이다.

Ⅲ 인본주의적 접근

많은 책들에서 인간중심 상담은 실존주의 상담과 함께 인본주의 상담으로 분류되어 있다. 이 책에서는 지면의 한계상 인본주의 상담의 대표라고 할 수 있는 인간중심 상담에 대해 살펴보고자 한다.

1 대표자

인간중심 상담은 로저스(C. Rogers: 1902~ 1987)에 의해 창시된 상담접근이다. 로저스는 미국의 엄격한 종교적 신념을 지닌 가정에서 태어나 원래는 농부나 목사가 되고자 하였으나 신학교 재학 중에 만난 존 듀이(J. Dewey)의 영향을 받아 심리학을 공부하게 되었다. 고정된 신념에 대한 반발과 새로운 아이디어를 탐색할 자유를 꿈꾸었던 로저스는 아들러와 오

그림 10.4 인간중심 상담 학자

로저스

토 랭크(O. Rank)의 영향을 받아 상담자의 공감적 경청과 무조건적인 수용을 통해 내담자의 성장을 촉진하는 관계가 심리치료에 중요하다는 생각을 발전시키게 되었다. 이러한 생각에 기초하여 초기 그의 상담접근은 비지시적 기법이라는

이름으로 불렸으며, 이후 인간중심 또는 내담자 중심, 학생 중심 등 다양한 이름으로 불렸는데, 현재는 대부분 그의 접근을 인간중심 접근으로 부르고 있다.

2 인간관

- 인간은 끊임없이 변화하는 경험의 세계 속에 존재하며, 그 중심에 인간이 있다.
- 인간은 경험하고 지각하는대로, 전체로서 현상적 세상에 반응한다.
- 인간은 경험하는 존재로서 자기를 실현하고 유지하고 향상시키려는 기본적인 경향성과 욕구를 가지고 있다.
- 인간은 환경과의 상호작용, 특히 다른 사람과의 평가적 상호작용의 결과로 자신에 대한 구조를 형성한다. 즉, '나'라는 사람과 '나에게 부여되는 가치'에 대한 특성과 관계에 대한 개념적 지각 패턴을 형성하게 된다.
- 개인의 주관적 경험과 자유의지, 즉 개인이 경험하는 세계와 그것을 어떻게 경험하고 해석하는가가 중요하다.

3 주요 개념

1) 자기실현 경향성

모든 유기체(인간과 동물, 식물까지 포함하여)는 완성과 실현이라는 잠재력을 가지고 있는데 이것을 실현화 경향성이라고 한다. 실현화 경향성은 개인의 유기체적 경험, 즉 의식적, 무의식적, 신체적, 인지적인 모든 것을 망라하는 전체를 의미한다. 반면, 실현화 경향성의 하위개념인 자기실현 경향성은 인간이 깨닫고 지각하는 방식으로 자신을 실현하려는 것을 의미한다. 예를 들면, 어떤 사람이 다른 사람에게 분노를 느끼더라도 그것이 자신에 관한 지각과 다르다면 이 사람의 실현화 경향성과 자기실현 경향성은 불일치하게 되며, 결국 내적 갈등을 경험하게 된다. 반면 유기체가 경험하는 것과 개인이 지각한 자신이 조화를 이룬다면 이러한 갈등은 존재하지 않는다고 본다. 결국, 인간중심 상담은 인간은 적절한 조건이 주어지면 조화를 이루고 자기실현을 위해 성장하며 앞으로 나아갈 것이 라는 깊은 신념과 낙관적인 관점을 지닌 입장이다.

2) 자기 개념

자기 개념은 인간이 깨닫고 지각하게 되는 자신의 존재와 경험에 대해 갖는 모든 측면을 말한다. 때때로 인간은 자신에 관한 것 중 자기 개념과 일치하지 않는 것은 깨닫지 못하는 경우도 있는데, 이런 경우 부인이나 왜곡이 일어나기도 한다.

3) 충분히 기능하는 인간

충분히 기능하는 사람은 자신의 감정을 두려워하지 않고 모두 경험하는 사람이며, 자신의 경험을 자유롭게 흐르게 놓아두는 사람이다. 즉, 긍정적인 자기개념을 가지고 있으며, 생리적 반응이 뛰어나고 환경을 잘 활용하는 사람을 말한다.

4 상담 목표

상담자는 상담을 시작하자마자 내담자가 어떤 방식으로든 편안한 방식으로 이야기하도록 만들며, 어떤 편견이나 사적인 목적 없이 내담자의 세계를 이해하여야 한다. 이를 통해 내담자가 혼란스럽거나 절망하는 순간에도 상담자가 그와 함께 있어 줄 것임을 알게 하고 그것을 통해 내담자와 치료적인 관계, 촉진적인 심리적 분위기를 형성한다. 그리고 상담자는 진실성과 무조건적 존중, 공감을 통해 내담자의 자기 수용, 경험의 즉시성, 관계의 단순성, 내적 평가 소재 경향성을 높인다. 더불어 내담자가 자신의 가능성을 실현시키고 자발성을 증진시키며, 자신을 신뢰하고 건설적이고 생동감 있게 성장하도록 돕는 것을 목표로 한다.

5 상담자의 태도

로저스는 내담자의 심리적 성장을 위한 필요충분조건 세 가지를 제시하면서, 상담자가 이를 위해 어떤 태도를 갖추어 하는지를 제시하였다. 따라서 이것은 인간중심 상담자가 갖추어야 할 기본적인 자세라고 할 수 있다.

1) 공감적 이해

공감적 이해는 공감적 경청이라고도 부른다. 이는 상담자가 내담자의 감정에 대해 정확하게 이해하고 그것을 내담자와 소통함으로써, 내담자로 하여금 상담자가 어떤 편견이나 선입견, 비판 없이 내담자의 세계를 이해하고 있음을 알수 있도록 하는 것이다.

2) 무조건적 긍정적 존중

상담자가 어떤 조건이나 자격을 전제로 하지 않고 내담자를 좋아하고 수용하며 높이 평가하는 것을 말한다. 이를 위해 내담자의 생각과 감정, 행동이 어떻든 상담자는 따뜻해야 하며, 내담자를 비판 없이 받아들이고 보살피며 중요한 사람으로 바라보아야 한다.

3) 일치성

일치성은 상담자가 진실되고 하나의 전체로서 통합될 때 생겨날 수 있으므로, 진실성 또는 통합성과 혼용되어 사용하기도 한다. 일치성이 높은 상담자는 단순히 친절하거나 따뜻한 것을 의미하는 것이 아니라 다양한 감정을 가진 존재와 하나의 인간으로서 존재하는 것을 의미한다. 따라서 상담자는 자신의 진실된 감정을 마스크 뒤에 숨기고 표현하지 않는 소극적 존재가 아니라, 보통의 사람들처럼 자신을 내담자에게 드러내되 그것이 내담자의 심리적 성장에 기여할 수 있을 때 일치성이 높은 상담자가 될 수 있다.

Ⅳ   행동주의적 접근

1 대표 학자와 인간관

　　행동주의 학습이론가들은 학습을 경험과 연습에 의한 인간행동의 변화로 정의하고 다양한 학습의 원리에 대한 개념적 기초를 마련하였다. 이러한 쏜다이크, 왓슨, 스키너, 반두라 등의 학습이론가들의 개념을 기초로 인간의 부적응적 행동의 원인을 부적응 행동의 '학습'으로 규정하고 '재학습'시키는 것을 목표로 하는 심리치료의 물결이 형성되었다. 흔히 '행동치료, 행동수정, 행동적 상담' 등의 다양한 명칭으로 제기되는 상담에서 행동적 접근을 마련한 대표적인 상담자로는 월페, 메켄바움, 라자루스 등이 있다. 이들은 특히 개인의 자기주장에 대한 부적응적 행동을 수정하는 자기주장훈련 매뉴얼을 행동치료적 관점에서 개발하였고, 흔히 '당신이 아니오라고 말하기를 원할 때 예라고 말하지 말라.'는 명언을 남기기도 하였다.

　　행동적 접근은 인간에 대한 성선설이나 성악설을 믿지 않으며 조건형성과 강화의 학습법칙에 의해 인간을 선하게도 혹은 악하게도 만들 수 있다는 입장을 갖고 있다. 인간행동을 결정하는데 환경적 사건들이 무엇보다도 중요하다고 강조하고, 특히 인간이 조건형성의 산물이라고 보며 모든 인간학습의 기본적 유형으로서 자극－반응의 패러다임을 주장하였다. 그리고 앞서 살펴본, 정신분석적

그림 10.5 '인간심리학의 주체는 인간의 행동이다.'라고 주장한 학자들

왓슨　　　　　　　스키너　　　　　　　월페

입장의 성악설적 인간관이나 이후 등장하는 인본주의적 접근의 성선설적 인간관과 구별되는 '백지설' 인간관을 갖고 있다고 볼 수 있다.

2 주요 개념

1) 자극과 반응

상담을 할 때 행동적 접근을 한다는 것은 인간을 이해하는 데 있어 관찰가능한 행동을 중심으로 접근한다는 것을 전제로 한다. 이러한 인간 행동을 이해하는 데 있어 가장 중요한 것은 외부의 자극(Stimulus)과 인간의 반응(Response)과의 관계를 통해 학습이 이루어진다는 점이다. 인간 행동의 학습은 자극과 반응이 연합되는 과정을 바라보는 관점에 따라 고전적 조건화와 조작적 조건화라는 두 가지 접근으로 나뉜다.

2) 고전적 조건화와 조작적 조건화

먼저, 고전적 조건화에서는 이미 존재하는 자극─반응의 연결에 새로운 자극이 추가되어 그 반응을 일으키는 자극들이 추가되는 것에 초점을 두고 있다. 반면, 조작적 조건화에서는 유기체가 하는 우연한 반응들 중 유기체에게 도움이 되는 반응이 선택적으로 남게 되는 것에 초점을 두고 있다.

고전적 조건화는 어떤 자극이 그 반응을 일으키는가에, 조작적 조건화는 어떤 반응이 어떤 자극을 받는가에 의해 학습이 일어난다고 보고 있고, 두 가지 모두 인간의 행동을 설명하는 중요한 기제다. 어느 측면이든 학습은 새로운 자극과 새로운 반응의 연결, 즉 유기체가 이전과는 다른 새로운 행동을 하게 되는 것, 즉 '행동의 변화'를 일컫는다. 흔히 리틀 알버트 실험으로 알려져 있는 왓슨과 레이너(Watson & Rayner, 1920)의 실험에서는 공포나 분노 반응을 거의 보인 적 없는 아기 알버트가 끔찍할 정도로 큰 소리와 흰 쥐를 연합시키는 과정(고전적 조건화)을 통해 흰 쥐에 대한 공포반응이 형성되는 것을 실험으로 증명한 바 있다.

즉, 공포를 포함한 인간의 정서 반응은 이러한 고전적 조건화의 원리에 따라 형성된다고 보았다.

한편, 유기체는 주어진 자극에 수동적으로 반응만 하는 것이 아니라, 환경에 적응하기 위해 어떤 반응을 해보게 되는데, 이러한 능동적 행동을 통해 학습이 이루어지는 경우가 더 많다. 유기체가 환경을 조작하기 위해 수행하는 행동들 중에는 환경을 효과적으로 다루어 유기체가 적응하는데 도움이 되는 행동이 있는데, 유기체는 이러한 효과적인 행동을 반복할 가능성이 있고, 이렇게 지속되는 행동이 바로 학습에 의해 습득된 행동이라고 할 수 있다. 스키너(Skinner)는 이러한 학습의 과정을 조작적 조건화라고 명명하였다.

3) A-B-C

이러한 두 가지 조건화의 원리는 인간의 행동(Behavior)을 결국 선행자극(Antece- dent)과 후속결과(Consequence)의 연결고리로서 설명할 수 있게 해주었는데, 선행자극이란 어떤 행동에 앞서 일어난 사건으로서 후속행동에 영향을 주는 사건을 말한다. 후속결과는 어떤 행동에 뒤따라 일어나는 사건 혹은 행동을 말한다. 이러한 선행자극, 행동, 결과의 연결은 행동적 상담이론의 기초가 되는 A−B−C 분석을 가능하게 하였고, 특히 강화를 통한 행동의 빈도를 증가시키는 방법이 학교 현장과 상담 현장에서 효과적으로 활용되고 있다.

3 상담 과정 및 기법

행동적 접근의 상담은 학생의 행동을 분석해서 문제를 정의하고 구체적 목표를 설정하여 달성할 수 있도록 조력하는 것을 상담의 목표로 한다. 이를 위해 가장 널리 사용되는 기법은 A−B−C 행동 분석이다. 행동적 접근의 상담은 인간의 행동을 선행자극(Activating event)−행동(Behavior)−후속결과(Consequence)의 연속선상에서 설명한다. 학생의 문제행동도 이러한 연결고리를 분석하고 적절할 자극 변화를 통해 행동을 변화시킬 수 있다고 본다.

그림 10.6　A-B-C 행동 분석

| 선행자극(A) | | 행동(B) | | 후속결과(C) |

예를 들어, 친구를 자꾸 때리는 영철이의 행동(B)은 주변에 자신이 생각하기에 자기보다 약하다고 생각하는 친구(A1)가 있거나 자기를 쳐다보면서 웃는 친구(A2)가 있을 때이다. 이때 영철이는 때리는 행동(B)을 통해 친구들이 자신을 무서워하거나(C1), 멀리 피하는 경우(C2), 영철이가 이 결과에 대해 만족하고 좋아할수록 영철이의 친구 때리기 행동(B)은 증가할 것이다. 그렇지만 영철이가 친구를 때리는 행동(B)을 했을 때 담임선생님이 영철이를 혼내거나(C3), 영철이가 좋아하는 여자친구가 영철이에게 싫은 내색(C4)을 하는 경우, 영철이가 이 결과에 대해 싫어한다면 영철이의 문제행동(B)은 점차 줄어들 것으로 예상할 수 있다. 또 다른 방법으로 영철이의 때리는 행동이 발생하는 선행사건을 변화시킬 수도 있는데 예를 들어, 민우의 행동을 변화시키기 위해서 선행자극인 영철이가 만만하게 보는 친구나 주변에서 영철이를 쳐다보고 웃는 친구들을 바꿀 수도 있을 것이다. 하지만 일반적으로 선행자극이 명확하지 않을 경우가 많기 때문에 C를 통한 변화를 자주 활용하게 된다.

이러한 A-B-C 행동 분석 이외에도 학교상담 현장에서 행동적 접근에 기초를 둔 다양한 상담 기법을 활용할 수 있는데 다음과 같은 기법들이 대표적이다.

- 체계적 둔감화: 울프와 라자루스가 개발, 부적응적 불안을 경감시키기 위한 기법으로 내담자가 불안을 느낀다고 하는 상황을 묘사하는 상상적 장면과 이완을 짝짓는 것
- 프리맥의 강화원리: 개인이 더 좋아하는 활동을 통해 덜 좋아하는 활동을 강화하는 방법
- 타임아웃: 내담자가 긍정적 강화를 받을 기회를 박탈시키는 것

V 인지주의적 접근

1 대표 학자와 인간관

인지주의 심리학은 행동적 입장의 이론가들이 설명하는 인간 행동의 패러다임, 즉 자극과 반응 사이의 관계에서 개인의 인지적 과정이 개입하는 과정을 설명하기 시작했다. 행동주의 심리학자들이 설명하지 못한 정신 과정에 대한 다양한 연구를 통해 인지주의 심리학자들은 인간의 내적 변화에 관심을 갖기 시작했다. 특히 사람들이 자신의 삶에서 발생하는 사건들에 대해 떠올리는 내적 이미지(Holden, 2001), 그리고 신념에 대한 다양한 연구가 진행되었다. 상담에서 인지적 접근 역시 인간의 인지적 과정이 정신건강과 행동에 미치는 영향에 초점을 두고 개인의 인지 과정을 변화시키면서 여러 가지 심리적 문제를 치료하는 다양한 상담이론과 기법을 통칭한다.

인지적 접근은 인간에게 있어서 인지, 정서, 행동이 유의미하게 상호작용하고, 상호 인과관계를 가진다고 보았다. 또한 사건 자체보다 사건을 어떻게 생각하는가의 신념체계가 감정이나 행동에 영향을 미친다고 본다. 인간은 합리적 사고와 동시에 비합리적 사고의 잠재성을 가지고 태어나는데, 합리적 신념은 자신을 성숙하게 하지만, 비합리적 신념은 성숙을 방해하고 자신을 파괴할 수 있다

그림 10.7 '우리를 당황하게 하는 것은 우리에게 일어난 사건이 결코 아니다. 그것은 이러한 사건을 보는 우리의 관점이다.'라고 주장한 학자들

엘리스

벡

는 측면에서 인간의 심리장애에 접근한다.

2 주요 개념

인지적 상담이론의 대표적인 상담자인 엘리스는 합리적 정서행동치료 (Rational emotive behavior therapy)를 통해 사고의 합리성을 강조하였다. 인간은 사고에 있어 합리성과 비합리성을 동시에 갖고 태어난다. 이 중 비합리적 사고는 비합리적 결과를 만드는데 이러한 비합리적인 사고는 일반적으로 '당위성'의 특징을 지닌다. 인간의 심리적 문제는 일반적으로 다음과 같은 비합리적인 생각들을 포함하는 세 가지 당위성에 기초하여 발생한다. 이러한 비합리적인 신념이 지닌 당위성을 정리하면 다음과 같다.

1) 자신에 대한 당위성

모든 측면에서 철저하게 능력 있고 적절하고 성취적이어야 한다. 타인의 문제로 자신이 당황하거나 속상해야 한다. 문제의 완전한 해결책이 항상 있고 그것을 꼭 찾아야 한다.

2) 타인에 대한 당위성

다른 사람에게 의지해야 하고 의지할만한 누군가가 있어야 한다. 알고 있는 모든 사람들로부터 인정받고 사랑받아야 한다. 악한 사람은 악함 때문에 비난받고 처벌받아야 한다.

3) 조건에 대한 당위성

일이 원하는 대로 되지 않으면 끔찍하고 파국이다. 불행은 외적인 사건에서 비롯되고 사람들은 슬픔과 장애를 통제할 능력이 없다. 두려운 일이 있으면 걱정하고 그 일이 일어날 가능성을 계속 생각해야 한다. 어려움이나 자기 책임감에 직면하기보다는 피하는 것이 용이하다. 과거사가 현재 행동의 중요한 결정요인이며, 미래에도 유사한 영향을 미칠 것이다.

이러한 당위성을 지닌 비합리적 신념의 영향에 대해 예를 들어 보면, 시험을 앞둔 학생이 시험 그 자체에 대해 불안해 한다기보다는 '이 시험을 망치면 인생 끝이다.'라든가 '이 시험을 못 보면 난 정말 무능한 인간이 된다.'라는 비합리적인 당위적 신념 때문에 일반적인 불안보다 더 큰 불안 반응을 일으키거나 심한 우울에 빠지는 것과 같은 비합리적 결과가 초래될 수 있다고 보았다. 이를 엘리스는 ABC 모델로 설명하였다. 즉, A는 활성화된 사건(Activating events)을 의미하고, B는 활성화된 사건에 대한 개인의 신념(Belief), C는 신념에서 비롯된 결과(Consequences)를 의미한다.

3 상담 과정 및 기법

인지적 접근의 상담은 학생의 인지 과정을 면밀히 관찰하고 인지와 정서, 행동과의 관계를 파악하여, 부적응적 행동과 정서를 야기시키는 부적응적 인지를 보다 현실적이고 건강한 해석으로 대치할 수 있도록 조력하는 것을 목표로 한다. 즉, 학생의 비합리적 신념을 합리적 신념으로 바꾸어 수용할 수 있는 합리적 결과, 예를 들어, 정서적 문제를 최소화하고 자기파괴적 행동을 감소시키는 것을 목표로 한다. 또한 학생이 효과적으로 기능하고 적응하도록 돕기 위해서 잘못된 정보처리를 수정하거나 인지를 재구성하는 것을 목표로 한다.

앞서 언급되었던 엘리스의 ABC모델을 상기해보면, 시험불안을 지닌 학생

그림 10.8 REBT의 상담 과정

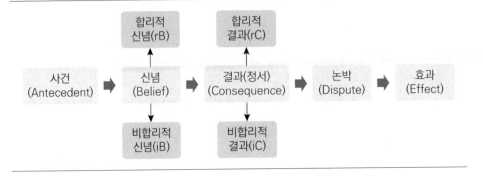

의 경우 시험 자체가 학생을 불안하게 만들었다기 보다는 학생이 '이 시험을 망치면 인생 끝이다.'라든가 '이 시험을 못 보면 난 정말 무능한 인간이 된다.'라는 비합리적인 당위적 신념 때문에 일반적인 불안보다 더 큰 불안 반응을 일으키거나 심한 우울에 빠지는 것과 같은 비합리적 결과가 초래될 수 있다고 보았다. 따라서 이러한 비합리적인 신념을 '논박(Disputing)'을 통해 합리적인 신념으로 변화시키면 개인의 비합리적 신념으로 인한 비합리적 결과가 합리적 결과로 변화될 수 있다는 가정 하에 다음과 같은 ABCDE 상담모형을 제안하였다. 따라서 REBT의 경우는 내담자의 인지과정을 관찰하고 인지와 정서, 행동과의 관계를 인식 후, 부적응적 인지를 보다 현실적이고 건강한 해석으로 대치함으로써 개인의 부적응적 문제를 해결하려는 목표를 지니는 상담이론이라고 할 수 있다. 이를 도식으로 제시하면 [그림 10.8]과 같다.

  결론적으로, 인지적 접근의 상담이론은 학생이 지니거나 인식하고 있는 문제 상황에 대한 사고 체계에 초점을 두고, 그러한 비합리적 신념이 야기시키는 비합리적 결과에 주목하여 상담을 진행하며, 이를 위해 비합리적 신념을 수정하는 '논박'과 같은 상담기법이 대표적으로 사용된다.

Ⅵ   상담의 과정과 기법

앞에서 설명한 것처럼 상담의 과정과 기법에 있어서 이론적 접근별로 중요한 단계와 강조하는 부분이 다를 수 있다. 그러나 여기에서는 이러한 이론들을 통합적으로 바라보면서 일반적으로 모든 상담에서 진행하는 과정과 기법을 요약하여 살펴보고자 한다.

1   상담 구조화 및 라포형성

대부분의 내담자들은 처음 상담 시 불안하고 두려움을 느끼거나 저항을 하기도 한다. 특히, 우리나라 학교 현장에서는 학교 선생님이나 부모에 의해서 억지로 상담을 받으러 오는 비자발적인 내담자가 많기 때문에, 상담의 시작단계에서는 상담이 어떠한 것인지 알려주는 상담구조화를 진행하고, 내담자들의 저항감을 풀어주면서 라포형성을 하는 것이 중요하다.

1) 상담구조화

상담구조화란 상담을 시작할 때, 상담이 무엇인지, 상담자와 내담자는 어떤 사람이고 어떤 역할을 하는지, 상담시간은 어떻게 진행되는지, 상담에 오지 못할 때는 어떻게 해야 하는지 등의 상담 전반에 대한 내용과 상담에서 이야기하는 내용은 모두 비밀보장을 해준다는 점, 그러나 자해나 자살 위험, 타인을 해칠 위험성이 보일 경우에는 이러한 비밀보장의 법칙이 깨지고 바로 알려서 위험을 먼저 막는다는 점을 설명해 주는 것이다. 상담구조화는 직접적으로 내담자의 문제를 듣고 해결하는 방향으로 나아가는 것은 아니지만, 상담구조화를 상담초기에 잘 해두어야 이후 내담자와 서로 신뢰를 가지면서 상담을 잘 진행할 수 있다.

2) 라포형성

라포형성은 내담자가 상담 장면을 안전하게 느끼면서 상담자와의 관계를 신뢰하게 되는 것이다. 어떤 내담자의 경우 상담 첫 회기부터 깊은 라포가 형성되기도 하지만, 대부분의 청소년 내담자들은 상담자를 의심하기도 하고 상담 자체에 저항하기도 하기 때문에 라포는 상담 전반에 걸쳐서 점점 깊어진다고 볼 수 있다. 라포형성을 위해서는 상담자가 무비판적, 공감적, 개방적이고 따뜻하면서도 전문적인 분위기를 형성하며, 희망적이고 긍정적인 태도를 유지할 필요가 있다. 또, 아동 및 청소년들과 라포를 형성하기 위해서 간단한 보드게임이나 그림검사 등을 활용하기도 한다. 이 때, 단지 라포형성만을 위해 재미있는 게임을 선택하기보다는 게임이나 그림 그리기 등을 통해서 라포형성을 하면서 동시에 내담자의 성격이나 고민을 파악할 수 있는 것들을 사용해보는 것이 좋다.

2 상담 목표 설정

상담을 아무리 잘 하는 상담자라고 할지라도 내담자가 가진 여러 가지 고민과 문제를 모두 해결하도록 도울 수는 없다. 오히려 여러 가지를 한꺼번에 상담에서 다루려고 하면 상담이 제대로 진행되지 않고 매 회기 다른 이야기를 하다가 끝나버리게 되는 경우도 많다. 따라서 상담 초기에 상담 목표 설정을 잘 해두는 것은 매우 중요하다.

상담 목표는 내담자가 처음에 찾아와서 이야기한 호소 문제와 연결되는 것이지만, 내담자가 호소한 문제를 그대로 기술하는 것은 아니다. 예를 들어, "남자친구와 헤어지고 싶어요."라고 이야기하는 내담자의 상담 목표가 '남자친구와 헤어지기'가 될 필요는 없다. 내담자가 왜 지금 시점에서 남자친구와 헤어지고 싶은 마음이 생겼는지, 그 남자친구에게 화가 나게 된 이유는 무엇인지, 남자친구와의 관계에서 내담자가 정말 바라는 것은 무엇인지, 지금의 문제가 해결되면 어떤 변화가 생길 것 같은지 등을 확인하다 보면, 상담목표는 '남자친구가 무시한다는 생각이 들지 않고 존중하는 관계를 맺기'가 될 수도 있다.

상담 목표를 잘 설정하기 위해서는 내담자가 호소하는 문제에 대해 예를 들어, 구체적으로 탐색하면서 내담자의 마음을 알아가고 공감해주며, 내담자가 정말 바라는 것이 무엇인지를 확인해 나가는 작업이 반드시 필요하다.

3 진정한 자신의 소망 확인

상담 목표가 설정되고 나면 내담자가 왜 그러한 상담 목표를 가지게 되었는지, 내담자가 진정으로 바라는 것이 무엇인지 찾아나가는 작업을 하게 된다. 보통 내담자들은 너무 두렵거나 불안해서 정말 자기가 원하는 것을 찾아보고 들여다보기 힘들어한다. 내가 정말 무엇을 원하는지를 보고 나면, 그것을 얻지 못한 자신의 모습을 바라보는 아픈 경험을 해야 하기 때문이다. 그래서 많은 내담자들이 괜찮다고 이야기하며 가볍게 회피하려 하기도 한다.

상담에서는 내담자가 이렇게 아파하는 자신의 고민을 있는 그대로 안전하게 들여다보도록 도와주고, 그 안에서 자신이 진짜 살아가면서 얻고 싶어하는 소망이 무엇인지 확인하도록 도와준다. 예를 들어, 아빠가 죽이고 싶도록 밉다고 이야기하는 청소년 내담자의 속마음에는 사실 아빠에게 인정받고 사랑받고 싶은 소망이 들어있을 수 있다.

상담에서 나타나는 내담자의 소망은 매우 다양하지만, 청소년의 경우 많이 찾아볼 수 있는 소망은 중요한 타인에게 사랑받고 싶은 욕구, 다른 사람들에게 힘을 행사하고 싶은 소망, 자신만의 경계를 유지하고 독립하고 싶은 욕구, 짜릿한 재미를 느끼고 싶은 욕구, 지금보다 나은 것을 성취하고 싶은 소망 등이 있다.

4 인지, 정서, 행동적 패턴 파악

내담자들은 자신이 진정으로 원하는 소망을 얻기 위해서 그동안 비합리적 신념을 가지기도 하고, 정서적으로 폭발하거나 정서를 억누르기도 하며, 비행행동이나 문제행동을 하기도 한다. 상담에서는 내담자들이 심리적 문제를 더 악화시키는 방식으로 해왔던 그간의 패턴을 파악한다. 이론에 따라서 인지, 정서, 행동적 패턴 중 더 강조해서 이야기를 나누는 부분은 다룰 수 있지만, 상담에서 이 세 가지를 상담자가 모두 알고 있는 것은 중요하다.

이러한 인지, 정서, 행동적 패턴은 사실 내담자가 자신이 원하는 소망을 얻기 위해 취한 방식이지만, 결국은 내담자가 원하는 소망에서 더 멀어지게 만드는 역할을 했었다는 것을 확인하게 된다. 예를 들어, 인정받고자 하는 욕구를 충족시키고 싶어하는 내담자가 게임중독에 빠져서 매일 학교도 잘 안가고 게임을 하면서 그 안에서 인정받는다는 느낌을 가질 수 있다. 그러나 게임을 매일 하면서 받는 인정은 매우 일시적이고 단순한 것이며 내담자가 정말 바라는 친구들이나 부모님의 인정으로부터는 점점 더 멀어지게 만드는 결과를 초래할 수 있다. 이러한 점을 상담자와 내담자가 함께 살펴보면서 그동안의 패턴이 문제가 있었다는 점을 깨달을 수 있다.

5 선택

자신의 문제 패턴을 마음 깊이 깨닫고 들여다보게 된 내담자는 앞으로 어떻게 변화할지를 선택할 수 있다. 지금까지 해온 방식을 고수하면서 계속해서 자신이 바라는 모습과 멀어져 갈 것인지, 아니면 다른 새로운 방법을 시도해볼 것인지를 고민할 수 있다. 이 단계에서 상담자는 절대로 내담자에게 어떤 방향이 옳으니 그 방향으로 나가야 한다고 강요해서는 안된다. 상담에서 가장 중요한 것은 내담자 스스로 깨닫고 자신이 앞으로 갈 방향을 선택하도록 해주는 것이다. 상담자는 옆에서 선택을 할 수 있도록 격려해주며, 선택 이후에 생길 수 있는 일들에 대해 함께 이야기 나누는 것이 좋다.

6 기술 연습

내담자가 스스로 어떻게 살아갈지를 선택하고 나면, 그 방향으로 잘 나아갈 수 있도록 여러 가지 행동 및 인지적 기술을 연습할 필요가 있다. 상담자는 다양한 기술들에 대한 자료를 갖고 있는 것이 좋은데, 내담자가 원하는 방향이 정해지면 그에 대한 자료를 가지고 함께 연습해 나가야 하기 때문이다. 예를 들어, 매번 친구들에게 화가 나면 폭력을 휘두르고 소리를 지르면서 과한 힘을 행사하던 내담자가 이런 방식이 오히려 진정한 친구를 만나지 못하게 방해한다는 사실을 깨닫고 친구들에게 수용될 수 있는 방식을 선택하기로 했다면, 상담자는 화가 난 순간 분노를 조절할 수 있는 기술, 친구에게 화난 감정을 안전하게 표현할 수 있는 기술, 친구에게 진실되게 마음을 열 수 있는 기술 등을 내담자와 연습해 나갈 수 있다.

7 종결하기

내담자가 어떻게 살지를 선택하고 그에 맞는 기술을 연습해서 성공하기 시작하면, 이미 큰 변화가 시작된 것이다. 상담 종결은 반드시 내담자의 문제가 완전히 깨끗하게 없어졌을 때 하는 것이 아니다. 내담자가 스스로 나아가야 할 방향을 알고 이를 위한 연습을 스스로 할 수 있게 된다면 상담 종결을 준비할 수 있다.

상담을 종결할 때는 1~2회기 정도 시간을 들여서 처음에 가지고 온 상담 목표가 어느 정도 달성되었는지, 어떻게 이렇게 변화할 수 있었는지, 아직 해결되지 못한 부분은 무엇인지, 앞으로 어떤 어려움이 있을 수 있는지 등을 파악하여 함께 이야기 나누고, 내담자의 강점을 활용하여 앞으로 어떤 문제가 생겼을 때 어떻게 해결해 나갈지를 이야기한다. 또, 한달 정도 후에 추수 상담을 잡아서 정말 종결한 후에 스스로 잘 해나가고 있는지를 점검할 수도 있다.

01 상담자와 내담자는 어떤 사람들이며, 상담에서 이루고자 하는 것은 무엇인가?

02 정신역동적 접근에서 방어기제란 무엇인가? 방어기제는 왜 생기며, 이러한 방어기제를 알아차리고 변화시킬 수 있는 방법은 무엇인가?

03 상담에서 일치성이란 무엇인가? 상담자가 내담자에게 일치성을 보이는 것이 왜 상담의 진행에 도움이 될까? 내담자는 일치성을 통해 상담자에게 무엇을 느끼는 것인가?

04 인간은 누군가를 진정으로 공감할 수 있는가? 공감받았을 때 인간은 왜 힘을 얻게 되는 것인가?

05 인간의 행동은 '당근(보상)'과 '채찍(벌)'에 의해 조작될 수 있는가? 어떤 방법이 인간의 행동을 변화시키는데 효과적인가?

06 점심을 같이 먹자고 했을 때 친구가 거절하면 어떤 사람은 기분이 상하는데 다른 사람은 그냥 넘겨버릴 때가 있다. 같은 사건에 대해서 이렇게 다른 감정을 느끼게 되는 것은 무엇 때문일까? 상황을 어떻게 해석하는지가 어떤 감정을 느끼는지와 관련이 있을까?

07 상담의 과정 중에서 가장 중요하게 생각되는 단계는 무엇인가? 그 이유는 무엇인가? 그렇다면 내가 좀 더 공부해보아야 할 이론은 어떤 이론인가?

읽을 만한 기초 도서

❏ 양명숙, 김동일, 김명권, 김성회, 김춘경, 김형태, 문일경, 박경애, 박성희, 박재황, 박종수, 이영이, 전지경, 제석봉, 천성문, 한재희, 홍종관 (2019). 상담이론과 실제(2판): 한국상담학회 상담학총서03. 서울: 학지사.

❏ 강숙정, 이장호, 손영미 (2018). 상담사례 공부하기. 서울: 박영스토리.

❏ 노안영 (2010). 상담심리학의 이론과 실제. 서울: 학지사.

❏ Hackney, H. L., & Bernard, J. M. (2017). Professional Counseling: A Process Guide to Helping, 8th Edition. NY: Pearson. 김동민, 김은하, 서영석, 정여주, 최한나 역(2019). 상담의 실제. 서울: 시그마프레스.

❏ Corsini, R., & Wedding, D. (2000). Current psychotherapies. (6th Ed.). Itasca, IL : F. E. Peacock.

01 수강생들을 3-4명씩 조로 나누어 정신역동적 접근, 인본주의적 접근, 행동주의적
    접근, 인지주의적 접근 중 하나씩 나눠주고, 한 명의 내담자 사례에 대해 자신의
    조에서 맡은 접근으로 상담을 진행한다면 어떻게 상담을 진행할 수 있을지 토론
    해보자.

02 수강생들을 3명씩 조로 나누어, 한 명이 상담자, 한 명은 내담자, 한 명은 관찰자
    역할을 하면서, 상담구조화를 진행하는 연습을 해보자. 관찰자는 상담자의 진행
    방식에 대해서 피드백해주며, 역할을 돌아가면서 한번씩 진행해 보자.

참고문헌

Watson, J. B. and Rayner, R. (1920). Conditioned emotional reaction. *Journal of Experimental Psychology, 3,* 1-14.

CHAPTER

11 상담심리학: 학교상담의 이해*

유형근

요약 21세기의 중요한 화두 중의 하나는 웰빙(well-being)이라 할 수 있으며, 이는 육체적·정신적 건강의 조화를 통해 행복하고 아름다운 삶을 추구하는 삶의 유형이나 문화를 통틀어 일컫는 개념으로 육체적으로도 건강하고 아울러 정신적으로도 건강한 질 높은 삶을 영위하는 것을 의미한다. 최신 과학기술과 의료기술의 발달로 인하여 육체적인 질병은 어느 정도 정복되어 평균수명이 상당히 연장되었으나 상대적으로 정신건강에 대한 인식과 연구는 미흡하였고 이로 인한 폐해들이 많이 나타나고 있는 것이 사실이다. 즉, 오래 사는 것도 중요하지만 얼마나 삶의 질이 높은 인생을 사느냐에 관심이 모아지면서 정신건강의 중요성이 그 어느 때보다도 커지고 있고 그 핵심에 있는 상담의 중요성 또한 점차 커지고 있는 것 또한 우리의 현실이다.

그 중에서도 특히 격변기에 있는 청소년기 학생들이 겪는 부적응과 정신건강에 대한 위협은 학교상담의 중요성에 대한 인식을 더욱 확대하는 계기가 되고 있다. 학교폭력, 인터넷 중독, 학업 중도탈락, 자살 등을 포함한 다양한 위기를 겪고 있는 학생들이 급격하게 증가하고 있다. 특히 학교폭력의 문제는 이제 학교의 문제를 넘어서 사회와 국가의 문제가 되고 있으며 모든 위기의 종국적 결과라고 볼 수 있는 자살률도 OECD 국가 중에 가장 높으며, 청소년 사망원인 1위를 차지하게 될 정도로 심각해졌다(통계청, 2016).

따라서 학교상담의 외연이 꾸준하게 확장되고 있음에도 불구하고 학생들의 생활지도 문제가 심화되는 현상을 개선하기 위해서는 학교상담의 개념과 특성을 정확하게 이해하고 이러한 학교상담의 특성을 감안하여 학교상담자들이 어떤 전문성을 어떻게 함양해야 하는지에 대해 함께 고민하고 필요한 역량강화에 주력할 필요가 있다.

주제어: 학교상담, 학교상담의 전문성, 학교상담자 역량 강화

---

* 이 글은 필자의 다음 논문을 수정·보완하여 전재(轉載)한 것이다.
유형근(2017). 학교상담의 전문성과 역량강화 방안. **교육학 연구**, 22.

I 학교상담의 개념

　　여러 학자들의 견해를 종합해보면, 학교상담은 '학생들로 하여금 학교생활
에 성공적으로 적응하고 성장하도록 도와주는 조력 활동'이다. 그러나 이 용어
는 시간의 흐름과 강조점의 변화에 따라 다양한 용어로 불리어 왔다. 일제시대
에는 '훈육'의 개념으로, 해방이후에는 '도의교육'의 개념으로, 한국전쟁 이후에
는 '생활지도'의 개념으로, 2000년대에 들어서는 '학교상담'의 개념으로 불리어
왔다(강진령, 연문희, 2009). 그러나 이러한 변화는 단순히 용어만의 차이가 아니라
그것이 담고 있는 기본적인 지향점과 방법 등 많은 차원에서 아주 상이한 모습
으로 변화되었다. 이러한 측면에서 보았을 때 2000년을 전후하여 용어의 변화가
생긴 학교상담과 생활지도의 차이점에 주목할 필요가 있다.

　　이와 관련하여 위스컨신주 교육부(Wisconsin State Dept. of Education, 1986)에서는
학교상담과 생활지도와의 비교에서 점차 생활지도가 개인을 대상으로 하는 활동
에서 모든 학생들을 대상으로 하며, 예방 중심의 종합적이고 체계적이며 책임성
을 강조하는 활동이 학교상담이라고 하였다. 즉, 학교상담은 생활지도의 개념에
발달적, 예방적, 종합적, 체계적인 성격을 강화한 개념이라고 보면 될 것이다.

그림 11.1 교육, 생활지도, 상담 및 학교상담의 관계

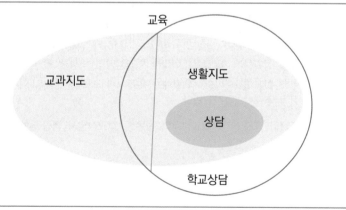

학교상담과 생활지도의 이러한 차이점을 중심으로 교육, 생활지도, 상담, 학교상담의 관계를 그림으로 나타내면 [그림 11.1]과 같이 정리할 수 있을 것이다.

그렇다면 학교상담자는 어떤 사람을 의미하는 것일까? 학교상담의 개념을 위와 같이 정의하면 학교상담자는 생활지도와 상담을 담당하는 사람을 일컫는 개념으로, 일반교사와 전문상담교사를 중심으로 한 생활지도와 상담활동을 하고 있는 모든 관련자들(관리자, 전문상담사 등)이 학교상담자의 범주에 포함될 수 있다. 이들 중에서도 학교상담 영역에서 중추적인 역할을 담당하는 주체는 일반교사와 전문상담교사라고 할 수 있으므로, 상담관련 전문 역량을 강화할 수 있는 방안에 대해 살펴보도록 하겠다.

Ⅱ   학교상담의 전문성

그렇다면 이러한 학교상담자들이 갖추어야 할 전문성은 무엇일까? 학교상담의 전문성은 일반상담의 전문성과 더불어 학교장면에서 이루어지는 상담이라는 측면에서 특수하게 요구되는 학교상담 특유의 전문성을 함께 갖추어야 효율적으로 기능할 수 있다. 따라서 본 절에서는 학교상담의 전문성을 일반상담의 전문성과 학교상담 특유의 전문성으로 나누어 살펴보도록 하겠다.

1 일반상담 전문성

학교상담자도 기본적으로 상담자이므로 상담자로서 공통적으로 갖추어야 할 기본적인 전문성을 갖출 필요가 있다. 보통 상담자의 전문성 수준을 이야기할 때는 상담이론에 대한 지식, 상담방법과 절차에 대한 지식, 상담실습 및 슈퍼비전 경험 등이 어느 정도 갖추어졌는가를 보고 판단한다. 이들 각각에 대하여 자세히 살펴보면 다음과 같다.

첫째, 상담이론에 대한 충분한 지식을 갖추어야 한다. 우리는 흔히 이론이라고 하면 고리타분하고 현실에 맞지 않는 것이라고 생각하기 쉬우나 상담에서는 절대 그렇지 않다. 이론이란 주어진 현상을 기술하고, 그 현상이 발생하는 이유를 설명하며, 나아가 그 현상이 발생했을 때 앞으로 어떤 일이 일어날지를 예측하여 이를 통제하는 목적을 지닌다. 따라서 상담이론이란 '인간의 부적응 또는 이상행동을 체계적으로 기술하고 그러한 부적응 상태가 생긴 이유나 과정을 설명하며 이를 토대로 앞으로 일어날 일들을 예측하여 궁극적으로 부적응 또는 이상행동을 변화시키는 방법을 제시하는 것'이라고 할 수 있다.

둘째, 상담방법에 대해 충분히 이해할 수 있어야 한다. 비행기가 목적지에 제대로 도착하려면 방향을 제대로 잡아야 하고 비행기술(고도유지, 속도유지, 기류타기, 각종 계기 조작 등)을 충분히 습득해야 하듯이, 상담도 마찬가지로 상담이론과 더불어 상담방법을 잘 알아야 한다. 상담방법에 관한 이해의 영역에는 크게 진행과정에 대한 이해, 진행방법에 대한 이해, 문제유형별 상담방법에 대한 이해 등이 필수적으로 포함된다.

셋째, 상담실습 경험과 슈퍼비전 경험을 많이 쌓아야 한다. 상담은 머리로 아는 것과 실제로 행하는 것 사이의 괴리는 꽤 크다고 할 수 있다. 의과대학을 최우등으로 졸업했다고 해서 곧바로 실력 있는 의사가 될 수 있는 것이 아니듯이, 훌륭한 상담자가 되기 위해서는 상담실습 경험과 수련감독(Supervision)을 받아야 하는데, 이는 의과대학을 다니면서 습득한 지식을 인턴 및 레지던트 수련과정을 거치면서 실천적으로 지식화하는 것과 같다.

2 학교상담 특유의 전문성

그러나 이러한 상담에 대한 일반적인 전문성만을 갖추었다고 해서 학교장면에서 상담자로서 효율적으로 기능을 하는 것은 아니다. 필자는 한국청소년상담원에 근무하면서 학교청소년상담사 시범운영사업을 추진한 경험이 있는데, 이는 한국청소년상담원에서 실시하고 있는 청소년상담사라는 청소년상담 관련 국가자격증을 소지한 청소년상담 전문가들을 학교에 파견하고 운영비를 지원하여 이들에게 학교상담을 하도록 한 것으로, 2005년에는 5개 지역에 10개의 중학교를 대상으로 시범사업을 운영하였다(한국청소년상담원, 2004). 그러나 실제로 이러한 외부의 전문가들은 학교장면에 들어가서 고전을 면치 못하였으며 여러 가지 한계점을 보였다. 이렇듯 상담에 대한 전문성을 인정받고 있는 외부의 전문가들이 학교장면에서의 상담에 어려움을 겪고 있는 데에는 그만한 이유가 있다. 즉, 학교상담은 그 나름대로의 고유한 특성이 있는데, 이러한 부분에 대한 전문성이 부족했기 때문이다(송현종, 1999; 강진령, 연문희, 2009).

그렇다면 학교상담은 일반적인 상담과 어떤 점에서 다르며 학교상담만이 갖는 고유한 전문성은 무엇인가를 살펴볼 필요가 있다. 이러한 의문에 답하기 위해서는 일반상담과 학교상담의 특징을 비교하고 이를 통해서 학교상담에 필요한 고유한 전문성을 찾아내는 것이 필요한데, 여러 학자들의 주장들을 정리해 보면 다음과 같다.

우선 활동장면을 살펴보면, 일반상담이 주로 학교 밖에서 이루어진다면, 학교상담은 학교 시스템 내에서 이루어지므로 학교의 시스템이나 행정체제를 제대로 이해하지 못하고 있으면 상담을 효과적이고 효율적으로 수행할 수 없다. 이러한 측면에서 볼 때, 학교상담 고유의 전문성은 학교 운영시스템이나 행정체제에 대한 이해가 필수적이라고 하겠다. 주요 고객 및 관심의 측면을 살펴보면, 일반상담은 부적응 학생을 대상으로 부적응 행동의 교정에 주요 관심이 있는 반면에, 학교상담은 부적응 학생의 상담은 물론, 문제가 없는 모든 학생을 대상으로 정상적인 발달을 조력하므로 예방적인 측면과 학생발달에 관한 지식과 이해가 필요하다(Gysbers & Henderson, 1994). 주요 활동을 살펴보면, 일반상담은 문제의 해결 및 치료에 집중하는 반면, 학교상담은 문제해결과 아울러 예방교육활동에 초점을 맞추고 있으며 학교상담도 교육의 일환이라는 점을 고려할 때, 교육에 관한 지식과 이해가 필요하다(Gysbers & Henderson, 1994). 마지막으로 활동 방법을 살펴보면, 일반상담은 상담자를 중심으로 한 개별적인 접근을 주로 사용하

표 11.1   학교상담 특유의 전문성

구분	일반상담	학교상담	학교상담에 필요한 전문성
주요 고객	• 부적응(문제행동)학생	• 전체학생	• 예방적 활동에 대한 이해
활동 장면	• 주로 교외에서 활동	• 주로 교내에서 활동	• 학교 체제/행정의 이해
주요 관심	• 특정 문제의 해결	• 정상적인 발달	• 학생 발달에 관한 이해
주요 활동	• 3차 예방, 치료	• 1, 2차 예방, 교육	• 교육/상담에 관한 이해
활동 방법	• 개별적 접근법	• 팀 접근법(상담자, 담임교사, 행정가, 학부모, 외부 전문가 등)	• 조정/자문에 관한 이해

는 반면에, 학교상담은 팀 접근을 해야 가장 효과적이고 효율적으로 수행할 수 있다. 즉, 특정 학생에게 문제가 발생하면 담임교사, 학생부장, 학교행정가, 보건교사 등 관련 교직원들이 협력하여 해결해야 효과적이므로 이들을 조정하고 자문하는 기술과 능력을 갖출 필요가 있다고 하겠다(Myrick, 1993).

이를 종합해보면 학교상담자들이 학교에서 효율적으로 기능하려면 일반상담의 전문성은 물론이고 학교상담 특유의 전문성도 함께 갖추어야 한다는 것을 알 수 있다.

III   일반교사의 상담역량 강화

교사의 학생에 대한 정확한 '이해'는 학생에 대한 '편견과 오해'를 불식시키고 맞춤식 지도를 가능하게 한다. 이처럼 교사들의 상담 전문성은 한 학생들의 행복지수와 학교생활 만족도는 물론이고 그의 인생을 좌우할 수 있는 중요한 변수가 될 수 있다.

그렇다면 현재의 초·중등학교 교사들은 이러한 상담역량을 충분히 갖추고 있는가? 이 질문에 대한 대답은 그렇게 긍정적일 수 없을 것 같다. 이는 교사 개인과 관련된 측면과 시스템적인 측면 등에 기인하는 것일 수 있으나, 본고에서는 교사양성, 선발, 현직연수 등과 관련된 시스템적인 측면에 초점을 맞추어 교사의 상담역량 강화방안을 제안해 보겠다.

1 양성교육 측면

흔히, 교육은 교과지도 영역과 생활지도(상담) 영역으로 양분된다고들 이야기한다. 이는 교사들을 양성할 때 교과지도 역량뿐만 아니라 생활지도(상담) 역량도 충분히 갖출 수 있도록 교육해야 함을 의미한다. 그러나 현재의 교사양성과정을 살펴보면, 교사들의 상담역량 강화를 위한 교과목의 수가 너무나도 부족하다는 것을 알 수 있다. 즉, 현행 제도 하에서 교사가 되려면 학부과정에서 생활지도(상담)와 직·간접적으로 관련이 있는 과목으로 '교직이론'(선택-각각 2학점) 영역의 「생활지도 및 상담」, 「교육심리학」이 있고, '교직소양'(필수-2학점) 영역으로 「특수교육학 개론」, 「학교폭력의 예방과 대처」 과목 정도를 수강하게 된다. 그러나 이 중에서도 교직이론 과목은 필수과목이 아니라 9개 과목들 중에서 2개 과목을 선택해서 수강하도록 규정되어 있어 경우에 따라서는 상담능력과 관련된 교직이론 영역의 과목을 전혀 듣지 않고 교직에 나가는 경우도 발생할 수 있다. 따라서 교사양성 과정에서 학생의 상담능력을 강화하기 위해서는 교육과정의 개선이 요구된다.

교사의 학생상담 역량을 강화하기 위한 교사양성 교육과정의 개선 방안으로는 교직이론의 상담관련 과목을 필수로 지정하는 방안, 상담관련 교과목의 학점을 2학점에 3학점으로 늘리는 방안, 상담관련 교과목을 추가로 신설하는 방안, 기존 개설과목의 교육내용을 표준화하여 필수적인 학생상담 역량을 골고루 강화시키는 방안 등을 제안할 수 있다. 첫째, 「생활지도 및 상담」 과목과 「교육심리학」 과목을 선택이 아닌 필수로 지정할 필요가 있다. 즉, 생활지도 영역의 과목이 교과지도 영역의 과목에 비해 상대적으로 그 수가 적은 현실을 고려하여 이 두 과목은 필수로 지정함으로써 이미 교직소양 영역의 필수과목으로 지정되어있는「특수교육학 개론」,「학교폭력 예방의 이론과 실제」와 더불어 학생 상담 능력 요소와 관련된 교과목 4개를 필수로 지정할 필요가 있다. 둘째, 생활지도 및 상담과 관련한 과목들의 학점을 2학점에서 3학점으로 늘려서 운영할 필요가 있다. 생활지도 및 상담과 관련된 과목들은 이론적인 이해와 더불어 실습능력을 함양하는 것이 아주 중요하므로 2학점으로 운영하는 것은 실습시간을 확보하기가 힘들다는 측면에서 실효성이 아주 적다고 판단된다. 따라서 이들 과목들은 모두 3학점으로 늘려 운영할 필요가 있다. 셋째, 교사들의 상담역량을 강화하는 데 필요한 상담실습, 상담 프로그램 개발론, 학업상담, 학부모상담 등의 과목을 추가로 개설할 필요가 있다. 이러한 과목들은 현직 교사들이 어려움을 겪고 있는 직무와 직결되어 있는 영역이며 이와 관련된 역량 강화의 요구가 많은 영역이기도 하다. 넷째, 기존의 생활지도 및 상담관련 교과목에 포함되어야 할 교육내용을 표준화하는 방안이다. 현재 교사양성 기관에서 관련 교과목의 강의록을 분석한 결과를 보면 이를 지도하는 교수들의 전공분야와 개인의 주관적 선호에 따라 강의내용에 커다란 편차가 있음이 확인되고 있다. 즉, 경우에 따라서는 필수적인 상담역량에 대한 교육을 받지 못하고 현장에 배치되는 상황이 발생하고 있다는 것이다. 이러한 문제점을 보완하기 위해서는 관련 과목에 대한 교육내용의 표준화가 절실하게 필요하다고 판단된다.

2 교사선발 측면

교사를 선발하는 데 있어서 상담 및 생활지도 역량의 우수성 여부를 평가하는 요소들이 비중 있게 다루어지고 있는가? 교사 선발과정 역시 학습지도와 관련된 내용들이 대부분임을 고려할 때 이 질문에 대한 대답 또한 부정적이다. 즉, 교과지도와 관련된 역량을 평가하는 데 초점이 맞추어져 있는 반면, 생활지도 및 상담 능력을 평가하는 부분에 대한 비중은 매우 낮다는 문제점이 있다. 그 결과 요즈음 임용되는 신규교사들은 교과지도 역량은 그 어느 때보다 뛰어나나 상대적으로 생활지도 및 상담 관련 역량은 크게 부족한 것이 현실이다. 이러한 결과는 학교에 임용되어 학생 및 학부모와의 관계악화로 이어지고 있으며 결과적으로 신규교사들의 교직 만족도와 교사로서의 효능감을 떨어뜨리는 주요 요인으로 작용하고 있다. 이러한 현상은 양성과정에서 관련 내용을 충분히 교육받지 못했다는 점을 고려하면 당연한 결과라고 할 수 있다. 그러나 이러한 악순환을 끊기 위해서는 교사 선발과정에서라도 예비교사의 학생상담 역량을 평가할 수 있는 과정 및 영역을 적절하게 확보하는 것이 필요하다.

3 현직연수 측면

현직연수에서는 교사들의 부족한 상담역량을 효율적으로 보완하고 있는가? 현직 교사의 상담관련 연수 현황을 보면, 다음과 같은 몇 가지 문제점으로 인하여 현직 교사들의 상담역량 확보의 효율성이 저해되고 있다. 첫째, 상담관련 연수 기획자의 상담전문성이 부족한 경우가 있다. 연수 기획자의 상담전문성이 부족하게 되면 연수 내용과 방법을 적절하게 계획할 수 없으며 연수의 질을 관리하는 데 한계가 있을 수밖에 없다. 따라서 상담관련 연수의 기획은 상담전문성을 갖춘 사람들이 할 수 있도록 제도화할 필요가 있다. 둘째, 연수 수요자의 요구를 조사하고 그들의 요구를 반영하여 연수를 기획하지 않고 공급자 중심의 연수가 이루어지는 경우가 있다. 이는 결국 연수의 만족도와 실효성을 떨어뜨리는 주요 원인이 되므로 수요자 중심의 연수를 기획할 필요가 있다. 셋째, 연수 대상자들의 역량 수준을 고려하지 않고 대단위의 획일적 연수를 실시하는 경우가 있다. 교사들의 상담역량과 관련된 전문성 수준에는 편차가 크다. 따라서 이를 고려하지 않을 경우 연수의 실효성은 크게 떨어질 수밖에 없으므로 교사들의 역량 수준을 고려한 연수를 실시할 필요가 있다. 넷째, 상담역량 강화를 위한 연수가 학교상담의 특성과 학교의 현실을 고려하지 않은 내용들로 구성되는 경우가 있다. 학교상담의 특성과 현실을 고려하지 않은 연수내용을 학교현장에 적용하려 할 경우에는 실효성이 떨어지는 결과를 초래하므로 교사들의 상담역량을 강화하기 위한 직무연수에서는 현장성을 강화한 연수를 운영할 필요가 있다.

Ⅳ 전문상담교사의 역량강화

전문상담교사의 역량을 강화하기 위해서는 우선 예비교사 양성과정에서의 제도적 보완을 통해서 전문성을 향상시키는 노력이 필요하며 임용 이후에는 꾸준한 자기개발과 현직연수를 통해서 전문성을 제고하려는 노력이 병행되어야 한다. 이에 대해 좀 더 구체적으로 살펴보면 다음과 같다.

1 양성교육 측면

앞에서 학교상담의 전문성은 일반상담의 전문성과 더불어 학교상담 특유의 전문성을 모두 갖추었을 때 비로소 빛을 발휘할 수 있다고 하였다. 그러나 우리나라 전문상담교사 양성교육과정을 살펴보면 학교상담의 전문성을 충분히 담보하지 못하고 있다. 그 중에서도 특히 학교상담 특유의 전문성을 높일 수 있는 기회가 매우 부족한 실정이다. 제도적으로 이러한 학교상담 특유의 전문성을 쌓을 수 있는 장치가 '교육실습'이다.

교육실습이란 교원양성기관에 재학하거나 대학에서 교직과정을 이수하는 학생들에게 현장 교육활동에 참여하도록 함으로써 교사교육의 효율성을 제고하고자 하는 과정을 말한다. 이러한 교육실습은 교사양성 및 교직과정의 일부로서, 교사교육을 통합하는 실천적, 중핵적 위치에서 교사양성 교육상 필수적이며 종합적인 실천과정으로서의 의의가 있고, 현장에서 교육실습을 받은 예비교사들은 그 태도와 신념의 측면에서 매우 큰 변화를 보이기 때문에 교육실습은 교사로서의 구체적 능력을 기르고 신념을 갖게 하는데 결정적인 역할을 하는 기회로서도 의미가 있다(나승일 외, 2012).

교육실습 운영의 인적 주체는 대학 실습지도 교수, 협력학교 실습지도 교사, 교육실습생으로 구성된다. 전문상담교사의 교육실습에 있어서 이들의 긴밀한 협조는 교육실습의 성패를 좌우하는 중요한 요소이다. 대학의 실습지도 교수는 개인상담, 집단상담, 심리검사, 자문, 매체상담 등의 영역에 대한 임상적 지도에 초점을 맞출 필요가 있으며 협력학교의 실습지도 교사는 상담행정, 교육활동, 연간계획 수립 및 평가, 상담관련 행사 기획 및 운영, 조정 등의 영역에서 행정적 지도에 초점을 맞출 필요가 있다. 이러한 명확한 역할분담과 이를 기초로 한 상호 협력이 전문상담교사의 전문성을 신장할 수 있는 효과적인 교육실습의 기초가 된다.

그러나 우리나라 전문상담교사 양성과정에서는 이렇듯 중요한 교육실습이 유명무실하게 형식적으로 운영되는 측면이 강하므로, 이를 개선하여 실질적인 교육실습으로 운영되기 위해서는 다음과 같은 측면들이 보완될 필요가 있다(유형근, 2006).

첫째, 전문상담교사의 교육실습 체제가 확립되려면 가장 먼저 결정되어야 할 내용은 전문상담교사의 역할 및 직무에 대한 국가표준의 제정이다. 즉, 전문상담교사가 학교현장에 배치되었을 때 어떤 직무와 역할을 해야만 하는가가 먼저 결정되어야 그에 맞는 교육실습 내용과 체제가 확정될 수 있기 때문이다.

둘째, 전문상담교사의 역할과 직무가 국가수준에서 확정되면, 이들이 학교장면에 배치되었을 때 업무수행의 전문성을 높이는 데 도움이 될 수 있도록 교육실습의 영역과 영역별 활동내용 및 목표가 분명히 제시되어야 한다.

셋째, 교육실습의 영역과 영역별 활동내용 및 목표가 분명히 제시되면, 이러한 목표를 달성하기 위한 실습방법을 구체적으로 정해야 할 것이다. 현재 타 영역의 교육실습은 참관실습, 수업실습, 실무실습으로 구분되어 실시되고 있는데, 현재의 규정에 의하면 전문상담교사의 교육실습은 실무실습 위주로 하도록 되어 있다. 또한 교육실습의 시간도 미국에서는 600시간 이상의 실습시간을 요구한다는 점을 고려해 볼 때, 4주보다는 더 오랜 기간 동안 실시할 필요가 있다.

넷째, 전문상담교사 교육실습의 실효성을 높이기 위해서는 양성대학과 현장 실습학교 간의 긴밀하고도 실질적인 협력 시스템이 확보되어야 한다. 특히 학교상담의 특성을 분석해 보면, 양성대학에 있는 상담전공 교수들은 일반상담에 대한 전문성은 높은 편이나 학교장면에 대한 이해가 부족한 것이 보통이다. 그리고 현장에 있는 상담교사들은 학교장면에 대한 이해는 풍부하나 임상적 경험과 기술이 부족한 것이 현실이다. 따라서 이들이 서로 긴밀히 협력할 수 있는 시스템이 확보되어야만 교육실습이 실효성을 거둘 수 있을 것이다.

다섯째, 대학과 실습학교 간의 협력체제가 마련되면, 대학의 지도교수와 현장의 지도교사 간 역할분담을 명료화 할 필요가 있다. 이러한 역할분담이 제대로 이루어지지 않아 역할 충돌이 일어나거나 역할 혼동이 일어난다면, 이들 간의 관계가 원만하게 유지될 수 없으며 결과적으로 이들에게 지도를 받게 되는 실습생들은 효율성이 떨어질 수밖에 없을 것이다.

여섯째, 학교현장의 실습지도 교사를 선정하기 위한 요건을 명확히 확립할 필요가 있다. 현재 우리나라에서는 상담실이 설치되어 있는 초·중등학교에서 근무하는 상담교사나 전문상담순회교사를 실습지도 교사로 선정하도록 규정하고 있으나 이러한 요건은 전문성의 정도에 대한 요건이 빠져있는 형식적인 요건에 지나지 않는다. 따라서 실습지도교사의 요건을 경력, 자격, 학위, 전문적 연구실적 등을 고려하여 구체적으로 설정할 필요가 있다. 아울러 교육실습이 시작되는 초창기에는 이들을 별도로 모아 실습지도에 대한 교육과 훈련을 실시해야 한다.

일곱째, 전문상담교사 교육실습에 대한 평가 시스템이 마련되어야 한다. 미국의 경우에는 상담 및 관련교육 프로그램 인증 위원회(CACREP)의 주관 하에 전문상담교사 양성과정 전반에 대한 평가를 실시하여 이를 인증하도록 함으로써 전문상담교사 양성프로그램의 질적인 향상을 도모하고 있다. 따라서 우리나라에서도 교육실습 제도를 포함한 전문상담교사 양성과정 전반에 대한 평가 및 인증 시스템을 갖출 필요가 있다.

2 교사선발 측면

현재의 전문상담교사 임용제도는 지필 중심의 임용시험을 거쳐 선발을 함으로써 현장에서의 실무능력을 검증할 수 있는 선발제도로서의 기능을 제대로 하지 못하고 있는 것이 현실이다. 따라서 전문상담교사의 직무와 연계함으로써 현장에서 직무수행을 잘 할 수 있는 전문 인력을 선발하기 위해서는 이론 시험에만 의존하는 선발방식을 지양하고, 이론 시험과 더불어 상담실무 능력도 함께 평가하는 방식으로 변경할 필요가 있다. 상담실무 능력을 평가하는 방법으로는 상담실습 경험, 수련감독을 받은 경험, 교육 및 연수 경험 등을 종합적으로 검토할 수 있는 포트폴리오 심사 방식도 하나의 방법이 될 수 있을 것이다.

한편, 전문상담교사의 배치와 관련해서는 근무기관에 따라 전문성 수준을 감안하여 배치해야 하나 현재는 그러한 체제가 갖추어져 있지 않다. 그렇다 보니 Wee센터에 근무하는 전문상담교사의 경우 단위학교에 근무하는 전문상담교사에 비해 업무가 과다하고 별도의 인센티브가 없어 전문상담교사들이 단위학교 근무를 선호하고 있는 실정이다. 이로 인해 Wee센터에 근무해온 경력 있는 전문상담교사들이 대거 단위학교로 옮기고, Wee센터에는 연령과 경력이 낮은 신규 전문상담교사들이 배치되어 업무수행에 많은 어려움이 발생하고 있다. 이는 Wee프로젝트 사업의 추진체계와도 정면으로 배치되는 현상이라고 볼 수 있으며 이 문제를 시급히 해결할 필요성이 있다.

이 문제의 근원은 단위학교의 Wee클래스에 배치되어 있는 전문상담교사, 지역교육청의 Wee센터에 배치되어 있는 전문상담교사, 시·도교육청 단위로 설치되어 있는 Wee스쿨에 배치되어 있는 전문상담교사들의 역할이 어떻게 구분되고, 따라서 그들에게 요구되는 전문성은 어떻게 다른지에 대해서 분명하게 정의되어 있지 않기 때문이다. 즉, 그들이 근무하는 장소만 다를 뿐, 하는 일들이 대동소이하고 요구되는 전문성 또한 커다란 차이가 없다면 이들 사이에 역할갈등과 혼란은 불 보듯 뻔하다.

결국 이 문제의 해결을 위해서는 학교단위에 근무하는 전문상담교사는 2급 전문상담교사(교육경력 3년 미만)로, Wee센터의 전문상담교사는 1급 전문상담교사(교육경력 3년 이상인 자)로 배치하되 박사학위 소지자는 2급이라 하더라도 Wee센터에 배치 가능하도록 하는 방안을 고려해 볼 필요가 있다. 만약 이렇게 된다면 이들에 대한 처우도 그들의 전문성 수준에 맞게 우대를 해야 할 필요가 있는데, 상담수석교사 제도나 학교상담 장학사 제도를 신설하고 직책에 걸맞는 권한과 수당을 도입하는 방안도 한 가지 방법이 될 수 있을 것이다.

3 현직연수 측면

양성과정을 마치고 자격증을 취득한 후 임용시험을 통하여 학교에 배치된 전문상담교사들은 자신이 가진 지식과 기술의 범위 내에서 상담을 해야 하며 상담 실무범위를 넓히기 위하여 지속적인 훈련을 받고 수련감독 하에서 경험을 쌓아야만 한다. 전문상담교사의 역량이란 '전문상담교사가 자신의 실무범위 내에서 최소한의 질적 서비스를 제공하는 능력'을 의미한다. 여기에서 '실무범위'란 적절한 교육과 경험을 통해 습득된 전문적인 역량이나 기술 등을 요구하는 전문적인 실무에서 수월성을 인정받는 영역을 의미한다.

일단 전문상담교사들이 정규교육을 마치고 학교에 배치되면 양성과정에서와는 달리 실무를 수행하기 위한 역량을 보증할 책임을 지게 된다. 따라서 이때부터 전문상담교사들은 공식적, 비공식적 교육을 통해 역량을 유지 및 확장해나갈 책임이 있다. 여기에서 공식적 교육에는 수련감독, 세미나, 워크숍, 교육연수 등이 포함되며, 비공식적 교육에는 독서, 논문 및 저술, 자신의 실천경험 반성 등이 포함된다.

그러나 이러한 노력들을 소홀히 하게 되면 전문상담교사들의 역량이 부족하게 되거나 상실되어 더 이상 전문상담교사로서의 기능을 상실하게 만든다. 이처럼 역량이 부족한 상황에서 직무를 수행하는 전문상담교사는 여러 가지 문제상황에 직면하게 되며 심하면 내담자와의 법적 소송에 휘말릴 수도 있다. 즉, 역량이 부족한 상태에서 상담을 하는 것은 태만한 서비스가 될 가능성이 높으며 심각한 경우에는 전문상담교사가 민사재판에 피소될 수도 있다.

따라서 전문상담교사는 이러한 역량 부족을 예방할 필요가 있는데, 이를 위해서는 자기보호와 복지를 증진시키기 위한 노력이 필요하다. 전문성 측면에서의 자기보호 전략은 지속적인 교육, 자문과 수련감독, 연결망의 형성, 스트레스 관리전략이 있고 개인적 측면에서의 자기보호 전략은 건강한 개인습관, 친밀한 관계에 대한 관심, 여가 활동, 이완과 집중, 자기 탐색 및 인식 등이 있다.

지금까지 학교상담의 개념은 무엇이며 학교상담 특유의 전문성은 무엇인지, 그리고 학교상담자 중 일반교사와 전문상담교사의 전문역량 강화를 위한 제도적 방안이 무엇인지 등에 대하여 대략적으로 살펴보았다.

교육의 양대 영역인 교과지도와 생활지도 중 어느 것이 더 중요하다고 단언하기는 어렵다. 그러나 이 두 영역 중에 생활지도가 우선되고 탄탄하게 뒷받침되어야 학습지도도 효율적으로 이루어질 수 있다는 데는 누구나 이견이 없을 것이다. 매슬로우(Maslow, 1987)는 생존의 욕구(결식학생 문제), 안전의 욕구(학교폭력 문제), 소속의 욕구(집단따돌림 문제) 등이 해결되지 않은 상태에서 상위욕구인 학습의 욕구는 아무런 의미가 없다고 주장하였는바, 이 역시 생활지도 및 상담의 우선적 필요성을 시사하고 있는 것이다.

일반교사들의 상담역량 강화를 위해서 무엇보다도 중요한 것은 예비교사의 교육을 책임지고 있는 교수들과 교사의 양성, 선발, 연수 등과 관련된 정책을 수립하는 담당자들이 상담의 중요성을 분명하게 인식하는 것이 선행되어야 한다.

전문상담교사들은 일반상담의 전문성과 더불어 학교상담 특유의 전문성도 함께 갖출 필요가 있으며 학교상담의 원칙에 충실한 업무수행이 이루어져야 한다. 또한 양성과정에서 교육실습이 보다 충실히 이루어져 학교상담 특유의 전문성을 갖출 수 있도록 해야 하며, 현직에 임용된 이후에 전문상담교사는 자신의 전문성을 향상시키기 위한 꾸준한 연수와 연구를 수행할 필요가 있다.

01 전문상담교사를 학교 안에 배치한 이유는 무엇인가? 외부의 전문가를 학교에 불러서 상담을 하는 것과 비교하여 어떤 장점이 있는가? 학교상담과 일반상담의 차이점을 바탕으로 생각해 보자.

02 모든 교사는 학교상담자로서의 역할을 수행하게 되며 이 과정에서 상담역량 부족으로 인하여 많은 어려움을 겪게 된다. 이 때 겪을 수 있는 어려움은 무엇인지를 예상해보고 이를 극복하기 위한 방안을 생각해 보자.

03 일반 교사와 전문상담교사는 전문 영역이 다른 전문가들로서 상호 상대방의 전문영역에 대한 자문을 구하고 상호 협력하여 학생의 생활지도를 수행해야 한다. 일반 교사로서 전문상담교사와의 원활한 협력을 위해서는 무엇을 어떻게 해야 할 것인지 생각해 보자.

읽을 만한 기초 도서

❏ 강진령, 연문희(2010). 학교상담: 학생생활지도. 서울: 양서원.

❏ 유형근, 신효선, 김현경, 이혜정(2010). 산만하고 충동적인 아이들. 서울: 학지사.

❏ 유형근, 권순영, 신미진, 이은영(2010). 집단따돌림에 갇힌 아이들. 서울: 학지사.

❏ 유형근, 신효선, 김경미, 홍미경, 황윤신(2010). 외모와 비만으로 고민하는 아이들. 서울: 학지사.

❏ 유형근, 김윤희, 강지혜, 이유미(2012). 자살하려는 아이들. 서울: 학지사.

❏ 유형근, 정연홍, 남순임, 노인화, 박선하, 이필주(2019). 학교폭력 예방 및 학생의 이해. 서울: 학지사.

❏ 천성문, 김진숙, 김창대, 신성만, 유형근, 이동귀, 이동훈, 이영순, 한기백 공역(2019). 심리치료와 상담이론－개념 및 사례－(제6판). 서울: 센게이지러닝.

01 학교상담과 관련된 용어에는 교육, 생활지도, 상담 등이 있는데 이 용어들의 개념
   은 무엇이고 이들 간의 관계는 어떠한지에 대해 논하시오.

02 학교상담의 전문성을 일반상담의 전문성과 학교상담 특유의 전문성으로 나누었을
   때 학교상담 특유의 전문성은 무엇인지 논하시오.

03 학교상담의 한 축을 담당하고 있는 일반교사의 상담역량 강화방안을 양성교육,
   교사선발, 현직연수 차원에서 논하시오.

04 학교상담의 핵심 역할을 수행하고 있는 전문상담교사의 상담역량 강화방안을 양
   성교육, 교사선발, 현직연수 차원에서 논하시오.

참고문헌

강진령, 연문희(2009). **학교상담, 21세기의 학생생활지도.** 서울: 양서원.

나승일, 이명훈, 박미화, 한홍진, 김인곤(2012). **예비교사를 위한 교육실습 가이드.** 서울: 교육과학사.

송현종(1999). 학교상담의 특징과 활성화를 위한 과제. **여수대학교 논문집,** 14(1), 221 − 237.

유형근(2006). 전문상담교사 양성을 위한 교육실습방안 연구. **학습자중심교과교육연구,** 6(2).

통계청(2016). **2015년 사망원인통계.** 통계청 보도자료(2016.09.27).

한국청소년상담원(2004). **학교청소년상담사제도 운영계획보고서.**

Gysbers, N., & Henderson, p. (1994). *Developing and managing your school guidance program* (2nd ed.). Minneapolis, MN: Educational Media.

Maslow, A. H. (1987). *Motivation and personality* (3rd ed.). Delhi, India: Pearson Education.

Myrick, Robert D. (1993). *Developmental guidance and counseling: A practical approach.* Minneapolis, MN: Educational Media Corp.

Wisconsin State Dept. of Public Instruction. (1986). *School counseling programs: A resource and planing guide.* Madison, WI: WSDPI.

평생교육의 이해: 개념과 실제

김한별 · 김영석

요약 평생교육이란 개인의 전 생애에 걸쳐서 이루어지는 일련의 학습과정에 주목하여 우리 사회의 모든 구성원들이 각자의 삶의 조건에서 스스로 희망하는 학습을 추구할 수 있도록 도와줄 것을 주문하는 논의이자 이를 뒷받침하는 교육이념이다. 12장에서는 평생교육의 개념적 특성을 평생교육의 형식(교육프로그램, 학습공동체), 장소(학교평생교육, 지역사회평생교육), 그리고 대상(장애인평생교육, 이주민평생교육)의 차원으로 구분하여 설명한다.

먼저, 평생교육의 형식과 관련하여 프로그램 형식에 의한 평생학습 지원은 소위 교육의 전문가 집단이 잠재적 학습자들의 요구와 필요를 면밀하게 분석하여 이들에게 적합한 학습경험을 사전에 조직하여 제공하는 형태이다. 반면, 학습공동체 형식은 비슷한 학습요구와 관심을 가지고 있는 개인들이 자발적으로 모여서 스스로 자신들에게 적절한 학습경험을 구성해가는 형태로서 학습을 목적으로 사람들이 집단을 구성하고 협력과 소통을 매개로 학습경험을 만들어가는 특징을 갖는다.

둘째, 평생교육의 장소적 측면에서 보았을 때 학교와 지역사회로 구분해서 평생교육을 이해할 수 있다. 학교평생교육을 통하여 학교의 인적, 물적, 재정적 자원을 활용한 정규교육 이외의 다양한 교육이 학교에서 진행될 수 있으며, 또한 학교의 정규교육과정을 포함하여 학교가 보다 지역사회와 연계하여 학생의 전 생애적 학습기회 확장의 방향으로 나아갈 수 있다. 또한 지역사회평생교육을 통하여 지역사회와 관련된 지식과 기술을 습득하는 학습을 지원하여 지역주민의 주체성과 지역시민성 함양을 도울 수 있다.

셋째, 대상 측면에서 평생교육은 사회적 취약계층에 대한 교육적 지원을 강조한다. 그래서 그동안 특수교육학 안에서 학령기 학생 중심으로 진행된 장애인 대상 교육이 평생교육의 틀 안에서 전 연령의 장애인 대상으로 다양한 장소에서 일어나야 함을 강조하여 이와 관련한 제도와 정책 형성이 점차 진행되고 있다. 뿐만 아니라, 결혼 및 취업으로 인해 우리사회에 공존하는 이주민들이 사회에 적응하여 순응적 존재로 살기 위한 교육이 아닌 이들 스스로 주체의식을 갖고 자신들의 목소리를 낼 수 있도록 하는 평생교육의 기회의 확대를 주문하고 있다.

I 평생학습, 그리고 평생교육

1 평생학습과 평생교육의 개념적 관계

변해가는 세상에서 스스로의 삶의 조건을 조정해가는 노력은 변화하는 세상을 읽고, 그 변화에 적합한 가치와 행동을 판단하여, 적절하게 표현하는 차원을 포함한다. 이 과정에는 변해가는 세상에 대한 이해, 변화에 적합한 대응을 발견하거나 구상하는 노력, 그리고 구체적인 상황에 알맞게 대응하고 표현하는 세가지 형태의 학습이 내포되어 있다. 이런 점에서 인간은 살아서 숨 쉬는 이상 언제나 학습하는 존재일 수밖에 없다. 말하자면, 인간의 학습은 자신이 처한 변화하는 환경에의 적응 가능성을 제고하며, 환경에 대한 적극적인 개조를 시도함으로써 스스로의 삶을 끊임없이 성장시키는 본연적 행위인 셈이다. 인간의 특성을 규정하는 본연적 행위로서 학습은 특정한 시기에 한정해서 발현되는 것이 아니며, 동시에 특정한 공간에서만 나타나는 행위도 아니다. 스스로 자신의 존재를 의식하는 그 때, 바로 그 곳에서 이루어지는 자기갱신의 과정이 바로 학습이며, 의도한 목적을 실현하려는 시도를 하는 과정에서 일어나는 것이 학습이다. 평생학습은 이러한 학습의 일상성, 평생성을 강조하는 개념으로서, 삶 그 자체가 학습의 부단한 여정이라는 점을 뒷받침한다.

생애전반에 걸친 평생학습의 의미는 학습의 평생성, 혹은 일상성에 대해서 강조하며, 이는 한 개인의 생애전반에 걸친 학습의 편재성(遍在性)을 내포한다. 언제, 어디서나, 누구든지 자신이 처한 삶의 여건과 상황에 맞게 학습하기는 하지만, 평생학습에서 강조하는 생애 전반에서 일어나는 학습들이 언제나 가치있는 현상이라고만 말할 수 없다. 예컨대 담배를 피우지 못하던 사람이 담배를 피울 수 있게 된 것은 분명 학습의 결과이기는 하지만, 건강에 대한 관심이 높아지는 오늘날 사회에 있어서 우호적으로 용인되는 학습 결과라고 말하기는 어렵다. 따라서 일정한 학습행위가 개인적 측면과 사회적 측면 모두에 있어서 가치있는 의미를 가지며, 효과적으로 이루어질 수 있도록 돕는 의도적인 개입이 필요한, 이것이 바로 '교육'이다. 다시 말하면, 개인의 전 생애에 걸쳐서 이루어지는 일련의 학습활동 전체에 주목하여 우리 사회의 모든 구성원들이 각자의 삶의 조건에서 스스로 희망하는 학습을 추구할 수 있도록 도와주는 의도적 지원과 관리를 '평생교육'이라고 할 수 있다. 평생교육이란 전 생애에 걸쳐서 접하는 다양한 경험에 기초하여 개인의 변화가 이루어진다는 점을 분명히 인정하면서, 그 변화가 개인이 살아가는 사회의 문화와 윤리 측면에서 정당하고 가치롭게 인정될 수 있는 방식으로 구현될 수 있도록 돕는 가치개입적 과정인 셈이다. 즉, 학습행위가 언제 어디서든지 나타날 수 있기 때문에 평생교육은 그에 대한 지원 역시 사회 전역에서 이루어져야 함을 역설하는 개념으로 간주되는 것이다.

평생교육에 대한 가장 대중적인 이해는 아마도 교육실천 영역으로서 평생교육을 바라보는 입장일 것이다. 지금 우리 주위에서 만나는 평범한 이웃들에게 평생교육이 무엇인지, 평생교육에 대해서 알고 있는 것이 무엇인지 물어보면 보통 백화점 문화센터, 주민센터, 평생학습관, 복지관, 각종 민간 평생교육원의 프로그램들, 즉 학교 밖 공간에서 성인들을 주된 대상으로 하는 교육활동을 평생교육이라고 대부분 말할 것이다. 물론 이러한 교육실천들이 평생교육의 범주와 전혀 무관하다고는 할 수 없다. 하지만 구체적인 실천태를 바탕으로 평생교육의 영역을 설정하고 정체성을 규정하는 일은 종종 평생교육에 대한 오해와 혼란을 가져오기도 한다. 가령, 평생교육은 성인교육과 같은 의미인가? 평생교육은 사회복지와 어떤 관계인가? 학교 밖 청소년에 대한 교육적 관심은 평생교육의 영역인가? 등과 같은 물음은 평생교육이라는 이름으로 일어나는 다양한 실천들의 중층적인 의미와 성격에 기인한 것이다. 그러므로 평생교육을 단순히 교육의 대상이나 맥락에 의해서 구분되는 교육실천으로만 규정해서는 이와 같은 물음들에 대해서 명쾌한 해답을 제시하기가 쉽지 않다. 평생교육이란 학문영역은 구체적인 교육실천 현상으로 구분되는 영역을 넘어서, 모종의 교육현상을 이해하는 독특한 관점이자 이념으로 구분되는 영역에 가깝다.

2 교육현상을 이해하는 관점으로서 평생교육

평생교육은 사회의 여러 영역에서 펼쳐지는 다양한 교육실천을 포괄적으로 아우르는 개념이다. 하지만 평생교육은 학교 이외의 우리 사회의 여러 영역에서 이루어지는 교육실천을 의미하는 용어 —기존의 사회교육과 같은 의미— 인 동시에, 개인의 생활세계 속에서 발견하는 수많은 교육과 학습들의 가치를 부활시키며 이러한 교육과 학습들이 개인의 생애 속에서 통합적으로 어우러짐으로써 나타나는 개인의 자아실현과 사회적 적응, 그리고 이를 토대로 하는 사회 발전의 가능성을 부각하는 개념이다. 평생교육은 교육현상을 조망하는 원리이자 관점으로서, 인간의 삶 속에서 드러나는 가르침과 배움을 모종의 틀이나 제도에 근거하여 구획하지 않고 통찰하려는 시도이다. 다시 말하면, 평생교육은 분절될 수 없는 삶의 본연적 특징에 주목하며, 구분과 구별짓기가 행해지는 제도적 개입으로 왜곡될 수 있는 교육현실의 개혁 가능성을 드러내는 이념적 지향이다. 평생교육은 일정한 프로그램이나 제도를 가리키는 개념이 아닌 일체의 교육현상을 조망하는 얼개로서, 학습자의 의식적인 활동을 통해서 나타나는 변화가 전 생애 발달과정에서 이루어지며, 동시에 삶의 다양한 영역에 편재되어 있다는 평생학습의 맥락에서 학습자의 성장과 변화가 그들에게 의미롭게 수행될 수 있도록 돕는 원리이자 관점을 뜻한다.

이런 맥락에서 보았을 때, 교육현상을 이해하는 관점으로서 평생교육은 두 가지 사항에 주목한다.

첫째, 한 개인의 생애 전반에 걸친 다양한 학습경험이 서로 긴밀히 결합되어 개인의 총체적 학습경험을 구성한다고 본다. 그렇기 때문에 개별 학습경험을 이해하기 위해서는 개인의 삶 전체에서 수행된 다른 학습경험들과 관련지어야 하며, 학습경험의 누적으로 개인의 삶을 이해하기 위해서는 다양한 학습경험들의 관계성에 대한 주목이 필수적이다. 가정에서 기른 소양, 학교에서 배운 내용, 직장생활하면서 터득한 기술, 그밖에 매체를 통해서 접하면서 알게 된 것들은 모두 서로 상관없는 것들로 구분되어지기보다, 서로 교섭하고 영향을 주고받으면서 학습경험을 조형해가는 계기들이다. 평생교육은 학습자를 다양한 내용과 형식의 일종의 학습이력을 형성해가는 존재로 이해한다. 왜냐하면, 그렇게 함으로써 학습자가 접한 교육과 학습의 의미를 제대로 파악할 수 있으며, 지금 학습자가 참여하고 있는 교육의 가치, 그리고 학습자가 참여할 교육과 학습주제, 방법에 대한 진단을 할 수 있다고 보기 때문이다.

둘째, 교육현상을 이해하는 관점으로서 평생교육은 학습자의 사회문화적 조건과 상황성에 대한 주목을 강조한다. 학습자는 시간의 흐름에 따라서 성장하고 변화하는 존재인 동시에 현재의 복잡다단한 조건에 의해서 생활하는 가운데 자신이 처한 사회적 여건과 관련하여 학습요구, 학습참여의지, 그리고 학습의 가치판단 등을 하는 존재이다. 그러므로 평생교육에서 주목하는 인간의 학습이란 단순히 학습자 개인의 인지활동의 양상으로만 설명될 수 있는 성격을 넘어선다. 학습이란 학습행위가 이루어지는 현재 시점에서 학습자 개인이 당면하고 있는 다양한 상황적 조건과 그러한 학습자를 에워싸고 있는 사회문화적 가치에 따라서 매우 복잡한 성격을 가진다. 학습이란 개인이 머리로 이해하는 차원을 넘어서 다양한 실천과 감정을 경험하는 가운데 자신의 경험을 심화, 발전해가는 과정이다. 예컨대, '감칠맛'이라는 표현은 사전적 의미를 머리로 이해한 것이라기보다, '감칠맛'이라는 표현이 적절할 수 있는 상황을 몸소 체득한 결과로서 사용할 수 있는 것이다. 다시 말하면, 언제, 어디서나, 학습자에게 적합한 형식으로 일어나는 학습에 주목하는 평생교육은 사회적 실천으로서 학습을 바라볼 것을 주문한다.

이런 평생교육의 맥락에서 정리해보면, 말 그대로 학습을 위한 시기인 학령기 시절에, 가장 전형적인 학습공간으로 인식되는 학교에서 접하는 배움은 결코 고립적일 수 없다. 평생교육의 시각은 학령기 아동, 청소년들이 학교에서 배우는 내용은 학교에 입학하기 전의 앎, 그리고 학교를 졸업하고 난 이후의 성인기의 경험과 무관하지 않다는 점을 강조한다. 변화하는 환경 속에서 개인의 삶을 안정적으로 지탱하는 배움은 학령기 시절의 배움과 그 이외의 시간에 경험한 배움들이 상호보완적으로 통합됨으로써 완성되기 때문이다(김한별, 2019). 마찬가지로 학교 공간뿐만 아니라, 학교 밖 공간도 개인의 삶을 이끌어 가는 데 필요한 학습기회를 제공하는 공간일 수 있다. 평생교육의 시각은 이러한 학교 안팎의 다양한 배움들의 상호 관계성에 주목한다. 학교에서 배우는 내용이나 규범과 상충되는 경험을 학교 밖에서 하고 있다는 점을 간과한 채 그저 열심히 계획된 교육과정에 따른 교육을 실시하는 것은 오히려 학교에서 배우는 내용으로부터 스스로 의미를 찾지 못하게 할 수 있다. 삶과 유리된 객관화된, 혹은 물화된 배움은 교육과 학습의 가치를 퇴색시킬 뿐이다(허효인, 김한별, 2015). 그러므로 평생교육은 학교를 한 개인의 배움을 독점하는 기회로 생각하지 말고, 개인의 삶에서 참여할 수 있는 다양한 배움의 기회 가운데 하나인, 다시 말하면 개인의 학습생태계를 구성하는 한 부분으로 이해해야 한다.

II   평생교육의 형식

평생학습의 원활한 촉진을 지원하는 체제로서 평생교육을 생각할 때, 프로그램과 학습동아리는 학습자에게 유용한 학습경험을 체계적으로 제공하는 두 가지 축이다. 프로그램 형식에 의한 평생학습 지원은 소위 교육의 전문가 집단이 잠재적 학습자들의 요구와 필요를 면밀하게 분석하여 이들에게 적합한 학습경험을 사전에 조직하여 제공하는 형태이다. 학습공동체 형식은 비슷한 학습요구와 관심을 가지고 있는 개인들이 자발적으로 모여서 스스로 자신들에게 적절한 학습경험을 구성해가는 형태로서 학습을 목적으로 한 집단을 구성하고 협력과 소통을 매개로 학습경험을 만들어가는 것을 말한다. 프로그램보다 학습자들의 자발성과 참여가 더 강조되는 이런 학습공동체의 대표적인 예가 바로 학습동아리이다. 그러나 서로 대비되는 평생학습의 형식이기는 하지만, 프로그램과 학습동아리 참여를 통해서 습득하게 되는 경험은 서로 배타적인 성격이라기보다, 상호보완적으로 기능하여 한 개인의 성장에 공헌하는 통합적인 학습경험을 제공한다.

1 프로그램

1) 교육 프로그램의 성격

프로그램(program)이란 어떤 활동을 수행하기 위하여 필요한 사항들과 수행 절차들을 사전에 계획한 일종의 청사진이라고 정의할 수 있다. 그래서 프로그램 은 체제(system)의 의미, 기획(planning)의 의미, 계획(plan)의 의미, 문서(documen-tation)의 의미, 수행(performance)이나 활동(activity)의 의미 등으로 맥락에 따라서 다양하게 해석, 사용될 수 있다. 하나의 교육행위의 체제이자 계획으로서, 교육 프로그램은 크게 세 가지 성격을 가지고 있다(김한별, 2019).

첫째, 교육 프로그램은 프로그램 목표를 중심으로 교육의 내용, 방법의 측면에서 복합적인 요소들이 함께 어우러져 있다. 실제로 교육 프로그램은 프로그램의 목표를 중심으로 개별 하위 활동목표와 그에 따른 활동내용과 운영원리, 전략 등과 같은 여러 구성요소들이 포함되어 있다. 한 학기 강의에서 다루는 내용은 강의 주차에 따라서 서로 다른 소주제를 포함하고 있으며, 강의식 방법뿐만 아니라, 토론, 관찰, 현장방문 등의 다양한 교육방법을 동원하곤 한다. 이러한 사실은 대부분의 교육 프로그램이 단일한 내용이나 형식으로 이루어져 있지 않으며, 여러 가지의 내용과 형식을 조합한 하나의 실체로서 구성되어 있다는 점을 보여준다. 그러므로 좋은 교육 프로그램은 하위의 구성요소 상호간의 유기적 조직이 잘 이루어져 있어야 한다. 이 점은 평생교육 분야에서 특히 적절한 구성요소의 선정, 조직, 그리고 실행계획의 수립 등을 다루는 교육 프로그램 개발의 중요성을 강조하는 대목이라고 할 수 있다.

둘째, 교육 프로그램은 참여자 개인의 변화에 머무르지 않고 그를 통한 사회적 변화를 추구한다. 대부분의 교육 프로그램은 그 운영을 통해서 도달하고자 하는 이상적 수준을 프로그램 목표로 제시한다. 그리고 교육 프로그램에 참여하는 주체의 단위는 개인 학습자인 경우가 대부분이기 때문에 프로그램의 목표는 주로 개인적 차원에서 기대되는 지식, 기술, 태도 변화 수준에서 설정된다. 그렇지만 교육 프로그램을 개발하고 운영하는 입장에서 볼 때, 교육 프로그램을 통해서 추구하는 목표는 단순히 개인적 수준에서의 변화에만 머무르지 않으며, 프로그램을 통해서 일어나는 개인들의 변화가 집단 혹은 사회, 즉 개인들이 어우러져 살아가는 사회적 수준의 변화에 미치는 영향까지 함께 고려한다. 이런 흐름 속에서 교육이 사회개혁의 가능성을 담고 있다는 점을 착안할 수 있다. 즉, 교육 프로그램 운영이 개인적 만족에 머무르면서 현재 사회체제에 내재되어 있는 불합리하고 불평등한 모순에 순응하는 구성원 양산에 기여하는 데 그치지 않고, 개인들로 하여금 자신들의 삶을 억압하고 힘겹게 하는 사회적 문제와 모순을 발견할 수 있는 안목을 가질 수 있도록 지원하는 계기가 될 수 있는 것이다. 그럼으로써 교육 프로그램은 사회전체의 진보를 이끌어갈 수 있는 구성원을 기르는 핵심적인 수단이 될 수 있다.

셋째, 교육 프로그램을 이해하는 데 있어서 고려할 중요한 점은 바로 프로그램은 인간을 위해서, 인간에 의해서 만들어진 창조물이란 사실이다. 즉, 사람에 의해서 개발, 준비, 운영, 그리고 평가되며, 인간들의 발달과 사회적 삶을 돕기 위해서 제공되는 것이다. 인간을 위해서, 인간에 의한 산물이란 사실은 교육 프로그램의 개발과 운영, 그리고 그 결과에 대해서 다양한 관심(interests)이 존재하고 있음을 의미하는 것이다. 모든 인간은 각자의 상황에 따라서 교육 프로그램으로부터 기대하는 바가 있기 마련인데, 이들 기대는 서로 일치하거나 조화를 이루기도 하지만, 때로는 서로 대립하여 갈등을 빚기도 한다. 그러므로 프로그램을 개발하고 운영하는 일련의 활동은 서로 다른 기대와 요구를 적절히 조율하고 타협해내는 과정을 필요로 하기 마련이다. 또한 프로그램을 개발하고 운영하는 사람의 경험과 역량 수준에 따라서 프로그램이 창출하는 성과나 교육만족도도 다르게 나타날 수밖에 없다. 숙련된 역량을 바탕으로 프로그램이 추구해야 할 가치에 대한 분명한 신념을 가지고 있는 전문가에 의해서 개발되고 운영되는 프로그램과 그렇지 않은 개인에 의해서 개발, 운영되는 프로그램은 같은 주제를 다루더라도, 참여하는 학습자들이 접하는 교육적 경험은 다를 수 있다. 그러므로 교육 프로그램을 이해하기 위해서는 누가 개발하고 운영하는지, 그리고 그 과정에 누가 개입하여 영향을 미치는지에 대해서 파악하는 노력이 필요하다.

2) 평생교육 프로그램 유형

평생교육 실천 현장에는 다양한 교육 프로그램이 존재한다. 교육목적, 교육대상, 교육내용, 교육방법에 따라서 프로그램의 형태가 달라지기도 하지만, 좀 더 나아가 프로그램을 운영하는 기관의 성격이나 프로그램이 운영되는 사회의 전반적인 가치나 변화추세 역시도 프로그램의 형태에 영향을 미친다. 결국 평생교육 프로그램은 사회적 변화의 역동성, 교육에 참여하는 학습자들의 다양성, 교육기관의 역량 등에 따라서 매우 다양한 모습으로 드러난다고 볼 수 있다.

「평생교육법」제2조 제1항은 평생교육을 "학교의 정규 교육과정을 제외한 학력 보완 교육, 성인 기초·문자 해득 교육, 직업능력 향상 교육, 인문교양 교육, 문화예술 교육, 시민 참여 교육 등을 포함하는 모든 형태의 조직적인 교육활동"으로 정의하고 있다. 평생교육법에 제시되어 있는 평생교육의 개념 정의는 평생교육의 영역으로 포함할 수 있는 프로그램의 유형을 여섯 가지 차원으로 구분할 수 있음을 시사한다. 이처럼 평생교육법에서 규정하고 있는 여섯 가지 프로그램 영역은 평생교육의 실천 범위를 이해하는데 좋은 기준을 마련해준다. 하지만 평생교육의 구체적인 실천 현장에서 실제로 발견할 수 있는 교육 프로그램의 내용과 형식은 단순히 여섯 가지 분류체계로만 구분하기에는 어려운 점이 있다. 왜냐하면, 프로그램에 참여하는 학습자 특성이나 프로그램 운영기관의 상황적 여건 등에 따라서 같은 영역이라고 하더라도 조금씩 다른 양상으로 운영될 수 있기 때문이다. 이런 맥락에서 김진화와 고영화(2009)는 급속도로 늘어가는 평생교육 프로그램들을 체계적으로 분류, 정리할 수 있는 한국평생교육 프로그램 6진 분류표를 구안하여 소개한 바 있다. [그림 12.1]의 한국평생교육 평생교육 프로그램 6진 분류표는 평생교육법의 6대 평생교육 영역을 근거로 대분류를 하고, 각 영역에 해당하는 프로그램들을 조사하여 공통점을 찾아, 다시 세 가지 차원의 중분류를 하였다. 그리고 대분류와 중분류를 더하여 프로그램의 유형을 식별할 수 있는 코드번호를 부여하였다.

그림 12.1 평생교육 프로그램 6진 분류표

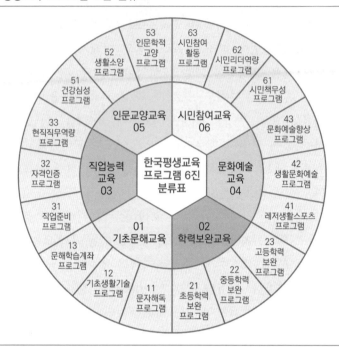

출처: 김진화, 고영화(2009). 평생교육 프로그램 분류체계 연구(p. v). 평생교육진흥원.

2 학습공동체

1) 학습공동체의 의미

많은 사람들은 각자 생활하는 학교, 직장, 지역사회의 여러 장면 등에서 비슷한 관심을 가지고 있는 이웃들과 함께 일정한 모임형식을 통하여 학습하곤 한다. 집단적 형태의 학습 활동은 구성원들이 함께 모여서 관련 자료를 읽고 실습이나 토론을 하는 형태뿐만 아니라, 학습 집단에 참여하여 동료들과 더불어 당면한 문제를 해결하는 데 적합한 지식을 스스로 만들어가는 모습으로도 나타난다. 개별적인 관심과 참여 의사결정에 기반하여 프로그램에 참여하는 것과 달리, 개별 학습자들이 공통의 관심사를 중심으로 함께 집단적인 형태로 학습하는 모습을 평생교육 분야에서는 학습공동체(learning community)로 표현한다. 즉, 학습공동체란 비슷한 학습에 대한 요구를 가지고 있는 개인들이 서로 관계를 맺고, 소통하면서 공동으로 학습을 수행해가는 집단으로서, 학습을 개인의 활동이 아닌, 집단의 협력적 활동으로서 이해할 수 있도록 돕는 개념이다(한숭희, 2001).

학습공동체가 집단적 형태의 학습을 설명하는 개념이라고 해서 개인들의 학습을 가볍게 다루는 것은 아니다. 학습공동체로부터 기대할 수 있는 학습의 성과가 효과적으로 창출되기 위해서는 무엇보다도 학습공동체를 구성하는 개인들의 자기학습의 노력과 성장의 열정이 수반되어야 하기 때문이다. 학습공동체가 주목하는 학습은 개인 차원의 노력을 결코 간과하지 않는다. 오히려 학습의 주체로서 개인의 주도적인 참여와 노력을 강조한다. 학습공동체는 개인 차원의 학습을 강조하되, 개인의 학습이 다른 공동체 이웃과의 결합, 연계, 결속될 수 있는 가능성까지 포괄하는 성격을 지닌다. 그러므로 학습공동체는 공동체를 구성하는 개별 학습자들이 서로 대등하게 권한과 자율성을 인정하는 가운데 주체적으로 학습에 참여하고, 각자의 주체적인 학습경험 구성을 서로 지원하고 안내하며, 또는 함께 활동하면서 공동의 학습경험을 가지는 방식에 주목한다.

다시 말하면, 학습공동체 맥락에서 개인 차원의 학습행위는 필수적인 요소이기는 하지만, 단순히 개인 학습의 산술적 합으로만 학습공동체의 성과가 나타나는 것이 아니다. 학습공동체에서도 개인의 학습은 일어나며, 개인의 학습은 그 자체로 중요하다. 다만 학습공동체는 개인 차원의 학습행위가 개별적, 고립적 행위에 머무르지 않고 서로 유기적으로 연계될 수 있는 가능성을 지원하며, 이러한 구성원들의 상호작용을 바탕으로 개인 차원의 학습효과 그 이상을 기대할 수 있다고 본다. 결국 학습공동체가 지향하는 학습 성과는 개인의 학습들이 서로 융합하는 과정을 거쳐야만 비로소 산출될 수 있으며 이 과정에서 구성원 개인들 간의 관계성 또한 발달할 수 있다. 이런 점에서 보았을 때, 학습이라는 공동체 구성원들의 공동 작업이자 상호작용의 범위, 강도, 그리고 빈도는 학습공동체의 성패를 판가름하는 중요한 속성이다. 학습공동체는 구성원들의 학습행위와 노력들의 상호 '짜임새'에 주목하는 담론이라고 말할 수 있다(김한별, 2019).

2) 학습동아리의 성격

학습동아리는 학습공동체의 구체적인 한 형태이다. 주제와 상관없이 일정한 사람들이 모여서 함께 배움과 가르침의 과정을 자율적으로 전개해가는 학습동아리는 더불어 사는 공동체 사회에 필요한 소양을 계발하는 기회이다. 학습동아리 참여를 통해서 접하게 되는 학습경험은 구성원들이 자발적으로 참여한다는 점, 정해진 주제에 대한 동아리 구성원들의 상호학습과 토론으로 활동이 이루어진다는 점에서 교육 프로그램 참여를 통해서 획득할 수 있는 학습경험과 구분될 수 있다.

학습동아리는 참여하는 구성원들의 자발성과 자율적 운영을 강조한다. 학습동아리의 이런 성격은 학습 목표, 내용, 방법, 자원의 선정, 학습과정의 진행, 학습결과의 평가에 이르는 과정에 있어서 학습자의 주도적인 역할과 책임을 강조하는 자기주도적 학습(self-directed learning)의 모습과 닮아있는 부분이 있다(김한별, 2019). 개인을 대신하여 동아리 구성원 집단을 학습의 주체로 언급하고 있다는 점에서 차이가 있을 뿐, 학습자의 권한과 책임을 강조하는 자기주도적 학습과 마찬가지로 학습동아리 역시 동아리 구성원들의 자율적 권한과 책임을 중요하게 부각하고 있다. 말하자면, 학습동아리 구성원들이 자발적으로 학습목표, 학습내용, 학습방법, 학습관리, 그리고 학습평가에 이르는 일련의 과정을 협력적으로 전개해간다는 점에서 일종의 집단적 형태의 자기주도적 학습으로 학습동아리를 이해할 수 있다.

학습동아리는 대체로 구성원들이 공통적으로 관심을 가지고 있는 학습주제에 대하여 수평적 상호작용을 통하여 학습활동을 수행해간다. 교수자의 주도적 역할이 강조되는 교육 프로그램과 달리, 학습동아리 활동을 통해서 접하게 되는 학습경험은 구성원들이 학습자와 교수자의 역할을 고정시키지 않고 지속적으로 변화해가는 순환적 의사소통에 의해서 나타나게 된다(오혁진, 2006). 순환적 의사소통이 원활하게 이루어지기 위해서는 무엇보다도 학습동아리 구성원이 모두

평등하다고 느낄 수 있는 것이 중요하다. 평등하다는 느낌은 학습계획의 수립이나 학습진행, 그리고 학습결과의 평가 등의 다양한 학습동아리 활동에 대해서 구성원들의 의견과 아이디어가 공평하게 다루어짐으로써 구현될 수 있다. 따라서 개인의 의사존중, 민주적 참여 등의 요소가 강조될 뿐 아니라, 구성원들의 인격적 성숙과 자질이 학습동아리 활동의 성패에 중요하다(오혁진, 2006).

한편, 학습동아리가 효과적으로 운영될 수 있기 위해서는 다양한 형태의 지원이 필요하다(김한별, 김영옥, 2012). 먼저 학습동아리는 사람들의 모임이라는 점에서 동아리를 구성하는 사람들의 개별적 학습과 성장의 기회를 충분히 제공하는 것이 필요하다. 학습동아리는 사람들의 모임으로 결성되며 이들의 협력적 활동을 통해서 동아리 운영의 성과가 좌우된다. 그러므로 어떤 사람이 학습동아리의 구성원으로 참여하느냐에 따라서 동아리 활동의 양상과 가치를 예상할 수 있다. 학습동아리 활동의 가치를 높이기 위해서는 동아리 구성원에 대한 교육 및 훈련이 주기적으로 제공될 수 있도록 하고, 학습동아리 리더의 역량을 강화할 수 있는 별도의 교육 기회를 제공하며, 학습동아리가 점진적으로 발전해갈 수 있도록 촉매제 역할을 할 수 있는 전문가의 발굴 및 배치가 필요하다.

그리고 학습동아리의 효과적인 운영을 위해서는 물리적 기반이 뒷받침 되어야 한다. 구성원들이 안정적으로 모임을 진행해갈 수 있는 공간을 마련하는 일도 학습동아리의 활성화에 필요하다. 학습동아리 활동에 필요한 재료와 기자재를 보관하면서, 언제나 구성원들이 수시로 모여서 학습을 행할 수 있는 공간이 있다는 것은 구성원들의 자유로운 학습활동을 가능하게 하는 핵심적인 지원이다. 학습동아리가 원활하게 운영되기 위해서는 구성원들의 협력적 상호학습에 소요되는 비용적인 부분에 대한 지원도 필요하다. 학습동아리가 추구하는 공동의 목표를 달성하기 위하여 필요한 비용적인 부분을 동아리 구성원들이 개인적으로 충당하도록 책임을 전가하는 것은 지속가능한 학습동아리 활동을 저해하는 중요한 원인이 될 수 있다.

마지막으로 학습동아리가 학습을 통해서 의미있는 성과를 산출할 수 있도록 구성원들의 학습활동을 심리적으로 후원하는 노력도 필요하다. 학습동아리가 추구하는 비전과 사명을 공유하고, 학습동아리 일원으로서 소속감을 강화하며, 학습동아리에서 실행하는 학습활동이 구성원 개개인의 삶을 성장시키는 계기라는 점을 스스로 상기할 수 있도록 돕는 것이 중요하다. 이를 위해 학습동아리의 활동의 목표와 그에 따른 세부활동 내용을 담은 운영 계획을 수립하여 구성원들이 공유해야 하고, 학습동아리의 효과적인 운영을 위해 양질의 자료를 풍부하게 제공하거나 동아리 스스로가 개발할 수 있도록 지원해야 한다. 또한 학습동아리 활동 결과를 대중적으로 발표할 기회를 마련해줌으로써 동아리 활동에 대한 외부의 인정을 받도록 하거나, 대외적 평판을 제고할 수 있어야 한다. 이런 시도는 학습동아리 구성원의 측면에서 보았을 때, 자신의 학습 동기를 촉진하고 자기평가를 할 수 있는 좋은 기회이다.

III 장소의 평생교육: 학교평생교육과 지역사회평생교육

앞 절에서 언급한 것처럼 평생교육은 기존의 학교교육을 중심으로 한 교육학에서 교육을 이해하는 관점과는 그 초점을 달리하는 독특한 관점 또는 이념이다. 이로 인해 평생교육은 우리 사회의 다양한 장소에서 이루어지는 교육을 개념화하고 있다. 장소적 개념에서 평생교육은 학교평생교육, 지역사회평생교육, 일터평생교육, 사이버평생교육 등으로 구분할 수 있다. 이번 절에서는 이중 대표적 형태라고 할 수 있는 학교평생교육과 지역사회평생교육의 개념 및 그 중요성을 살펴보고자 한다.

학교평생교육은 학교교육과 평생교육을 합친 용어이다. 그러나 평생교육이 학교교육 이외의 다양한 장소에서 이루어지는 교육까지 포함한 포괄적 개념이라는 점에서 학교평생교육이라는 용어는 어색한 것이 사실이다. 다음의 두 학자의 주장들을 보아도 학교평생교육의 용어는 혼란스럽다. 김한별(2019)에 따르면 학문적 의미에서 평생교육은 기존의 '교육'의 개념에 대해 교육 시기의 확장(청소년기 이상의 생애발달단계에 따른 참여, 언제든지 교육에 참여 가능), 교육 공간의 확장(학교를 넘어 다양한 물리적 공간 및 사이버 공간으로의 확대), 교육 형식의 확장(형식교육을 넘어 비형식, 무형식 교육으로의 확대)을 가져다주었다. 한숭희(2009)는 평생교육의 개념은 학교 중심의 교육에서 전 사회 중심의 교육으로, 아동·청소년 중심의 교육에서 전

표 12.1　학교교육과 학문적 평생교육의 개념 비교

차원 \ 구분	교육의 공간	학습자, 교수자의 지위/역할	교육의 내용
학교교육	• 교육의 공간을 학교로 한정 • 삶의 현장과 교육의 현장을 분리	• 학습자를 학교에 입학한 사람으로 한정(유사한 연령, 학력 수준 제한) • 교사를 국가에서 부여한 자격을 갖춘 사람으로 한정 • 일방적으로 교사는 가르치는 자, 학생은 배우는 자로 가정	• 국가에서 인정받은 교육 내용으로 한정 • 학문적 체계가 인정된 교과만 교육내용으로 제한 • 학습자가 교육 내용을 선택하는 데 한계가 있음
평생교육	• 학교 이외에 한 학생(개인)이 처한 모든 공간을 교육의 공간으로 가정 • 지역사회의 다양한 기관을 활용한 교육 추진	• 학습자의 연령, 직업, 학력 수준 등에 제한 없음 • 자격과 관련없이 가르치고자 하는 자는 교사가 될 수 있음 • 교수자-학습자 관계 이외에 학습자-학습자 간 관계 존중	• 교육 내용(과목)의 선정에 국가 및 교육청의 제한이 없음 • 실용 지식, 생활 지식, 토착적 지식 포함 • 교수자와 학습자가 협의 하에 교육 내용을 선정할 수 있음

1　다음 원고는 '한국평생교육학회 2018 춘계학술대회'의 김영석의 발표문 '학교평생교육의 개념 탐구 및 발전방향' 중 일부 내용을 인용, 요약하였다.

생애 중심의 교육으로, 교수자중심의 교육에서 학습자중심의 교육으로 변혁을 추구한다고 주장한다. 이러한 평생교육의 학문적 개념과 학교교육의 차이점을 교육의 공간, 학습자·교수자의 지위/역할, 그리고 교육의 내용이라는 세 가지 차원에서 비교하면 [표 12.1]과 같다.

첫째, 교육의 공간의 차원에서 학교교육은 교육의 행위가 이루어지는 공간을 학교라는 장소로 한정한다. 이로 인해 학교교육에서는 학교 밖에서 오랜 시간을 살아가는 학생들의 삶과 분리된 교육이 이루어질 수밖에 없다. 반면, 평생교육은 학교라는 공간 이외에 한 개인이 처한 모든 장소(사이버 공간 포함)가 교육의 행위가 일어날 수 있는 장소라고 가정하고 있다. 특히 이로 인해 지역사회 내 교육을 주 목적으로 하지 않는 다양한 기관(예: 주민센터, 박물관 등)을 활용하여 교육의 실천행위가 이루어지고 있다.

둘째, 학교교육에서 학습자는 일정한 제도적 기준을 통과하여 학교에 입학한 사람만을 학생으로 간주한다. 이로 인해 대부분의 학교에서 학습자들은 유사한 연령, 학력수준 등의 유사한 배경을 갖고 있다. 그리고 학교에서 교사가 되기 위해서는 국가가 부여한 교사자격증을 갖고 있어야 하며, 교사의 교육행위 및 자격연수 등에 있어서 교육부와 교육청의 지속적 지원 또는 통제를 받아야 한다. 그리고 학교에서는 교사는 가르치는 자, 학생은 배우는 자라는 관계가 일률적으로 유지되며, 학생이 가르치는 자가 되고 반대로 교사가 배우는 자가 되는 전환은 거의 불가능하다. 반대로 평생교육은 학습자가 되기 위해서 국가가 요구하는 학력에 대한 제한이 없으며, 따라서 한 교실에서 학습자들의 사회적 배경은 매우 다양하다. 또한 교사가 되기 위해 국가 또는 기관에서 요구하는 자격증은 존재하지 않으며, 누구든지 교수자가 될 수 있다. 그리고 학습자와 교수자의 배우고 가르치는 관계는 교육의 내용과 환경에 따라 언제든지 전환 가능하다.

셋째, 교육의 내용적 측면에서 학교교육은 국가에서 가르칠 수 있다고 인정받은 교육과정만 존재하며, 학문적 체계가 인정된 교과만 교육과정 안에 포함된다. 아울러 학습자가 본인의 필요 및 선호도에 의해서 학습내용을 선정하는 것이 아닌 학교 행정가 및 교사에 의해 선정되는 것이 일반적이다. 반대로 평생교육은 학습내용의 선정에 있어 일반적으로 국가 및 교육청의 개입이 덜할 뿐만 아니라, 학문적 체계를 갖춘 지식 이외에도 실용지식, 생활지식, 토착지식 등도 학습자가 원할 경우 학습할 수 있다. 그리고 교육내용은 교사가 일방적으로 선정하기 보다는 학습자와의 협의 하에 선정할 수 있다.

지금까지 살펴본 바에 따르면 학교교육과 평생교육은 양립할 수 없다고 여겨질 정도로 큰 차이를 보인다. 그렇기 때문에 학교교육과 평생교육의 두 개념이 모두 포함된 '학교평생교육'의 개념을 정의하는 것은 이견의 여지가 많을 수 있다. 학교평생교육의 개념은 기존의 학교교육을 어느 정도 변화의 대상으로 여기느냐에 따라 [표 12.2]와 같이 두 가지로 구분해 볼 수 있다. 첫째, '학교교육의 부분적 개혁'으로서의 학교평생교육은 학교의 정규교육과정의 변화까지 추구하지는 않는다. 다만 정규교육과정을 운영하는데 필요한 학교의 공간 및 자원을 제외한 나머지 자원 등을 활용하여 학생 및 학부모를 대상으로 평생교육을 제공하는 행위로 인식할 수 있다. 둘째, '학교교육의 원론적 개혁'의 방향으로 학교평생교육은 정규교육과정의 영역까지 포함하여 기존의 학교교육이 갖고 있는 경직성, 폐쇄성 등의 문제점을 극복하기 위해 학문적 의미의 평생교육의 개념을 수용해 학교의 교육행위를 변화시키고자 하는 개념으로 인식할 수 있다.

표 12.2 학교평생교육 개념의 구분

	학교평생교육의 개념
학교교육의 부분적 개혁의 의미	학교의 정규교육과정을 제외하고, 그 이외의 학생, 학부모, 지역사회 구성원 등을 대상으로 학교의 공간, 자원 등을 활용하여 진행되는 평생교육
학교교육의 원론적 개혁의 의미	학교의 정규교육과정을 포함하여, 학교의 모든 교육행위에 평생교육의 본질적 개념을 수용하여 기존의 학교교육을 변화시키고자 하는 평생교육

자유학기제는 2013년 시범 시행된 이후 2016년 전국의 중학교를 대상으로 실시되고 있다. 자유학기제는 크게 학생의 소질과 적성을 키울 수 있는 체험 활동과 학생 참여형 수업 운영과 이와 연계한 과정 중심 평가를 정규교육과정에 실시하는 두 가지 사업으로 이해할 수 있다(교육부, 한국교육개발원, 2017).

자유학기제 사업은 학교평생교육의 관점에서 다음의 두 가지 의의를 갖고 있다. 첫째, 교육 활동에서 교수자와 학습자와의 지위/역할 차원에서 교육 내용의 선정 및 다양한 학습활동에서 학습자의 선택권과 주체성이 강화되었다. 자유학기 기간에 진행되는 교과과목 교육의 경우 기존의 강의식 수업이 아닌 토론과 발표, 모둠활동, 주제선택 등 학습자에게 수업의 주도권과 선택권을 보다 제공해주는 형식으로의 변화가 이루어지고 있다(임종헌, 2016).

둘째, 자유학기제 운영을 통해 학교의 정규교육과정 중 지역사회의 시설을 활용함으로써 교육의 공간적 개념의 확대가 이루어졌다. 자유학기제 기간 동안 진로탐색을 위해 진로체험처의 발굴, 운영 이외에도 예술체육 활동, 동아리 활동 등을 위해 학교와 지역사회 내 다양한 기관 간의 연계의 필요성이 높아졌다. 학교 내부 구성원들이 학교 외부의 인적, 물적 자원을 자유학기제 활동을 위해 활용하고, 학교 밖에서 다양한 교육활동을 수행하면서 자연스럽게 교육의 공간이 학교에서 지역사회로 확대되는 평생교육적 의의가 나타나게 되었다(임지연, 김한별, 한도희, 2016).

2 지역사회평생교육

지역사회평생교육이란 단순히 말하자면 지역사회에서 이루어지는 평생교육을 지칭하는 것으로 지역사회가 가진 특성을 고려한 평생교육으로 이해할 수 있다. 흔히 우리가 사는 장소를 지역사회라고 하지만, 지역사회는 단순히 장소 이상의 의미를 지니고 있다. 간단히 말해 지역사회(local community)란 일정한 지역을 같이 사용하면서, 지역 사람 간의 상호작용 속 같은 지역 사람(구성원)이라는 감정이 존재하는 공동체를 지칭한다고 할 수 있다. 오혁진(2014)은 지역사회의 구성요소를 다음의 세 가지로 제시하고 있다. 먼저, '물리적 공간의 공유'로서 지역사회에서는 기본적 생활의 터를 지역주민들과 함께 사용한다. 현대사회에서는 통신과 교통의 발달로 물리적 영역의 공유 개념은 점차 약해지고 있는 상황 속에서 지역사회의 가치는 더욱 빛을 발한다고 볼 수 있다. 둘째, '구성원간 상호작용'으로서 정치, 경제, 사회, 문화, 교육적 기능 수행을 위해 구성원간 상호작용이 지역사회에서 이루어진다. 마지막으로 '공동의 유대감'으로 지역사회 구성원은 서로 '우리는 하나'라는 의식과 소속감을 공유하고 있다.

동일한 물리적 공간을 공유하면서 구성원간 다양한 상호작용을 통해 공동의 유대감을 형성하는 지역사회를 기반으로 진행되는 평생교육은 지역사회를 기반으로 하지 않는 일반 평생교육과 다양한 차이를 갖는다. 오혁진(2014)은 지역사회 평생교육[2]을 지역을 기반으로 공동체적 원리에 의해 실시되는 평생교육, 지역의 변화(발전)와 구성원의 성장을 동시에 추구하는 교육으로 개념 정리하였다. 일반 평생교육과 지역사회 평생교육과의 그 특성을 비교하면 아래 [표 12.3]과 같다.

첫째, 일반평생교육은 그 평생교육에 참여하는 학습자가 추구하는 개인의 성취여부 그리고 평생교육 프로그램 또는 사업을 기획한 주체에 의해 경제의 발전과 국가의 통합 등을 추구할 수 있다. 반면 지역사회평생교육은 평생교육을 통해 지역사회 내 공동체의 형성과 지역사회가 당면한 문제의 해결방안 모색을 추진한다는 점에서 그 차이가 있다.

표 12.3 **일반평생교육과 지역사회평생교육과의 비교**

	일반평생교육	지역사회평생교육
지향점	개인 학습자의 성취, 경제 개발, 국가 통합 등	학습을 통한 공동체 형성, 지역사회 문제 해결
교육내용	다양한 분야의 지식 또는 기술	지역공동체와 관련된 지식 또는 기술
접근방식	학습자가 찾아오는 교육	학습자의 삶으로 찾아가는 교육
생활과의 관계	생활과 분리된 교육	총체적 생활 속의 교육
교육의 주도자	전문성을 갖춘 교육자 주도	지역주민 주도

출처: 일반평생교육과 지역사회평생교육과의 비교, 오혁진, 2014, p. 160.

---

2 오혁진(2014)은 지역사회평생교육이라는 용어 대신 '지역공동체 평생교육'이라는 용어를 제안하고 사용하였으나, 본 절에서는 일반인들이 일반적으로 사용하는 지역사회평생교육이라는 용어를 사용한다.

둘째, 일반평생교육에서는 학습자의 요구 및 교육 주체에 의해 다양한 분야의 지식 또는 기술을 가르치고 배울 수 있다. 한편, 지역사회평생교육은 평생교육을 통해 지역사회의 역사와 문화를 습득하고, 지역사회의 발전을 위해서 공동체 구성원들이 가져야 하는 지식 또는 기술을 그 주요 교육내용으로 하고 있다.

셋째, 접근 방식에 있어서 일반평생교육은 교육 프로그램을 미리 기획하고 이를 수강하고자 하는 학습자가 교육 시설을 찾아가는 형태가 주를 이룬다. 반면, 지역사회평생교육은 학습자가 일상생활을 공유하는 지역사회 내 장소(예: 아파트 단지, 마을 도서관, 경로당 등)에서 학습자들이 경험할 수 있도록 기획된다.

넷째, 그로 인해 일반평생교육은 주민들의 일상의 생활과 직접적 관련이 없는 내용을 학습하는 경우가 있지만, 지역사회평생교육은 일상의 생활 가운데 드러나는 필요(지역문제 해결, 공동체성 강화 등)에 응답하는 교육으로 이루어진다.

다섯째, 일반평생교육은 일반적으로 지역주민이 아닌 교육의 전문가가 주도하는 반면, 지역사회평생교육은 지역주민이 스스로 기획, 운영, 평가에서 주도적인 역할을 맡아 진행한다.

지역사회평생교육이 갖는 중요한 가치 중 하나는 '지역 시민성 함양'이라고 할 수 있다. 시민성은 일반적으로 시민이 사회에서 갖추어야 할 자질 또는 품성에 대한 사회적 구성개념이다. 지역 시민성(local citizenship)은 지역시민들이 지역사회의 발전을 위해 비전을 품고 지역사회의 문제를 스스로 찾아 이를 해결하는 역량(김민호, 2011) 또는 지역사회의 유지 및 발전을 위해 지역주민들간 소통을 통해 지역발전에 기여하는 시민성(이은미, 진성미, 2014)으로 이해할 수 있다.

지역사회평생교육이 지역시민성을 높일 수 있는 이유는 다음과 같다(김민호, 2011; 이남섭, 2008; 이은미, 진성미, 2014). 첫째, 지역에 대한 지식을 발굴하고 이를 가르치고 배우는 가운데 더욱 확장할 수 있다. 지역에 국지적으로 타당한 지식, 지역사회의 발전 및 지역운동을 하기 위해 발판이 되는 지식을 발굴하고 공유할 수 있는 장을 지역사회평생교육이 마련할 수 있다. 둘째, 지역사회구성원들 간의 연대성을 확대할 수 있다. 지역사회평생교육을 통해 지역주민들은 지역사회 내 존재하는 다양한 하위문화에 대해 서로 이해하고 존중하게 되면서 지역사회

내 존재하는 다양한 갈등을 해결할 수 있는 실마리를 가질 수 있다. 셋째, 지역 사회 구성원으로서의 정체성을 형성하게 된다. 지역사회구성원은 지역사회평생 교육을 통해 지역주민들과 상호작용하면서 지역사회주민이라는 정체성을 확립하게 되고 한 국가전체의 시민성과 지역사회시민성이 서로 충돌할 때 이를 조정하는 법을 습득하게 된다.

톡톡 지역사회평생교육의 예: 삼각산 재미난 마을

　　　삼각산 재미난 마을은 서울시 강북구의 수유동과 우이동에 위치한 지역을 지칭한다. 이 곳에서 지역사회평생교육이 시작된 계기는 부모들이 자신들의 아이들을 믿고 맡길 육아의 방법을 고민하다가 공동육아를 하면서부터이다. 공동육아로 시작된 모임은 점차 공식화되어서 1998년에 '꿈꾸는 어린이집', 이 아이들이 초등학교에 입학할 나이가 되면서 2003년에 비인가 대안학교인 '삼각산 재미난(초등)학교' 운영으로 이어지게 되었다. 공동육아를 하던 부모들은 서로 만나 이야기할 곳을 찾던 중에 '재미난 까페'를 열어 서로 읽던 책을 나누어보기 시작하고, 문화공연과 영화상영을 하게 되었다. 그러다가 자연스럽게 서로가 할 수 있는 것들을 가르치고 배우자는 취지에서 '마을 배움터' 사업을 진행하게 되었다. 마을 주민들이 강사로 활동하면서, 사진, 풍물, 명상, 연기, 목공, 자녀상담 등의 교육 프로그램을 갖게 되었다. 그리고 이 교육프로그램 중 일부는 학습동아리로 이어지게 되어서 교육 프로그램이 공식적으로 마친 이후에도 지속적으로 학습자들이 만나는 계기가 되었다.

출처: '세상을 바꾸는 시간, 15분' 나는 재미난 마을에 산다. (https://www.youtube.com/watch?v=F
　　　0r87_2e_z4)

평생교육은 학교를 다니는 전통적 의미의 학생 이외에 다양한 대상을 중심으로 하는 교육에 대해서도 주목한다. 다양한 대상의 특성을 고려하여 진행된 평생교육은 그동안 장애인평생교육, 이주민평생교육, 여성평생교육, 노인평생교육 등으로 구분되어 실시 및 연구되어 왔다. 본 절에서는 이중 우리사회에서 점차 그 중요성이 높아지고 있는 장애인평생교육과 이주민평생교육에 대해 살펴보고자 한다.

1 장애인평생교육

장애인평생교육에 대해 살펴보기 이전에 일단 장애인이 누구인지에 대해 이해할 필요가 있다. 장애인은 장애인복지법 2조 1항에 따르면 '신체적, 정신적 장애로 인하여 장기간에 걸쳐 일상생활 또는 사회생활에 상당한 제약을 받는 자'로 정의된다. 우리가 유의해야 할 점은 장애인은 결코 하나의 집단이 아니며, '장애인'이라는 사회적 부류 밑에는 매우 다양한 특성을 지닌 사람들이 있는 집합이라고 할 수 있다. 장애는 장애인복지법(2조)에 따르면 크게 신체적 장애와 정신적 장애로 구분된다. 신체적 장애란 주요 외부 신체기능의 장애, 내부기관의 장애 등을 말하며, 외부 신체기능의 장애(예: 지체장애, 시각장애, 청각장애 등)와 내부기관의 장애(예: 호흡기장애, 심장장애, 간질장애 등)로 구분될 수 있다. 정신적 장애는 발달장애(지적장애, 지폐성장애) 또는 정신 질환(정신분열, 양극성행동장애 등)으로 발생하는 장애를 말한다. '2017년 장애인실태조사[3]'(김성희 외, 2017)에 따르면 우리나라 전체 추정 장애인수는 약 267만명이고, 이중 후천적 장애가 88.1%(질환 55.1%, 사고 35.4%)로 조사되었다. 장애인 추정 수에 따르면 지체장애가 1,278,368명으로 가장 많으며, 그 다음으로 뇌병변장애(306,855명), 청각장애(288,251명), 시각장애

---

3 전국 26,200가구 방문면접조사. 95% 신뢰수준 하에 표본오차 ±0.51%

(266,823명), 지적장애(223,228명), 정신장애(116,079명), 신장장애(83,906명), 자폐성장애(23,961명) 순으로 조사되었다(김성희 외, 2017).

　　장애인평생교육이 본격적으로 대두되게 된 계기는 장애인평생교육에 대한 내용이 평생교육법에 포함되면서부터이다(2016년 5월 29일 공포, 2017년 5월 30일 시행). 평생교육법이 개정되기 이전까지는 장애인대상 평생교육은 '장애인 등에 대한 특수교육법'에서 규정하고 있는 일부조항에 따라 그 정책이 추진되어 왔다. 그러나 '장애인 등에 대한 특수교육법'은 주로 초·중등 교육과정에 중점을 두고 있어 해당 법률에 따른 성인 장애인을 위한 평생교육 기회의 제공이 충분하지 않았다(김경열, 장선철, 2017). 평생교육법이 일부 개정됨에 따라 장애인이 평생교육의 기회를 부여받을 수 있도록 국가와 지방자치단체는 장애인평생교육에 대한 정책을 수립 및 시행하도록 하며(평생교육법 20조의 2), 국가장애인평생교육진흥센터를 수립하고(조사 업무, 장애 유형별 평생교육프로그램/교재·교구의 개발의 지원, 장애인 평생교육 종사자의 양성·연수 등의 업무)(평생교육법 19조의 2), 기존에 '특수교육법'에서 다루던 장애인평생교육시설의 설치와 지원의 내용을 학교형태의 평생교육시설로 한정하지 않고 국가, 지방자치단체 및 교육감이 다양한 형태의 장애인평생교육시설을 설치할 수 있도록 하였다(평생교육법 21조의 2).

　　장애인의 교육관련 현실을 살펴보면 평생교육이 매우 필요한 상황이다. '2017년 장애인실태조사'에 따르면 장애인의 교육수준은 '무학' 10.4%, '초등학교' 27.3%, '중학교' 16.7%, '고등학교' 30.4% 그리고 '대학 이상'이 15.1%인 것으로 조사되었다. 그리고 이 조사에 따르면 장애인의 평생교육의 참여실태는 '참여경험이 없다'는 응답률이 98.5%로 나타났다.[4] 향후 참여하고 싶은 평생 교육 영역은 '없음'(72.2%)이 가장 높았고, 그 다음으로 문화·체육·예술 교육(9.8%), 직업능력향상교육(6.6%), 학력보완교육(3.4%), 성인기초 및 문자해득교육(3.3%) 순으로 나타났다.[5] 평생교육 프로그램 참여를 위해 필요한 지원방안으로 '프로그램

4　프로그램별로 살펴보면 평생교육에 '참여한 적이 없다'는 응답률이 학력보완교육이 99.7%, 성인기초 및 문자해득교육이 99.5%, 직업능력 향상교육이 99.2%, 인문교양교육이 99.3%, 문화·체육·예술교육이 98.5%, 시민참여교육이 99.8%로 전반적으로 낮은 것으로 나타났다.

5　장애인은 장애의 종류에 따라 매우 다양한 특성을 보인다. 예를 들어, 향후 참여하고 싶은 교

홍보의 강화'가 29.4%로 가장 높았으며, 다음으로 학습 보조금지원(23.7%), 교육기관까지의 이동방법 지원(20.0%), 장애인을 위한 특별교육과정 운영(17.7%), 강사나 동료의 장애 이해(3.5%) 순으로 나타났다.

장애인평생교육의 개념을 이해하고 이를 장려할 때 다음과 같은 사항에 대해서 유의해야 한다. 첫째, 사회적 차원에서 장애인 대상 평생교육의 기회를 보다 확대하도록 노력해야 한다. 장애학 중 사회적 모델에 따르면(조경진, 2015; Berger, 2016), 장애는 사회가 부여한 종속적 위치를 의미하며, 이로 인해 장애인은 비장애인과 비교하여 비장애인의 차별과 조직적 배제로 인해 저가치화된 삶을 경험하게 된다. 앞에서 살펴본 것처럼, 장애인의 학교 졸업률과 평생교육 참여율이 낮은 이유는 단순히 장애인들의 역량이 부족하거나 장애인들이 교육을 받고자 하는 의지가 부족해서가 아니다. 학교에 다니지 않았거나 중도에 그만둔 이유로는 '경제적으로 어려워서'가 72.5%로 가장 높았고, 그 다음으로 '집에서 다니지 못하게 해서'(11.9%), '다니기 싫어서'(6.4%), '심한 장애로 인해서'(5.5%) 순으로 나타났다. 이런 상황에서 동일한 조사에 따르면 지난 1년간 평생교육 프로그램 개인부담금은 학력보완교육의 경우 연 36.6만원, 문화·체육·예술교육은 33.2만원, 직업능력향상교육은 11.7만원, 인문교양교육은 8.4만원 등으로 조사되었다. 비록 평생교육법에 따르면 장애인평생교육을 진흥하기 위한 노력이 국가 및 지자체의 책임으로 명시되었지만, 이를 위한 예산마련을 위한 구체적 방안은 법안으로 마련되지 않았다. 따라서 국가 수준 및 지자체 수준에서 장애인평생교육의 진흥을 위한 재정방안 마련이 더 적극적으로 이루어져야 한다(김성희 외, 2017).

둘째, 장애인평생교육의 주요 목적은 물론 특정분야의 지식과 기술의 습득이 중요하겠으나, 무엇보다도 중요한 것은 평생교육의 참여를 통해 장애인들의 인권보장을 위해서는 임파워먼트의 기회가 제공되어야 한다는 것이다. 학교 졸업 이후 또는 학령기 때 교육을 받지 못한 장애인들이 평생교육의 기회를 통해

육영역에서 지적장애인의 경우 학력보완교육이 4.1%로 다른 장애인과 비교하여 가장 높은 요구를 보인 반면, 시민참여교육은 지체장애인의 요구가 2.2%로서 다른 장애인과 비교하여 높았다. 장애인별 다양한 차이는 '2017년 장애인실태조사'(pp. 325~329)에서 확인할 수 있다.

스스로 자신들이 처한 사회적으로 불평등한 상황에 대해 인식하고, 이를 개선하기 위해 적극적으로 행동하는 기회를 가질 수 있어야 할 것이다. 아울러 장애인 평생교육은 장애인들이 자신들만이 갖는 특수한 문화를 공유하고 자신들이 갖고 있는 장애성을 정상성(normality)에 비교하여 부족한 특성이 아닌 독특한 집단 정체성으로 이해할 수 있는 기회가 되어야 할 것이다.

2 이주민평생교육

이주민은 일반적으로 해외 국적을 가진 사람으로서 한국에 일정 기간 체류하는 사람을 의미한다. 그러나 실제로 통용되는 이주민의 의미는 매우 다양한 편인데, 가령 외국 국적 출신으로서 귀화한 사람과 노동을 위해 1년 미만 단기간 체류한 사람도 이주민으로 볼 것인지의 여부는 명확하지 않은 편이다. 본 절에서는 귀화 여부 및 한국체류 기관과 관계없이 현재 우리나라에서 사는 해외 국적을 보유하고 있거나 해외 국적을 가졌던 사람을 통칭하기로 한다. 아울러 이주민과 대비하여 한국에서 태어나고 자란 사람을 정주민(定住民)이라고 지칭한다. 그러나 정주민이라는 용어가 이주민과 비교하여 한 곳에 오랫동안 살아있음을 강조하는 비교우위의 개념으로 사용될 수도 있다. 따라서 본 절에서는 정주민이라는 용어 대신 한국이라는 땅에 먼저 살고 있었음을 지칭하는 개념인 선주민(先住民)이라는 용어를 사용하겠다.

현재 대략적 이주민의 숫자는 다음과 같다. '2017 법무부 체류 외국인통계'에 따르면 우리나라에 3개월 이상 체류하기 위해 외국인등록부에 등록한 외국인 수는 2012년에 약 93만 명에서 2017년에 117만 2천 명으로 늘었다. 그리고 '2017 통계청 국제인구이동통계'에서 조사한 체류 기간이 90일 이상인 외국인의 체류자격 비율을 보면 재외동포 12%, 방문취업 12%, 유학 6%, 결혼이민 3%, 영주 1%를 각각 차지했다. '법무부 출입국외국인 정책본부 이민과 통계월보'에 따르면 2018년 9월 미등록이주민(불법체류자)은 총 344,589명으로 단기체류자의 총 73.6%를 차지하였다. 통계청이 작성한 '2018 혼인이혼통계'에 따르면 2018년 외국인과의 혼인은 약 2만 2천 7백 건을 차지하였으며 이중 한국남자와 외국여자가 결혼한 경우가 1만 6천 6백 건이고, 한국여자와 외국남자가 결혼한 경우가 6천 1백 건을 차지하였다.

이렇듯 다양한 이주민들이 우리 사회에 존재하고 있다. 이주민평생교육은 이주민과 기존 사회에 살고 있던 선주민의 공동체를 이루기 위해 이주민뿐만 아니라 선주민을 대상으로 하는 평생교육도 포함한다. 이주민평생교육은 먼저 이주민들에게 그들이 선주민과 비교하여 갖고 있는 차이가 결핍이 아니라 다양성이라는 점을 인정받는 기회가 되도록 해야할 필요가 있다. 아울러 선주민들에게는 이주민들의 다양한 특성들을 다름으로 이해하는 것이 아니라 다름과 함께 살아가는 삶의 태도 및 행동의 변혁을 이끄는 기회가 되어야 한다. 이를 통해 이주민과 선주민이 여러 문화의 다양성을 조화롭게 통합하는 시민으로서의 역량을 기를 수 있어야 한다.

이를 위해 이주민평생교육은 이주민들의 교육요구를 반영하여 이주민들의 인식 변화뿐만 아니라 행동 및 생활패턴의 변화가 이루어지도록 한다. 아울러 선주민을 대상으로는 인종 및 국적의 차이와 다양성을 둘러싼 계층과 권리의 문제에 대해 성찰하는 기회를 제공하여 자신이 갖고 있는 문화 및 다문화의 태도에 대해 반성하는 기회를 얻도록 하는 것이 중요하다.

이주민평생교육은 다문화창조주의를 강화하는 방안으로 나갈 필요가 있다. 다문화창조주의는 여러 문화가 만나 새로운 문화가 출현될 수 있도록 적극적으로 실천하는 것을 의미한다(이경희, 2015). 지금까지의 우리나라의 이주민평생교육은 단일문화주의를 지향하여 이주민의 주류사회와의 부적응과 갈등을 해결하고자 이해 및 소통을 강조하는 방향으로 진행되었다. 다양한 문화가 공존하는 다문화공생주의를 넘어, 이주민의 문화와 선주민의 문화가 서로 결합하여 새로운 창조적 문화가 만들어지는 방향으로 나아가야 할 것이다(이경희, 2015).

이를 위해 이주민평생교육은 궁극적으로 이주민과 선주민이 세계시민성을 갖추도록 해야 한다. 세계시민성은 한 사회 및 국가에서 규정하는 시민성을 뛰어넘어 세계라는 공간에서 다양한 세계인들과 함께 살아가는 존재임을 인식하고 전 인류에 대한 인간의 가치를 존중하고 다양한 문화를 존중하는 성품으로 정의할 수 있다(변연지, 2010). 세계시민성을 향상시키기 위한 교육의 핵심 요소에는 지식과 이해(사회정의와 평등, 다양성, 세계화와 독립성 등), 기능(비판적 사고력, 효과적 토론법, 불평등에 도전하는 능력 등), 가치 및 태도(다양성에 대한 가치 존중, 환경과 지속가능한 개발, 변화를 만들 수 있다는 믿음 등) 등이 있다(변연지, 2010).

이주민평생교육이 보다 활발히 진행되기 위해서는 다음과 같은 점에 대한 유의가 필요하다. 첫째, 이주민을 학습의 대상만이 아니라, 적극적으로 세계시민성 향상을 위해 교육을 진행할 수 있는 역량을 갖춘 존재라고 보는 것이 필요하다. 이주민은 학습자, 선주민은 교육 프로그램 개발자 및 교수자라는 이분법적 사고 방식에서 벗어나야 한다(황정미, 2010). 최근 들어 점차 이주민이 교수자의 위치에서 프로그램을 진행하는 경우가 늘어나고 있다. 예를 들어, 안산시에 위치한 '국경없는 마을'에서는 결혼이주여성들의 지역 초등학교에 러시아, 우즈베키스탄, 필리핀, 캄보디아 등 출신 이주여성들이 문화체험수업을 진행하도록 하고 있다. 그러나 앞으로는 이러한 형태의 문화체험수업을 뛰어넘어 이주민들의 경험을 바탕으로 이주민과 선주민들이 함께 세계시민으로서의 자질을 향상시킬 수 있는 다양한 교육을 진행해야 할 필요가 있다. 특히 이주민들이 스스로 동아리를 구성하여 이주민 및 선주민의 세계시민성 향상을 위한 교육 프로그램을 구성하고 이를 진행할 수 있는 방향으로 변화를 이루는 것이 바람직할 것이다. 둘째, 이주민평생교육은 이주민의 인권을 높일 수 있는 방향으로 진행되어야 한다(구정화, 박선웅, 2011). 그동안의 이주민평생교육은 이주민들이 한국사회에서 잘 적응하면서 살 수 있도록 한국 관련 지식(문화, 제도 등)과 한국어 실력 등을 높이거나 가정에서 어머니나 아내로서 필요하다고 여겨지는 요리교실, 양육교실들이 그 주를 이루었다. 그러나 외국인혐오가 늘어나는 현상 속에서 이주민들이 당연히 누려야 할 자유권, 평등권, 교육권, 복지권 등이 침해받는 사례들이 점차 늘어나고 있다. 이주민 역시 선주민과 동일하게 우리사회의 중요한 구성원이라고 인식한다면 그들의 인권을 향상시키는 평생교육에 대한 관심을 보다 기울여야 한다. 특히 이주민들의 권리강화를 위해 이주민 스스로 이주민 인권 향상을 교육할 수 있는 강사로 활동할 수 있는 방안이 마련되어야 한다. 아울러 이주민들의 인권은 주로 그 주변 사람들에 의해 침해받는 사례가 많으므로 이주민뿐만 아니라 이주민 주변의 선주민(이주노동자들이 근무하는 직장, 결혼이주민들의 가족 등)이 함께 인권교육을 받는 방안 마련이 필요하다.

더 생각해 볼 문제

01 학령기 학생이 학교에서 진행되는 학교교육과 비교하여 주로 성인들이 자발성에 기반하여 참여하는 평생교육이 갖는 장점과 단점은 무엇일지 생각해봅시다.

02 평생교육의 기회가 국가적, 민간적으로 점차 확대되면서 시간적, 경제적 여유가 있으며, 비교적 학력이 높은 시민들이 주로 평생교육에 참여하는 현상이 점차 발생하고 있다. 이러한 부분을 해소하기 위한 방안은 무엇이 있을지 생각해봅시다.

03 국가 자격증제도로 운영되는 학교교육의 교사제도와 달리 평생교육의 현장에서는 교사자격증과 무관하게 강사가 될 수 있다. 이러한 평생교육 강사제도 특성의 장점과 단점에 대해서 이야기 나누어 봅시다.

04 우리사회에서 교육기회의 약자라고 할 수 있는 저소득층, 장애인, 노인, 이주민, 학교 밖 청소년 등을 대상으로 어떠한 목표를 가진 평생교육이 필요한지 생각해봅시다.

❑ 파울로 프레이리(Paulo Freire)의 『페다고지: 억눌린 자를 위한 교육(Pedagogy of the Oppressed)』: 교육이 누구를 위하여 존재해야 하는가에 대한 근본적 질문을 묻는 책이다. 외부의 지식을 암기하는 '은행저금식 교육'과 문제를 발견하고 이에 대해 비판적 사고를 가능하게 하는 '문제제기식 교육'을 비교하며 교육이 나아가야 할 바를 제시하고 있다. 문제제기식 교육을 통해 비문해자 농민들을 대상으로 진행한 평생교육적 실천 사례가 함께 제시되어 있다.

❑ 이반 일리치(Ivan Illich)의 『탈학교사회(Deschooling Society)』: 학교교육이 사회적 약자를 위한 교육의 기회를 제공한다는 상식을 조목조목 비판하며, 학교교육이 갖고 있는 다양한 폐해를 비판한다. 학교가 교육기회를 독점하지 않는 사회체제 현상을 강조하면서 사회 전역에 배움의 기회가 살아있고 그 다양한 배움들에 대한 지원을 강조하는 그의 사상은 현재 우리나라의 평생교육관련 정책과 제도에 많은 영향을 미쳤다.

❑ 에두아르드 린드만(Eduard Lindeman)의 『성인교육의 의미(The Meaning of Adult Education)』: 1920년대에 미국을 배경으로 성인에게 왜 교육이 필요한지를 기술하였지만, 현재 우리나라의 상황에 많은 시사점을 주는 내용들이 기술되어 있다. 성인교육은 자기표현, 힘과 권력의 균형, 자유, 창조, 전문성 강조를 위해 필요하다는 그의 주장은 앞으로 우리나라 평생교육이 나아가야 할 방향을 제시한다.

참고문헌

교육부, 한국교육개발원(2017). 2018년 자유학년 및 연계학기 운영 가이드.

구정화, 박선웅(2011). 다문화 시민성 함양을 위한 다문화교육의 목표 체계 구성. **시민교육 연구, 43**(3), 1－27.

김경열, 장선철(2017). 장애인 평생교육참여에 관한 관련 법규 연구. **인문사회 21, 8**(3), 877－891.

김민호(2011). 지역사회기반 시민교육의 필요성과 개념적 조건. **평생교육학연구, 17**(3), 193－211.

김성희, 이연희, 오욱찬, 황주희, 오미애, 이민경, 이난희, 오다은, 강동욱, 권선진, 오혜경, 윤상용, 이선우(2017). **2017년 장애인실태조사**. 보건복지부, 한국보건사회연구원.

김진화, 고영화(2009). **평생교육 프로그램 분류체계 연구**. 서울: 평생교육진흥원.

김한별(2019). **평생교육론**(3판). 서울: 학지사.

김한별, 김영옥(2012). 구성원 관점에서 본 평생학습 동아리의 운영 원리. **교육문제연구 42**, 73－96.

변연지(2010). 2007 개정 초등 사회과 교육과정에 나타난 세계시민성교육 내용 분석. 서울 교육대학교 석사학위논문.

오혁진(2006). **지역공동체와 평생교육**(1판). 서울: 집문당.

오혁진(2014). **지역공동체와 평생교육**(2판). 서울: 집문당.

이남섭(2008). 교육과정 지역화를 통한 지역 시민성 함양 프로그램 구안: 인천 지역을 중심으로. 한국교원대학교 석사학위논문.

이은미, 진성미(2014). 시민교육의 확장을 위한 평생교육의 의의: 지역사회기반 시민교육을 중심으로. **시민교육연구, 46**(3), 195－221.

이지수(2019). 장애인 평생교육의 쟁점과 현장의 목소리: 전북 군산시 사례를 중심으로. **평생교육학연구, 25**(1), 55－83.

임지연, 김한별, 한도희(2016). 지역사회 청소년 체험활동의 자유학기제 연계 운영방안 연구. 세종: 한국청소년정책연구원. http://ilyo.co.kr/?ac＝article_view&enry_id＝187285

조경진(2015). 장애인 인권관련 규범에 대한 헌법적 고찰. 경북대학교 석사학위논문.

한숭희(2001). **평생학습과 학습생태계**. 서울: 학지사.

한숭희(2009). **학습사회를 위한 평생교육론**. 서울: 학지사.

허효인, 김한별(2015). 학습공간의 조건: 학교 밖 청소년들의 학습성 회복과정을 중심으로. **Andragogy Today, 18**(4), 77－103.

황정미(2010). 다문화시민 없는 다문화교육: 한국의 다문화교육 아젠다에 대한 고찰. **담론 201, 13**(2), 93－123.

Berger, R. 박승희 외 공역. (2016). **장애란 무엇인가?** 서울: 학지사.

특수교육: 학습자의 다양성과 교육의 형평성

정동영 · 최하영

┌ 요약   형평성은 불평등이 존재하는 사회에서 제기되는 문제이다. 교육의 형평성은
경제적 형평성에 못지않게 중요하다. 왜냐하면 교육의 형평성을 실현하지 못
하면 경제적 형평성도 실현할 수 없기 때문이다. 교육의 형평성을 실현하기
위해서는 교육 평등에 대한 사고의 전환이 필요하다. 이제까지 교육에서 강
조되어 왔던 능력주의에 따르면 교육의 불평등은 커질 수밖에 없다. 왜냐하
면 능력주의는 엘리트에게만 이익이 될 뿐, 그렇지 않은 학생의 교육 접근,
참여, 진보, 실현을 어렵게 하기 때문이다. 현재 교실을 구성하는 학생은 다
양하다. 학생들의 사회·경제적, 문화적, 언어적 배경은 물론 능력과 요구 및
선호와 학습양식 등도 모두 이질적이며, 이런 교실의 특성은 앞으로 더욱 더
커질 전망이다. 학생의 이질성과 다양성은 모두 자신의 배경, 능력, 요구, 선
호 등에 적합한 교육을 요구한다. 그러나 교육은 전통적으로 평균이나 표준
에 이르지 못하는 학생을 배제하여 별도로 교육하면서 이를 평등이라고 주장
해 왔다. 이러한 분리교육은 명칭붙임에 따른 낙인과 차별을 경험하게 하였
을 뿐, 교육의 평등을 보장하지 못하였다. 이런 입장에서 요구된 장애학생의
통합교육은 현재 '모두를 위한 교육'으로 수용되면서 학교에서 장애, 곤란,
불리를 지닌 학생들의 성공을 위해 그들의 특별한 요구에 따른 적절한 교육
을 위해서는 부가적인 인적, 물적, 재정적 자원을 지원해야 한다고 요구한다.
왜냐하면 이러한 학생들이 교육에 완전히 접근하고 참여하며 진보해야만 교
육의 형평성을 이룰 수 있기 때문이다. 이러한 교육의 형평성을 실현하기 위
해서는 수업 측면에서 보편적 학습설계를, 행동지원 측면에서 긍정적 행동지
원을, 정서적 지원 측면에서 사회정서학습을 실제적인 전략으로 사용할 수
있다.

주제어: 형평성, 보편적 학습 설계, 긍정적 행동 지원, 사회정서학습, 통합교육,
특수교육

형평성(equity)이란 동일한 것을 동일하게 대우하고, 다른 것을 다르게 대우하는 것을 말한다. 흔히 전자를 수평적 형평성이라 하고, 후자를 수직적 형평성이라 한다. 동일 노동에 대한 동일 임금 원칙이나 수혜자 부담 원칙은 수평적 형평성에 해당하고, 사회적 강자보다 사회적 약자에게 보다 많은 혜택을 주고 정책 비용을 보다 적게 부담시키는 원칙은 수직적 형평성에 해당한다(유영옥, 2007). 이런 형평성은 처음에 평등, 즉 동일한 기회의 제공이라는 의미로 정의되었으나, 시간이 지나면서 점차 정당성이란 의미로 정의되고 있다.

형평성은 민주주의 사회에서 중요한 가치 내지 이념이 된다. 신분 질서를 인정하는 군주 사회나 귀족 사회, 또는 사유 재산을 인정하지 않는 공산주의 사회에서는 형평성의 문제가 제기되지 않는다. 형평성은 개인의 자유와 평등을 인정하는 데도 불구하고 불평등이 존재하는 자본주의 사회에서 제기되는 문제이다. 자유 민주주의를 토대로 하는 자본주의 사회는 존속과 발전을 위해 형평성의 문제를 소홀히 다루어서는 안 된다. 형평성을 등한히 하는 사회는 계층 간의 갈등과 분열로 인해 존립에 위협을 받을 수 있으나, 형평성을 지나치게 강조하는 사회도 생산력을 떨어뜨려 발전을 지속하기 어려울 수 있다. 그러므로 사회는 발전을 지속하기 위해 각 분야의 형평성 문제를 균형적으로 해결해야 한다.

교육의 형평성은 경제적 형평성에 못지않게 중요한 과제이다. 왜냐하면 교육의 형평성이 실현되지 않으면 경제적 형평성도 실현될 수 없기 때문이다. 이런 교육의 형평성은 일반적으로 접근의 형평성, 환경의 형평성, 산출의 형평성, 실현의 형평성으로 해석된다(Demeuse, Crahaym, & Monseur, 2001). 즉, 교육의 형평성은 '모든 학생이 동일한 교육기회를 받고 있는가?'라는 교육의 접근, '모든 학생이 동등한 조건이나 환경에서 교육을 받고 있는가?'라는 교육의 참여, '모든 학생이 동일한 성취를 하고 있는가?'라는 교육의 진보 및 '모든 학생이 교육결과나 목적을 실현하고 있는가?'라는 교육의 실현을 통해 이루어진다(정동영, 2007). 이는 교육이 모든 학생의 교육에의 접근, 참여, 진보 및 실현을 보장해야 한다는 것을 의미한다. 이런 교육의 형평성을 실현하기 위해서는 교육 평등에 대한 사고의 전환이 필요하다. 이제까지 교육의 중심이 되어 왔던 능력주의(meritocracy)에 따르면 교육의 불평등은 더욱 커질 수밖에 없다. 왜냐하면 능력주의는 능력을 지닌 엘리트(elite)에게만 이익이 될 뿐, 그렇지 않은 학생의 교육 접근, 참여, 진보 및 실현을 더욱 어렵게 하기 때문이다. 따라서 교육을 받아야 하는 학생들의 다양성을 알아보면서 교육의 접근, 참여, 진보 및 실현에서 배제 내지 소외되고 있는 학생들을 살펴보고, 이들을 포함하여 모든 학생을 위해 교육의 형평성을 실현할 수 있는 방법을 알아본다.

I 학습자의 다양성과 특별한 요구

현재 교실은 다양한 학습자들로 구성되어 있다. 물론 이전에도 교실의 학습자들은 동질적이지 않고 이질적이었다. 그러나 날이 갈수록 교실은 점점 더 다른 사회·경제적 배경, 다른 문화, 다른 언어를 지닌 학생, 능력과 요구가 다른 학생, 학업에 실패할 가능성이 높은 학생들이 증가하고 있다. 이런 학습자의 다양성은 모든 학생에게 동일한 교육을 제공하는 것을 불가능하게 한다. 그래서 교육은 전통적으로 평균적이고 표준적인 학습자를 표적으로 하고, 이들을 위해 신체적, 정신적, 사회적으로 예외적인 학생(exceptional students)을 배제하고, 그 외의 학생들만을 동일하게 대우하면서 '평등'이라고 주장해 왔다. 일부를 배제하고 나머지를 동등하게 대우하는 조치는 평등이라고 할 수 없으며, 온당하거나 정당하다고도 할 수 없다. 그러나 그동안 교육은 예외적인 학생의 배제와 분리를 당연시해 왔으며, 그들을 분리해서 별도로 교육하는 일을 평등이라고 주장해 왔다.

예외적이란 흔히 평균(average)이나 표준(standard) 또는 규준(norm)을 많이 벗어나 있는 상태로 일반적이지 않은 경우를 말한다. 그리고 예외적이란 흔하지 않은 경우로 찾아보기 쉽지 않다. 이런 예외성의 결정은 흔히 통계학적 표준, 의학적 표준, 사회학적 표준을 조작적 준거로 이용해 이루어진다(Ysseldyke & Algozzine, 2005).

그림 13.1 정규분포곡선

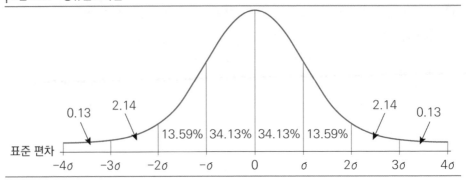

통계학적 표준은 평균에서 일탈된 정도에 따른 표준으로 통계학적으로 예외적이란 정규분포(normal distribution)에서 ±2 표준편차를 벗어난 사례를 말한다. 정규분포는 어느 한 쪽으로 치우치지 않는 좌우대칭의 종 모양의 분포, 즉 평균을 중심으로 많이 모여 있고, 양극단으로 갈수록 그 비율이 줄어드는 분포로써 자연과학의 현상은 물론 사회과학의 현상도 정규분포를 따른다고 가정한다. 이 가정에 따르면 학생의 신장, 체중은 물론 행동이나 성격, 능력 등도 모두 정규분포를 이룬다. 정규분포곡선에서 지능을 기준으로 +2 표준편차 이상을 영재(gifted and talented)라 하고, -2 표준편차 이하를 장애(disabilities)라 한다. 그러므로 통계학적으로 예외적인 학생이라고 하면 전체 학생 집단의 평균으로부터 약 95.44%를 제외하고 양극단에 있는 약 4.54%에 해당하는 학생으로서 그 절반인 약 2.27%는 영재학생이고, 나머지 약 2.27%는 장애학생이라고 할 수 있다(정동영, 2014).

　의학적 표준이란 심신의 생리적 기능에 따른 병리적 표준으로 의학적으로 예외적이란 심신의 생리적 기능에서 정상(normal)의 범위를 벗어난 이상(abnormal)이나 질병의 징후와 관련해서 설정된 기준에 적합한 사례를 말한다. 예를 들면, 대부분의 사람은 2개의 쌍으로 이루어진 23쌍의 염색체를 지니고 있지만, 21번 염색체가 3개인 경우를 다운증후군(Down syndrome)이라고 하는 것과 같이 유전적 이상이나 감염, 중독, 외상, 질병 등으로 인해 의학적 표준에 적합하지 않은 신체적, 정신적 특성을 지니고 있는 학생을 예외적인 학생이라고 한다(정동영, 2014).

사회학적 표준은 사회적으로 정의된 가치나 규범에 따른 표준으로 사회학에서 예외적이란 사회적으로 인정된 규칙이나 규범을 따르지 않는 사례를 말한다. 이런 규칙이나 규범은 문화에 따라 다르며, 주관적인 측면이 강하다. 그렇지만 사회의 규칙이나 규범을 위반하는 경우는 이상으로 간주된다. 예를 들면, 바람직한 사회생활이나 학교생활을 하는 데 필요한 규칙을 따르지 않고 위반하는 학생이나 사회생활이나 학교생활에 필요한 능력을 제대로 구비하지 않은 학생을 예외적인 학생이라고 한다(정동영, 2014).

이와 같은 예외적인 학습자에 대한 평등을 실현하기 위해 이들을 분리해서 행하는 교육을 전통적으로 특수교육(special education)이라고 명명해 왔다. 비록 보통의 평균적인 학생들과는 분리되지만, 교육의 기회를 제공받는다는 면에서 평등을 위한 조치로 받아들여져 왔던 특수교육은 1997년부터 '특별한 요구 교육(special needs education)'이라는 용어로 대체되어야 한다고 요구되었다. 이전의 용어인 특수교육은 주로 정규학교와는 다른 특수학교 또는 특수한 기관에서 이루어지는 장애학생의 교육을 언급하는 것으로 이해되어 왔다. 그러나 대다수 국가에서 많은 비율의 장애학생들이 일반학교에서 교육을 받고 있으며, 또 다른 국가에서는 특수교육이 장애범주에 포함되는 학생을 비롯해 다양한 이유로 학교에서 실패하는 학생들을 대상으로 이루어지고 있다(UNESCO, 1997). 그래서 특수교육이라는 용어는 교육 실제를 적절히 반영하지 못하는 용어라고 지적되었다. 특수교육을 대체한 특별한 요구 교육은 특별한 요구를 언급하도록 고안된 교육 중재(educational intervention)와 지원(support)으로 정의된다(OECD, 2004).

교육 중재란 학생이 학습하고 학교와 사회에 참여하는 것을 저해하는 방해물이 발생하지 않도록 예방하고, 방해물을 제거하며, 방해물을 극복하도록 자극하는 것을 말한다. 이런 교육 중재는 흔히 예방 중재(preventive intervention), 교정 중재(remedial intervention), 보상 중재(compensatory intervention)로 구분된다. 예방 중재는 문제나 결함을 초래할 수 있는 상황을 미리 방지하거나 문제나 결함이 더욱 심각하게 되는 것을 막는 중재를 말하며, 교정 중재는 문제나 결함 그 자체를 직접 교정하는 중재를 말한다. 그리고 보상 중재는 문제나 결함을 지니고 있으면서도 성공적으로 기능하도록 하기 위해 문제나 결함을 회피하거나 대체하는 방법을 제공하는 중재를 말한다(정동영, 2014).

지원이란 일반적인 자원 외에 '부가적인 자원(additional resources)'을 제공하는 것을 의미한다. 부가적인 자원은 일반학생을 위해 제공하는 일반적인 자원 외에 추가로 제공하는 자원을 말하며, 이러한 자원에는 일반학급보다 더 유리한 교사 대 학생 비율, 전일제 또는 시간제 보조원, 교사 훈련 프로그램 등의 인적 자원, 보청기, 교실의 수정, 특별한 교수 자료 등의 물적 자원, 특별한 요구를 지닌 학생에게 유리한 예산 분배 공식, 특별한 요구를 지원하는 데 드는 비용, 인적·물적 자원에 소요되는 비용 등의 재정 자원을 포함한다(OECD, 2004). 이런 추가 자원의 제공 여부는 학교에서 실패하는 학생의 효과적인 학습을 촉진하기 위해 그들의 교육과정, 교수 및 조직을 수정하고, 인적 자원 또는 물적 자원을 추가할 수 있는 정도에 따라 결정된다(Robson, 2005).

이와 같이 특별한 요구를 언급하는 교육 중재와 지원을 받아야 하는 학생은 학교에서 성공하지 못하고 실패하는 학생들이다. 학교에는 다양한 학생들이 있다. 모든 학생이 자신의 요구에 적절한 교육을 받아야 하지만, 특별한 요구로 인해 특별한 교육 중재와 지원을 받아야 하는 학생은 장애(disability), 곤란(difficulty), 불리(disadvantage)를 지닌 학생들이다(OECD, 2004).

장애란 의학적 용어로 기질적인 병리에 기인한 감각, 운동 또는 신경학적 결함과 관련된 시각장애, 청각장애, 지적장애, 지체장애 등을 말한다. 이러한 장애는 시대마다, 국가마다 다르게 정의된다. 그러나 1980년 세계보건기구(WHO)는 장애의 개념을 체계화하여 『국제 손상, 장애, 불리의 분류(international classification of impairments, disabilities, and handicaps: ICIDH)』를 발표하였다. ICIDH에서 손상이란 심리·생리해부학적 구조나 기능 상실 혹은 이상을 의미하고, 장애는 손상으로 인한 기능의 제한이 장기간에 걸쳐 지속될 것이라고 판단되어 정상의 범위 내에서 활동을 수행하는 능력의 제한이나 결여를 말한다. 그리고 불리는 환경 적응에 있어서 독립성의 상실이나 사회·경제적 개인생활 상의 역할수행과 관련된 제한성을 뜻한다. 그러므로 장애란 개인 차원에서 어떤 비정상성이 발생한 건강 조건으로서 원래 상태로 복귀할 수 없는 심리·생리해부학적 구조나 기능 상실 혹은 이상이 이루어져 주어진 지역적, 문화적 조건에서 보통 당연히 행할 수 있다고 생각되는 행위를 하는데 필요한 능력에 제한을 받아 사회적으로 불이익을 받게 되는 것을 말한다고 할 수 있다.

WHO는 1980년에 건강조건, 손상, 장애, 불리라는 개념으로 장애를 설명함으로써 사회적으로 불이익을 받는 상황을 강조하였다. 이는 분명 장애를 개인의 병리적 손상보다 사회적 관계에서 규정하고자 한 시도로 장애를 지닌 사람에 대한 사회적 책임을 강조하는 장애에 대한 정의이다. 그러나 2001년에 WHO는 장애인에 대한 사회적 불이익을 소극적으로 강조하기보다 더욱 적극적으로 강조하여 사회참여를 중심으로 장애를 보는 관점을 관철시키기 위하여 『국제 기능, 장애, 건강의 분류(International classification of functioning, disability, and health: ICF)』를 통해 장애를 건강조건, 손상, 활동 제한(activity limitation), 참여 제약(participation restriction), 맥락요인(contextual factors)이라고 정의하였다.

건강조건과 손상은 1980년의 장애 정의에 포함된 것과 같은 개념이며, 활동 제한은 장애를 대체하는 용어로 손상으로 인하여 활동을 수행하는 데 제한을 받는다는 능력의 개념이고, 참여 제약은 불리를 대체하는 용어로 활동의 제한으로 사회적으로 참여하는 데 제약을 받을 수밖에 없다는 기회의 개념이다. 그리고 맥락요인이란 개인적으로나 사회적으로 익숙하지 않은 맥락에서 활동에 제한을 받거나 참여에 제약을 받는 것이 아니라 익숙한 맥락에서 활동 제한이나 참여 제약을 경험하는 경우에만 장애로 정의한다는 개념이다. 대부분의 사람은 익숙하지 않은 맥락에서는 활동에 제한을 받고 참여에 제약을 받는다. 이러한 경우는 장애로 정의되지 않는다.

2001년 WHO의 새로운 장애의 정의인 ICF는 인간의 기능화에 중점을 두고 장애를 개인의 건강조건과 맥락요인, 즉 상황요인과의 상호작용을 통하여 설명한다. 예를 들면, 한 개인이 호흡기의 이상이라는 건강조건 때문에 호흡기의 기능이 손상되면 빠르게 걷거나 뛰는 활동에 제한을 받게 되고, 그런 제한으로 인하여 마라톤과 같은 게임에 참여하는 데 제약을 받게 되는 데, 이러한 제한과 제약의 정도는 대기 오염이라는 환경요인과 환자 자신의 개인 요인에 따라 다르게 된다는 것이다.

곤란은 주로 학생과 교육 맥락 간의 상호작용의 문제에서 비롯된 학습곤란 (learning difficulties)을 말한다. 학습곤란의 정의는 다양하나, 대부분 학생의 학습에 대한 능력이 자신의 연령에서 합리적으로 기대할 수 있는 수준 이하이면 학습곤란으로 간주된다. 이런 광범위한 정의는 가능한 원인이 되는 요인의 범위를 반영한다. 제한된 인지 발달과 같은 학업기술 또는 소근육과 대근육 기술과 같은 발달의 결함은 학습곤란의 토대가 된다(Hilton & Hilton, 2012). 학습곤란은 정의가 다양한 것과 같이 출현율의 추정도 차이가 난다. 학습곤란의 출현율은 50% 정도로 높이 추정될 수도 있지만, 평균적으로는 학생의 12~16%로 추정된다 (Watson & Boman, 2005). 학습곤란은 걷기나 말하기에 대한 학습과 같은 발달 이정표를 충족시키지 못하는 발달지체, 빈약한 소근육 기술을 지닌 협응 곤란, 정서 곤란, 제한된 환경 경험, 적절한 교육기회 부족, 질병, 가족 또는 사회적 상황으로 인한 학교교육 중단, 장기 입원을 요구하는 학생 또는 학습에 영향을 미치는 처치를 받는 학생과 같이 건강 문제 등을 지닌 학생을 포함한다(Department of Education and children's Services, 2010). 이러한 학습곤란 학생은 활발하지 않거나 비효율적으로 학습을 수행하며, 과제 이탈 행동과 주의산만 행동을 많이 나타내고, 새로운 학습과 이전 지식과 경험의 연결이 곤란한 특성을 나타내며(Watson & Boman, 2005), 이런 특성은 빈약한 자긍심 및 낮은 학업 수행 기대로 귀결되는 학습된 무기력과 조합된다(Hilton & Hilton, 2012). 이러한 포괄적인 정의의 학습곤란은 학습장애(learning disability)를 특정 하위집단의 하나로 포함한다. 학습장애는 자신의 연령 및 일반적인 능력에 대한 기대보다 유의하게 낮은 발달과 학업 기술에 문제를 드러내는 매우 적은 비율인 2~4%의 학생과 청소년으로 간주된다. 이 장애는 흔히 심각하고 장기간에 걸친 방향 혼란, 계열화 및 단기 기억 곤란을 포함하지만, 이들은 지적장애, 신체 및 감각 결함 또는 정서 곤란의 직접적인 결과로는 고려되지 않는다. 또한 이들은 부적합한 환경 경험이나 적절한 교육 경험의 결여에서 직접적으로 파생되는 것으로도 보이지 않는다(NHMRC, 1990, p. 2). 그래서 곤란은 장애나 불리를 지니지 않았음에도 불구하고 학교에서 실패하는 경우로 정의된다.

불리는 사회 경제, 문화, 언어 요인으로 인해 발생하는 불리함을 지닌 경우로 간주된다. 심한 영양실조나 빈곤한 환경은 학습의 저해 요인이 될 수 있으며, 집중력의 감퇴를 초래하는 심한 불안 및 학습과제의 실패 경험의 누적으로 인한 심리적인 좌절 등의 정서 문제도 학습에 곤란을 유발하는 불리한 요인이 된다. 이런 요인에는 빈곤, 이중 언어, 문화 차이 등이 포함될 수 있다(OECD, 2004).

이상에서와 같이 학습자들은 사회·경제적, 문화적, 언어적 배경은 물론 능력과 요구 및 선호와 학습양식 등에서 모두 동일하지 않고 이질적이며, 이 특성은 점점 더 커지고 있다. 이런 학습자의 이질성, 즉 다양성은 모두 자신의 배경, 능력, 요구, 선호 등에 적합한 교육과 지원을 요구하나, 이들 중에서 특히 장애와 곤란 및 불리를 지닌 학생들의 특별한 요구에 적절한 교육과 지원을 제공해야만 이들이 교육에 완전히 접근하고 참여하며 진보하고 실현하여 교육의 형평성을 이룰 수 있을 것이다.

Ⅱ 모두를 위한 교육과 형평성

민주주의는 자유와 평등을 기본적인 이념으로 한다. 자유와 평등은 동전의 양면과 같이 어느 것이 우선이라고 단언하기 쉽지 않다. 그렇지만 평등에 대한 요구는 자유에 대한 요구에 못지않게 중요하다. 평등을 보장하지 않는 사회를 민주사회라고 할 수 없기 때문이다. 그러나 사회는 인종, 언어, 성, 능력, 지위 등에 기초하여 인간에 대해 불평등한 대우를 한다. 이런 불평등의 대표적인 사례는 인종, 언어, 성, 능력, 지위 등을 이유로 특정 개인이나 특정 집단의 참여를 배제하는 경우이다. 참여를 존중하는 현대 사회에서 배제를 당하는 경우만큼 불평등한 일은 없다. 그러나 특별한 요구를 지닌 학생은 능력을 문제로 끊임없이 배제를 경험해 왔다. 이들은 이전에는 교육에서 배제되어 왔고, 교육의 기회를 얻고 난 이후에는 동네에 있는 일반학교에서 배제되어 일반학교와는 다른 특수학교에 다녀야만 했다. 이런 특별한 요구를 지닌 학생에 대한 불평등을 해소하기 위해 요구된 것이 통합교육(inclusive education)이다(정동영, 2010).

통합교육은 처음에 서로 나뉘어 떨어지는 분리(segregation)와 반대로 '모두 합쳐서 하나로 모음'이라는 의미를 지닌 통합(integration)이라는 용어로 표현되었다. 이는 교육에서 특별한 요구를 지닌 학생을 교육환경에 배치할 때 특수학교와 같이 평균적이거나 표준적인 보통의 학생들과 함께 할 수 없는 분리된 교육환경보다 보통의 학생들과 함께 할 수 있는 교육환경인 일반학교에 배치해야 한다는 의미에서 사용한 용어이다. 이런 통합(integration)의 의미는 특별한 요구를 지닌 학생을 그런 요구를 지니지 않은 학생들이 다니는 일반학교에 모두 합쳐야, 즉 통합해야 한다는 교육 환경의 통합만을 언급할 뿐, 통합된 환경인 일반학교에서 특별한 요구를 지닌 학생이 받는 교육의 질에 대해서는 언급하지 않는 문제점을 지니고 있었다(정동영, 2017). 특별한 요구를 지닌 학생은 일반학교에 통합된(integrated) 이후에도 그런 요구를 지니지 않은 학생들이 수행하는 과제나 활동에서 배제되거나 고립될 수 있다. 이런 이유로 현재 통합은 integration이란 용어 대신 부분을 전체에 포함하며, 부분을 전체의 일부로 간주함을 의미하는 용어인 inclusion을 사용하고 있다(Evans & Lunt, 2002).

통합(inclusion)은 필수적으로 학교나 지역사회가 특정 학생이나 특정 개인을 배제함이 없이 모든 학생이나 모든 개인을 공동체의 온전한 구성원으로 받아들여 그들이 기여하는 바를 인정해야 함을 함의한다. 통합이 성공적으로 이루어지기 위해서는 모든 개인이 반드시 활발히 공동체에 소속하고 환영받고 참여해야 한다. 이런 통합은 개인의 흥미와 능력, 성취의 다양성을 수용하며, 어떤 개인이라도 그들의 삶을 더 풍요롭게 해 주어야 한다. 이런 관점에서 "통합은 ... 자유로운 정치 체제와 다원론적 문화를 소중히 하는 사회, 즉 다양성을 찬양하며, 우애와 기회의 평등을 촉진하는 사회의 심장"(Thomas, 1997, p. 106)이라고 한다. 실제로 통합은 주류 환경과 지역사회의 참여를 증대하고 배제를 줄이는 과정(Booth & Ainscow, 1998), 다양성에 대한 긍정적 반응(Barton, 1997) 등으로 정의되고 있다. 그러므로 교육에서 통합은 모든 학생이 사회적, 학업적, 문화적 공동체에 소속하고 참여하며, 다른 사람과의 협력을 학습하고, 다양성을 존중하는 공동체에 자연스러운 참여자가 되는 것을 의미하는 개념이라고 할 수 있다.

이와 같은 통합의 개념이 처음에 교육과 관련되었을 때는 특별한 요구를 지닌 장애학생을 그렇지 않은 비장애학생을 교육하는 일반교육 교실에서 교육하는 것을 의미했다. 이런 통합은 차츰 전통적인 교육의 토대를 완전히 바꾸도록 요구하는 개념으로 자리를 잡았다. 즉, 통합은 전통적인 분리교육에 대해 "무엇이 특수한가?"라는 의문을 던지면서 '특수한(special)'이라는 용어를 '장애(disabled)'라는 용어 뒤에서 장막의 역할을 해 장애를 배제, 분리, 소외와 동일시하는 용어라고 규정한다. 그래서 통합은 장애학생이나 그러한 성인들이 주류학교인 일반학교와 주류사회인 일반사회와 분리된 특수학교나 시설에 배치되는 것에 대해 '유익하지 않다'고 거부한다. 실제로 장애학생이 분리된 교육 프로그램과 시설에서 제대로 성장하지 못한다는 증거들이 많다. 이들은 분리로 인해 배제와 외로움을 경험하며, 선택의 부족으로 고통을 당하고, 더 적게 성취를 한다(Ruppmann, 1991). 뿐만 아니라 일반학교와 일반사회에서 분리된 학생이나 그러한 성인은 평가절하를 당하며, 일반학교와 일반사회에 접근하는 데 제한을 받는다(Connora & Ferrib, 2007). 이런 문제들로 인해 통합은 장애학생도 주류학교인 일반학교의 일반교육 교실에서 교육을 받아야 하며, 그들의 특별한 요구도 일반학교의 일반교육 교실에서 충족되어야 한다고 요구한다. 이러한 요구에 따라 정의되는 통합교육의 개념에 내재된 가정은 다음과 같다.

- 모든 학생은 다양한 요구와 능력을 지니고 학교에 온다. 그래서 학생들은 근본적으로 다르지 않다.
- 일반교육 체제의 책임은 모든 학생에게 반응적이 되는 것이다.
- 반응적인 일반교육 체제는 높은 기대와 표준, 질 높은 학업적 교육과정과 유연하고 적절한 교수, 접근할 수 있는 환경 및 모든 학생의 교육적 요구

를 언급하기 위해 잘 준비된 교사를 제공한다.
- 일반교육의 진보는 충분한 이익, 권리 및 사회생활 경험을 즐기도록 교육받는 통합적인 사회의 시민을 육성하기 위해 함께 노력하는 학교와 지역사회에 의해 이루어지는 과정이다.

(Peters, 2007, p. 99.)

통합교육은 특별한 요구를 지닌 학생을 그들의 또래인 그런 요구를 지니지 않은 학생들과 근본적으로 다르지 않다고 보며, 이들도 또래들과 동일하게 모든 일반교실 내외의 활동에 참여하도록 허락하며 환영한다. 이런 점에서 통합교육을 실시하는 학교들이 지니게 되는 특징은 다음과 같다.

- 통합학교는 지역사회에 기초한다. 통합학교는 전체 지역사회를 반영한다. 학교 공동체의 구성원은 개방적이고 긍정적이며 다양하다. 그것은 선택적이지 않으며, 배제되거나 거부되지도 않는다.
- 통합학교는 무장애(barrier-free)이다. 통합학교는 물리적(예: 건물과 실내), 교육적(예: 교육과정, 지원체제, 의사소통)으로 모든 구성원이 접근 가능하다.
- 통합학교는 협력을 지원한다. 통합학교는 다른 학교와 경쟁하는 대신 함께 노력한다.
- 통합학교는 형평성을 촉진한다. 통합학교는 민주적이다.

(Thomas, Walker, & Webb, 1998, pp. 15-16.)

- 통합학교는 우정을 증대하는 것을 지향한다. 학생은 모두 학교 교실의 구성원이 되며, 학교에서의 사회생활에 함께 한다.
- 통합학교는 참여를 촉진한다. 방관자가 되지 않는 진정한 참여는 모든 사람이 다른 사람과 사회적으로 관련되는 기회의 창출과 참여에 대한 적극적인 자극이라는 두 가지 과정을 포함한다.
- 통합학교는 민주주의를 증진한다. 모든 의견은 경청된다. 모든 학생은 자신의 교육에 관한 문제에 영향을 미칠 수 있고, 비판할 수 있는 기회를 가진다.

• 통합학교는 더 큰 이익을 가져온다. 모든 학생은 배우고 참여할 수 있는 교육을 받는다.

(Haug, 2003, pp. 97-98.)

통합교육은 일반교육 교실에서 특별한 요구를 지닌 학생을 지원하기 위해 설계된 교육 접근법이다(Choate, 1997; Kochar, West, & Taymans, 2000). 즉, 통합교육은 특별한 요구를 지닌 학생이 그런 요구를 지니지 않은 학생과 함께 일반교육 교실에서 그들의 특별한 요구에 적절한 교육을 받도록 하기 위해 일반학교에 융통성 있고 반응적인 체제를 구축해야 한다고 요구한다(Lipsky & Gartner, 1987). 이런 학교의 체제는 유연한 교육과정, 적절히 준비된 교사, 다양성을 환영하는 학교 문화 등을 요구한다. 이 말은 통합교육은 특별한 요구를 지닌 학생이 일반교육 교실의 구성원이 되기 위해 변화되거나 준비되어야 하는 것이 아니라, 특별한 요구를 지닌 학생은 당연히 일반교실의 구성원이 될 자격과 권리를 지니고 있기 때문에 이들의 구성원으로서의 자격을 인정하기 위해 변화되고 준비되어야 하는 것은 교실이나 학교이며 체제라는 것이다. 그래서 통합교육은 특별한 요구를 지닌 학생의 더 많은 교육 접근, 참여 및 성과를 달성하고 유지하기 위해 교육체제의 본질을 변경하는 것을 목표로 한다(Artiles, Kozleski, & Gonzalez, 2011).

이와 같이 통합교육은 다양성을 존중하고 모두의 권리를 인정하면서 체제의 변화를 요구한다. 통합교육은 전통적인 교육체제인 장애학생을 일반학교에서 분리해서 그렇지 않은 학생들과 다르게 교육하던 분리교육을 합법화시키는 장애범주의 구분, 일반교육 교사와 다른 자격증을 지닌 특수교육 교사, 장애학생을 위한 치료사, 상담사, 평가사, 학교 심리학자 등과 같은 전문가, 일반교육 프로그램과 다른 교육 프로그램과 같은 분리된 장치들에 대해 문제를 제기한다(Connora & Ferrib, 2007, p. 64). 이런 요구를 반영해 1994년 스페인의 Salamanca에서 개최된 UNESCO의 특수교육 국제회의는 통합교육에 대해 다음과 같이 선언했다.

통합을 지향하는 일반학교는 차별적인 태도에 맞서고, 우호적인 지역사회를 만들어내며, 통합적인 사회를 건설하고, 모두를 위한 교육을 성취하는 더욱 효과적인 수단이다. 또한 이런 학교는 대다수의 학생에게 효과적인 교육을 제공하며, 전체 교육체제의 효율성과 궁극적으로 비교 효과성을 향상시킨다.   (UNESCO, 1994, p. 2.)

　　UNESCO의 Salamanca 선언은 특별한 요구를 지닌 학생의 통합교육에 관해 당위성은 물론 그 정당성을 분명히 규정한 문서이다. UNESCO의 Salamanca 선언은 "인간의 차이는 정상적이며, 학습은 학생을 미리 정해진 학습과정의 속도와 본질에 맞추기보다 학생의 요구에 따라 조절되어야 한다"(UNESCO, 1994, p. 7)고 규정한다. 뿐만 아니라 Salamanca 선언은 "모든 학생은 독특한 특성, 흥미, 능력, 학습 요구를 지니고 있다"(UNESCO, 1994, p. 2)고 규정한다. 이러한 학습과 학생에 대한 가정은 개인 수준의 결함에 초점을 맞추어야 하는 것이 아니라 제도 수준에서 학생 중심의 질적 교수에 대한 접근과 동등한 기회에 초점을 맞추어야 한다는 것이다. 이런 UNESCO의 Salamanca 선언은 통합교육을 2000년에 UN에서 발표한 '새 천년 개발 계획(Millennium Development Goals: MDG)'의 목적 달성을 위한 주변화와 배제의 문제를 해결하는 핵심 전략이며, 특별한 요구를 지닌 학생만이 아니라 '모두를 위한 교육(education for all)'을 안내하는 원리로 정의해 그 탁월함을 인정받고 있으며, 국제적으로 통합교육의 실행에 기술적 보조를 제공하고, 다분야 협력을 지원하고 자극하는 데 공헌하고 있다.

　　모두를 위한 교육은 원래 1990년 태국의 Jomtien에서 155개국의 참여자와 160개국의 정부와 비정부기구의 대표들이 모여 채택한 World declaration on education for all and framework for action to meet basic learning needs에서 싹이 터 2000년 Senegal의 Dakar에서 채택한 The Dakar framework for action: Education for all: Meeting our collective commitments를 통해 개발되었다(UNESCO, 2000). 모두를 위한 교육은 2015년까지 모든 학생, 청년 및 성인의 기초교육에 대한 공정한 접근과 질을 보장하고 개선하는 것을 중심 목표로 설정했다. 모두를 위한 교육은 주요한 초점을 빈곤국과 개발도상국에서 가장 취약하고 불리한 개인과 집단을 표적으로 하여 학습과 학교교육의 관념을 재정의하고, 발달을 촉진하는 전통적인 지식에 대한 인식을 계발하는 프로젝트를 착수해야 한다고 믿었다(Lavia, 2007).

모두를 위한 교육은 UN의 교육 기본권 운동이며, UNESCO가 추진하고 있는 교육에 관한 최대 핵심 사업이다. UNESCO는 1990년 '모두를 위한 교육에 관한 세계 선언(World Declaration on Education for All)'을 채택해 "세계 모든 국가는 연령, 성, 계층, 지역 등에 따른 차별 없이 누구나 평등한 양과 질의 교육을 받을 수 있도록 해야 한다."고 천명하고, 2000년에 Senegal의 Darkar에서 2015년까지 달성할 'Dakar 모두를 위한 교육 실행 계획(Education for All Dakar Framework for Action)'을 채택했다(UNESCO, 2000).

이상에서와 같이 특별한 요구를 지닌 장애학생의 배제를 언급하기 위해 요구된 통합의 개념은 현재 교육만이 아니라 인종, 계층, 계급, 성, 성 정체성, 지식 체계, 문화, 민족에 관한 개념으로 확장되고 있다. 그에 따라 처음에 장애학생의 통합을 위해 요청된 통합교육은 점점 주변화되고 배제되고 취약한 학생들의 배제를 언급하는 데로 확장되어 모두를 위한 교육의 원리로 수용되고 있다. 이런 통합교육은 그동안 상당한 저항에도 불구하고 점진적으로 세계적인 운동이 되어 현재 국제적으로 모든 학생의 다양성을 지원하는 일반교육의 개혁 원리로 간주되고 있다(UNESCO, 2001; 2005). 이 운동의 핵심은 전형적으로 분배 패러다임에 토대를 둔 정의에 대한 관심사이다(Artiles, Kozleski, Dorn, & Christensen, 2006). 정의로운 사회를 위해 평등한 분배와 교육 자원에 대한 접근의 증대에 초점을 맞춘 야심적인 의제를 추구하는 통합교육은 분명히 전형적인 교실로 장애학생을 통합하는 것을 초월하는 것을 전제로 한다(Slee, 2009). 따라서 일부 장애학생의 교육 접근을 위한 수단으로 확립된 통합교육은 현재 세계적으로 교육에서 실패하여 배제되고 소외되는 학생을 포함한 모두를 위한 교육으로 진전되어 모든 학생의 교육의 형평성을 실현하기 위해 교육체제를 재구조화하고 자원을 재분배하는 원리로 강조되고 있다고 할 수 있다.

Ⅲ 교육의 형평성 실현을 위한 통합교육의 실행 방법

교육현장에서 통합교육의 실행은 통합학교가 특별한 요구를 지니지 않은 학생뿐만 아니라 특별한 요구를 지닌 학생까지 포함하여 융통성 있고 반응적인 체제를 구축한다는 의미이다. 오늘날의 학교에는 전통적인 교육 방식으로는 학교수업을 따라가기 힘들어하는 주변화되고 배제되고 있는 학생들이 증가하고 있다. 즉, 학교 구성원들은 다양화 되어 가고 있으나 학생들의 다양한 요구에 학교가 반응하는 데 어려움을 겪고 있는 것이다. 학생들의 요구에 반응적이지 못한 수업은 문제행동의 증가와 연계되고 궁극적으로 학교의 구성원 모두가 소속감과 공동체 의식을 갖는 데 어려움을 겪게 된다. 통합교육은 장애학생만의 성장을 위한 교육이 아니라 모든 학생들의 성장을 위한 교육이라는 입장에서 본 절에서는 보편적 차원에서 모든 학생에게 지원 가능한 전략들을 살펴보고자 한다. 구체적으로 수업 측면에서 보편적 학습설계를, 행동지원 측면에서 긍정적 행동지원을, 정서적 지원 측면에서는 사회정서학습에 대해 소개한다.

1 보편적 학습설계

기존 일반교육과정은 다양한 유형의 학습자 특성에 민감하게 반응하지 못하고 개별 학생들의 교육적 요구를 충족시키기에는 어려움이 있었다. 통합교육은 모든 학생 개개인의 다양성과 차이를 존중하고 모든 학생들의 교육권 보장을 전제로 한다. 따라서 일반교육과정 내에서 다양한 능력의 학생들이 교육적 성취를 달성할 수 있도록 지원하기 위한 반응적인 교육이 필요하다. 이러한 고민의 과정에서 대두된 방법 중 하나가 보편적 학습 설계(Universal Design for Learning)이다(조선화, 박승희, 2011). 보편적 학습 설계는 1980년대에 처음 건축학 분야에서 사용된 보편적 설계(Universal Design)에 그 뿌리를 두고 있다. 보편적 설계는 장애인이든 노약자든 최대한 모든 사람들의 지역사회 생활의 완전한 참여를 촉진하고 가능한 추후 수정의 가능성을 최소화 하는 설계라고 볼 수 있다. 보편적 학습 설계는 학습측면에서 장애 여부나 학생의 흥미, 현재 학습수준이나 학습 방식과 같은 다양한 특성을 가진 모든 학생들이 교육상황에서 성공할 수 있도록 돕기 위한 방안으로 교육분야의 보편적 설계라고 볼 수 있다. 보편적 학습 설계에 관한 개념과 구체적인 실행 지침 등을 제시하고 꾸준히 연구결과를 보고하고 있는 곳으로 응용특수교육공학센터(Center for Applied Special Education Technology, 이하 CAST)가 있다(김남진, 김용욱 역, 2000/2010).

CAST에서는 그동안의 연구에 기반하여 보편적 학습 설계에 관한 지침을 제공하고 있는데 가장 최신 지침은 2.2 version(CAST, 2018)으로 [그림 13.2]와 같다. CAST에 따르면 크게 세 가지 기본 원칙이 보편적 학습 설계를 이루는데 다양한 참여수단의 제공, 다양한 표상 수단의 제공, 다양한 행동 및 표현 수단의 제공이 그것이다. 첫 번째 원리는 다양한 참여수단의 제공으로, 학습자가 왜 학습해야 하는지 이유를 인지하고 학습에 목적의식을 가지고 참여할 수 있도록 학습 동기를 부여하는 것이다. 학생들마다 학습에 참여하거나 동기 부여되는 방법이 다르다는 사실에 기반하여 수업의 설계 단계에서부터 학생들이 학습에 흥미를 느낄 수 있도록 다양한 선택을 제공할 필요가 있다. 흥미가 유발된 학습이 지속될 수 있도록 학습목표의 중요성을 뚜렷하게 부각시키거나 자료를 다양화하여 난이도를 모든 학습자에게 최적화하고 동료와의 협력이 가능한 공동체를 육성하며 성취지향적인 피드백을 제공할 수 있다. 또한 학습의 과정에서 부딪힐 수 있는 좌절 상황에서도 개인적으로 대처할 수 있는 자기조절 능력을 기를 수 있도록 하여 목적의식과 학습 동기가 뚜렷한 학습자로 성장할 수 있도록 지원한다.

두 번째 원리는 다양한 표상 수단의 제공으로, 정보를 인지하고 이해하는 방법이 다양한 학습자들이 학습내용을 명확하게 인지하고 이해할 수 있도록 학습 자료를 다양한 방식으로 제시하는 것이다. 모든 학습자가 교과서와 같은 인쇄된 자료만을 통해 학습내용을 모두 파악할 수 있는 것은 아니기 때문에, 동일한 내용의 정보를 시각적 혹은 청각적 수단을 통해 파악할 수 있도록 다양한 제시방법을 활용한다. 또한 언어나 수식, 기호와 같은 다양한 형식으로 제공된 정

그림 13.2 　보편적 학습설계 가이드라인

다양한 **참여** 수단 제공	다양한 **표상** 수단 제공	다양한 **행동, 표현** 수단 제공
학습은 "왜"와 관련된 정서적 네트워크	학습은 "무엇"과 관련된 인지적 네트워크	학습은 "어떻게"와 관련된 전략적 네트워크

	다양한 **참여** 수단 제공	다양한 **표상** 수단 제공	다양한 **행동, 표현** 수단 제공
접근	**흥미를 돋우는 다양한 선택 제공(7)** • 개인의 선택, 자율성 최적화(7.1) • 학습자와의 관련성, 가치, 현실성 최적화(7.2) • 위협이나 주의 분산 최소화(7.3)	**인지 방법의 다양한 선택 제공(1)** • 정보 게시 방법을 학습자에게 맞게 제공(1.1) • 청각 정보의 대안 제공(1.2) • 시각 정보의 대안 제공(1.3)	**신체 표현의 다양한 선택 제공(4)** • 반응 방식, 자료 탐색 방식 다양화(4.1) • 도구, 보조공학 기기에 대해 접근 최적화(4.2)
설계	**지속적인 노력과 끈기를 돕는 선택(8)** • 목표와 목적의 중요성 부각(8.1) • 요구 사항, 자료 다양화하여 난이도 최적화(8.2) • 협력, 동료 공동체 육성(8.3) • 성취 지향적 피드백 증진(8.4)	**언어, 기호의 다양한 선택 제공(2)** • 어휘와 기호등의 뜻 명료화(2.1) • 글의 구문과 구조 명료화(2.2) • 문자, 수식, 기호의 해독 지원(2.3) • 언어 간 이해 증진(2.4) • 다양한 매체를 통한 의미의 분명한 제시(2.5)	**표현, 의사소통의 다양한 선택 제공(5)** • 의사소통을 위한 다양한 매체 사용(5.1) • 작품의 구성, 제작을 위한 다양한 도구의 사용(5.2) • 연습과 수행을 위한 단계별 지원 수준을 점차 줄이면서 능숙도 구축(5.3)
내면화	**자기 조절 능력을 기르기 위한 선택 제공(9)** • 동기부여를 최적화 하는 기대와 신념 촉진(9.1) • 개인 대처 기술과 전략 촉진(9.2) • 자기 평가, 성찰 발전(9.3)	**이해를 돕기 위한 다양한 선택 제공(3)** • 배경 지식 활성화 또는 제공(3.1) • 패턴, 중요한 특징, 빅 아이디어 및 관계 강조(3.2) • 정보 처리와 시각화 안내(3.3) • 전송 및 일반화 극대화(3.4)	**실행 기능을 위한 다양한 선택 제공(6)** • 적절한 목표 설정 안내(6.1) • 계획, 전략 개발 지원(6.2) • 정보, 자료 관리 촉진(6.3) • 학습 진행 상황 점검 능력 강화(6.4)

목표	아래와 같은 **전문적 학습자**를 목표로 한다.		
	목적의식과 학습동기가 뚜렷한 학습자	풍부한 학습 자원과 지식을 갖춘 학습자	전략적이고 목표 지향적인 학습자

출처: CAST (2018). Universal Design for Learning Guidelines version 2.2.[graphic organizer]. Retrieved from http://udlguidelines.cast.org

보에 대한 접근성을 높이기 위해 언어나 수식 등을 단순화하여 전달해 학습내용의 의미를 명료하게 전달한다. 이러한 다양한 방식을 통해 정보를 제시하는 것은 학습자의 학습내용에 대한 이해를 증진시키기 위한 것으로 학습내용에 관한 배경지식을 제공하거나 선행지식을 활성화하고 패턴이나 핵심내용을 강조하는 방법 등이 이에 해당한다.

세 번째 원리는 행동 및 표현 수단을 제공하는 것으로 학습자가 이해한 학습내용을 학습자가 선호하는 수단을 활용하여 표현할 수 있도록 한다는 의미이다. 예를 들어, 소근육 활용에 어려움이 있는 장애학생의 경우 전통적인 지필평가 방식의 반응 이외에 보조공학 기기를 활용하여 자신이 이해한 내용을 표현할 수 있다. 즉, 학습과정에서 학습자가 질문하고 이해한 내용을 표현하는 상호작용 속에서 다양한 매체의 사용을 격려하고 학습자가 자기 스스로 학습을 관리하고 실행할 수 있는 실행전략을 구체적으로 교수하고 제공한다.

정리해 보면 보편적 학습설계는 장애학생을 포함한 모든 학생을 위하여 사전에 이들이 지닌 차이를 다양한 교수방법, 다양한 교수매체, 다양한 평가 방법 등의 사용으로 융통성 있게 조정하는 사전 교수계획이라고 할 수 있다.

2 긍정적 행동지원

통합교육 현장에서 교사들이 장애학생을 지도하는데 가장 많은 지원을 필요로 하는 분야는 문제행동으로 나타나고 있다(최선실, 박승희, 2001). 사실 최근 미디어에서 보고되고 있는 일련의 학교폭력, 집단따돌림, 학교 부적응에 관한 뉴스들을 접하다 보면 학교현장에서 학생들의 행동관리 문제는 비단 장애학생에게만 국한된 문제가 아닌 모든 교사들에게 큰 도전이 아닐 수 없다. 전통적으로 장애학생의 문제행동은 행동의 이유에 대한 분석 없이 행동 발생 이후 벌 중심의 사후 처방적인 중재가 주를 이루었다. 그러나 이러한 전통적인 방식으로 문제행동을 예방하고 통합교육의 질을 제고하는 데는 한계를 느끼면서 등장한 것이 긍정적 행동지원이다(이소현, 박지연, 박현옥, 윤선아 역, 2005/2008).

긍정적 행동지원은 문제행동이 발생한 이후에 중재를 제공하기보다는 보편적인 교수 맥락 안에서 예방에 초점을 맞추어 적용하는 것이 모든 학생의 학업 참여 기회를 확대하고 서로간 긍정적인 관계를 개발하여 장기적인 성과를 제고하는 데 효과적이라는 점이 강조되면서 학교 전체 차원에서 체계적이고 포괄적인 지원을 제공하려는 노력에서 시작되었다(Turnbull et al., 2002). 이를 학교 차원의 긍정적 행동지원이라고 하는데 보편적 차원에서 문제행동의 예방과 감소, 적응 기술에 대한 적극적 교수, 문제행동을 위한 후속결과의 제공뿐만 아니라 가장 수정하기 어려운 문제행동을 보이는 학습자를 위한 개별 차원의 지원도 역시 제공할 수 있다(박승희, 최하영, 박은영, 김은하 역, 2014/2018).

학생들의 행동관리에 성공적인 학교란 예측가능하고 긍정적이며 일관적인 환경을 의미한다. 즉, 학생들은 학교에서 기대되는 행동을 명확히 알고 있고, 기대되는 행동을 하는 방법을 학습하여 알고 있으며, 그러한 행동을 학교에서 실행하려 노력하며, 그러한 학생들의 노력이 인정받고 격려 받는다는 것을 의미한다. 따라서 학교 차원의 긍정적 행동지원의 실행을 위해서는 학교 전체 차원에서 기대되는 행동 정의하기, 기대행동의 일관적이고 주기적인 반복 교수, 기대행동 수행에 대한 감독 및 격려, 추후 의사결정을 위한 자료 수집 및 활용이 요구된다(이소현, 박지연, 박현옥, 윤선아 역, 2005/2008).

3 사회정서학습

성공적인 통합교육 환경은 장애학생이 학교에서 소속감을 느끼며 비장애학생과 상호작용하고 정서적 지지를 받는 환경이라고 할 수 있다. 이러한 환경의 조성을 위해서는 장애학생뿐만 아니라 비장애학생 모두에게 타인을 존중하고 배려하는 의사소통 기술, 부정적인 또래의 압력에 저항하는 기술, 자신의 충동을 조절하는 기술, 자기관리기술 등이 요구되는데 이러한 기술들을 사회정서적 역량이라고 한다. 학생들의 사회정서역량을 향상시키고자 개발된 접근 중 하나가 사회정서학습(Social Emotional Learning)이다. 사회정서학습은 학습자들이 자신의 정서를 인식하고, 관리하며, 타인에 대한 관심과 배려를 보여주고, 긍정적인 대인관계를 형성하며, 책임감있는 의사결정을 내리고 어떤 상황에 대처하기 위해 필요한 지식, 태도, 그리고 기술을 획득하도록 돕는 프로그램으로 미국에서는 다양한 프로그램들이 개발되어 그 효과가 보고되고 있다(신현숙 역, 2010/2011). 사회정서학습은 다섯 가지의 핵심요인을 포함하고 있는데 자기인식, 자기관리, 사회적 인식, 인간관계 기술, 책임있는 의사결정이 그것이다(염철현, 2013). [그림 13.3]은 사회정서학습을 교수하기 위한 접근법들과 성과에 대한 설명으로, 사회정서학습은 기존에 출판되어 있는 사회정서학습 프로그램(예, 강한 아이)(김영래 역, 2007/2014)을 교수하거나 교수내용을 교육과정 안에 삽입하여 교수하는 방법 등이 있다. 이를 통한 단기성과로는 사회정서학습의 다섯 가지 핵심영역에서의 기술 습득과 더불어 학생들의 자신·타인·학교에 대한 태도가 향상되고 전반적인 학습환경이 개선된 것으로 나타났다. 또한 학생들의 정서·행동 및 학습성과 측면에서도 향상된 결과가 보고되고 있다(CASEL, 2019).

통합교육환경에서 장애학생과 비장애학생의 상호이해 및 상호작용을 촉진하고, 공동체 의식을 함양시키기 위한 방안으로 장애학생의 장애에 초점을 맞춘 교육을 지양하며 전반적인 사회정서적 역량향상을 통한 인성교육 차원에서 접근하고자 하는 움직임도 있다. 사회정서학습은 바로 이러한 통합교육의 정서적 지원 및 인성교육 차원에서 활용가능한 접근 중 하나이다.

그림 13.3 사회정서학습의 접근법 및 성과

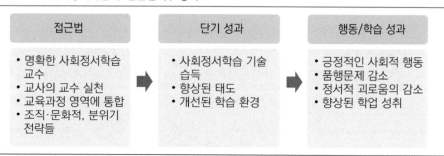

접근법	단기 성과	행동/학습 성과
• 명확한 사회정서학습 교수 • 교사의 교수 실천 • 교육과정 영역에 통합 • 조직·문화적, 분위기 전략들	• 사회정서학습 기술 습득 • 향상된 태도 • 개선된 학습 환경	• 긍정적인 사회적 행동 • 품행문제 감소 • 정서적 괴로움의 감소 • 향상된 학업 성취

출처: https://casel.org/what-is-sel/approaches/

더 생각해 볼 문제

01 (형평성의 개념) 형평성의 개념은 시대에 따라 각각 다르게 정의되어 왔다. 그동안 형평성은 어떻게 정의되어 왔으며, 현재는 어떻게 정의되고 있는지 알아보자.

02 (장애의 유형) 장애란 기능의 손상으로 인하여 활동을 수행하는데 제한을 받고 사회적으로 참여하는데 제한을 받는 것을 말한다. 이러한 장애에는 어떤 유형이 있으며, 그 각각의 특성을 알아보자.

03 (학습곤란) 학습곤란이란 자신의 연령에서 기대되는 수준 이하로 학습을 하는 아동을 말한다. 이러한 학습곤란을 지닌 아동들을 유형화하고, 그 각각의 특성을 조사해보자.

04 (불리) 불리는 사회 경제·문화·언어 요인으로 인해 학교생활에 불리함을 지닌 경우이다. 그 각각에 속하는 사례를 찾아보자.

05 (분리교육의 문제점) 통합교육은 장애아동의 교육권을 보장하기 위해 실시되어 온 분리교육의 문제로 인해 요구되었다. 전통적으로 이루어져 온 장애아동의 분리교육의 문제점을 알아보자.

06 (보편적 학습설계) 교실에서 장애학생을 포함한 다양한 학습자의 학업적 성취를 지원하기 위해 보편적 학습설계를 적용한 수업지도안을 작성해보자.

07 (긍정적 행동지원) 행동문제의 예방을 위해 학급 차원(Classwide Positive Behavior Support)의 긍정적 행동지원을 제공하기 위한 구체적인 지원방안에 관하여 선행연구를 찾아보자.

❑ Sailor, Dunlap, Sugai와 Horner(2011)의 『Handbook of Positive Behavior Support』: 긍정적 행동지원(Positive Behavior Support)을 처음으로 개념화하고 실제를 발전시켜온 4명의 학자가 그간의 긍정적 행동지원의 시작과 발전에 관하여 종합 정리한 책이다. 긍정적 행동지원의 역사와 실제 및 앞으로 나아가야 할 방향에 대하여 총체적으로 정리하고 생각해 볼 수 있는 자료를 제공하고 있다.

❑ Ralabate(2016)의 『Your UDL Lesson Planner: The Step-by-Step guide for teaching all learners』: CAST에서 제시하고 있는 모든 학생을 위한 보편적 학습 설계를 수업상황에서 적용하는데 필요한 과정을 단계별로 제시하고 있다. 독자들의 이해를 돕고자 동영상 자료와 핸드아웃 등을 함께 제공하고 있는 실용서이다.

❑ Thomas M. Skrtic의 『장애와 민주주의: 탈현대 사회 (특수)교육의 재구조화(Disability and Democracy: Reconstructing (Special) Education for postmodernity』: 이 책은 모든 학생이 더욱 특별하고 인간적인 곳에서 교육을 받도록 교육기관을 만드는 것(재구조화) 없이는 특수교육을 윤리적으로 제거할 수 없다는 의미에서 '교육'이란 단어 앞에 '특수'라는 말을 괄호 안에 묶어 장애아동을 포함한 모든 아동을 위한 교육개혁을 요구하고 있다. 따라서 이 책은 20세기의 특수교육과 무능력의 개념 해체를 정당화하기 위해 저술되었고, 후기 산업사회의 정치, 경제, 문화의 가능성 범위 내에서 (특수)교육의 재구조화를 위한 실질적이고 방법론적인 좌표를 제시하고 있다.

❑ 김기창의 『한국시각장애실록』: 이 책은 우리나라의 개화기 초인 1880년대부터 최근까지 있었던 시각장애인과 관련된 일들을 연대순으로 소개하고 있는 3,000페이지에 이르는 방대한 양의 역사 기록이다. 이 책은 17개 분야로 내용을 분류하여 본문의 표제어를 제시하고 있어 내용을 찾아보기 쉽다. 이 책이 시각장애인과 관련된 내용들로 구성되어 있지만, 분야에 특수교육 일반, 특수학교 교육과정과 이료교육, 특수학급, 고등교육 등이 포함되어 있어 시각장애이외의 장애 분야에 대한 내용도 다루고 있다. 이 책을 통해 우리나라의 특수교육과 관련된 인물, 기관 등은 물론 특수교육에서 일어났던 일들을 쉽게 찾아볼 수 있다.

연습문제

01 사회정서학습의 적용이 통합교육의 질 제고에 미치는 영향에 대하여 토론해 보자.

02 장애, 곤란, 불리를 지닌 학생이 특별한 요구로 인해 학교에서 성공하기 위해서는 보통의 학생들에게 제공하는 자원 외에 추가적인 지원을 받아야 한다. 이들이 받아야 하는 부가적인 자원의 유형과 그 종류를 조사해 보자.

03 통합교육은 모두를 위한 교육으로, 장애학생은 물론 비장애학생에게도 다양한 이점을 지니고 있다. 통합교육이 장애학생과 비장애학생에게 주는 이점을 찾아보자.

참고문헌

김남진, 김용욱 역(2010). 교육에서의 보편적 설계. 서울: 시그마프레스. (원저자 Bowe, F. G. 2000년 출판).

김영래 역(2014). 강한아이: 초등고학년용. 서울: 교육과학사. (원저자 Merrell, K. W. 2007년 출판).

김은정, 김춘화, 이상수(2015) 사회정서학습 프로그램이 초등학생들의 사회정서역량과 공동체의식 개선에 주는 의미 탐색. **교육방법연구**, 27(4), 511-534.

박승희, 최하영, 박은영, 김은하 역(2018) **특수교육요구 학습자 어떻게 가르칠 것인가: 증거기반 교수전략의 적용.** 서울: 교육과학사. (원저자 Mitchell, D. 2014년 출판)

신현숙 역(2011). **사회정서학습: 정신건강과 학업적 성공의 증진.** 서울: 교육과학사. (원저자 Merrell, K. W., & Gueldner, B. 2010년 출판)

염철현(2013). 미국의 「학업적·사회적·감성적 능력함양을 위한 학습법」 제정 및 시사점. **교육법학연구,** 25(3), 159-179.

유영옥(2007). **상징과 기호의 정치행정론.** 서울: 학문사.

이소현, 박지연, 박현옥, 윤선아 역(2008). **장애학생을 위한 행동지원**. 서울: 학지사. (원저자 Bambara, L.M., & Kern, L. 2005년 출판)

정동영(2007). 미래 사회의 요구와 특수교육 비전 2030. 교육혁신위원회 · 국립특수교육원. 특수교육 비전 2030 세미나 자료집, 11－28.

정동영(2010). 통합의 패러다임에서 본 정상화의 유산과 함정. **지적장애연구**, 12(4), 141－162.

정동영(2014). 특수아동과 특수교육. 정동영, 김봉세, 김석진, 김영석, 김정민, 유진수, 정윤우, 정현우. **예비교사를 위한 특수교육학**. 경기: 교육과학사. 15－35.

정동영(2017). **장애아동 통합교육론**. 경기: 교육과학사.

조선화, 박승희(2011). 보편적 학습 설계를 적용한 초등 과학수업이 통합학급 학생들의 과학 학습성취도에 미치는 영향. **특수교육학연구**, 46(2), 51－84.

최선실, 박승희(2001). 통합교육 실시를 위한 원적학급 교사의 지원 요구. **초등교육연구**, 14(2), 319－347.

Artiles, A. J., Kozleski, E., Dorn, S., & Christensen, C. (2006). Learning in inclusive education research: Re－mediating theory and methods with a transformative agenda. *Review of Research in Education, 30,* 65－108.

Artiles, A., Kozleski, E. B., & Gonzalez, T. (2011). Beyond the allure of inclusive ed－ucation in the United States: Facing difficult questions, tracing enduring challenges. *Revista Teias. 12, 24, 285－308.* Retrieved from the web: http://www.periodicos.proped.pro.br/index.php?journal＝revistateias&page＝article&op＝view&path%5B%5D＝820. Published in Portuguese.

Barton, L. (1997). Inclusive education: Rommantic, subversive or realistic? *International Journal of Inclusive Education, 1,* 231－242.

Booth, T., & Ainscow, M. (Eds.). (1998). *From them to us: An international study of inclusion in education.* New York: Routledge.

CAST (2018). Universal design for learning guidelines version 2.2.[graphic organizer]. Retrieved from http://udlguidelines.cast.org

Choate, J. S. (Ed.). (1997). *Successful inclusive teaching: Proven ways to detect and correct special needs.* Needham Heights, MA: Allyn & Bacon.

Connora, D. J., & Ferrib, B. A. (2007). The conflict within: resistance to inclusion and other paradoxes in special education. *Disability & Society, 22(1),* 63－77.

Christensen, C., & Dorn, S. (1997). Competing notions of social justice and contra－dictions in special education. *Journal of Special Education, 31,* 181－198.

Demeuse, M., Crahaym, M., & Monseur, C. (2001). Efficiency and equity. In W. hut—macher, D. Cochrane, & Bottani (Eds.), *In pursuit of equity in education: Using international indicators to compare equity policies.* Dordrecht: Kluwer Academic Publishers.

Department of Education and children's Services (2010). About learning difficulties. Adelaide, SA: DECS Retrieved from www.decs.sa.gov.au/speced/pages/spe—cialneeds /learningdifficulties/

Evans, T., & Lunt, I. (2002). Inclusive education: Are there limits? *European Journal of Special Needs Education, 17(1),* 1—14.

Haug, p. (2003). Qualifying teachers for the school for all. In K. Nes, M. Strømstad, & T. Booth, *Developing inclusive teacher education* (pp. 97—115). New York: Routledge.

Hilton, G., & Hilton, A. (2012). Facts about students with learning difficulties. In A. Asher, & J. Elkins (Eds.), *Education for inclusion and diversity* (4th ed., pp. 290—292). Frenchs Forest, NSW: Pearson.

Kochar, C. A., West, L. L., & Taymans, J. M. (2000). *Successful inclusion: Practical strategies for a shared responsibility.* Upper Saddle River, NJ: Prentice Hall.

Lavia, J. (2007). Repositioning pedagogies and postcolonialism: Theories, contradictions and possibilities. *International Journal of Inclusive Education, 11*(3), 283—300.

Lipsky, D. K., & Gartner, A. (1987). Capable of achievement and worthy of respect: Education for handicapped students as if they were full—fledged human beings. *Exceptional Children, 54,* 69—74.

National Health and Medical Research Council. (1990). Expert advisory panel on learning difficulties in children and adolescents. *Learning difficulties in children and adolescents.* Canberra, ACT: Department of Community Services and Health.

OECD (2004). *Equity in education: Students with disabilities, learning difficulties, and disadvantages.*

Peters, S. J. (2007). *A historical analysis of international inclusive education policy and individuals with disabilities. Journal of Disability Policy Studies, 18(2),* 98—108.

Robson, C. (2005) *Students with disabilities, learning difficulties and disadvantages: Statistics and indicators.* OECD: Organisation for Economic Cooperation and Development.

Ruppmann, J. (1991, November 27) Where disabled do best [Letter to the editor], *The Washington Post,* 16.

Slee, R. (2009). The inclusion paradox: The cultural politics of difference. In M. Apple, W. Au, & L. A. Gandin (Eds.), *The Routledge International Handbook of Critical Education* (pp. 177−189). New York: Routledge.

Thomas, G. (1997). Inclusive schools for an inclusive society. *British Journal of Special Education, 24(3),* 103−107.

Thomas, G., Walker, D., & Webb, J. (1998). *The making of the inclusive school.* London: Routledge.

Turnbull, A., Edmonson, H., Griggs, p. , Wickham, D., Sailor, W., Freeman, R., Guess, D., Lassen, S., McCart, A., Park, J., Riffel, L., Turnbull, R., & Warren, J. (2002). A blueprint for schoolwide positive behavior support: Implementation of three components. *Exceptional Children, 68*(3), 377−402.

UNESCO (1994). *The Salamanca statement and framework for action on special needs education.* Paris: Author.

UNESCO (1997). *International standard classification of education,* ISCED. UNESCO, Paris.

UNESCO (2000). *The Dakar framework for action.* Paris: Author.

UNESCO (2001). *The open file on inclusive education.* Paris: UNESCO.

UNESCO (2005). *Guidelines for inclusion: Ensuring access to education for all.* http://www.ibe.unesco.org/cops/workshops/china/UNESCO_Guide_2006.pdf

Watson, J., & Boman, p. (2005). Mainstreamed students with learning difficulties; Failing and under−achieving in the secondary school. *Australian Journal of Learning Disabilities, 10,* 43−39.

WHO (1980). *ICIDH(International classification of impairments, disabilities, and handicaps): A manual of classification relating to the consequences of disease.* Geneva, Switzerland: Author.

WHO (2001). *International classification of functioning, disability, and health: A man−ual of classification relating to the consequences of disease.* Geneva, Switzerland: Author.

Ysseldyke, J. E., & Algozzine, B. (2005). *Special education: A practical approach for teachers.* Boston: Houghton Mifflin Co.

https://casel.org/what−is−sel/approaches/(2019년 5월 31일 온라인 검색)

INDEX_색인

인명 색인

가트너(Gartner)	371
굿맨(P. Goodman)	79
네틀쉽(R. L. Nettleship)	32
달라이 라마(Dalai Lama)	61
뒤르켐(E. Durkheim)	81, 86, 72, 143
듀이(J. Dewey)	32
디오티마(Diotima)	11
라이머(E. Reimer)	79
라이프니쯔(G.W. Leibniz)	49
라일(G. Ryle)	25
립스키(Lipsky)	371
박승희	374, 377
박제가	58
박지연	377, 378
박현옥	377, 378
보이드(W. Boyd)	32
서기(徐起)	44
소쉬르(F. de Saussure)	73
소크라테스(Socrates)	6
송익필(宋翼弼)	44
신현숙	379
양계초(梁啓超)	55
이소현	377, 378
이한	79
이홍우	32
일리치(I. Illich)	79
장상호	79
정동영	360, 362, 364, 368
정범모	86
조헌(趙憲)	44
치젝 & 번치(Cizek & Bunch)	216
칸트(I. Kant)	8
콜링우드(R. G. Collingwood)	14
쿤(T. S. Kuhn)	67
토마스(Thomas)	368, 370
토크빌(A. Tocqueville)	47
프랑소와 케네(François Quesnay)	50
플라톤(Platon)	6
피터즈(R. S. Peters)	24, 86
헤겔(G. W. F. Hegel)	13
헤르바르트(J. F. Herbart)	81
홀트(J. Holt)	79
홍계희(洪啓禧)	45

ㄱ

가치도착	85
가치전도	85
개념	18
개념적 사고	7
개발(Development)	256
개인차	108
개인차도	121
객관성	14
거시적인 연구	58
게으름의 추구	41
결과위주의 교육관	85, 100
경술국치(庚戌國恥)	55
경이	33
경쟁	125
경험	14
계속성	175
계시신학(revealed theology)	50
계열성	176
고전 이론	235
고청유고	45
곤란(difficulty)	364
공감	120
공공시험제도	48
공덕교육	91
공립학교	70
공무원제도 개혁	48

공식적 교육과정	163
공통의 자기	13
과거부정	58
과거시험의 체험	57
과거제도	48, 54
과정적 기준	26
과학적 관리론	235
관계성	124
관료제론	235
관리	253, 254
관습적 교육관	76, 80, 99
관조	19
교과	27, 29
교사양성기관	70
교사의 상담역량 강화방안	313
교수메시지 설계	253
교수매체(instructional media)	252
교수설계(instructional design)	252, 254
교수설계자(Instructional Designer)	257
교수요목기	181
교수전략	253, 255
교육	75
교육 공간의 확장	341
교육계	90
교육공학(Educational Technology)	252
교육공학의 영역	253
교육공학의 정의	252, 253
교육과정	158
교육과정 재구성	187
교육과정 총론	178
교육과학	82
교육관	7, 76
교육내용	158
교육매체	252
교육목적	159
교육본위론	91, 92, 96, 100
교육사	42
교육사상	7
교육사에 대한 무지	37
교육사 탐색	40
교육 시기의 확장	341
교육심리학	107
교육연구	73, 75, 102
교육원리	67
교육의 가치	97
교육의 개념	26
교육의 공간	97
교육의 구조	91, 97, 100
교육의 기초학문	68, 81, 84
교육의 내재율	93
교육의 내재적 가치	96
교육의 맥락	102
교육의 소재	97
교육의 양상	102
교육의 양태	90
교육의 역사	41
교육의 왜곡과 은폐	72
교육의 자율성	102
교육의 재개념화	88, 96, 100
교육의 정신	22
교육의 정의	26
교육의 환경	96, 97
교육적 대화	31
교육적 인식론	98
교육제도	54
교육제도의 계층화(stratification of education system)	140
교육 중재(educational intervention)	363
교육철학	6
교육철학자	30
교육철학적 성격	9
교육학	23, 67, 81
교육학과 교육공학의 관계	250

교육 형식의 확장	341
교육활동	97
교직과목	81, 102
교직과목체제	70
구체제와 프랑스혁명(L'Ancien régime et la Révolution, 1850)	47
국가고시 제도	48
국가공권설	231
국가교육과정	178, 180
규범적 기준	25
규준	205
규준점수	214
규준집단	205
규준참조평가	204, 215
극단적 국가주의	40
근거를 제시하지 않은 주장	58
긍정적 행동지원	374, 377, 378
기능성 자기공명영상	115
기술	18
기술공학적(technological)	253, 254
기준(standards)(또는 준거)	215, 216
기준권고	219
기준설정	215, 219
可敎者	57

ㄴ

내재교육	91
내재동기	112, 116
내재율	75
내재적	24
논리	17
논리적 가정	20
논리적 관련	19
논리적 반성	19
논리적 분석	19
논리적 사고	7

놀이	75
뇌파 검사	114
능력과 재주	51
능력에 의한 차등	48
능력주의(meritocracy)	149, 360

ㄷ

다문화 교육	189
다문화 교육과정	190
다문화창조주의	352
다운증후군	362
다원론	239
다중 지능 이론	121
다중적인 인과관계	86
단답형 문항	217
대뇌피질	119
대위관계	92
덕목	27
덕성과 재능	52
도덕정치	53
동기	123
두정엽	119
딕과 캐리모형	255

ㅁ

매개성	14
메타교육	97
명료화	20
명제논리	17
모두를 위한 교육(education for all)	372
모집단	205, 206
목표	124
몰입	111
무관한 전거에 바탕을 둔 주장	58
무의식	108

무지(Ignorance) 61
무지의 자각 20
무치(武治)의 질서 40
문명의 전승 38
문명의 지속 40
문제행동 377
문항난이도 219
미시적인 연구 58
민감기 118
민족주의 40
modified Angoff 220

ㅂ

바른 의견 12
반성적 사고 14
발달 118
백분위 등수 212, 214
백분위 점수 212
범위 209
범주착오 74, 82, 83
변증법 18
변증법적 종합 21
보수 93
보편자 21
보편적 동족성(universal kinship) 13
보편적 설계(Universal Design) 374
보편적 학습 설계(Universal Design for
  Learning) 374
본위 90, 96, 102
본질(本質, essence) 7, 9
부가적인 자원(additional resources) 364
부적편포 209
분과학문 68, 102
분산 210
분석(Analysis) 256
분할점수(cut score) 215, 222

불리(disadvantage) 364
불안 125
비판적(critical) 134
Body of Work 217
Bookmark 방법 217
不可敎者 57

ㅅ

사·농·공·상(士·農·工·商) 56
사고 14
사범대학 70, 71
사범학교 70, 81
사변 19
사변적 관련 21
사분위편차 211
사회문화심리학 250
사회인지주의 109
사회적인 공인기제 48
사회정서학습(Social Emotional
  Learning) 374, 378
사회학 72
사회화(socialization) 90, 143
상구교육 92, 93, 94, 95
상구자 94, 95
상담심리 이론 274
상대평가 125
상의관계 92
상호함의 19
생태학적 타당도 112
생활지도 308
서구문명 49
서방사회에 대한 막연한 동경심 42
서술형 문항 217, 222
서원교육 실태 59
선(善)의 이데아 18
선다형 문항 217, 222

선진 94
설계(Design) 256
성년식으로서의 교육 24
성취 123
성취기준 173
성취수준기술 218
성취수준명 217
성취평가 205, 215
세계시민성 352
세계영혼 14
세속계 90
세습 49
세습귀족 51
수도계 89
수레바퀴모형 92, 100
수업설계 255
수정된 Angoff 220
수평적 상호작용 338
순수학문 69
순차 94
순환적 의사소통 338
스태나인 213, 214
시청각교육 252
식민통치 54
식욕(食慾) 41
신경생리학적 연구법 114, 115
신분적 차별 41
실재(實在, reality) 7, 17
실천철학 50
실체(實體, substance) 7
실체적 21
실행(Implementation) 256
실험 연구법 111
실험 처치 112
standard setting(기준설정) 216

ㅇ

야누스적 적응 71
양반 55
양천(良賤) 56
언어학 72, 73
에로스 11
에로스(Eros) 신화 11
역량(competency) 193
역량기반 교육과정 193
역사에 대한 오해와 무지 42
역사적 탐색 38
역차 94
연구 방법론 109
영 교육과정 164
영혼 14
왜곡 84
외도교육 90
외양 17
외재적 24
욕구 124
욕망을 조절 41
욕망추구 42
용병학문적 교육관 80, 82, 99
원조 95
유교문명 49
유교 도덕정치철학의 기원 · 본질 · 효용에 관한 고찰(Observations sur l'origine, la nature, les effets de la philosophie morale et politique dans cet empire, 1784, Paris) 52
유능성 124
융합 68
은폐 84
응용학문 68, 69, 102
의견(意見, doxa, opinion, belief) 12
의무교육(compulsory education) 145

의심 33
이념(理念, Idea) 7, 18
이론 30
이성 13
이타 93
인간과 시민의 권리에 대한 선언 46
인간관계론 237
인권 353
인권선언 46
인류문명 42
인류의 생존 40
인면수심 42
인본주의 287
인지 123
인지적 기준 26
인지주의 108, 295
2015 개정 교육과정 185
일반 지능 이론 121
일반상담 전문성 309
일제강점기 55
ADDIE 교수설계 모형의 활동 256
ADDIE 모형 255
Ainscow 369
Angoff 217
MCP 220

ㅈ

자기검사 7
자기보고식 연구법 110, 111
자기성찰 14
자기인식 7
자리 93
자연종교(natural religion) 50
자유 360
자유 · 평등 · 박애 47
자유학기제 344

자율성 124
자조 95
자증 95
잘못된 교육 87
잘못된 교육관 87
잠재적 교육과정 163
장애(disability) 364
장애인평생교육 348
재생산 150
전두엽 119
정규분포 205, 206, 212, 213
정서 124
정신(mind 또는 spirit) 14
정신분석학 108
정신역동 277
정적편포 209
제1기 교육학 67, 70
제1차 교육과정 181
제2기 교육학 67, 72, 91
제2차 교육과정 183
제3차 교육과정 184
조건정비설 231
조선 멸망의 원인 55
조선교육사 44
조선조 사회에 대해 갖는 통념 55
조선조사회상 54
조선후기 학교부재론 59
존우 94
존현 94
종교적 · 민족적 갈등 41
좋음의 형상 18
주관성 13
주장의 타당성 · 정확성 58
주체화(subjectification) 143, 144
준거(criterion) 215
준거참조평가 204, 215
중국의 전제주의(Le despotisme de la

Chine, 1767)   51
중농주의(重農主義, physiocracy)   50
중심경향값   206
중앙값   208
중앙집권적 정치체제   53
지식의 형식   25
지역 시민성   346
지역사회평생교육   344
지원(support)   363
지위재(地位財, position goods)   140
직업 선택   49
진선미성   11
질문   16
질문과 대답의 논리   17
질적 연구법   113
Z-점수   212

ㅊ

참여   113
참여 제약(participation restriction)   365
참여수단   375
창출   253, 254
천민 작성 문서   44
철학적 사고   33
체제(system)   252
체제이론   250
체제적 설계(systems design)   252
체제적 수업설계모형   255
철학적 성격   9
총체   21
최빈값   208
최신 중국의 소식(Novissima Sinica,
2판)   49
추론   19
추상적 논리   17
충현서원(忠賢書院)   45

측두엽   119

ㅋ

쾌락을 추구   41

ㅌ

타일러 모형   170
타일러 원리   167, 169
타증   95
통신이론   250
통합(inclusion)   368
통합교육(inclusive education)   368, 378
특별한 요구 교육(special needs
education)   363
특수교육(special education)   363
특수자   21
T-점수   212

ㅍ

판단   19
패널(panel)   215, 219
패러다임   67, 108, 109, 126
편차점수   210, 212
평가(Evaluation)   256
평균   206
평등   360
평등주의   47
평생교육   328
평생교육 프로그램 유형   335
평생교육법   335, 349
평생교육의 형식   332
평생학습   328
표본   206
표상 수단   375
표절   83

표준점수 212
표준정규분포 212
표준편차 211, 214
표현 수단 377
품위 90, 93, 95
프랑스대혁명 53
프랑스혁명 46
프로그램 332, 333
프로그램의 유형 335
필로소피아(philosophia) 10
PLD 218
PLL 217

ㅎ

하화교육 92, 93, 94, 95
하화자 94, 95
학교관리학 102
학교상담 308
학교상담 특유의 전문성 310
학교상담의 전문성 309
학교제도 48
학교태＝교육 76, 79, 91
학교평생교육 340
학교화 142
학력·학위·자격 등의 공인제도 48
학력경쟁(學歷競爭) 137
학력부여(qualification) 143, 144
학문의 연금술 74, 83
학문의 전통 91
학문적 정체성 102
학습 123
학습곤란(learning difficulties) 366
학습공동체 332, 336, 338
학습장애(learning disability) 366
학제연구 84
한국평생교육 프로그램 6진 분류표 335

함의 19
합리적 차등주의 47, 48
항구적인 평화 53
행동과학론 238
행동주의 108, 109, 291
행복의 개념 41
행복추구 42
행정관리(과정)론 236
혁신 93
혈통에 따른 차등 48
협동교육 92
협동행위설 232
형식도야 이론 165
형이상학적 사실 28
형평성(equity) 359
호손실험 237
혼입 효과 112
혼합 연구법 117
환경생태의 위기상황 40
활동 제한(activity limitation) 365
활용 253, 254
회상(anamnesis, recollection) 13
후두엽 119
후진 94
흥미 124

공저자 약력

고영준
서울대학교, 교육학박사
한국교육철학학회 및 한국도덕교육학회 위원
이메일: koyj@knue.ac.kr

김갑성
미시간주립대학교(Michigan State University), 철학
  박사(Ph.D)
한국교육개발원 교원정책연구실장
국가교육과학기술자문회의 전문위원
이메일: kaoskks@knue.ac.kr

김경용
연세대학교, 교육학박사
한국학중앙연구원 책임연구원 역임
교육사학회 회장
이메일: kgy0331@hotmail.com

김도기
서울대학교, 교육학박사
한국학교컨설팅연구회 회장 역임
한국교원대학교 사도교육원장 역임
이메일: kogoldax@knue.ac.kr

김영석
조지아대학교(University of Georgia), 철학박사
  (Ph.D)
University of Georgia Institute of Gerontology
  Post-Doctoral Research Associate
동의대학교 평생교육청소년상담학과 부교수
이메일: youngsek@knue.ac.kr

김한별
조지아대학교(University of Georgia), 철학박사
  (Ph.D)
고려대학교 교육문제연구소 연구교수 역임
명지대학교 사회교육대학원 겸임교수 역임
이메일: hanbyul@knue.ac.kr

김현진
조지아대학교(University of Georgia), 철학박사
  (Ph.D)
한국교육학술정보원 선임연구원 역임
포스코경영연구소 책임연구원 역임
이메일: hyeonjin.kim@gmail.com

김희정
뉴욕주립대학교(State University of New York),
  철학박사(Ph.D)
한국상담학회 심리치료상담학회 학술위원장 역임
뉴욕 Center for Change Family Support Center
  상담원 역임
해결중심치료학회 학술위원장
이메일: heejoungkim@knue.ac.kr

선혜연
서울대학교, 교육학박사
서울대학교 대학생활문화원 학생상담센터 상담
  연구원 역임
건양대학교 심리상담치료학과 조교수 역임
한국상담심리학회 부편집위원장
이메일: shy@knue.ac.kr

손준종
한국교육사회학회 회장
이메일: jjson@knue.ac.kr

유진은
퍼듀대학교(Purdue University), 철학박사(Ph.D)
미국 Pearson Psychometrician, 미국 San Francisco
　State University Research Scholar 역임
이메일: jeyoo@knue.ac.kr

유형근
한국교원대학교, 교육학박사
한국청소년상담원 상담교수
한국학교상담학회 부회장
이메일: yhkcem87@knue.ac.kr

이승은
텍사스대학교(University of Texas-Austin), 철학
　박사(Ph.D)
이메일: dr2@knue.ac.kr

이영주
버지니아주립대학교(University of Virginia), 철학
　박사(Ph.D)
켈리포니아주립대학교(University of California-Santa
　Barbara) 방문연구교수
한국교육공학회, 한국교육정보미디어학회 이사
이메일: agnes@knue.ac.kr

이우걸
아이오와대학교(University of Iowa), 철학박사
　(Ph.D)
Motivation and Emotion, 교육심리연구, 한국
　교육학연구 편집위원
이메일: woogul@knue.ac.kr

정동영
부산교육대학교, 문학박사
한국특수교육교과교육학회장 역임
이메일: dychung@knue.ac.kr

정여주
서울대학교, 교육학박사
수련감독전문가(한국상담학회), 상담심리전문가
　(한국상담심리학회)
한국아동청소년상담학회, 한국중독상담학회 이사
이메일: peaceinj@knue.ac.kr

최성욱
서울대학교, 교육학박사
한국교육개발원 연구원, 목포대학교 교수 역임
한국교육원리학회 회장 역임
이메일: swchoi@knue.ac.kr

최하영
텍사스대학교(University of Texas-Austin), 철학
　박사(Ph.D)
한국자폐학회이사, 자폐성장애연구 편집위원장
이메일: hayoung@knue.ac.kr

교육학개론

초판발행	2019년 8월 30일
지은이	고영준·김갑성·김경용·김도기·김영석·김한별·김현진·김희정·선혜연·손준종· 유진은·유형근·이승은·이영주·이우걸·정동영·정여주·최성욱·최하영
펴낸이	노 현
편 집	배근하
기획/마케팅	이선경
표지디자인	조아라
제 작	우인도·고철민
펴낸곳	㈜ 피와이메이트 서울특별시 금천구 가산디지털2로 53 한라시그마밸리 210호(가산동) 등록 2014. 2. 12. 제2018-000080호
전 화	02)733-6771
f a x	02)736-4818
e-mail	pys@pybook.co.kr
homepage	www.pybook.co.kr
ISBN	979-11-90151-21-4 93370

정 가   17,000원

박영스토리는 박영사와 함께하는 브랜드입니다.